歷史中國

西元前206~西元9

西漢原來是這樣

醉罷君山 著

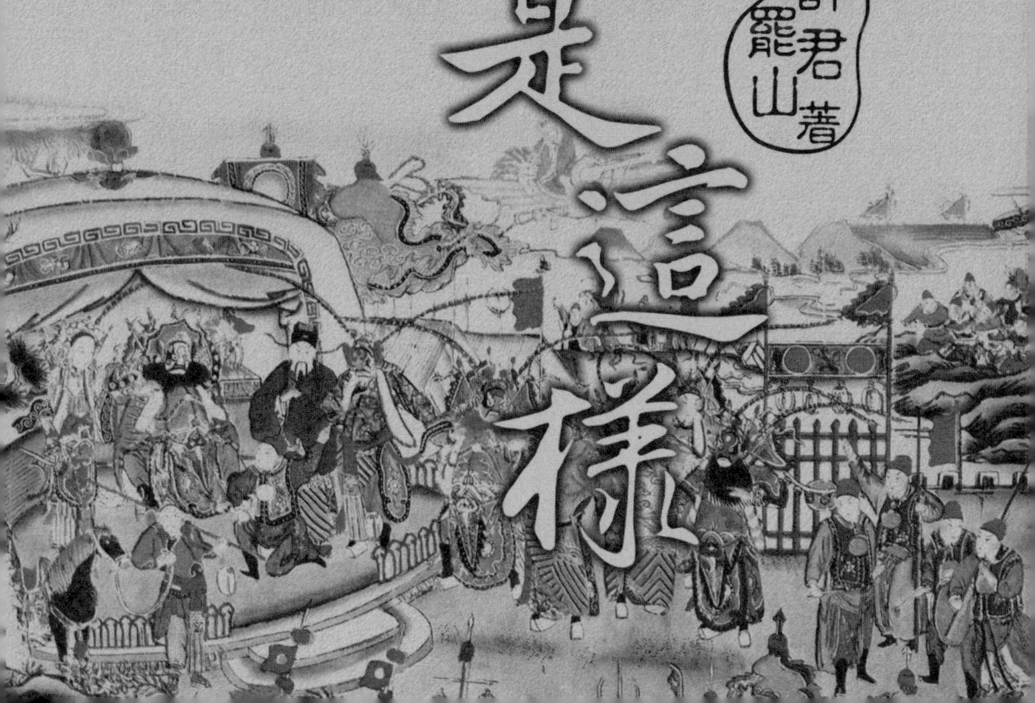

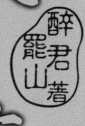

目錄

一、從布衣到反秦英雄

秦始皇做夢也不會想到，曾經令天下人聞風喪膽的秦帝國，居然在他死後六年就轟然倒塌了，而此時距他統一六國也僅僅只有十五年。

透過歷史的煙塵，我們依稀可以從某些遺跡中感受帝國的雄偉與厚重——被風沙侵蝕而殘破的古秦長城與埋沒地下二千年重見天日的秦陵兵馬俑，是世界古代文明的奇蹟；獨具匠心、巧奪天工的都江堰，成為歲月流逝中不朽的傑作；穿越崇山峻嶺、溝通兩大水系的靈渠，展現了偉大時代挑戰自然界限的雄心；還有那早已成為灰燼的富麗堂皇的阿房宮殿，只能透過杜牧的華美詞藻中想像昔日「覆壓三百餘里」的盛景。

同樣，我們也在賈誼的文字中感受到了秦帝國冷酷的威嚴——「振長策而御宇內，吞二周而亡諸侯，履至尊而制六合，執捶拊而鞭笞天下，威振四海」。這是中國歷史上從未有過的強大王朝，它的鐵拳可以輕易地搗碎任何敵人。秦始皇雄心勃勃地宣稱，帝國的基業將永遠流傳，在他之後，二世、三世直到千世萬世。但是，序幕剛剛拉開，就要結束了。

始皇帝喜歡出巡，每次都是朱輪華轂，擁旌萬里，何其壯觀也。有一回出巡時，在兩旁夾道圍觀的人群中，有一高個子青年人，目睹這雍容華貴的一幕，不禁發出了一聲慨歎：「嗟夫，大丈夫當如此也。」這聲慨歎，除了招來周圍一兩人略帶驚詫的眼光外，很快就飄散在風中了。

很多年後，當人們重新回味他這一聲感歎時，一定會肅然起敬，因為這不起眼的一句話，洩露了英雄的內心世界，這個人便是中國歷史上第一位布衣天子劉邦。

劉邦的早年，平淡無奇。他性情豪爽，愛結交朋友，喜好施捨，慷慨豁達。性格的優點並不能掩飾他生活的窘迫，終日呼朋喚友，徘徊於酒肆市井，無所事事，連父親也罵他沒出息，比不上埋頭經營家中產業的阿哥劉仲。可是劉邦不為所動，依然我行我素。很多年後，成為皇帝的劉邦有一回在酒宴上，以戲謔的語氣對老父親說：「父親大人常說我不會經營產業，如今我的成就與阿哥相比，誰多呢？」

他並非沒有雄心壯志，只是沒有機會。秦一統中國，數百年春秋戰國的連綿烽火漸漸熄滅了，一個和平的時代到來了，至少表面上是和平的。俗話說，亂世出英雄。和平的時代，需要規規矩矩的人才，劉邦顯然不是中規中矩的人。他的兩大嗜好是美酒與女人，而且一生未改。劉邦嘗試走仕途，但只當了一個小小的泗水亭長。儘管官不大，但他很高傲，看不起縣衙裡庸俗的官吏，在同僚面前總是表現出傲慢的神色。總的說來，生活平淡無奇，波瀾不驚，劉邦可能厭倦這種無所事事的日子，有時他也會參與到一些惡作劇中。

縣令的好友呂公，舉家遷到沛縣，在家中設宴，招待各方人士。依當地習俗，赴宴時少不了要帶上見面禮，負責收禮的人，是沛縣的官吏蕭何。賀禮不足千錢者，只能就座於堂下，只有獻上厚禮者，才有機會成為上座貴賓。劉邦也來湊熱鬧，他寫了一張禮單，上面寫著「賀錢一萬」，其實他身上分文沒有，只開出一張空頭支票。蕭何高聲吆喝：「劉季，賀錢一萬。」滿堂皆驚，呂公親自上前接迎。頗懂相術的呂公一看劉邦，高鼻樑、四方臉、長鬍鬚，氣宇非凡，心裡一震，也不追究劉邦賀禮的虛實，便拉著他入上賓座。劉邦也不客氣，昂然入座，沒有絲毫心虛與膽怯，甚至時不時出言不遜，羞侮座上的其他客人。

這次惡作劇竟然有一個戲劇性的結果。在其他人看來，劉邦純粹是搞一場鬧劇，可呂公不這樣認為，他看到劉邦身上的優點：從容、鎮定、自信。這是成功者必須具備的素質。他下了一大賭注，賭劉邦必定有出人頭地的一天，賭注是自己的女兒呂雉。事實證明，呂公是一位高明的投資人，他成了未來天子的岳父，而呂雉則成為未來的皇后。

幾年後，劉邦的命運發生了轉折。

秦始皇在酈山大建工程，從全國各地不停地徵用民力服役，沛縣也未能倖免。一群犯人苦力被徵集前往，領隊的人就是泗水亭長劉邦。秦政苛暴，人命如草芥，酈山腳下早已是白骨累累，來自沛縣的苦力們對未來極度悲觀，名為服役，實則送死。與其送死，不如逃跑吧，一路上三三兩兩地逃走了。性情豪爽的劉邦並沒有為難這些逃亡者，一路上人越來越少，走到豐西大澤時，這支苦役隊伍只剩不到一半人，即使到了酈山，也交不了差了。劉邦轉念一想，得了，不就是一個小小的亭長嗎？這個官不要也罷了，棄不足惜，乾脆就當一個浪跡江湖的草莽英雄吧。

就這樣，劉邦把犯人苦力們全都放走了，有那麼十來個人無家可回，索性就追隨劉邦，在芒山、碭山一帶藏身。這是劉邦自由自在的逍遙歲月，這段歲月對他很重要，因為他第一次成為一群人的領袖，在亡命天涯的日子裡，他領悟到一些領導藝術，其中最重要的一點是，要讓下屬有一種敬畏感，同時讓自己變得神祕莫測。

有一回，劉邦喝醉了，他們行經一處草澤時，突然前方有人喊道：「前面有一條大蛇擋在大路上。」所有人都害怕了，不敢前行，劉邦醉醺醺地走到前頭，拎著劍，口中斥道：「壯士前行，有什麼可害怕的。」便獨自上前，果然在路中央盤踞著一條大蛇，劉邦藉著酒力，倒也有幾分膽色，揮劍便砍，這條大蛇被一劈為二。這個英雄壯舉令所有人驚呆了，可是劉邦卻沒撐住，踉踉蹌蹌地又行一段路，終於醉倒在路上了。後來一個故事流傳開了，說在劉邦斬蛇處，有人看到一個老婆子在哭，老婆子講了個離奇的事，說這條蛇是白帝的兒子變的，卻給赤帝的兒子殺了。這個荒誕的故事，很可能是劉邦故意編造出來的，但所有追隨者對他的敬畏心一天天地增強。

很快，第二個神話出現了，這個神話可能是呂雉編造的。劉邦匿藏於山中，居無定所，妻子呂雉卻經常可以準確地找到他，別人都很奇怪，呂雉說：「因為他所在的地方，都有祥雲籠罩，我只要順著祥雲尋找，就可以找得到。」經過巧妙的包裝後，原本被認為只會喝酒、泡女人、說大話的劉邦，居然成了一個神祕莫測的人物。沛縣一些年輕人因為不滿秦的苛政，也逃到山裡，投奔劉邦。

就在這個時候，秦始皇死於東巡的路上。趙高與李斯矯詔立胡亥為二世皇帝，賜死太子扶蘇，殺蒙毅、蒙恬以及諸公子。

天下苦秦久矣。

秦始皇之死，遂成反秦起義之導火線，這把火是由陳勝、吳廣在大澤鄉點燃的。起義軍斬木為兵，揭竿為旗，走上武裝反抗之路。陳勝自立為王，國號「張楚」。這群不起眼的叛亂分子很快令帝國陷入恐慌之中，各地郡縣紛紛爆發叛亂，起義者殺死地方長官，響應陳勝、吳廣的義軍。很快，叛亂的風潮也開始撲向沛縣這個小地方了。

劉邦的起義，比陳勝、吳廣僅遲了兩個月。

叛亂的大潮湧來，沛縣縣令按捺不住，所謂知時務為俊傑，不如舉兵回應陳勝吳廣吧。沛縣兩名官吏蕭何與曹參就勸縣令說，你是秦朝廷的官員，要起義大家不會聽你的，不如把逃亡在外的劉邦召回來吧。縣令一聽，也對，便派屠狗的樊噲前去召劉邦一夥人回到沛縣。可是，當劉邦走到城門外時，縣令變卦了，下令把城門關起來，拒絕劉邦入城。

順天者昌，逆天者亡，造反的洪流不可阻擋。沛縣的民眾發動暴動，殺死縣令，迎接劉邦。劉邦佔據沛縣後，率三千子弟兵，正式向秦宣戰。這一年，劉邦四十八歲，年將半百矣。可是對他來說，事業才剛剛開始。這位布衣草根將以他非凡的奮鬥，實現人生的大轉折，一步步邁向權力的峰頂。

最初，劉邦的隊伍在諸路義軍中很不起眼，一則他沒有強大的兵力，再則他沒有顯赫的家族背景。除了陳勝、吳廣的「張楚」外，義軍中實力最強者，是項梁、項羽的隊伍。

項梁是楚國名將項燕之子，通曉兵略，有恢復楚國之志；他的侄兒項羽長得人高馬大，體魄雄健，力能扛鼎，勇武過人。有意思的是，項羽也見過秦始皇出巡的盛大排場，與劉邦感歎「大丈夫當如此也」不同，項羽說的話是「彼可取而代之」。從這句話中，少年豪氣躍然於紙上了。叔侄倆蟄居於吳中，耐心地等待著時局的變化。終於，陳勝在大澤鄉振臂一呼，天下回應，會稽郡守殷通密謀反秦，因賞識項梁的軍事才能，便邀他共舉大事。不料，項梁固然要反秦，卻不甘居人之下，暗使項羽殺死殷通，自立為會稽太守，在吳中招兵買馬，組建一支八千人的精兵。

與此同時，首義元勳陳勝的「張楚」政權卻開始走下坡路。在張楚軍節節敗退而秦軍步步緊逼之際，陳勝的部將召平不得不求助於項梁，他假託陳勝的命令，拜項梁為楚上柱國。項梁即率八千子弟兵西渡長江，攻城掠地，聲勢浩大，其他諸路義軍紛紛前來投奔，兵力急劇擴大到六七萬之眾。

西元前二〇八年初，吳廣、陳勝先後死於非命。項梁藉此時機，召集諸路義軍首領商議大事，劉邦以沛縣義軍領袖的身分參加會議。經過討論，項梁聽取范增的建議，立戰國末期楚懷王之孫為楚王，仍稱為楚懷王。自陳勝首義以來，不到一年的時間，楚、趙、韓、魏、齊、燕這六個被秦消滅的諸侯國全部復國，其中以楚的勢力最強大，成為反秦戰爭的中流砥柱。

劉邦投靠楚政權，很快就脫穎而出了。

在秦一方，雖然趙高弄權，指鹿為馬，殘害異己，秦二世荒淫無度，醉生夢死，然而秦之軍事力量依然強大。章邯是秦國最有能力的將領，他挫敗陳勝張楚軍的進攻，繼而伐魏攻齊，秦軍的戰鬥力仍然不可小覷。項梁立楚懷王後，隨即與章邯軍展開決戰，先後在東阿、濮陽、定陶擊敗秦軍。與此同時，劉邦與項羽分兵進攻城陽。攻陷城陽後，項羽採取恐怖的屠城政策。緊接著，劉、項二人又聯手在雍丘取得大捷，擊斃秦將李由。劉邦與項羽聲名鵲起，以英勇善戰聞名於諸侯。

一系列的勝利令項梁頭腦發熱，低估了秦軍的力量，最後付出慘重的代價。秦國幾乎動員所有後備力量以補充章邯的損失，章邯結集優勢兵力，再次突擊定陶，大敗楚軍，項梁戰死。項梁是楚政權的支柱，他的死令楚政權陷入一片恐慌之中。正在進攻陳留的劉邦、項羽二人最後放棄攻城，退守彭城。對於秦國大將章邯來說，這是一鼓作氣消滅楚政權的良機，然而他錯誤地認為楚軍已經遭到毀滅性的打擊，項梁一死，楚軍大勢去矣。秦軍放棄了向東繼續攻擊楚國境內的義軍，而是向北進攻趙國，把鉅鹿城團團圍住。各路義軍紛紛派出人馬，救援鉅鹿。秦軍精銳與義軍精銳雲集於鉅鹿，這將是一場影響帝國命運的大決戰。

章邯的誤判使楚政權有喘息之機。

楚政權制訂了兩個同時進行的軍事計畫。第一個計畫，乘秦軍全力攻趙之際，派一路人馬進擊關中，直接威脅秦都咸陽。楚懷王與諸將領約定，先佔據關中者，可以稱王。當時，秦軍力量仍然十分強大，西進關中，九死一生，絕大多數將領並不願意去冒這個風險。可是劉邦站出來了，他願意去。能夠成就偉大事業的人都有一個共同點，敢擔當大任，勇於任事。在劉邦看來，剽悍善戰的秦軍固然厲害，但是只要佔據關中，就可以裂土為王。這種機會可一不可再，就算前面是萬丈深淵，也得去闖一闖。

除了劉邦之外，還有一個人自告前往掃蕩關中，這個人就是項羽。項梁之死，使項羽悲慟欲絕，兩人雖為叔侄，卻形同父子，項羽抱著給叔父報仇雪恨的決心，強烈要求領兵進攻秦都。一些將領遊說楚懷王，說項羽為人十分殘暴，所到之處，動輒屠城，讓他攻打關中，推行恐怖殺戮政策，定會大失民心；而劉邦素來被認為是寬厚長者，讓他去攻略秦地，將會得到民眾的擁護。

楚懷王最後決定，西入關中的作戰任務，交給劉邦，項羽則被安排去執行第二個作戰計畫：解鉅鹿城之圍。救援鉅鹿的援軍總指揮是上將軍宋義，項羽為次將軍。

在很多人看來，劉邦經略關中，勝算非常小，他的兵力只有幾千人，這麼一支弱小的軍隊，要千里躍進奔襲秦都，會遇到怎樣的艱難險阻呢？但劉邦並沒有氣餒，他沿途收集了陳勝、項梁的殘兵敗將，補充兵力。即便如此，他所擁有的全部兵力，仍不足一萬人。但這支不起眼的軍隊，卻以無所畏懼的精神，向秦國都城咸陽進軍。

所幸的是，秦軍最精銳的部隊都被調往鉅鹿前線，在劉邦西進的同時，宋義與項羽率軍增援鉅鹿。宋義抱著坐山觀虎鬥的心態，消極避戰，為叔父報仇心切的項羽果斷發動兵變，殺死宋義，自任上將軍，破釜沉舟，背水一戰，衝鋒陷陣，以排山倒海的氣勢，大敗秦軍於鉅鹿城下，此役成為反秦戰爭之轉捩點，加速了秦帝國的覆滅。鉅鹿之戰也成為項羽政治生涯的轉捩點，一戰奠定其軍事霸主的地位。

項羽對秦軍的牽制，使劉邦得以順利西進。在西進途中，劉邦的隊伍不斷壯大，彭越指揮一支千人部隊前來投奔，他是一名非常驍勇的將領。緊接著，劉邦得到一位重要的謀士酈食其。與酈食其初次見面時，劉邦正坐在床上，讓兩個女子為其洗腳，表現得相當傲慢。酈食其不客氣地批評道：「足下欲誅無道之秦，不可踞見長者。」劉邦有個優點，就是知錯能改，當即向酈食其道歉並尊為上賓。這一明智之舉，讓他受益匪淺。酈食其屬於戰國時代縱橫家那樣的人物，憑著三寸不爛之舌，遊說陳留的秦國官員，使劉邦不戰而得到這個戰略要衝之地，並補給了大量的糧草。同時，酈食其的弟弟酈商也率四千人的部隊前來投奔，西征軍的力量愈加強大。

劉邦的策略是打得贏就打，打不贏就繞道，其戰略目標很明確，就是要確保軍隊可以長驅直入，最後佔領咸陽。要達成這個戰略，除了殲滅秦軍的有生力量外，最重要是要保存自己的實力。一路上戰事不斷，西征軍在圍攻開封、洛陽等大城市時，遇到秦軍頑強的抵抗，劉邦都沒有採取強攻的戰術，而是將這些城市拋在身後，繼續挺進。當然，西征軍也取得一些重大勝利，先是在曲遇重創秦軍，秦軍將領楊熊被怒氣沖沖的秦二世下令處決，之後又攻克潁川，緊接著又在南陽郡犫縣大敗秦軍，殘餘的秦軍退守宛城。

劉邦打算重施故伎，繞過宛城，繼續西行。謀士張良警告他，從宛城西進，地形越加險峻難攻，且秦軍的力量仍然很強大，如果放棄宛城，有可能遭到秦軍的前後夾擊，後果不堪設想。劉邦雖然文化水準不高，但頗具軍事天才，他馬上意識到張良的警告是對的，立即調整戰略部署，重新發動對宛城的進攻。

自宛城向西，就進入戰國時代秦國的地界。與東部不同，這裡並沒有大規模的叛亂，但是百姓對秦的苛政深惡痛絕。劉邦採取了一個極為明智的策略：攻心為上。政治攻略比軍事攻略更重要。他宣布只要投降，秦國境內的郡縣官員可以留任，禁止士兵擄掠當地的百姓。這一決定對他勝利進軍產生了不可估量的作用。宛城投降了，南陽郡長官仍然官居原職。這個消息傳開後，附近的秦城紛紛投誠。這些城池的守軍也被劉邦納入西征軍的編制之中，西征軍的人數從出發時的不足一萬人，已經擴大到了數萬人之多，且兵不血刃，一路挺進到距離秦都咸陽不遠的武關。

精於玩弄權術的趙高一方面對秦二世隱瞞秦軍節節失利的消息，另一方面將失敗歸咎於前方將領，打算在必要時犧牲這些人來推卸自己的責任。趙高的倒行逆施，終於引發秦軍將領的叛變，秦軍將領中最英勇善戰的章邯放下武器，率部向項羽投降。

秦國大勢已去！

在劉邦西征軍的猛攻之下，秦帝國的戰略要地武關最終失守。戰火已經燒到了帝國的心臟，趙高坐不住了。雖然他一再向秦二世隱瞞真實的戰場情況，但紙包不住火了，一旦皇帝發現他種種欺君之舉，項上人頭不保也。想到這裡，他惡從膽邊生，暗地裡指使其親信閻樂、趙成發動政變，逼迫秦二世自殺，立子嬰為秦王。子嬰並沒有步秦二世的後塵，他設計處死了趙高，清除了秦帝國最大的毒瘤，但秦帝國的瓦解已經不可避免了。此時，關東韓、魏、楚、齊、燕、趙等舊六國的地盤，已經完全落入義軍之手，秦都咸陽已經面臨著劉邦西征軍的巨大威脅了。

秦政府要負隅頑抗，將可以調集的兵力集中守衛嶢關，力阻劉邦西進，這是拯救秦國的最後希望。謀士張良出謀劃策，主張採取雙管齊下策略，一方面派酈食其、陸賈這兩位口才極好的謀士對秦軍將領進行遊說，另一方面則排兵布陣，同時虛張聲勢，作好出擊的準備。

俗話說，困獸猶鬥。雖然咸陽城近在咫尺，但是嶢關地形險峻，易守難攻，劉邦遂採納張良的計謀，利誘秦軍將領。如今政局劇變，秦軍將領自然心知肚明，最精銳的章邯兵團尚且全部投降義軍，嶢關又怎麼能阻擋住義軍的攻勢呢？然而這些秦軍將領雖然有投降的想法，又害怕部下的反對與朝廷的責罰，舉棋不定。

張良又一次獻計，趁著嶢關秦軍鬆懈之機，繞道蕢山，直接進攻據守藍田的秦軍。劉邦依計而行，出其不意地進攻藍田，秦軍被打個措手不及，在藍田南吃了大敗仗，劉邦乘勝追擊，在藍田北再次大破秦軍。

西元前二〇六年初，劉邦大軍挺進到霸上，直逼咸陽。此時，帝國首都早已人心渙散，兵力凋零，根本無法組織起像樣的保衛戰了。秦王子嬰只有一條路可以選擇：獻城投降。他素車白馬，自己用繩子綁住脖子，出城向劉邦投降，連同皇帝的玉璽、符節一併上交。

曾經令人畏懼、談虎色變的秦國，花費了五百多年的時間完成一統中國的夢想，卻僅僅在十幾年後，就以這種窩囊的方式草草收場。

從陳勝、吳廣發難到秦帝國滅亡，總計不足三年。

一個好像堅不可摧的政權，被一群叛亂者輕鬆推翻了。

這是歷史上最值得反思的事情，漢代的政論家賈誼簡明扼要、一針見血地評論說：「仁義不施而攻守之勢異也。」宋代的蘇洵也評論道：「滅六國者，六國也，非秦也；族秦者，秦也，非天下也。」兩人都將秦之迅速滅亡的原因，歸咎於秦國政府所施行之暴政，是反人道、反民心的。

如果說秦始皇統一中國、消除數百年戰國紛爭，是迎合人民追求和平的理想，那麼秦帝國的暴政則很快走向人民的反面，淪為反動政權。一切反動派都是紙老虎，秦帝國也是一隻紙老虎。秦政府的快速覆滅，外因是實施暴政，內因則是內部的腐爛。自從秦始皇死後，趙高弄權，殘害忠良，指鹿為馬，逼死太子扶蘇，誅殺大將蒙恬，玩弄秦二世胡亥於手掌之中，致使忠賢扼腕，士人離心，民眾敢怒而不敢言。歷史上的反動政府很多，但是像秦帝國這麼強大，卻滅亡得這麼快的例子，卻不多見。如果只是肌膚腐爛，尚且可以苟延殘喘，但如果心臟都腐爛了，那就無藥可救了。即使秦政府收天下兵器，鑄成十二尊金人，仍然擋不住揭竿為旗，斬木為兵的起義軍；即便秦政府焚書坑儒，禁錮天下的思想，卻不曾想到亡在不讀書的劉、項手中。

秦帝國的滅亡，還有一個原因，就是郡縣制的缺陷。周代採用諸侯分封制，這種制度立足點是保持地方諸侯的力量，一旦中央政府發生危機時，可以得到地方諸侯的援助。可是諸侯分封制最後導致列國爭戰，中央政權完全被架空。有鑒於東周的經驗教訓，秦始皇大力加強中央集權，取消諸侯制，而代之以郡縣制，實行中央—郡—縣的垂直管理。這是一大政治創舉，可是暴露了很多問題，特別是地方政府缺乏強大的武裝，只要發生暴動，郡縣輕而易舉就落入反叛者手中；隨著起義烽火的蔓延，郡縣的官員甚至一轉身就變為革命軍，這形成了多米諾骨牌效應，在很短的時間內，秦帝國中央政府就無法控制遙遠的東部郡縣了。這也是秦帝國速亡的一個因素。

二、致命的自負

劉邦西取關中，其力量迅速膨脹。出發時，他的兵馬不足萬人，沿途不斷收羅義軍隊伍以及招降秦軍，奪取咸陽後，軍隊已經達十萬人之眾。劉邦完成了人生的第一個巨大跨越，從一介布衣變成手握重兵的軍閥。可是他還不是最強者，秦末戰爭的風雲人物中，項羽鶴立雞群，獨領風騷。

項羽年幼時，楚國就被秦國滅了，叔父項梁將他一手養大，並教他讀書寫字。年輕的項羽對讀書寫字一點興趣也沒有，粗通文墨之後，他就把書扔在一旁，喜歡上了學習劍術。項梁只好又請人教他劍術，不料項羽學了幾天後，又不想學了。項梁十分生氣，項羽對叔父說：「讀書認字只要能記得住姓名就行了，而劍術不過是與一人打鬥罷了，不足以學習，要學就得學能敵萬人的本領。」項梁聽後轉怒為喜，看來這毛頭小子，還是有項家的血統，便把祖上所傳的兵法，傳授給項羽。項羽十分高興，學了一段時間後，他大略知道兵法的內容，但不肯用心鑽研，學了個半桶水。

超凡的勇氣彌補了項羽兵略上的不足。在具有轉捩點意義的鉅鹿之戰中，他以堅韌不拔的意志、令人瞠目結舌的驍勇，以寡擊眾，以少勝多，破釜沉舟、背水一戰，大破秦軍，贏得反秦戰爭中最偉大的一場勝利。霸氣十足的項羽成為義軍真正的領袖，他以秋風掃落葉之勢，橫掃秦軍，令秦將章邯最終放下武器投降。在坑殺秦降卒二十萬人後，隸屬項羽名下的軍隊已經達到四十萬之眾。他率眾向西攻掠，要直搗關中。這個時候，前方已經傳來消息，秦王子嬰投降，劉邦已搶先一步進入咸陽。

項羽勃然大怒，自己與秦軍主力苦戰，劉邦卻乘機竊取了勝利的果實！

殘暴的秦帝國在熊熊的戰火中轟然倒塌，但戰爭並未結束。

劉邦與項羽這兩位秦末戰爭中湧現出來的軍事巨頭，曾並肩與共同的敵人作戰，現在敵人被消滅了，昔日的戰友，就成了劍拔弩張的對手。

在很多人看來，戰爭結束了，剩下來的事，就是這些起義的元勳們重新分配權力。當時，集權專制的思想還未成為社會思潮的主流，大家仍然傾心於在中國大地延續兩千多年的分封諸侯制，裂土為王也成為包括劉邦在內的義軍巨頭們的目標。

根據先前楚懷王與諸將達成的協議，先入咸陽者，可佔據關中為王。在劉邦看來，這裡就是他統治的地盤了，從平民到諸侯王的轉變，讓他飄飄然忘乎所以了。軍隊的紀律開始變得亂七八糟，特別入咸陽城後，諸將爭先恐後地掠奪秦帝國留下的金帛財物。劉邦也不例外。秦國奢侈豪華的宮殿、堆積如山的奇珍異寶、美豔如花的後宮佳麗，激發了他貪婪的欲望。他要住進富麗堂皇的秦宮，享受權力、富貴與女人。

所幸的是，並不是所有的人都被勝利沖昏了腦袋。劉邦的同鄉蕭何在其他將領忙著搶奪財物時，卻在默默地收集秦丞相府、御史府的各種地圖、律令、戶籍資料等，以免這些重要文獻檔案毀於混亂之中。

對於劉邦的志驕氣懈，麾下大將樊噲非常不滿，心直口快地批評道：「你是想要擁有天下呢，還是想當一個富家翁呢？這些奢侈華麗之物，就是秦滅亡的原因，這些東西有什麼用呢？我們趕緊離開秦宮，返回霸上軍營吧。」一向酒色雙全的劉邦，沒有理會樊噲的逆耳忠言。

關鍵時候，張良挺身而出，力諫道：「秦失道義，所以我們才能一路順利進軍到這裡。如今方入秦都，便安逸享樂，豈不是助紂為虐嗎？忠言逆耳利於行，良藥苦口利於病，您還是聽樊噲的意見吧。」張良是劉邦深為倚重的謀士，西征途中屢出奇謀，這一番話，如當頭棒喝，令劉邦心頭一震。革命尚未成功，現在還不是享樂的時候！縱觀中國歷史，有多少義軍的領袖，在危難之時崛起，在安逸之中倒下，像後來的李自成、洪秀全都是這樣。劉邦的非凡之處，在於能迷途知返、不遠而復。他懸崖勒馬，立即嚴肅軍紀，禁止搶掠，並將軍隊有序地撤出咸陽城，屯駐於霸上。

為穩定民心、結束無政府的混亂局面，劉邦宣布了一個臨時約法。這個約法很簡單，只有三章：殺人者死，傷人及盜抵罪。同時，他發表聲明：「當初，各路諸侯有約定：先入關中者王。我將會成為關中王，現在廢除秦的苛法，諸官吏百姓，仍各就其位，大家不要驚慌混亂，約法是要除暴安良，並非要搶奪侵吞。」這個臨時政策，對於恢復咸陽及附近城鄉的社會秩序，起到了重要作用。廢除秦的法令，讓百姓歡欣鼓舞，爭著扛牛、羊、酒等前來犒軍。劉邦又謝絕說：「軍隊中的糧食並不缺乏，我不想增加百姓的負擔。」這一表態，受到了民眾的熱烈擁護，劉邦的威望也急劇上升。

關中土地富饒，秦國當年就是以此為依託，最終完成一統中國的歷史使命。這麼一塊香噴噴的地盤，項羽豈肯讓它落入劉邦之手呢？項羽在贏得鉅鹿之戰勝利後，成為義軍的無冕之王、實際的領袖。他統率各路諸侯聯軍，一路向西，直抵函谷關。

項羽明擺著是來搶地盤的，劉邦不甘示弱，不僅沒有開門迎接，反而指示守軍武裝抗拒。氣急敗壞的項羽以武力回擊，一舉攻陷函谷關，並一鼓作氣推進到新豐鴻門，距劉邦駐軍的霸上只有幾十公里的距離。

在劉邦麾下擔任左司馬的曹無傷，心裡盤算著項羽的勢力強大，不如前去投奔，可是總得有點見面禮吧，他便向項羽打小報告：「劉邦打算佔據關中稱王，讓前秦王子嬰為相，要霸佔秦國的金銀財寶。」項羽一聽，他奶奶的，你劉邦想獨吞好處，傳令全體將士秣馬厲兵，準備次日發動大舉進攻。

眼看一場大戰迫在眉睫了，劉邦還懵然不知。

黑夜來臨時，劉邦的營地裡來了一位不速之客。來者是項羽的叔父項伯，他是張良的好朋友。在秦統治時，他曾經殺人犯法，是張良出手相救，兩人從此成為莫逆之交。如今兩人分屬不同的陣營，項羽準備消滅劉邦，到時張良難以倖免，重情重義的項伯不能見死不救，他騎上一匹快馬，連夜前往霸上，把消息洩露給張良，勸他趕緊逃走，以免遭殃。

此事重大，張良想了想，對項伯說：「沛公現在身陷危急，我如果就這樣逃走，那不夠義氣了，我得通知他才行。」便將此絕密情報彙報給劉邦。

劉邦聽後面如土色，雖然他在函谷關阻撓項羽進入，但這畢竟只是一次小衝突，兩人在名義上都是楚懷王的部將，是同一陣線的，他根本沒有料到項羽竟然想以武力解決。這時，張良說話了：「您的兵力能不能頂得住項羽呢？」劉邦沉默了一會兒回答說：「那肯定是頂不住的，現在怎麼辦好呢？」

張良想了想說道：「現在只能請項伯幫忙，他是項羽的叔父，您向他說明絕不會背叛項羽。」

張良把自己曾有恩於項伯一事簡單說了一下，劉邦說：「那你趕緊請他進來吧，我把他當作兄長來看待。」

項伯本來只是想通知張良，敦促他遠離戰禍，並不想捲進過多的是非中。可是現在張良非但不逃，還把這事捅給了劉邦。事到如此，也只能好人做到底了。在張良的一再邀請下，項伯沒有辦法，勉強前去見劉邦。這時，劉邦已經想好一套說辭了。他一見到項伯，又是進酒，又是祝福，甚至提出結為姻親，然後解釋說：「我入關之後，秋毫無犯，收集吏民的籍冊，封存府庫，就是等著項羽將軍前來。函谷關事件，純粹是誤會，並不是要阻攔項將軍，而是用來防盜的。我日夜盼望項將軍前來，哪裡敢背叛呢？還望伯兄代我轉告將軍。」

看在張良的份上，項伯答應了下來，但是要求劉邦在次日清晨親自前往項軍駐地鴻門，與項羽會晤，化干戈為玉帛。劉邦除了答應之外，別無辦法。他與張良一晚上沒睡好，商量著第二天前往會晤項羽的對策。這無疑充滿風險，可是這也是唯一可能避免戰爭的機會。倘若一旦開戰，那結局只有一個，就是被項羽大軍徹底粉碎。

項伯火速趕回鴻門，把劉邦說的話向項羽作了一個彙報，並說道：「如果沒有劉邦擊破關中，您怎麼能長驅直入呢？現在如果攻伐有功之人，這是不仁不義的事，我看不如與他和解吧。」項伯是項羽的叔父，說話還是比較有分量。項羽聽他這麼一說，如果劉邦自願把咸陽城拱手相讓，省卻一番血戰，豈不是好事麼，便爽快地答應了。

有一人卻不同意，就是項羽的謀士范增。范增在軍中地位非比尋常，項羽尊之為「亞父」。他對項羽說：「劉邦以前貪財好色，可是入關中後，也不搜刮財富，也不寵幸美女，可見他的志向不小，不能把他放跑了。」項羽自認為擁有天下最強的武裝力量，打心眼裡就沒把劉邦放在眼中，在他看來，亞父范增也太小心眼了。

第二天一大早，劉邦帶著張良、樊噲以及一百名騎兵，前往鴻門拜見項羽。一見面，劉邦就態度謙卑，自稱為臣，這就表示項羽是他的上司了。他說：「臣與將軍戮力攻打秦國，將軍在黃河以北作戰，臣在黃河以南作戰，僥倖先入關中，今天得以同將軍見面，沒想到有小人暗中挑撥，使將軍對我有些誤會。」

項羽是個殘忍、驍勇的戰將，但玩政治不行，不夠圓滑，過於率真。他回答劉邦說：「這是你的左司馬曹無傷說的，不然我怎麼會對你有誤會呢？」這個回答可不是一般的錯誤，不打自招，把劉邦陣營中的內鬼供出來了。范增在一旁聽得急了，一定不能讓劉邦活著走出軍營！

項羽設宴款待劉邦，張良陪坐，樊噲與一百名軍士在帳外等候。這就是歷史上有名的「鴻門宴」。宴會上，賓主觥籌交錯，劉邦藉機說了許多好話，讚揚項羽蓋世功勳，項羽聽得飄飄然。此時，范增一直給項羽使眼色，並手舉佩帶玉玦。這是事先約定的暗號，暗示項羽要痛下殺手，可是項羽沉默不語。

范增當機立斷，出帳找來了項伯的堂弟項莊，囑咐他說：「你進去給劉邦敬酒，然後以舞劍助興為名，把他殺死，不然以後我們都會成為他的俘虜。」

項莊心領神會，進帳中向劉邦敬酒，然後說：「軍營中沒什麼娛樂的方式，我就表演一段劍舞吧。」說罷，拔劍起舞。張良心裡急了，項莊舞劍，意在沛公啊。他向項伯使眼色，項伯一看，好人得做到底了，因此也拔劍陪舞，站在劉邦面前，使項莊沒有機會下手。

張良心想這也不是辦法，他急忙跑出帳外，找來了樊噲，跟他說明情況的危險。樊噲原本是個屠狗的，身強體壯，聽了張良的話後，暴跳如雷，當即左手持盾、右手持劍，硬往裡面闖。衛兵想攔住他，結果被他撞倒。就這樣，樊噲闖到了宴席上。當時在場的所有人怔了一下，原本喧囂的酒宴突然平靜下來。

項羽的座位正對帳門，他挺胸按劍猛喝道：「來者何人？」張良趕緊答道：「這是沛公的侍衛樊噲。」項羽將按劍的手鬆開，讚道：「真是一名壯士啊。」下令賞他酒與生豬肩。樊噲也不客氣，接過酒咕咚一下就喝完，把生豬肩放盾牌上，用劍切開來吃。項羽武功蓋世，對勇武之人很欣賞，於是便又問：「壯士還能不能喝酒？」

樊噲回答道：「我死都不怕，何況是喝酒呢？請將軍聽微臣說一句話：秦國有虎狼之心，殺人如麻，刑人無數，以致天下群起而叛之。當時，楚懷王與諸將約定，先擊破秦國入咸陽者可以稱王。如今沛公先行破秦，攻佔咸陽，卻秋毫無犯，分文不取，退守霸上，等待將軍前來，勞苦功高，不僅沒有得到封爵，反而被奸人陷害，以至於將軍要誅殺有功之人。將軍這樣做，與暴秦沒有兩樣。」

項羽聽後沒有作答，只是請樊噲入座，酒宴繼續進行。由於樊噲的闖入，在劉邦旁侍坐，項莊要藉舞劍刺殺劉邦的計畫不能成功了。可是張良明白，范增勢必要致劉邦於死地，這裡仍然殺機四伏，不可久留，便密囑樊噲，一有機會立即護送劉邦返回霸上。

不一會兒，劉邦起身上廁所，樊噲、張良尾隨而去。出帳後，張良馬上讓樊噲護送劉邦從後門溜走，取小道回到霸上軍營。

張良留了下來，他估算著劉邦與樊噲差不多已經安全了，這才重新回到帳中，向項羽叩謝道：「沛公不勝酒量，喝得有點醉了，不能來向將軍辭行，特地差我獻給將軍白璧一對，獻給亞父玉斗一雙。」項羽又問道：「他現在在哪了？」張良再拜道：「沛公擔心將軍責備，故而先行告退，已經回軍營了。」

項羽一聽劉邦已經不辭而別了，並不以為然，因為劉邦已經屈服於他了。可是亞父范增卻氣得直跺腳，他將張良所獻的玉斗扔在地上，拔出利劍擊得粉碎，指著項羽大罵道：「豎子不足與謀！以後奪取天下的，必是劉邦，我們都得成為階下囚了。」

幾日後，項羽的大軍挺進咸陽城。雖然秦已滅亡，但項羽仍然充滿仇恨，四十萬大軍在咸陽燒殺搶掠。大批百姓死於屠刀之下，被廢的秦王子嬰也沒能倖免於難，秦宮殿被一把火燒了足足三個月，金銀財寶與女人成為被掠奪的對象。秦地百姓對這支殘暴的義軍大失所望，項羽也隱隱地察覺到了這種無言的不滿。曾經浮華富麗的城市，變成一片廢墟，他便不想久留在此地，準備率軍東歸。這時，有人對項羽說：「關中地形險要，阻山帶河，土地肥沃，這可是一塊可資稱霸的地方。」項羽卻答道：「富貴不歸故鄉，就像身著華麗的錦衣在夜間行路，誰看得到呢？」

在勝利面前，在權力、富貴面前，人性的弱點是顯而易見的，項羽是這樣，劉邦也是這樣，並無不同。但兩人的區別在於，劉邦貪財好色，但他最後能採納別人的建議，避免滑落到權力與富貴的陷阱之中；而項羽剛愎自用，聽不得別人的意見，唯武力是崇，推行恐怖主義政策。

項羽的缺點在於自負，這是致命的自負！

秦帝國倒了，剩下來的，就是一場瓜分權力的盛宴。誰來主持這場盛宴呢？楚懷王是名義上的元首，可是他不過是項梁、項羽叔侄立的一個傀儡罷了。剛開始時，項羽還給楚懷王一點小面子，請示道：「要如何封賞功臣呢？」楚懷王回答說：「按照以前的約定。」項羽一聽，滿心不高興了。以前的約定，是楚懷王與諸位將領的約定，終究誰才是老大？這個小子屁股坐在王座上，還真當自己是老大了。

項羽不幹了，他把各路義軍頭頭叫過來，對大家說：「懷王只不過是我們項家所立，沒有任何征伐之功，憑什麼有分封諸王的權力呢？只是天下暴動剛興起時，不得不藉助六國君主後裔的號召力。這三年來，披堅執銳、衝鋒陷陣的，都是在座諸位與項某人的功勞。」大家一聽，這話說得好，您瞧，項羽都說了，我們在座的都是有功之人，怎麼說也得裂土為王，是吧？這麼一來，大家紛紛表態，項將軍說得有道理，我們就聽您的。

楚懷王礙手礙腳的，項羽索性把他趕到江南，扔給他一個「義帝」的名號，其實有名無實，自己則稱「西楚霸王」，主持分封諸侯的事宜。

項羽這個人，會打仗，但不懂政治，他的思想還停留在春秋戰國時期「霸主」的水準上，從這點看，他不如秦始皇。

秦始皇嘗試的帝國郡縣制，雖然並不完善，但體現一種歷史趨勢，這個趨勢就是大一統的觀念、中央集權的觀念。為什麼要搞中央集權，因為諸侯制的弊端是顯而易見的，那麼多諸侯國同時存在，兼併戰爭就不可避免。但是項羽卻認為自己很強大，諸侯國誰敢跟他較量呢？不是找死嗎？所他完全廢棄郡縣制，大封諸侯。

更要命的是，項羽在分封諸侯的過程中，完全出於一己之私，隨心所欲，標準混亂不堪。受封的諸侯王總共十八人，分別是：雍王章邯、塞王司馬欣、翟王董翳、西魏王魏豹、河南王申陽、韓王韓成、殷王司馬卬、代王趙歇、常山王張耳、九江王英布、衡山王吳芮、臨江王共敖、遼東王韓廣、燕王臧荼、膠東王田福、齊王田都、濟北王田安、漢王劉邦。

這個分封的結果，只是為戰爭埋下伏筆。為什麼這樣說呢？不合理的因素太多了。

首先就是秦國三個降將瓜分了關中之地：章邯為雍王、司馬欣為塞王，董翳為翟王。這個結果很難令人信服。關中是劉邦拼了老命才奪得的，並且當年楚懷王有言在先，誰先佔領關中，誰就稱王。劉邦浴血奮戰時，章邯、司馬欣、董翳三個人在幹什麼呢？充當暴秦的打手，正在鎮壓起義軍呢！這三個反動派只是到了走投無路時，才無奈向項羽投降，沒有清算罪行就算不錯了，怎麼項羽還封三人為王呢？項羽有自己的考慮。章邯驍勇善戰，項羽要利用他來對付劉邦。劉邦被封為漢王，領地為巴、蜀及漢中，章邯等人據守關中，便可以遏制劉邦挺進中原，這是項羽的如意算盤。

其次，反秦有功的英雄豪傑沒有封王，大失人心。反動派章邯、司馬欣、董翳都封王，而在反秦戰爭中作出重大貢獻的義軍首領陳餘、彭越等人，卻沒有撈到好處。項羽的傲慢帶來非常嚴重的後果，彭越後來成為他最危險的敵人之一。項羽分封諸王，不是考量其功績，而是以自己的好惡為標準，對異己份子採取打擊排斥手段。比如說齊宰相田榮，因為曾經拒絕與項羽合作，沒有得到分封，而他的部下田都、田福居然都成了諸侯王，這豈不令他火冒三丈？後來田榮成為反項戰爭的急先鋒，不是沒有道理的。

最後，對諸侯王的地盤隨意變更。在反秦戰爭期間，為了增強凝聚力與號召力，被秦所滅的六國先後復國，其王分別楚懷王、趙王趙歇、魏王魏豹、燕王韓廣、韓王韓成、齊王田市。楚懷王被項羽趕到江南，架空了；魏王的魏國被項羽獨佔，魏豹改封西魏王；趙王的趙國改封給趙國宰相張耳，趙歇被趕到代國；齊國的地盤改封給齊國將領田都，田市被趕到膠東；燕國的地盤改封給燕國將領臧荼，韓廣被趕到遼東。所以便出現很搞笑的一幕，以前這些諸侯王的地盤，都被手下的大將霸佔了，而國王被趕到偏遠的地方。為什麼項羽要搞這套把戲呢？在他看來，現在是新權貴代替舊權貴，就像自己趕跑楚懷王一樣，他覺得把這些舊諸侯王趕跑了，自己的做法就變得名正言順了。

從以上的分析可以看出來，項羽的政治頭腦，確實太簡單、太幼稚了。分封諸侯這樣的大事，他竟然像是當兒戲。更可笑的是，他是在建立一個國家嗎？根本不是。根本沒有一個中央政府，雖然周代也實行分封制，但好歹有個中央政府，可是項羽的政治知識貧乏到這種地步。他不是在建立一個國家政權，而是建立了十幾個地位平等的國家。你說，這樣的結果，不打仗才怪呢。

果不其然，戰爭很快就爆發了。

三、改變人生命運的一吼

戰爭的到來，一點也不奇怪。

項羽的盲目封王，產生了惡劣的後果。被貶到漢中的劉邦很鬱悶，沒有受封的田榮更鬱悶！兩件事使田榮對項羽恨之入骨。第一件事，秦國將領章邯竟然被封為雍王。當初，田榮與堂哥田儋起兵反秦，被章邯打得大敗，堂哥田儋被殺，他自己也險遭毒手。現在秦國完蛋了，可是仇敵竟然搖身一變為諸侯王，這口氣他怎麼嚥得下？第二件事，田榮是齊國的宰相，他其實有機會自立為王，可是田儋死後，他立了田儋的兒子田市為王。如今田市被封膠東王，齊國將領田安被封濟北王，田都被封齊王，可是他田榮呢？什麼都沒有，就是因為他以前拒絕與項羽合作，項羽給他小鞋穿。

如今項羽以霸主的身分，把齊國一分為三，架空田榮，田榮不幹！田榮要讓項羽瞧瞧，在三齊之地，是老子說了算的。田榮對田市說，項羽要把你趕到膠東去，你不要聽他的，你繼續當你的齊王，看他能奈你何。田市心裡害怕，想到項羽的強大與暴戾，他不敢不從，於是偷偷跑到膠東了。田榮大怒，索性把田市抓起來殺死，又發兵攻打田都與田安，結果田都被趕跑了，田安被殺死了。田榮乾脆自立為齊王，跟項羽幹仗。

因為沒有受封而對項羽十分不滿的還有彭越、陳餘。彭越這時有一萬多人，是一支獨立力量。田榮便乘機封彭越為將軍，讓他率領軍隊進攻項羽的西楚。陳餘也跑來找田榮，自告奮勇帶一支軍隊攻打張耳的常山國。

反秦戰爭的帷幕剛落下，諸侯戰爭的烽火便點燃了。

這就是項羽自負所帶來的後果。

田榮率先挑起反對項羽的戰爭，有一個人偷著笑了。

這個人就是漢王劉邦。

當項羽宣布將關中之地封給章邯、司馬欣、董翳三位秦國降將時，劉邦氣瘋了。在劉邦眼裡，自己才是關中王，這不是當時的約定嗎？當他得知自己被封中偏遠的漢中、巴蜀時，劉邦心頭之火就冒上來了。當時巴蜀是什麼地方呢，在秦帝國時犯人們的流放地，道路艱險難行，正所謂「蜀道難，難於上青天」。所以，劉邦的第一反應，我不是封王，是被發配流放了。他娘的，老子要豁出去跟項羽拼命了！

這時，蕭何站出來，不緊不慢地說：「在漢中稱王，再糟糕也總比去送死好吧。」劉邦怒斥道：「何以見得會死呢？」蕭何不慌不忙地答道：「我們憑這點實力，與項羽作戰，百戰百敗，不是送死是什麼呢？您還是先到漢中稱王，安撫百姓，招納賢才，憑藉巴蜀的資源，我們還是有機會殺回三秦，到時就可以奪取關中，窺視天下了。」

經蕭何這麼一說，劉邦也冷靜下來了。要是自己真有實力，也不用在鴻門宴上向項羽屈膝了，如今還不是與西楚霸王爭奪天下的時候，只能先忍辱負重，耐心等待時機了。

劉邦率數萬人馬，開始轉移到封國，一路上地形崎嶇，翻山越嶺，在一些陡峻的懸崖峭壁上，只有棧道可行。棧道是一種很特殊的路，是在懸崖上鑿出一排孔穴，然後插入木棒，鋪上木板，成為一條在絕壁上懸空的道路。不僅是人要行走在其上，馬匹、輜重也要通過這種危險道路，一路上必須小心翼翼，稍有不慎便可能摔下深淵，粉身碎骨。這對所有人是意志的巨大考驗，一路上充滿了驚心動魄的凶險，也使士氣跌落到冰點。

張良建議，通過棧道後，就放一把火把這些通道燒掉，其目的有兩個：第一，是預防章邯、司馬欣、董翳這三位秦王的突襲；其二，擺樣子給項羽看，說明我劉邦就準備心甘情願當漢王了，進了漢中巴蜀，不想東返了。

這一年是西元前二〇六年，也是西漢紀年的開始。

劉邦接受了分封，他自己沒有想到，一個偉大的王朝已初見雛形了。日後他奪取天下後，王朝延續了「漢」的名稱。這不僅是中國歷史上最強大的一個王朝，而且「漢」還成為世界上最龐大的民族的名稱。這個結果，當然西楚霸王項羽也是想不到的。

就在劉邦進入漢中時，有一個人前來投奔。

他原本是項羽麾下的一名軍官，但得不到重用。心灰意懶之下，他聽說漢王劉邦心胸寬廣，便抱著僥倖的心理，萬里迢迢地來到這偏遠之地。但是他很快又失望了，因為在這裡，他仍然沒沒無聞。在長吁短歎之中，一場災難從天而降，他被捲入一個案件中，被判處死刑。

在刑場上，同時被處斬的還有其他十三人，他是最後一個。一顆顆的人頭被鋒利的大刀砍下，從項上跌落到地上，鮮血四濺，很快就要輪到他了。當劊子手舉起大刀時，他內心掙扎著：我不能這樣死去，天生我材，就是要成就一番事業的。

突然間，他爆發出一聲大吼，衝著監斬官夏侯嬰喊道：「主上不是想要得到天下嗎？為何要殺壯士？」

這聲反抗命運的一吼，把他從死神面前拉了回來。

夏侯嬰以驚奇的目光看著他，見他相貌堂堂、氣宇軒昂，暫停行刑，將他釋放，經交談後發現他有一腔才學，非尋常之輩，便立即向劉邦報告。劉邦著實有容人雅量，見夏侯嬰為此人求情，便赦免其罪，並且毫不吝嗇地讓他擔任治粟都尉。

這位以一聲猛吼改變人生的壯士，就是未來叱吒風雲的一代名將韓信。

這位軍事奇才的早年，卻沒有多少值得稱道的事蹟。

韓信是淮陰人氏，他人生的第一個挑戰就是貧窮，因為他不幸出生在一個貧苦之家。艱苦的生活，令早年的韓信備嘗辛酸。他厭惡貧窮的日子，發誓總有一天會扭轉人生的命運，可是夢想離現實很遙遠。俗話說：「倉廩實而知禮節。」在食不果腹的韓信眼中，什麼仁義禮信這些道德觀念統統跟他無關，吃飯才是最重要的事情。從小開始，他便沾染上一些壞毛病，有點無賴，臉皮厚。在時人眼裡，這是個沒有品行的小青年。地方政府在選擇官吏時，根本不會考慮他這種品行有虧的人。

當然，韓信想改變自己的人生，他很刻苦，鑽研軍事，研究兵法，希望有一天能成為國家棟樑。可是天才也怕入錯行，他有經天緯地的抱負，卻沒有解決生計的本領，既不會耕田種地，也不會經營生意。一句話，他什麼也不會。

可是日子還是要過，怎麼辦呢？只能死皮賴臉了，賴在親戚家，賴在朋友家，吃他們的，住他們的。不用說，很快他就遭到大家的唾棄了，幾乎所有人都非常討厭他，當他是喪門星。實在混不下去時，甚至淪落到向人乞討的地步。

有一個人與韓信還算要好，欣賞他的才能，這個人是南昌亭長，韓信就跑到他家中寄食，一住又是幾個月。可是亭長夫人卻氣死了。你想想，一個七尺男兒，不幹活，天天白吃白喝的，誰家的家庭主婦受得了？剛開始，亭長夫人還能勉強忍受，時間越長，越覺得一肚子氣。後來，她乾脆想了一個辦法，清晨一大早就起來做飯，然後把飯端進內屋吃。到了早餐時間，韓信又像往日一樣，厚著臉皮前來吃飯，可他等了很久，也沒見女主人把飯端出來。不要看韓信是個落魄得一無所有的浪子，作為人最起碼的自尊心還是有的，他明白女主人的用意了，一怒之下，拂袖而去，此後再也沒有走進過亭長的家裡。

沒有地方吃飯了，怎麼辦呢？饑腸轆轆的韓信只好拿了根魚竿，到城下的小溪裡釣魚，可是釣了半天，沒有釣上一隻。此時，溪邊有一些老婦人正在那漂洗衣服，有一位漂母見到韓信窘迫不堪的樣子，於心不忍，便給了他一些米飯吃。韓信實在餓壞肚子了，他接過米飯，狼吞虎嚥便吃起來。接下來一連數十日，韓信天天到城下釣魚，多數時候是釣不著，但每次這位善良的漂母都給他米飯。韓信心懷感激地說：「將來我一定要重重報答漂母。」漂母一聽，非常生氣地答道：「你是一個男子漢大丈夫，卻不能自食其力，我只是因為可憐你才給你飯吃，哪裡想要你的什麼報答！」

看來韓信的早年，混得真是夠慘的，或者是老天爺要讓他在苦難中磨練吧。當時，淮陰城中很多人都認得這個被視為爛人的韓信，他居然淪落到了靠漂母餵食的地步，真是全無人格的傢伙。大家更氣憤、更看不順眼的是，這個爛人居然還以武人自居，雖然窮困潦倒，可是還經常佩帶一柄劍。有一回，韓信正佩著劍在路上走，遇到一個殺豬的流氓。他帶著一群嘍囉，攔住了韓信，當眾侮辱道：「你這小子雖然長得人高馬大的，還喜歡帶著刀劍，其實你就是個膽小鬼罷了。」

韓信不打算理睬他，準備繼續往前走，可是被這夥人圍住了。這時，這個流氓更得意了，放話道：「韓信你要是有種的話，就拿劍刺我；要是沒種的話，就從我胯下爬過去吧。」韓信一聽勃然大怒，他下意識地一按腰間劍，想拔劍結果這傢伙的性命，可是這個念頭一閃而過——不行，我要宰了他，勢必也要枉送自己的性命。人經常會在衝動的時候，做出出格的事情，甚至是一失足成千古恨。韓信在霎那之間，想著自己忍受了這麼多的白眼與辛酸，就是一直在等待能有飛黃騰達的一天，今天豈能因為一念之差，殺死潑皮，然後自己也掉腦袋，讓自己的雄心壯志付諸流水呢？因為一個潑皮而死，不值得！

想到這裡，韓信緩緩地鬆開握劍的手，將衣袍一撩，把心一橫，他娘的，好漢不吃眼前虧，竟然俯身從那個潑皮流氓的胯下鑽過去了。這是他一生中最難堪的時候。當時整個集市裡的圍觀者都哄然大笑，然後搖搖頭，真是大爛人一個啊，不可救藥了。

韓信學習兵家之學有些不合時宜。秦始皇一統中國後，諸侯戰爭結束了，在一個和平的年代裡，兵家之學沒有用武之地。可是誰都沒有想到的事情發生了，秦始皇一死，秦帝國的大廈就開始搖搖欲墜了，陳勝與吳廣率先發難，很快，反叛的烈火熊熊燃燒了。韓信的機會來了。

可是韓信的霉運還沒結束，他投靠項羽卻不受重要，投靠劉邦險些在刑場上掉了腦袋。在生死關頭，韓信以一聲大吼，不僅起死回生，還改變了人生的命運。

在很多人看來，韓信太幸運了，不僅躲過一死，而且因禍得福，還升了官。可是治粟都尉這種後勤官，對韓信來說，真是太沒有誘惑力了。他是個自信力超強的人，自己胸中有萬卷兵書，可是為什麼英雄卻無用武之地呢？有一個人開始賞識他，這就是宰相蕭何，他實際上也是軍隊後勤的總負責人，跟韓信來往多了，兩人常談論軍事政治，韓信見解深刻，對天下形勢的分析令人信服。蕭何心裡暗暗稱奇，對韓信很是佩服，多次在劉邦面前舉薦，可是劉邦並沒有在意。

韓信對前途徹底悲觀了。有一天晚上，他下定決心，離開漢營，拉了一匹馬上路了。有人向蕭何彙報說，韓信逃了。蕭何一聽，二話沒話，也拉了一匹馬，快馬加鞭，就跑去追韓信了。

蕭何走得匆忙，沒來得及通知漢王，劉邦還以為宰相也逃走了，失魂落魄，惶惶不安。可是兩天後，蕭何回來了，而且把韓信也帶回來了。

當劉邦得知蕭何離開兩天，只是為了追一個治粟都尉，他氣歪了鼻子，大罵道：「逃跑的將領都已經有十幾人了，你都沒去追，現在你說去追韓信，這不是在蒙我嗎？」蕭何不急不徐地回答說：「其他那些逃跑的將領都平常得很，可是韓信不同，他是個人才，國士無雙。如果您只想蝸居在漢中也就算了，如果想爭奪天下，那一定要重用韓信。」

對於蕭何，劉邦是信得過的。他心裡想，既然蕭何快馬月下追韓信，想必韓信必定有過人之處，於是便對蕭何說：「行，看在您的面子上，我就讓韓信當將軍吧。」蕭何搖搖頭說：「如果只是普通將軍，也是留不住韓信的。」劉邦聽蕭何這麼一說，索性回答道：「那就讓他擔任大將吧。」蕭何拜謝道：「這樣最好了。」

此時的韓信，既沒有赫赫戰功，也不為人所熟悉，在軍隊中的地位也很一般。劉邦有個優點，用人不疑，雖然他並不了解韓信究竟有什麼本領，但他深知蕭何的為人，一心為公、不愛出鋒頭、做事踏實，能如此舉薦韓信，必定有其道理。

劉邦打算召韓信前來，拜為大將。蕭何又說道：「拜將是個大事，不能這樣招來呼去的，應該要選定良辰吉日，齋戒設壇，在禮節上要周全，在眾將士面前，拜韓信為大將。」劉邦一聽，好吧，你蕭相國怎麼說，我就怎麼做吧。

登壇拜將的事，在軍隊中傳開了。可是什麼人來擔任大將，誰也不清楚，像周勃、曹參、樊噲等將領都盤算著，這大將的頭銜捨我其誰呢？誰料最後走上將壇的，居然是差點被砍了腦袋、名不見經傳的治粟都尉韓信。這個結果，是所有人都想不到了，難道是漢王瘋了？

事實證明，劉邦的這一決定，對他最後贏得天下起到了至關重要的作用。

韓信很快便向劉邦證明了自己的價值。他首先分析了項羽的種種弱點所在：剛愎自用、妒賢忌能、任人惟親，在分封諸侯一事上嚴重不公，又流放義帝，軍隊殘暴，荼毒生靈。韓信建議漢王劉邦先取關中，平定三秦。他分析說：被分封為王的章邯、司馬欣、董翳三人，本是秦國將領，投降項羽後其部下二十萬人遭到坑殺，這二十萬人都是關中子弟。他們雖然被分封關中稱王，但完全喪失民心，所屬軍隊都是烏合之眾。而漢王當年入關中後，廢除秦國苛法，與百姓約法三章，深得秦人的擁護。只要果斷出擊關中，勢必一呼百應，三秦之地，定可指日而收。

這一番分析，透徹明晰，一針見血，劉邦聽後不禁拍手稱好，大喜過望，只恨自己與韓信相見太晚了。劉邦的性格中，有一點相當重要，就是有決斷力，他可以在極短的時間裡做出決定，並付諸實行，從不拖泥帶水，貽誤時機。他馬上下令全軍總動員，準備重新奪回關中。這距離他入漢中的時間，僅僅過了四個月。

楚漢爭鋒，誰將是勝者？

四、三萬打垮了五十六萬

兵者，詭道也。

這是千古不變的戰爭法則。

劉邦是有備而來的。四個月前，漢軍入漢中時，劉邦依張良之計，燒掉了棧道，以示絕東返之心，這只是疑兵之計，用來迷惑項羽的。如今齊楚戰爭爆發，對劉邦來說，正是進取關中的最佳時機，時不可失，失不再來。

為了達成戰役發起的突然性，韓信獻上「明修棧道、暗渡陳倉」之計。根據這個計畫，劉邦派人開始大張旗鼓地重修棧道，這是做給據守關中的章邯等人看的，只是一個迷惑敵人的伎倆；與此同時，漢軍主力卻翻山越嶺，經過艱難的跋涉，走小道穿越峽谷，進抵陳倉，出其不意地殺入三秦。

章邯做夢也沒想到漢軍竟然來得這麼快。他倉促之下，率軍趕往陳倉，與漢軍會戰。章邯曾經是秦帝國的第一名將，然而今非昔比了，他曾統率的那些能征善戰的士兵，已經都被項羽坑殺了，如今麾下只是些烏合之眾，焉有戰鬥力，很快便被漢軍打得丟盔卸甲，潰不成軍了。經過幾番會戰後，章邯的軍隊損失殆盡，塞王司馬欣、翟王董翳舉旗投降。

關中之戰，果然如韓信預料的那樣，在漢軍的閃擊下，很快就取得全面勝利。

東面的田榮吞併三齊，而西面的劉邦橫掃三秦，西楚霸王項羽這下有點為難了，是先掃平田榮呢，還是先打擊劉邦呢？

張良摸準了項羽的脾氣。他寫了一封信給西楚霸王，聲稱漢王劉邦之所以發動戰爭，只是要奪回屬於自己的地盤，這是當初楚懷王與諸將的約定。現在既然已經奪取關中，目的達到了，就絕不會繼續向東進攻。同時，張良還警告項羽，佔據三齊的田榮才是西楚最危險的敵人，他誇大其辭地說：「田榮的目的，就是要聯合趙國，一舉消滅西楚。」

項羽被張良耍了，他決定先掃平田榮，消滅東部的叛亂。可是這時，項羽卻犯了一個致命的錯誤。在出兵前，他覺得義帝（即楚懷王）的存在始終是個威脅，雖然無權無勢，但在名義上還是各路諸侯共尊的元首，不如斬草除根算了，便派人處死義帝。這麼一來，他成了弒君者，在政治上居於很不利的地位了。

不過，項羽在軍事上的優勢還是相當明顯。西元前二〇五年初，項羽率大軍對田榮發起強大的攻勢，戰爭出現了一邊倒的局面，田榮很快被打得大敗，最終被殺死。項羽另立田假為齊王，可是齊國戰事並沒有結束，田榮的弟弟田橫收拾殘兵敗將數萬人，擁立田榮的兒子田廣為齊王，繼續抵抗項羽的西楚兵團。

正當項羽在東方陷入戰爭的泥潭時，劉邦藉此大好時機，拼命地向東進攻。

漢軍東渡黃河後，先後擊破並收降西魏王魏豹與殷王司馬卬，而後在洛陽新城，劉邦為義帝發喪，三軍縞素，強烈譴責項羽流放並殺害義帝大逆不道的殘暴行為，號召各諸侯共同出兵，誅殺項羽。說到對政治的理解，項羽遠不及劉邦，他只是個唯武力論者，只知道採用武力手段高壓統治，而劉邦顯然技高一籌，利用義帝被殺一事，大作文章，以爭取得到諸侯國的認同，並且由此而成為反項集團的盟主。

這種政治作秀是必要的手段，而且也確實收到成效。趙國響應劉邦的號召，加入反對項羽的行列，曾經在田榮麾下效力的彭越也率三萬人馬歸附劉邦。

劉邦的軍事力量如滾雪球一樣地膨脹。自從出漢中以來，他先後擊破雍、塞、翟、西魏、殷五個諸侯王，趙國與彭越又前來歸附，他手上的兵力已經達到了五十六萬人的驚人數量。而這個時候，霸王項羽卻仍然未能撲滅齊國的抵抗力量，西楚軍隊的主力幾乎都集中於三齊之地，首府彭城的守備嚴重空虛。

劉邦現在面露喜色，指揮五十幾萬大軍猛撲項羽的老巢彭城。

勝利是如此輕而易舉，彭城很快淪陷了。劉邦這回真是樂開心了，以前秦首都咸陽的金銀財寶與美女，都被項羽掠回彭城，沒想到如今時來運轉，又落入劉邦之手了。他開始得意忘形了，日日酒宴，夜夜笙歌，不知今夕何夕了。

當然，劉邦並沒有忘記，項羽的軍隊還沒有被消滅。但他有點不以為然，自己擁有五十幾萬的大軍，而項羽的主力身陷齊國戰場，就算能調動一部分軍隊回援，在數量上，也遠遠不及自己的，有什麼可擔心的呢？

當項羽得知老巢被端掉時，他雷霆震怒，劉邦算什麼東西，憑他也可以興風作浪？項羽留下大部隊繼續與田橫的叛軍作戰，自己則親率三萬精兵，馬不停蹄地殺回彭城。三萬人對五十六萬人？這個兵力對比是一比十九！項羽莫非瘋了？在尋常人眼裡，這確實是不可思議的瘋狂。但項羽是何等人，當年在鉅鹿城下，以寡擊眾，大破秦軍的英雄，不正是這位西楚霸王麼？

比拼政治，項羽不如劉邦；比拼打仗，那劉邦就遠不及項羽了。劉邦雖然有十九比一的兵力優勢，但這些由各路諸侯拼湊起來的軍隊，有一些就是烏合之眾，沒什麼戰鬥力，而且指揮系統也比較混亂。而項羽的三萬精兵，卻是久經沙場、富有經驗、勇猛異常的精銳騎兵。

彭城之下，項羽再顯霸王本色，三萬精兵在劉邦五十幾萬大軍之中，左衝右突，如入無人之境。漢軍人多勢眾的優勢不僅沒有展現出來，反而一些收羅來的烏合之眾開始抱頭逃竄，整個防線完全被摧毀，劉邦也沒法制止潰兵的逃亡。很快，這場大會戰成為一場大潰敗。在漢軍陣後，是泗水與谷水的交匯段，大批士兵搶著過河。在大混亂之中，很多士兵淹死於水中，來不及渡河的人則成為西楚鐵騎下的犧牲品。彭城一戰，反項集團的士兵喪生者多達十餘萬人。

戰鬥還沒有結束。項羽奪回彭城後，得勢不饒人，越過泗水後，繼續窮追猛打。此時漢軍完全喪失鬥志，只有挨打的份，根本無還擊之力。西楚兵團追擊到靈璧，這裡背靠睢水，漢軍再度成為甕中之鼈，任由項軍宰割。項羽的軍隊士氣旺盛，連續作戰，把十餘萬漢軍趕下睢水。睢水上浮屍成堆，河流為之阻斷，河水漫過兩側的水岸。

劉邦也險些成為項軍的俘虜。正當危急關頭，老天爺總算幫了一回忙，戰場上突然狂風四起，飛沙走石，白晝如同黑夜。劉邦藉天色巨變，殺出重圍。他拉了一輛馬車，載著自己的兒子與女兒，身後西楚騎兵苦苦追趕。劉邦嫌馬車跑得太慢了，一狠心，把自己的一對兒女扔下車。可夏侯嬰跳下去把他們又抱了上來，劉邦氣得半死，拔出刀子想殺了夏侯嬰，但夏侯嬰不為所動，不放棄兩條小生命。這一仗劉邦慘敗到何等程度，為了逃跑，他六親不認了。不過還好，一陣狂奔後，總算逃了出來。可是，劉邦的父親劉太公與妻子呂雉就沒那麼幸運了，被西楚兵團所俘虜，成為人質。

短短幾天時間，項羽憑自己的驍勇，以迅雷不及掩耳之勢打垮了劉邦的軍隊，再次捍衛了霸主不可動搖的地位。這位軍事奇才的進攻，其疾如風，其掠如火，令人膽戰心驚。原先歸附了劉邦的塞王、翟王、西魏王等，紛紛倒戈，重新投降項羽。劉邦幾乎成為孤家寡人了，他四處收集殘兵，向西敗退。

項羽沒有能夠斬草除根，雖然他取得了彭城之戰的光輝勝利，但兩線作戰的弊端開始顯露出來。當項羽從齊國戰場抽調三萬名精銳後，田橫乘機展開大反攻，打垮了西楚霸王扶植的齊王田假，平定三齊，又一次將西楚的勢力趕出去了。東線戰事遲滯了項羽對漢軍的毀滅性一擊，使劉邦獲得短暫的喘息之機。

劉邦敗退到滎陽，一些失散的士兵陸續返回，軍勢稍振。更重要的是，作為後勤大管家的蕭何表現極其卓越，他以最快的速度，在關中大本營重新組建了一支後備部隊，奔赴滎陽前線，大大增強了前線的守備力量。面對西楚騎兵的巨大威脅，劉邦命令由灌嬰組建騎兵部隊，由兩位前秦國騎兵將領擔任指揮官，在滎陽城以東同西楚騎兵展開一次大會戰，終於大敗西楚騎兵，滎陽前線一帶的戰局逐漸穩定下來。

劉邦親自指揮的東征，成果全部毀於一旦。但是這場開動了的戰爭，已經無法停止了，在劉邦與項羽之間，不是你死，就是我亡。

彭城之戰後，形勢對於劉邦十分不利。一方面漢軍對項羽有一種畏懼心理，五十六萬人的大軍都被區區三萬西楚騎兵擊敗，這豈不讓漢軍士兵聞之喪膽麼?另一方面，魏、趙等同盟又紛紛叛漢歸楚，項羽對諸侯的掌控力仍然很強。

下一步要怎麼辦呢？

在此重要關頭，劉邦做出一個明智的決定：讓韓信獨當一面，率領一支軍隊，掃蕩北方對抗漢政權的諸侯國。西元前二〇五年秋，韓信臨危受命，率領東征兵團開赴魏國前線，開始他獨當一面的軍事生涯。

韓信的北方之戰，下節詳述，此處先略過。且說劉邦作出分兵的決定後，在滎陽戰場上，漢軍面臨空前的壓力，西楚霸王項羽準備發動一場大規模的軍事打擊，以期一舉消滅劉邦的力量。

項羽決定親征滎陽，拿下劉邦楔入中原的這個戰略要地。

西元前二〇四年夏，項羽揮師西進。在強悍的西楚兵團的猛攻下，滎陽很快被包圍，形勢極為危急。滎陽城的守軍浴血奮戰了一個月，眼看城中的糧食一天天地減少，將士的傷亡越來越大，劉邦開始焦急起來。一旦城池淪陷，他也將成為楚軍的俘虜了，怎麼辦呢？

漢軍將領紀信為了掩護劉邦逃出滎陽城，設計了一個掩人耳目的逃跑方案。紀信假扮為漢王，向楚軍提出投降的要求。午夜時分，滎陽東城門打開，在一支隊伍的護送下，這位假漢王坐在王車上，出城投降。而真正的漢王劉邦，卻乘楚軍不備時，只率數十人，在黑夜的掩護下，從西門奪路而逃。項羽發現投降的居然是個假漢王，殘忍地燒死紀信，並且重新發動對滎陽城的進攻。

劉邦脫身後，逃回關中，又召集了一支軍隊，重新返回戰場，以解滎陽之圍。劉邦進駐滎陽西南的宛城，牽制楚軍。項羽正懊惱居然中了這個老對手金蟬脫殼之計，不想現在又自投羅網，心中一喜，立即分兵南下，進攻宛城。劉邦堅守不出，因為他手中還有一支奇兵，這就是在彭城戰役中被打散的彭越兵團。

彭越率領的原本是一支獨立武裝，內戰全面爆發後，他先是投靠田榮，後來田榮敗亡，轉而投靠劉邦。彭城大敗後，彭越收攏殘兵，在中原打起游擊戰。在項羽主力圍攻滎陽時，他屢屢率部截斷楚軍的糧食運輸通道，給楚軍造成很大的麻煩。在劉邦的指示下，彭越兵團乘著楚軍主力集中於西線之機，渡過睢水，進攻下邳，大破楚軍，斬殺大將薛公，兵鋒直指項羽的老巢彭城。

為了確保老巢的安全，項羽只好再次分兵，一部分兵力繼續圍困宛城，自己則率精銳騎兵東返，迎戰彭越兵團。楚軍的戰鬥力再次得到證明，項羽以迅雷不及掩耳之勢，大破彭越兵團，彭越落荒而逃。在項羽主力東返後，圍困宛城的楚軍很快便被劉邦打垮了。劉邦迅速揮師北上，佔領滎陽以西的城邑成皋，離滎陽城只有咫尺之遙了。

但是項羽很快讓劉邦明白，什麼是雷霆之兵。擊敗彭越後，項羽兵團沒有任何休整，又星夜急馳，殺回滎陽城。這簡直是一支魔鬼兵團，從來不知勞累困頓，永遠保持旺盛的鬥志，可見項羽在領兵打仗上，確實有極高的天分。被圍困三個月的滎陽城，早已缺兵少糧，終於抵擋不住楚軍狂風驟雨般的進攻，最終淪陷，守將周苛被項羽烹殺。

面對楚軍凌厲兇悍的攻勢，劉邦只能望滎陽城而興歎。滎陽城淪陷後，成皋便成為項羽下一個獵食對象了。成皋的防禦工事不如滎陽城堅固，看來是守不住了。

天地蒼茫，要逃往何處呢？就這樣夾著尾巴、灰溜溜地逃回關中大本營？劉邦不幹。關中的兵力動員已經接近極限了，連超過服役年齡的老兵都重新徵召，披甲上陣了，如果就這樣退回去，再難組織起強大的兵力了，等於放棄與項羽爭奪天下了。他還有一支精銳部隊堪用。這支部隊就是掃蕩北方諸侯的韓信、張耳兵團。

這時，韓信在北方滅魏破趙、伐代降燕，取得一系列輝煌的勝利。劉邦太需要一支精銳的部隊了，他離開成皋，接管了韓信的兵團，並責成韓信率領另一支部隊，向東攻略齊國。

有了這支生力軍後，劉邦信心大增，親自率這支精銳部隊南下迎戰西楚兵團。

成皋的守軍陸續撤出，與劉邦會師，漢軍逐漸地恢復了元氣。

項羽佔領了成皋，可是麻煩的事情接踵而來。劉邦深知與西楚兵團交鋒，在軍事上沒有勝算，但是再強大的軍隊，如果缺少了後勤，很快就會失去戰鬥力，所以他派遣劉賈、盧綰率兩萬人馬，深入西楚王國的領地，專門從事破壞活動，燒毀西楚的糧倉，劫掠運輸車輛。被項羽擊潰後的彭越兵團與劉賈、盧綰的軍隊互為犄角，大肆破壞西楚交通線，並且攻略睢陽、外黃等地，連下十七座城池。

項羽漸漸感到問題的嚴重性了，想邀擊劉邦。可是狡猾的劉邦卻採取堅壁清野的戰術，不與項羽正面交鋒。糧食的匱乏使楚軍的戰鬥力大打折扣。看來彭越這個心腹之患不除，西楚王國沒有安寧的日子，項羽決定暫先緩攻劉邦，先清除彭越這個討厭的傢伙。成皋的守備重任，項羽交給大司馬曹咎。臨行前，他特地囑咐曹咎道：「你要嚴守成皋，無論劉邦怎麼叫陣，都不要出擊，只要能遏制漢軍東進就可以了。」

可是很快，曹咎就把項羽的交代拋之九霄雲外了。劉邦只怕項羽一個人，如今霸王不在，區區一個曹咎，何足掛齒。趁項羽不在，堅決出擊！起初，曹咎還惦記著項羽的囑咐，只守不攻。可是漢軍索性天天在城外叫罵，越罵越凶，越罵越難聽，曹咎火氣大，聽得暴跳如雷，終於沉不住氣了，中了劉邦的詭計，開城出戰。西楚所發動的戰爭，就好像是項羽一個人的戰爭，只要他在，楚軍如狼似虎，而他一離開，楚軍就像變成軟弱可欺的綿羊了。曹咎在盛怒之下，葬送了成皋的楚軍，在漢軍的反撲之下，幾乎全軍覆沒，曹咎自殺身亡。

項羽這回可犯下大錯了。他將兵力用於堅守成皋與滎陽，而糧食基地敖倉卻防備空虛，以致劉邦大軍在攻陷成皋後，迅速佔領敖倉，並將西楚大將鍾離昧的兵團包圍在滎陽以東，這使得糧食本來就供應緊張的楚軍雪上加霜。項羽又一次打垮了彭越兵團，他迅速回師滎陽。漢軍將士對項羽有一種莫名的恐懼，馬上撤圍到廣武一帶據險而守，與西楚大軍形成對峙局面。

糧食的匱乏開始成為楚軍最嚴峻的問題，項羽雖然驍勇，可是不解決糧食問題，軍心很快便會崩潰。這時，項羽想起手上有一張王牌，劉邦的父親劉太公，不還在自己手中麼？這個人質現在可以發揮點作用了。

西楚霸王命人準備一塊大肉板，把劉太公綁在上面，派人通知劉邦：「如果不投降，就把太公烹煮了。」項羽自認為祭出這一招，劉邦必定心理崩潰，然而得到的回覆卻令他吃驚不已。劉邦是這樣回答的：「你我二人曾經稱兄道弟，我的老父即是你的老父，如果你要烹殺你老父，請分給我一杯湯吧。」

這種無賴似的態度，令項羽暴跳如雷：好，你劉邦有種，我今天就烹殺太公。幸虧一個人站出來，救了劉太公一命，此人正是在鴻門宴中暗中幫助過劉邦的項伯。他勸道：「爭奪天下的人是不會顧慮家人的，況且如今天下尚未平定，殺一個劉太公有什麼用呢？只會讓諸侯背離，招惹禍害罷了。」項羽這個人耳根子軟，聽項伯這麼一說，也就放棄這個念頭了。

一計不成，項羽又想出一計，他提出要與劉邦單挑：「天下動盪好多年了，就是因為我們兩個人的緣故，我願意跟你單挑，一決雌雄，不要讓天下百姓父子受戰爭之苦了。」劉邦一聽，嘿，誰不曉得你項王神武蓋世呢，便答覆說：「我寧願跟你比拼智謀，不跟你比拼氣力。」

兩軍就這樣對峙了一段時間，劉邦只是據險而守，項羽糧草不足，也無法發動強攻。這樣耗下去，對項羽十分不利，他便約劉邦當面說話，兩人隔澗而對，項羽再度提出單挑，還是被劉邦拒絕了。看來韓信說項羽只有匹夫之勇，事實確是如此，這也反應出此時的霸王已經沉不住氣了。劉邦不接受單挑，反而當面歷數項羽十大罪狀，項羽聽得面色鐵青，惱羞成怒。劉邦正說得興高采烈時，不料對岸突然飛來一箭，躲閃不及，飛箭直入胸膛。在這種危急時刻，可以看出劉邦確非凡人，雖然身負重傷，他卻強忍劇痛，按住腳趾，大聲叫道：「小賊射中我的腳趾了。」要知道統帥作為軍隊的靈魂，如果漢軍將士得知他身受重傷，軍心士氣必定大受影響，劉邦的反應如此機敏，足可見其卓越的領袖天才。

中箭後的劉邦傷勢極重，臥病在床。漢王一連數天沒有露面，軍隊中的各種小消息傳來飛去，猜測紛紛。這時，張良入見，勸他巡視兵營，以安軍心，其他人都認為萬萬不可，因為傷勢很重，如果勉為其難帶傷檢閱部隊，萬一傷口裂開，就有性命之虞。然而劉邦從善如流，他以驚人的勇氣與意志，裝作若無其事的樣子，堅持前往巡視部隊。這樣，軍隊中的流言蜚語不攻自破了。其他士兵並不知道，當劉邦檢閱完後，再也撐不住了，傷勢更加嚴重，他祕密地從前線轉移到成皋城中治療。

劉邦的檢閱部隊，拯救了漢軍的士氣，這一點至關重要。

楚漢兩軍形成相持的僵局。劉邦身負重傷，無法親自指揮前線作戰，可項羽的情況更糟！這時從東部傳來消息，韓信攻破齊國了。這對項羽絕對是個壞消息，這意味著西楚兵團極有可能面臨漢軍東、西兩面的夾擊。

當初劉邦在大敗之後，堅定不移地分兵，讓韓信掃蕩北方，這是一個極其正確而且明智的決定。如今，韓信這顆棋子啟動了全域，在千里躍進、攻下齊國後，項羽的後方已經洞開大門，形勢完全逆轉了。

韓信如何在極為艱難的情況下，完成伐魏、攻趙、破代、降燕、滅齊的歷史偉業呢？

五、一顆棋子盤活了全域

彭城一役大敗後，劉邦惶惶如喪家之犬，一路潰逃到滎陽。曾經歸附漢的塞王、翟王、西魏王又投降西楚，緊接著趙國也叛離而去。這時，劉邦既要面對項羽西楚兵團的進攻，也要提防西魏在側翼的威脅，形勢極其嚴峻。在這種情況下，劉邦果斷地作出決定，讓韓信率領一支軍隊出擊魏國，清除側翼的威脅。

西元前二〇五年秋，韓信被任命為左丞相，全權統領東征兵團，由灌嬰、曹參為副手，開赴魏國邊境。

臨行前，劉邦問：「魏國元帥是誰呢？」有人答道：「是柏直。」劉邦不屑一顧地說：「乳臭未乾的小子，怎麼擋得住韓信。那騎兵指揮官是誰？」回答是：「馮敬。」劉邦搖搖頭說：「馮敬雖然有才幹，可不是灌嬰的對手。那步兵指揮官是誰？」「項它。」劉邦徹底放心了，他笑道：「項它也不是曹參的對手。」對於這次東征，劉邦信心十足，這也足以說明這位厚黑英雄知己知彼，在慧眼識才上的本領，無人可及。

西魏王魏豹叛漢歸楚後，作了充分的準備，積極防止漢軍可能的侵襲。果不其然，韓信兵團大張旗鼓地進抵黃河西岸的臨晉，魏豹則率魏軍駐紮在黃河東岸與之相對的蒲阪，嚴防漢軍渡河。

韓信在河對岸集結大量的船隻，並布置兵營，所有這一切，都預示著他將從這裡發起渡河戰役。魏豹命令部下日夜觀察韓信兵營的動靜，並將兵力部署在沿江一線，力保黃河防線。然而，這只是韓信聲東擊西的計謀。

魏軍都被蒙在鼓裡了，韓信暗中調遣一支精銳部隊沿黃河北進到約八十公里處的夏陽，用罐罐結成簡易的木筏以渡河。這裡沒有任何魏軍的防守，漢軍輕而易舉地渡過黃河，然後大踏步行軍，迅速插入魏軍後方，實施對魏軍的大包抄。韓信的戰略意圖非常明確，要以最快的速度打垮魏國，必須要打殲滅戰，一舉圍殲魏軍的主力。

韓信的軍隊出其不意地出現在魏軍的後方，魏豹得悉後大驚失色，急忙率軍回戰。魏軍主力一調走，韓信立即下令士兵乘船渡河，一舉突破魏軍的黃河防線，然後南北兩路大軍合攏，將魏豹兵團合圍。陷入包圍圈中的魏軍既無援兵，補給線也被切斷，很快便陷入混亂之中。在韓信兵團的強攻下，魏軍悉數被殲，魏王魏豹也淪為俘虜。

韓信僅僅用一個月的時間，便擊破魏國，其軍事指揮才能盡顯無遺。伐魏戰役勝利後，韓信獻上捷報，並要求增兵三萬人，繼續掃蕩北方趙國、代國、燕國、齊國。劉邦對此戰果大喜過望，調張耳兵團增援韓信，隨即討伐趙國、代國的戰役打響了。

趙王趙歇原本被項羽貶為代王，他對這個結果十分不滿。這一切，被陳餘看在眼裡。陳餘也是反秦英雄，但沒有被項羽分封為王，他心有不甘，便向田榮借兵，幫助趙歇恢復趙國。趙歇因此又成為趙王，他很感激陳餘，便封陳餘為代王。出於對項羽的痛恨，趙歇、陳餘曾歸附劉邦，參加對項羽的戰爭。彭城之戰慘敗後，趙、代兩國便脫離劉邦，割據一方。

韓信在得到張耳兵團的協助後，立即發動伐代戰役。在閼與之戰中，韓信大破代軍，生擒代軍大將夏說。緊接著，韓信乘勝東進，進攻趙國。

趙歇與陳餘將重兵布置在井陘口。井陘口是趙國的戰略要地，保護邯鄲城的一道屏障。這是道天然險關，兩側懸崖絕壁，易守難攻，且道路狹窄，車輛不能並排通過。守衛井陘口的趙軍號稱二十萬人，當然，這個數字是有水分的。古代行軍作戰時，為了嚇唬敵人，對外宣布的兵力常常誇大，這是為了給對手造成心理壓力。

韓信、張耳兵團共有數萬人馬，如果要強行穿越井陘口，會受制於狹窄的地形，隊伍將綿延數十里，難以展開。趙歇與陳餘理所當然地認為，井陘口防線固若金湯，韓信不可能有勝利的機會。

趙國謀士李左車並不認為消極防守是最佳戰術，他強調積極的進攻。李左車對陳餘說：韓信兵團不遠千里來戰，後勤補給是其弱項，只要堅守要塞的同時，打掉韓信兵團的後勤部隊，漢軍將陷入進退兩難的境地。同時，他還自告奮勇，願意親自率三萬人切斷韓信的後勤線，這樣不超過十天，韓信必將全軍覆沒。

然而陳餘過於輕敵了，自認為井陘口為天險之地，兼之重兵把守，飛鳥尚不得過，何況是韓信兵團呢？他寧願龜縮在陣地裡，以逸待勞。

當韓信得知陳餘拒絕李左車的建議時，大喜過望，當即下令全體將士挺進井陘關隘。

到了距離敵軍營地三十里地時，韓信下令將士們就地休整，並派出一支兩千人的隊伍，從小路爬山，隱蔽地接近敵軍營壘。這兩千人每個都拿著一面紅旗，韓信強調說：「一旦趙軍傾巢而出後，你們就迅速衝進其陣營中，拔去趙國的戰旗，全部換成我們的紅色戰旗。」然後，他又傳令全軍：「等今日大破敵軍後，再開伙吃飯。」

所有的將士心裡都覺得好笑，如今敵軍重兵佔據在井陘關口處，無論是地利還是兵力都佔上風，這位統帥說起來倒很輕鬆，當敵人不存在啊？雖然心裡這麼想，可是口頭上還是裝模作樣地回應道：「是！」

韓信又說道：「這裡到敵軍營地不遠，我們的行軍會被敵軍發現。現在趙國兵團佔據著有利地形，如果沒有看到我的大將旗鼓，是不會貿然發動進攻的。因為他們怕一旦進攻前鋒部隊，會把我嚇跑，這樣就無法全殲我們了。」在韓信看來，這是一場賭局，他之所以敢賭，是因為他摸清了對手的心思。

過了下半夜，漢軍開始行動。在敵軍營不遠處，有一條河，韓信兵團渡河而過，在河岸處列陣。這時，趙國兵營已經可以看到韓信兵團的活動了。不出韓信所料，他們認為這只不過是漢軍的前鋒部隊，不想打草驚蛇，耐心等侯漢軍大將旗鼓的出現，以期一舉殲滅來犯的韓信兵團。

遠遠望見漢軍在河邊排兵布陣，趙國將領們邊笑邊搖頭，這個韓信哪，真是個軍事盲啊，背水布陣，這就使自己的軍隊陷入沒有退路的絕地了，此乃是用兵的大忌。

天色開始亮了，韓信在河邊已經列陣完畢，豎起將旗，擂響將鼓，然後士兵們秩序井然地開始進攻趙、代的營地。趙歇與陳餘一看，現在漢軍的統帥已經就位了，這可是殲滅韓信的大好時機，只要將漢軍逼到河邊，他們沒有退路，下場就是全軍覆沒。趙歇當即下令，打開轅門，迎擊漢軍。

根據原先的計畫，漢軍假裝不敵，開始向後撤退，把將旗將鼓也扔了，一直撤到了河邊，後面就是河水，再沒有退路了。這時，趙國兵營中的每一個戰士都衝出來，加入這場戰鬥。在他們看來，大勝在即了。漢軍士兵在無路可退的情況下，只有向前奮勇衝殺，才能有一線生機，戰事開始膠著。

此時，埋伏在山上的那支兩千人的奇兵發揮作用了。他們悄悄地接近幾乎沒有防守的趙軍營地，把趙國的戰旗全部換成了鮮紅的漢軍戰旗，然後虛張聲勢。正在前方苦戰的趙國士兵回頭一看，哎呀，營地全部飄揚著漢軍的旗幟了，還以為趙王已經被漢軍俘虜了，頓時軍心大亂。當趙軍的陣腳一亂時，漢軍死處求生，絕地反擊，當即扭轉戰局。趙軍最後兵敗如山倒，趙歇與陳餘雖然奮力阻止亂局，但已無濟於事。韓信率軍一路追擊，斬殺陳餘，俘虜趙歇。

這樣，趙國繼魏國之後，又為韓信平定。

這一戰的勝利，在東征軍將士看來，根本沒有必勝的把握，但韓信卻成竹於胸，這下子大家對這位統帥佩服得五體投地，便向統帥請教：「兵法上說：安營紮寨，右側背靠山陵，左前側靠水澤。這樣進可攻，退可守，可是將軍卻是背水列陣。我們心裡很不服氣，都認為這樣必敗無疑，可是居然打了大勝仗，這是什麼道理呢？」

韓信呵呵一笑，回答道：「我這招，其實也是符合兵法的，只是諸位沒有察覺到罷了。兵法上不是也說：陷之死地而後生，置之亡地而後存。」諸將一聽，大為嘆服，看來兵法是死的，而人是活的，戰術原則應用之妙，存乎一心呀。

曾經給趙軍獻計的李左車也成了漢軍的俘虜，韓信深愛其才，不僅親自為他鬆綁，且不恥下問，向他求教平定燕國的策略。李左車分析東征軍經過征魏伐趙之戰後，軍隊已經疲憊不堪了，如果長途跋涉進攻燕國，勝算不大，不如原地休整，一方面對燕國作出軍事威脅，另一方面派遣使者勸降燕王臧荼。

韓信雖然是軍事奇才，他還是虛心接受李左車的意見，雙管齊下，燕王果然前來歸降。這樣，韓信兵不血刃，又解決了燕國。

在韓信取得一連串勝利後，劉邦在滎陽戰場卻遭到大潰敗。滎陽被項羽攻破，劉邦被圍困在成皋。劉邦心知不是項羽的對手，他偷偷地駕一輛馬車，逃出成皋，渡過黃河，悄無聲息地抵達韓信、張耳的駐軍處。

劉邦是個很謹慎的人，這時的他身邊只有幾個護兵，不過是個光桿司令。他祕密前來，是想拉走韓信的這支軍隊，可是他對韓信有些不信任。劉邦打心眼裡是器重、欣賞韓信的軍事才華，可是韓信這個人，恥居人下，要是他知道漢王現在成為一個光桿司令，未必肯聽從他的指揮。劉邦的謹慎小心是有道理的，因為從反秦戰爭以來，被手下大將殺掉的草頭王已有不少。

狡滑的劉邦並不先到兵營，而是找了個旅館投宿。第二天一大早，天尚未亮，劉邦駕著馬車，到了兵營外，詐稱是漢王使者。衛兵並不認識漢王，但認得符節，便打開大門，劉邦的馬車馳入兵營，直奔韓信、張耳的住處。這時，韓信與張耳還在睡大覺，劉邦一聲不吭，闖進臥室，偷走兩人的印信。

為什麼劉邦要幹這種偷雞摸狗的事呢？自春秋戰國以來，印信是將領權力的象徵，沒有印信是不能指揮軍隊的。劉邦是韓信、張耳的上司，可是他不能把自己的生命寄託在這兩位部下的忠心上，寧願由自己來控制軍隊。從這點看，不能不說劉邦確實是一個天才政客，他的這個本事不是可以學得來的，更像是一種敏銳的直覺與本能反應。

盜取印信後，劉邦馬上召集高級將領開會。韓信、張耳這才發現是漢王到了，並取走印信。兩人大吃一驚，匆匆下床，可是這時他們的兵權已經丟掉了。對於劉邦這種行徑，韓信、張耳當然感覺受到了羞辱，可是劉邦的高明之處，是他很快又讓韓信、張耳破涕為笑。張耳本來被項羽封為常山王，但後來被趙歇、陳餘打敗了，現在趙歇完蛋了，劉邦封他為趙王，土地比以前更多了，他心裡痛快。韓信呢，劉邦提拔他為趙國宰相，並把張耳的軍隊（三萬人）交給他指揮。韓信心裡一估摸，升了官，也還有幾萬人馬，沒吃虧。

劉邦略施小計就輕鬆擺平張耳、韓信兩人，他把韓信的部隊拉走了，而韓信則率原張耳的三萬人馬，繼續向東挺進，攻掠齊國。

就在韓信秣馬厲兵之際，劉邦麾下的謀士酈食其認為可以兵不血刃，不戰而屈齊國之兵。他自告奮勇前往齊國，欲以三寸不爛之舌，說服齊王歸順。劉邦聽罷很高興，便派酈食其前往齊國遊說。

酈食其是著名的說客，見了齊王後，雄辯滔滔，口若懸河，向齊王指出漢王劉邦奪取天下，乃是大勢所歸，齊國只要盡早歸附，仍然可以保住自己的封國，這才是上策，否則必遭到滅國之禍。這一番話打動了齊王。經過權衡利弊後，齊王決定歸附漢王劉邦。他派出使節晉見漢王，表示願意歸降。為了表達歸附的誠意，齊王還下令解除邊境的戰備，這些邊境線上的守軍原本是為了阻擊韓信將要發起的進攻。

韓信在得知齊國歸降的消息後，準備放棄進攻。此時麾下的謀士蒯通卻對他說：「將軍必須要繼續進攻，原因有二：其一，漢王雖然派使者與齊國往來，但是並沒有下達停止進攻的命令；其二，酈食其不過是一辯士，憑三寸之舌，收降齊國七十餘城；而將軍以數萬之眾，耗時一年多，才平定趙國五十多城；難道將軍幾年的戰功，還不如一個窮酸書呆子嗎？」

蒯通這麼一說，韓信怦然心動。自己的戰功越多，將來就能封侯拜相，為什麼要將功勞讓給酈食其呢？維持原先的計畫，攻伐齊國！

時值冬季，天氣嚴寒，齊王已經下令解除邊境的戰備，天天與酈食其飲酒作樂。不料，韓信軍隊卻悄悄渡過黃河，對齊國發起突然襲擊，大破齊軍。之後，馬不停蹄，殺奔都城臨淄。齊王對漢軍背信棄義發動進攻深感震怒，大呼上當，遷怒於酈食其，這位以雄辯口才著稱於世的怪才最終落得個被烹殺的下場。

韓信以迅雷不及掩耳之勢一舉攻下臨淄，齊王落荒而逃。齊國本來與西楚敵對，現在被韓信打得國破家亡，便決定向西楚求援。項羽正在西線進退維谷，得知齊國來歸附，焉有不答應之理。於是，項羽派出手下最驍勇的戰將龍且率軍入援齊國，援軍聲勢浩大，號稱二十萬之眾，在高密與齊王殘軍會合後，聯合抵禦韓信兵團的進攻。

韓信又一次展示了高超的軍事指揮藝術。他讓士兵們攜一萬多袋沙包，在濰水上游築壩攔水，爾後指揮大軍渡過濰水，進攻齊、楚聯軍。西楚大將龍且是韓信的老相識，看不起這個曾經受過胯下之辱的漢軍將領，認為韓信不過是個懦夫罷了，見漢軍前來進攻，當即率軍反擊。

韓信假裝不敵，向河對岸撤去，龍且焉知是計，還以為韓信就是個草包，急忙令全軍渡河追擊。不想西楚兵團剛一半人員過河時，韓信下令將上游的沙包壩拆除，河水奔騰而下，河床上的楚軍被滔滔巨浪沖得無影無蹤，軍隊被分割為兩半，分隔在河的兩岸。韓信揮師反撲，過河作戰的楚兵團寡不敵眾，衝鋒在前的西楚大將龍且在戰鬥中被殺，其餘將士或死或降。滯留在河對岸的楚軍，見到大將戰死，哪有心思作戰，各自逃命去了。齊王見大勢已去，不敢戀戰，一路狂奔，但還是被韓信大軍追上，成了俘虜。

韓信又一次成為光芒四射的英雄。

劉邦使用韓信這顆棋子，開始展現出巨大的威力。隨著北方諸國一一落入漢軍之手，直到齊國被韓信佔領，項羽完全喪失了戰爭的主動權。同時，南方的九江王英布也被劉邦策反，西楚已經孤立了，陷入一個大包圍圈中。

在戰場上戰無不勝的項羽，開始感受到巨大的壓力。形勢如此不容樂觀：糧食補給越來越緊張；歸附西楚的諸侯一一叛離而去；韓信隨時可能從齊國發動新的進攻……

就在這個時候，劉邦遣使與項羽談判，要求歸還劉太公。自視甚高的項羽將此作為退出戰爭的良機，主動與劉邦商議楚、漢兩國友好相處，以鴻溝為界，以西歸漢，以東歸楚，兩國永不相犯。劉邦考慮到父親、妻子都在項羽手中，正好利用這次機會，同意項羽的條件，迎回父親、妻子。

然而，楚河漢界的劃分，只不過是項羽一廂情願的想法罷了。西楚政權的垮臺，已經愈來愈近。當西楚霸王還做著割據一方的美夢時，他的噩夢也即將降臨了。

六、霸王別姬：梟雄的末路

霸王也有沮喪的時候。

在此之前，項羽一直是盛氣凌人，不可一世。是不是老了呢？其實不，他剛剛過了三十歲，比劉邦年齡小多了，正值壯年。

他是那個時代的英雄，堅強、勇敢、有進取雄心，他的軍隊剽悍善戰，無堅不摧。然而，他性格上有很多弱點，殘暴、多疑、自私、狹隘。這就決定了他只是一員勇將，而不是一個優秀的政治家，也不是一個非凡的領袖。只要他率領軍隊衝鋒陷陣，沒有打不贏的戰鬥，然而他的敵人卻越打越多，而自己的力量則越打越弱。

韓信攻陷齊國後，項羽的西楚王國實際上已經處於漢軍東西兩面的夾攻中。這個時候，項羽第一次妥協了。他與劉邦簽下了和平條約，以鴻溝為楚河漢界。實際上，他已經承認了劉邦的勢力，自己不再是凌駕於諸侯之上的霸主了。對項羽來說，這是他軍旅生涯的重大妥協。盛氣凌人的霸王，開始感到日薄西山了。

漢王劉邦與項羽簽定互不侵犯協約後，打算退回大本營關中，然而謀士張良與陳平不約而同地勸告劉邦：現在漢軍已經控制大半個中國，項羽已經是窮途末路了，二十萬精兵在齊境損失殆盡，還缺少糧草，必須乘勝追擊，否則後患無窮。

這一番話，令劉邦如夢初醒。他悍然撕毀墨跡未乾的盟約，全軍總動員，追擊正在撤退途中的項羽兵團，準備畢其功於一役。

西元前二〇二年，這是自秦末烽火點燃以來的第六個年頭，漫長的戰鬥終於看到了終結的曙光，有一方將成為光榮的勝利者，而另一方將倒下，成為戰爭祭壇上的犧牲品。

劉邦毀約，進擊西楚兵團到了固陵，同時緊急命令韓信與彭越兩支勁旅速來會合，共同圍殲西楚兵團。令劉邦沒有想到的是，韓信與彭越居然都按兵不動。這是為什麼呢？在楚漢戰爭中，韓信與彭越是漢軍取得壓倒性勝利的關鍵。特別是韓信，從策劃「明修棧道，暗渡陳倉」，平定三秦，而後平魏破趙降燕滅齊，在北線取得了一系列輝煌的勝利。彭越雖然戰果沒有韓信顯赫，但他不斷地襲擾西楚大本營，截斷楚軍糧道，多次迫使項羽分兵，在關鍵時刻多次拯救了劉邦的性命。這兩員大將，都有自己的小算盤。

韓信不聽從劉邦的調動，已經不是第一次了。

在平齊之後，劉邦曾要求韓信迅速率兵西援，當時韓信就按兵不動，反倒派人前去向劉邦提出一個要求：「齊人偽詐多變，反覆無常，南面又與西楚接壤，形勢不穩定。請允許我作為假王，鎮撫齊國。」假，在古漢語中，就是代理的意思。韓信伸手要權，要全權代理齊國國王的職責。當時，劉邦還被項羽兵團困在廣武，一聽韓信討價還價，心中大怒，罵道：「我被困在這裡，日夜盼著你能來救我，沒想到這個時候你還想著當王。」身旁的張良與陳平一聽，踢了劉邦一腳，在耳邊說道：「現在時局不利，韓信就是想稱王，您有辦法嗎？不如先答應他，把他穩住，不然萬一他有二心，那後果不堪設想。」劉邦這個人反應非常快，聽張、陳兩人這麼一說後，馬上口風一轉，對韓信派來的人說：「大丈夫平定諸侯，要當就當個真王，當假王幹什麼呢？」立即宣布封韓信為齊王。韓信這才同意出兵，迫使項羽不得不放棄進攻，並且與劉邦簽下和平協約，撤兵東返。

眼看合圍項羽的機會來了，韓信與彭越兩人卻按兵不動，不緊不慢地耍太極，不來。彭越當初被授予魏相國，可是魏王魏豹卻已經死了，魏國的王位出現空缺，彭越認為自己戰功卓著，理所當然是魏王人選，可是劉邦一直沒吭氣，如今劉邦有求於己了，先按兵不動吧，提醒漢王一下，不要忘了封我為王了。韓信呢？他被封為齊王了，可是他還有所擔心：第一，這個封王是自己提出要求的，不是漢王主動封賜的，得來有些勉強；第二，雖然封了王，但是地盤還沒有確定下來。韓信也按兵不動，提示劉邦，看你封我為王是不是真有誠意呢？

缺少了韓信與彭越兵團，劉邦根本就不是項羽的對手。西楚霸王對劉邦悍然撕毀協約憤怒不已，反戈一擊，劉邦被打得大敗，只得轉攻為守。劉邦恨恨地對張良說：「現在韓信、彭越都不聽我的，怎麼辦？」

張良深諳人性的弱點，他回答道：「西楚快完蛋了，韓信與彭越兩人都還沒有分到自己的地盤，所以按兵不動。您如果願意與他們分享天下，那他們立刻趕到。」張良這麼一說，劉邦明白了，馬上依張良的意見，將從睢陽到穀城的地盤劃給彭越，立為魏王，將陳邑到海濱的地盤劃給齊王韓信。這下子韓信與彭越兩人笑顏逐開，心滿意足，馬上率軍投入戰場。

這是項羽一生中最寒冷的一個冬天，也將是他生命中最後的一個冬天。每一天似乎都那麼漫長，烏雲密布。

在兵力絕對優勢的情況下，劉邦開始反撲。項羽一生從來沒有打過敗仗，只要他怒目一睜，橫戈馬上，敵軍馬上望風披靡。他的蓋世神武，縱然不能說前無古人後無來者，至少也是曠世奇才。可是這次，他要栽跟頭了。

楚軍的潰敗已是不可避免了。項羽邊戰邊退，直退到了垓下。這是一個小地方，在此之前，沒沒無聞，但這個小地名，卻將被寫入史冊，記下曾經風光無限的西楚霸王最後的記憶。這支曾戰無不勝的軍隊，再也看不到其乳虎嘯谷、百獸震惶的氣概了。所有將士垂頭喪氣、沉默寡言，今天還是一個大活人，明天呢，也許是橫臥於沙場的一具屍體，任由馬蹄踐踏與蹂躪。悲從心生，不禁追憶起故鄉與親人，漫長的明天過去後，還能不能回到魂牽夢繫的家園呢？

然而，漢軍的鐵蹄卻無情地踏破殘夢，一貫強調兵貴神速的韓信率先追上潰逃的楚軍，將其圍困於垓下。其餘大部隊源源不斷地跟進，裡三層、外三層，將小小的垓下圍堵得水洩不通。項羽的日子越發難過了，不僅士兵的數量日見減少，糧食也基本上耗盡了。當然，霸王還是那麼驍勇，他身先士卒，衝鋒陷陣，但每次都無法突破漢軍鐵桶般的包圍圈，除了在戰場上留下一堆屍體外，不能有更大的戰果了。

韓信加速了楚軍的滅亡。他與項羽都堪稱史上的名將，然風格迥異，韓信以謀略勝，項羽以勇猛勝，兩人生平罕有敗績，如今兩強相遇，勢必要分出個高下。顯然，韓信棋高一招。韓信並不強攻，而是採取心理戰術，他讓士兵們在夜裡集體高唱楚歌。自春秋戰國以來，楚國形成一種獨特的地域文化，與北方儒學為主的中原禮儀文化不同，楚文化更富有人情味，楚歌充滿思鄉的情調，略帶淡淡的憂傷。

楚歌四起，隨風飄蕩在夜空中。西楚士兵聽之流淚，項羽聞之更是大驚失色，他沒有鄉愁，沒有哀思，卻震驚了：「難道楚地已經全部淪陷了嗎？怎麼會有這麼多楚人唱著楚歌呢？」其實，這是韓信的伎倆，因為他就是楚地淮陰人氏。

在一片略帶悲戚的歌聲中，楚軍士氣凋零，項羽心情沉重。如今處境危險，還不知能不能衝破重圍，重振雄風，或者，這裡會是他的葬身之地？他從臥榻上起身，飲酒消愁。他想起了當年在鉅鹿城下大破秦軍的輝煌一幕，他想起在鴻門宴上因為惻隱之心而放走劉邦，若不是這一念之差，哪有今天這樣淒涼的處境啊？才短短幾天時間，他發現自己衰老了許多，心境更加蒼涼了。

何以解憂消愁，唯有美酒與女人。他出征時，總帶上自己最寵愛的女人虞姬。此時此刻，唯有女人的溫柔，讓他心中湧現出一絲暖意，英雄剛烈堅強的心，消融於女人無限的柔情蜜意之中。虞姬每斟上一斛酒，項羽就一飲而盡。在美人的眼中，項羽是位偉岸男子，蓋世無雙的大英雄，他的英雄氣概比山更高，比海更深，吞吐天地。她情願陪伴在他身邊，無論是在他春風得意之時，還是在他失落潦倒之際。

此時，帳外傳來馬嘶聲，是項羽心愛的坐騎烏騅馬，莫非它也知道主人無可奈何的際遇麼？心愛的女人啊，心愛的戰馬啊，相伴一生，如今是否到了生離死別的時候了？一向與風雅不著邊際的西楚霸王項羽，竟然觸景生情，情至極致，唱起詩歌了。他悲從心生，慷慨而歌：「力拔山兮氣蓋世，時不利兮騅不逝。騅不逝兮可奈何，虞兮虞兮奈若何！」

項羽擊節而歌，虞姬踏歌舞劍，衣帶飄飄，宛若天仙。項羽一陣悲涼，漢軍將垓下圍得水洩不通，即便自己能衝出重圍，也不可能將虞姬一起帶出去了，知己紅顏，難道會像一片落葉飄零於風中麼？我項羽一世英雄，連自己心愛的女人也無法救走，那算什麼豪傑呢？想到這裡，項羽以袖掩面，泣下數行。男子有淚不輕彈，只是未到傷心處啊。

虞姬知道項羽的憂慮，她沒有後悔，因為項羽的這幾行淚，讓她知道自己得到了他全部的愛。愛是女人的全部，因愛而生，因愛而死，有什麼遺憾呢？一舞之後，虞姬從容地和道：「漢兵已略地，四方楚歌聲，大王意氣盡，賤妾何聊生！」說罷，忽然揮劍往脖子一抹，項羽大驚，伸手奪劍，可是已經來不及了，血注噴湧，嬌軀倒在項羽懷中，臉龐依然是那麼美麗與純潔。項羽抱著虞姬的屍體痛哭，誰知英雄末路時，竟是如此悲涼。不僅是項羽，左右侍衛也不由泣不成聲，不能抬頭仰視了。

這一夜，項羽收拾起悲傷，決定殺開一條血路。

項羽糾集了八百名勇士組成的精銳騎兵，這些人長期追隨項羽南征北戰，驍勇無比。後半夜，項羽的八百騎兵出其不意地向南突圍。這些人太驍勇，戰鬥力太強了，漢軍的幾條防線竟然都被突破，讓這支騎兵隊突圍而出。

第二天清晨時，漢軍才發現突圍而出的，竟然是項羽本人。這還了得！劉邦急令騎兵將領灌嬰率五千騎兵追擊。項羽的八百騎兵在突圍時便損失大半，沿途還不斷地與漢軍的追兵交戰，傷亡很大，就這樣一路打一路逃，流竄到淮河邊。渡過淮河後，項羽清點了一下剩餘兵力，只剩下一百名騎兵了。此時，漢軍也抵達淮河岸邊，項羽與他的殘兵敗將鼠竄到了陰陵。

在逃竄過程中，項羽終於迷路了。恰好有一農夫路過，項羽便向農夫詢問。不料，這個農夫一聽此人正是西楚霸王，便故意給他指錯方向。也許是對項羽的暴行深惡痛絕，也許是親人曾死於其手，他現在有一個機會，可以置項羽於死地了。項羽一夥人順農夫所指方向行進，卻走入一片茫茫的大澤中。他情知中了農夫的詭計，急忙調頭而走。然而，漢軍的追兵已追了上來。

項羽的衛兵們拼命抵擋，又一次血戰後，只剩下二十八名騎兵與項羽本人，殺出重圍，到了烏江，身後卻是數千人之多的漢兵。寡眾懸殊！項羽望著他的二十八名騎兵，此時的他風塵滿面，身陷危境，但要用行動證明他的勇敢無畏。他以沉重的語氣說：「自我起兵以來，已經八年了，身經七十餘戰，每戰必勝，未嘗敗北，稱霸於天下。如今被困在此地，此乃天欲亡我，非戰之罪。今天，我要與漢兵決一死戰，與諸位一道奮勇衝殺，必定要三戰三勝，殺破重圍，斬殺敵將，砍倒敵旗，向諸位證明，亡我者上天也，非作戰不力也。」

英雄在末路時，仍然是個英雄。

漢軍已經把項羽一夥人包圍起來。項羽將二十八名騎兵分為四組，一組七人，分別突擊一個方向。項羽對他的騎兵們說：「我先為諸君取敵將首級。」說罷，他大呼一聲，拍馬直衝敵陣。漢兵向來對項羽畏之如虎，即便霸王已經窮途末路，可是那推山倒海的氣勢，令追擊的士兵膽戰心驚，紛紛潰退。項羽以迅雷不及掩耳之勢，擊殺一將，然後安全返回。

項羽一退，漢兵又重新聚圍。

項羽掃視著黑鴉鴉的漢兵，露出一絲鄙夷的神情。他檢點一下，第一次衝鋒竟然沒有兵員損失，滿意地說：「好，我們再次殺進敵圍。」說罷，身先士卒，再闖敵陣，又一次斬殺一名漢軍將領，而後返回。這次衝擊，項羽與二十幾名楚兵殺死了一百多名漢兵，而西楚騎兵僅戰死兩人。項羽頗為自得地對騎兵們說：「怎麼樣？」諸騎兵下馬拜道：「正如大王所說的一樣，大王果真是英勇蓋世。」

就在這個時候，江中漂來一葉小船，來人是西楚故吏烏江亭長。在項羽潰敗途中，西楚官員們逃的逃，降的降，沿途項羽都沒能得到幫助與補給，現在好不容易來了一個還如此效忠的官員，令項羽有點感動。

烏江亭長拜見項羽，說道：「請大王趕緊上船吧。江東雖然地小，可好歹也方圓千里，有數十萬人，足以稱王了。如今只有小臣有船，漢軍來了也沒法渡江。」項羽望望長江的對岸，再看看這艘小船。唉，我項羽縱橫一世，現在卻要靠一艘小船來救命，到荒蕪的江東，我顏面何存啊？英雄可以轟轟烈烈去死，卻不能苟且偷生。想到這裡，他笑道：「老天要亡我，我渡江又有什麼用呢？當年我率八千子弟兵渡江西進，如今八千子弟兵，沒有一個活到現在，縱然江東父老憐憫我，立我為王，可我又有何顏面見江東父老呢？」

項羽又轉頭對烏江亭長說：「我知道你是一位寬厚長者，我沒什麼東西可賞賜給你，只有這匹烏騅馬，跟隨我五年了，在戰場上所向無敵，可日行千里，我不忍心殺了心愛的寶馬，就把它送給你吧。」說罷，他讓人牽來寶馬，拉到船上。項羽不走，他忠實的衛兵們也情願與他同生共死。烏江亭長屢勸，但項羽心意已定，只好自己搭載著烏騅寶馬，渡江而去。

這時，漢軍追到江邊，項羽令所有戰士棄馬步戰，與漢軍短兵相接。要死，就要死得慷慨悲壯，項羽揮舞寶劍，劍鋒所至，血光四濺。他殺紅了眼，一個又一個敵人倒下，又有更多的敵人衝上來。他一人殺死漢兵數百人，項羽的蓋世武功，確實名不虛傳。可是到最後，他發現自己已是一個人在戰鬥，他的手下全部戰死了。

項羽大喝一聲，橫劍胸前，漢兵紛紛倒退。他渾身上下十餘處傷口，鮮血直滲出來，然而還是那麼英勇神武。突然他看到一個熟悉的面孔，在漢軍騎兵中，有一將領呂馬童，是項羽的老相識。項羽喊話道：「你不是我的老相識呂馬童嗎？」

呂馬童不敢吭聲，只是悄悄地對漢將王翳說：「這就是項王沒錯。」

項羽仰天笑道：「我聽說漢王懸賞千金，封邑萬戶，購我項上人頭。也罷，今天就算我為老朋友做點事吧。」他鋒利的劍鋒劃過自己的咽喉，鮮血像泉水一樣噴湧而出，染紅了烏江畔千年的礫石。他選擇了這種英勇的方式，來完成人生最後一搏，以捍衛自己的榮譽與尊嚴，英雄龐大的身軀倒下，結束了非凡的一生。死得慷慨，死得悲壯。

雖然項羽確實是個不合格的政治家，也做了許多壞事，但他也是推翻暴秦的第一功臣，自有其不可抹殺的歷史貢獻。「生當作人傑，死亦為鬼雄。至今思項羽，不肯過江東。」宋代女詞人李清照的這首詩，可以看出項羽人格魅力雖千年而影響後人。

項羽之死引發了一場騷亂。

為了爭奪霸王的屍體，漢軍內部一陣自相殘殺，項羽的身體被切為五塊，被王翳、呂馬童等五人得到。劉邦沒有食言，將封賞的一萬戶分割成五份，每人分得二千戶，這五個人都被封侯。由此不難看出，漢軍官兵為什麼要拼了老命搶得一塊霸王的屍身，因為確實太值錢了。

西楚霸王死後，西楚全境投降，這也意味著持續四年的楚漢戰爭，最終以漢王劉邦的全面勝利而告結束。劉邦在籠絡人心上還是有一套本領，雖然項羽生前把他打得落花流水，潰不成軍，還多次險些丟了性命，可是劉邦還是厚葬項羽，並親自主祭，在祭場上痛哭。即便這是作秀，但還是贏得了人心。

一個舊日的英雄倒下了。

一個嶄新的帝國從戰爭的廢墟中誕生了。

項羽死後兩個月，在汜水之陽，劉邦以勝利者的姿態，拜天祭地，正式稱帝，史稱漢高帝。

中國的歷史翻開了嶄新的一頁。

七、兔死狗烹的悲劇

與以往的舊王朝相比，新的王朝富有生機與活力。漢王朝的基業是由一群平民英雄所奠定，戰國時代七大強國的舊貴族勢力蕩然無存。它印證了陳勝的名言：「王侯將相，寧有種乎？」

我們來看看漢王朝開國元勳們的出身：劉邦在四十八歲之前，頂多就是一個官位低微的泗水亭長；後來擔任過宰相的蕭何、曹參、陳平、周勃等人，都出身低微，蕭何與曹參只是沛縣小官僚，陳平出身於普通的農民家庭，周勃則是辦喪時吹拉彈唱的人。在漢初的大將中，韓信曾經淪落到乞討度日的地步，英布與彭越都是落草為寇的強盜，樊噲則是殺狗的屠夫。

雖然這些平民出身的當權派並沒有給社會帶來實質性的變革，但不可否認的是，他們樹立了一種榜樣。古代中國社會階級的界線並不像西方社會那麼分明，社會底層的人，通過奮鬥，是有出人頭地的可能。漢代開國元勳們從平民中脫穎而出的事實，又影響了帝國之後數百年的人才政策，這是有積極性的一面。

劉邦可以稱得上是中國歷史上最偉大的君王之一。這個沒讀過什麼書、有些痞子習氣的皇帝，卻有一種令人難以置信的智慧。他的手下各種各樣的人才都有，劉邦往往能從不同的聲音中，做出正確的選擇。他沒有舊貴族身上那種死要面子的作風，只要做錯的，他都爽快地認錯，也不會覺得丟人，這一點是難能可貴的。

平民出身的新權貴，並沒有帶來一種民主色彩的新政治制度。但是劉邦的政治眼光比起項羽要高出一籌，他很明智地吸取東周與秦帝國衰亡的經驗教訓，新帝國的政治制度實際上是周制與秦制的折衷，即繼承了秦始皇開創的皇帝獨裁制，行政區以郡縣為基礎，同時保留了周代時的分封制。但是普通民眾並非一無所獲。比起秦帝國繼承家業的統治者，出身平民的新權貴對民間疾苦的了解要深刻得多。這也使得漢初的國家政策以休養民生為主要目標，飽受暴政與戰爭之苦的平民百姓終於有了安定的生活環境。

皇帝是至高無上的權威，在其下是七位諸侯王：楚王韓信、梁王彭越、長沙王吳芮、趙王張耳、淮南王英布、燕王臧荼以及韓王韓信（注：漢初有兩位韓信。一位是大家熟知的大軍事家，另一位則是故韓王後裔。為了區分，後者又被稱為韓王信）。這就形成了中央政權與地方諸侯兩大系統，與周代分封制的區別，在於中央政權佔據主導地位，朝廷直轄的郡縣佔全國一半以上的面積。

這種混和型的政治結構只是權宜之計。地方諸侯都是反秦戰爭與楚漢戰爭中的功臣，手握重兵。顯然，這些諸侯的存在，對中央政府仍然是個潛在的威脅。劉邦對這些功臣不得不採取安撫的手段，以避免諸侯聯手反抗中央政府。同時，他又以種種手段對這些地方諸侯實施分化瓦解、各個擊破的戰術。

事實上，在打敗西楚霸王項羽後，另一場戰爭就已經在醞釀了，這就是中央與諸侯的戰爭。項羽覆滅後的七個月，燕王臧荼率先反叛，劉邦率兵親征，僅用了兩個月的時間，就平定臧荼之亂。

對劉邦來說，最大的眼中釘，便是楚王韓信。韓信是偉大的軍事天才。在漢楚戰爭中，他明修棧道、暗渡陳倉，屢出奇兵，破魏伐代，滅趙降燕，平定三齊。韓信用兵，重在謀略，出奇制勝，戰法不拘一格，時而聲東擊西，迂迴作戰，時而置之死地而作戰，奇正並用，變化莫測。可以說，大漢的江山，有一半是韓信打下來的。那劉邦為什麼不信任他呢？這並非沒有原因。

劉邦的政治天賦，有很大一部分，可能來自他對人性的深刻洞察。當初，他被項羽打得落花流水時，成了光桿司令，他想的事就是把在北線的韓信軍隊接管過來。可是他卻使用小偷小摸的方式，潛入韓信兵營中，盜取將印，接管兵權。他對人性的理解，就是人在巨大權力面前，沒有忠誠可言。

雖然韓信立下卓越的功勳，可是後來發生的一些事，更加讓劉邦懷疑他的忠誠。

韓信平定三齊之後，劉邦還受困於項羽的楚軍，他急需韓信率兵西進，以解困局。可是韓信不僅違令不肯出兵相援，反而要劉邦立他為假王，以此相要脅。劉邦也為穩住韓信，預防其叛變，便封他為齊王。

在此過程中，韓信犯下了一個大錯。這證明他只是一名偉大的將領，絕非出色的政治家。

當時，項羽也派出謀士武涉前往遊說韓信。武涉向韓信一針見血地指出：「如今楚、漢相爭，勝利的天平倒向哪一方，關鍵就看您了。您如果倒向漢王則漢勝，倒向楚王則楚勝。不過，漢王劉邦是一個沒有信義之人，如果項王今天滅亡了，明後勢必就輪到您了。您不如背叛漢王，與項王聯合，您可以同漢王、楚王一同三分天下，這豈不是最好的選擇嗎？」

韓信拒絕了武涉，因為他對項羽當年忽視自己有一種難以擺脫的成見。他以幾分嘲諷的語氣回答說：「當年我臣事項王時，只不過當了個郎中，項王對我言不聽，計不從，我是無奈之下才投奔漢王。漢王推心置腹，授我上將軍印，讓我統領數萬大軍，對我言聽計從，所以我才能有今天。漢王如此信任我，我要是背叛他，會遭天怒的，我即便是死，也不會背叛漢王的。」

韓信當著武涉的面，表明自己絕不背叛漢王劉邦的忠貞之心，然而對劉邦的命令，他卻又置之不理，伸手要權，這是何等的矛盾！這是韓信性格上的弱點，他既是一個知恩圖報的人，同時又是一個渴望權力與財富的人。這決定了他自己所謂的忠誠，並非是無條件的，而是一種滿足自己私欲之後的忠誠。這種有條件的忠誠，在劉邦眼中，就是不忠誠。他對韓信的態度，從信任轉向懷疑與提防。

其實，作為軍事家的韓信，對天下大勢的情形也是看得一清二楚，武涉雖然是項羽派來的說客，但所說的話卻是實情。另一個對局勢洞若觀火的人，是韓信手下的一名齊國謀士，此人名為蒯通。蒯通為了說服韓信與劉邦、項羽三分天下，他故意設置了一個局。

蒯通對韓信說：「我曾經學過相人之術。」韓信聽後很有興趣，問蒯通說：「先生您是怎麼相人的呢？」蒯通回答道：「看一個人的貴賤在於骨法，看一個人的憂喜在於面容，看一個人的成敗在於他的決斷心。這三個方面，缺一不可。」

韓信點了點頭說：「那您看我的相如何呢？」蒯通說：「請您允許我單獨面談。」韓信便讓其他人退下，只留下蒯通。這時，蒯通拜謝道：「您的面相，不過是封侯之相，而且還殺機四伏，但您的背相，貴不可言。」

蒯通在這裡使用暗語，「背」暗喻背叛，意思是說只要選擇背劉邦而獨立，則貴不可言。他進一步說明：「如今漢王與項王對峙，兩大勢力難分高下，進退兩難。可以說，漢王與項王兩大雄主的命運，其實是操在您的手心，您倒向哪一方，哪一方便能取得勝利。如今最好的計謀，就是與劉、項三分天下，鼎足而立。憑藉你的才能，擁有精銳的士卒，控制強大的齊國，聯合燕國與趙國，呼籲在西線陷入僵戰的漢楚弭兵，這肯定能得到天下的回應，誰敢不聽從您呢？憑藉您的軍事與政治影響力，削弱大國與強國的勢力，分封諸侯，到時天下都得聽從齊國，各路諸侯必定要爭先恐後前來朝見。這是天賜良機，如果不好好把握，必會帶來禍害，請您認真考慮。」

在軍事上有決斷力的韓信，在政治上卻優柔寡斷。他沉思片刻後說道：「漢王待我恩重如山，我怎麼能見利背義呢？」

蒯通一聽，又說道：「人心難測啊。您以為自己對漢王忠誠，漢王就不會加害於您？可是看看歷史，當年文種、范蠡竭心盡力，復興越國，到了越王勾踐稱霸後，就對功臣痛下殺手了。野獸捕殺完了，還要獵狗幹什麼呢？獸死狗烹啊。俗話說，勇略震主者身危，功蓋天下者不賞。現在您如果歸附楚，楚王對您不信任；如果歸附漢，功高震主。您將要選擇怎麼樣的路呢？」

韓信若有所思，含糊地回答道：「先生您先不要說了，我考慮一下吧。」

過了幾天後，蒯通見韓信沒有回音，心裡很焦急，又跑去見韓信道：「將軍，有智慧的人，行事必然果斷，優柔寡斷者，事情沒有不失敗的。不要因小失大，您是有智慧的人，誠然深知這點，可是知道了卻不去做，這是禍害的根源。功難成而易敗，時難得而易失。時機稍縱即逝，逝不再來。您要想清楚啊。」

可是，韓信仍然猶豫不決地說：「我想了幾天，還是不忍心背叛漢王，而且我戰功卓著，漢王怎麼可能奪走我齊國的地盤呢？」

蒯通長歎一口氣，料見韓信最後必然敗事，即使他把事情剖析得如此清晰，依然無法改變韓信的決心。他決定遠走高飛，裝瘋賣傻，以避開殺身之禍。

韓信不想背叛漢王劉邦，可是他又打自己的小算盤。這種曖昧的態度，怎麼可能讓劉邦放心呢？

當劉邦追擊西楚兵團到固陵時，急令韓信來援，可是韓信又一次抗命，採取沉默不合作的態度，不肯出兵。他想要藉此時機，把自己的地盤確定下來。最後，他達到目的了，劉邦將陳邑到海邊的一大片地盤劃給他後，韓信的精銳兵團才出兵相援。

韓信得到了土地，可是在劉邦的心裡，他已經是一個不忠誠的危險人物了。

在韓信兵團的參戰下，項羽在垓下會戰中慘敗，最後自刎身亡，楚漢戰爭以劉邦的勝利宣告結束了。毫不誇張地說，韓信乃是劉邦能贏得漢楚戰爭勝利的法寶與利器。

然而，韓信一步步地登上人生的巔峰時，下坡之路已隱然可見。

功高震主本來就難免引起劉邦的猜忌，而且韓信還曾經兩次抗命，現在還手握重兵。這對劉邦來說，無疑是潛在的一大威脅。

論打仗，劉邦不如韓信；可是論政治，韓信在劉邦眼中只是個小兒科。

一個計畫在劉邦腦袋裡形成了。在擊滅項羽之後，劉邦率部西返，經過韓信大軍駐地定陶時，出其不意地闖入韓信兵營，故伎重施，奪走他的印信。劉邦搞了這麼一個突然襲擊，一下子繳了韓信的兵權，韓信的部隊又被劉邦接管了。

這是一記下馬威，劉邦實際上以這種方式在暗中警告韓信。但戰事初平，他並沒有藉此時機剷除韓信。不久後，韓信被改封為楚王。

雖然有些不愉快的經歷，但韓信還是心滿意足了。畢竟他成為萬人之上的諸侯王，在自己的屬國內，威風凜凜，現在回想當年在家鄉的那些窘迫遭遇，恍然有隔世的慨歎。如今家鄉的故人們見到韓信，不敢抬頭仰視。昔日的癟三浪子，如今成為割據一方的諸侯了。韓信知恩圖報，他重賞當年給自己一碗米飯的漂母。賞千金，對漂母來說，這個投資回報可謂豐厚。對於當年凌辱自己、使之受胯下之辱的小流氓，他也不打擊報復，反而給了一個中尉的官職，以彰顯自己的寬廣胸懷。

韓信軍事才能過人，又被封為楚王，劉邦為了維持大局，表面上裝作信任韓信，其實內心對他惶恐不安，對韓信是防之又防。

就在這時，韓信又被抓住了一個把柄。

項羽死後，他手下的大將鍾離昧成為劉邦懸賞捉拿的重點人物。鍾離昧與韓信私交不錯，便逃入楚國，投奔韓信。這件事，給劉邦查出來了。他發出文告，敦促韓信將鍾離昧捉拿歸案。可是韓信頗為欣賞鍾離昧的軍事才華，便私下裡把他偷偷藏起來。

很快，一封舉報信就傳到劉邦手上，舉報韓信打算謀反。這可是劉邦最擔心的一件事，寧可信其有，不可信其無。可是倘若漢軍興師動眾，討伐楚國，以韓信的軍事天才，漢軍並沒有勝利的把握。怎麼辦呢？此時，謀士陳平獻上一計，建議劉邦假稱前往雲夢澤遊巡，在陳縣接見諸侯王，到時韓信如果前來，就可以輕鬆收拾了。

劉邦採納了陳平的建議，假稱巡遊，率大部隊抵達陳縣。陳縣屬於楚王韓信的地盤。韓信對於劉邦率大軍兵臨楚境，心中大為恐慌，他隱隱察覺到這背後必然有目的，絕不是單純的遊玩，可是自己要怎麼辦呢？他思忖良久，只有兩條路：第一，起兵造反，武力抗拒劉邦。可是現在還不知曉劉邦的用意，況且自己並沒犯什麼過錯，貿然起兵，就沒有迴旋的餘地了。第二，前去見劉邦。韓信又隱隱有些擔心，要是到時皇帝突然把他逮捕，那麼他連反抗的機會也沒有了。

此時，一名親信對韓信說：「皇上前來，大概是得知您收留鍾離昧的事，我看只要將鍾離昧的人頭獻上，皇上必定大悅，那就不會出事了。」韓信一聽，覺得有道理。事到如今，還是丟車保帥了。鍾離昧老兄啊，對不住了，要借你的人頭一用了。

韓信拎著鍾離昧的人頭，前去拜見漢高帝劉邦。劉邦見韓信自投羅網，喝令衛士將他捆綁起來，並裝上囚車。韓信一下子從楚王淪為階下囚，不服地高喊道：「常聽人家說：狡兔死，良狗烹；高鳥盡，良弓藏；敵國破，謀臣亡。如今天下已經平定，看來我固然該死了。」這時，劉邦才不緊不慢地對他說：「有人告你謀反。」

韓信默然無語，如今身家性命，操諸人手，他後悔自己沒有起兵，現在成為待宰的羔羊了，難道這就是命運嗎？

不過，劉邦仍然不敢貿然殺死韓信。雖然韓信被逮捕，可是如果操之過急，他手下的將領很可能會起兵造反。在經過反覆權衡後，劉邦決定赦免韓信，但褫奪他的封國與王號，降爵為淮陰侯。

從王到侯，韓信被削奪了實權，鬱鬱不得志。早年的他能屈能伸，忍人之所不能忍，可是時過境遷，從富貴與權力的頂端跌落後，韓信陷入一種無言的悲憤之中。他不僅沒有吸取教訓，低調做人以等待時機，反而處處表現其內心深處不滿的情緒。有一次，他去拜會樊噲，樊噲對他頗為尊重，還稱他為「大王」，可是韓信出門後卻慨歎說：「沒想到我現在居然與屠狗的樊噲為伍了。」

更為嚴重的是，韓信仍然在漢高帝劉邦面前搶鋒頭。有一次，劉邦問他：「你看我能帶多少兵呢？」韓信回答說：「陛下最多能帶十萬兵。」劉邦再問：「那你能帶多少兵呢？」韓信自信地答道：「臣用兵是多多益善。」劉邦哈哈笑道：「你說自己是多多益善，那怎麼被我抓住了呢？」韓信只得尷尬地解嘲說：「陛下雖然不能帶兵，可是會馭將，所以韓信我被陛下抓了。」

對於用兵多多益善的韓信，劉邦當然是放心不下。如今天下太平，你韓信能帶兵打仗，那你想打誰呢？失落的韓信也有自己的打算。

韓信有一個摯友陳豨，兩人來往密切。陳豨後來被任命為鉅鹿太守，臨行前，特來向韓信辭行。韓信拉著他的手，在庭院裡漫步，突然仰天長歎道：「我可以跟你說些心裡話嗎？」陳豨一聽大為驚訝，趕緊說：「將軍有何指示，請說。」

韓信對陳豨說道：「您所鎮守的地方，擁有天下最精銳的部隊。雖然皇上現在信任你，可是如果有人說你想反叛，謠言要是多幾次，皇帝不信也信了，到時你要怎麼辦呢？」韓信所說的，正是當年自己的遭遇。正所謂伴君如伴虎，陳豨能不明白這個道理嗎？陳豨一聽怔住了，請教道：「將軍，您說那要怎麼辦呢？」

韓信在陳豨耳旁密語道：「如果發生這樣的事，您就起兵自立，我暗中在內策應，如此則天下可圖。」陳豨知道韓信是一個有深謀遠慮之人，自從劉邦稱帝以來，一直在掃除異己，陳豨心知肚明。聽了韓信這麼說，他也願意為自己留條後路，便拜謝道：「我一定謹記將軍的教誨。」

韓信對劉邦的性格脾氣倒也是摸透了，到了漢高帝十年（前一九七年）時，陳豨果然被逼叛變。劉邦率軍隊親征陳豨叛軍，考慮到韓信長於兵略，這時又可以派上用場，便派人召韓信隨軍出征。可是韓信卻推說身體有病，不肯前往，他打算孤注一擲，因為這是他反撲的最後良機了。

其實在陳豨起兵時，韓信就祕密與他取得聯繫，並告知：「老弟你起兵造反，我將助你一臂之力。」韓信不愧是個厲害的角色，雖然他此時手上並沒有一支聽從於他的軍隊，可是他還是想出一個方法。他與家臣偽造了一份聖旨，打算釋放囚徒與奴隸，以此來組建一支軍隊，進攻皇宮，目標是呂后與太子。

這個計畫需要陳豨在軍事部署上做出配合。韓信便派人送密信給陳豨，只要陳豨的消息一到，就可以發動政變，控制皇宮。這是一次充滿風險的博弈，以生命為賭注。韓信焦急地等待著陳豨的回信，以確定最終發難的時間。

可是這時候卻發生一個意外，這個意外改寫了故事的結局。韓信有一名隨從，不知因為什麼事情得罪了這位將軍，韓信一怒之下，把他關進牢裡，準備處決。這名隨從的弟弟寫了一封信，交給呂后，告密韓信要造反，並把其陰謀供出。

呂后聽了之後大驚失色，她的第一個想法，就是把韓信召入宮中。可是如果沒有適當的理由，韓信必然會起疑心，到時率先發難，後果難料。怎麼辦呢？這位中國歷史上有名的鐵娘子沒有慌了手腳，她想起了以穩重著稱的蕭何，急召他入宮商量。

當年蕭何月下追韓信，可以說，在漢政府高層中，他對韓信的才能最為了解。不過事易時移了，當年蕭何要挽留韓信，而現在，他卻要置韓信於死地。蕭何想了想，提出一個辦法：假稱陳豨已經戰敗身亡，要求各級官員前往宮中祝賀。

韓信一聽這個消息，心頭震驚，如果陳豨真的死了，自己的計畫就泡湯了。可是，這會不會是朝廷的又一個陷阱呢？韓信決定靜觀其變，他又聲稱臥病在床，不能前去宮中。此時，蕭何起了至關重要的作用，他讓人帶話給韓信：「您雖然生病了，可是還是勉強到宮中祝賀一下的好。」即使韓信不相信別人，他也沒有理由不相信蕭何。沒有蕭何，就沒有他的飛黃騰達。既然蕭相國都說話，他不能不買這個人情吧。

當他一腳踏入長樂宮時，韓信就意識到末日的到來。埋伏在一旁的甲士們一擁而上，把他綁得結結實實。他沒有見到蕭何，只見到呂后冰冷的目光。這個鐵娘子比她的丈夫更加雷厲風行，更加冷酷無情，無須審判，無須證據，直接下達處決令。

曾經在戰場上叱吒風雲的韓信，被處死在長樂宮的鐘寺。韓信最後的一句話是：「我真後悔沒有聽從蒯通的話，今天居然死於婦道人家之手，這難道是天意麼？」

曾經落魄受盡人世滄桑，也曾經橫戈立馬、笑傲江湖，但最後卻落得個身首異處的淒涼下場。這就是韓信苦澀的悲劇人生，也折射出權力鬥爭的冷酷與血腥。

韓信之死，使漢高帝劉邦如釋重負，他清除了最大的威脅。剪滅韓信的同時，劉邦仍不遺餘力對異姓諸侯實施各個擊破。西元前二〇一年，韓王信受到朝廷的懷疑，叛降匈奴。西元前一九八年，趙王張敖被控謀反，廢王為侯。七個異姓諸侯王，只剩下梁王彭越、九江王英布、燕王盧綰（原燕王臧荼敗亡後，以盧綰為燕王）與長沙王吳芮。其中劉邦最憚忌的，便是彭越與英布。

八、反也死，不反也死

梁王彭越與淮南王英布，都是秦末戰爭中湧現出來的英雄豪傑，很有傳奇色彩。

彭越原是一位綠林英雄，年輕時在鉅野澤一帶以捕魚為業，為人堅強，有領袖才華。當時由於秦用苛法，很多人便逃到這荒澤地帶，落草為寇，彭越也入夥成了強盜頭頭。後來陳勝起事，造反之火也燒到了鉅野澤，當地有一百多名造反派就找到彭越，要推舉他為首領，揭竿起義。

彭越推辭了，但是這些造反小兵再次強烈要求他擔任首領，便勉強同意，並與諸人約定，次日清晨日出時分集合，遲到者斬。大家都同意了。有些人並沒有把這個約定當回事，到了第二天，已過了約定時間，仍有十餘人未到，有的人直到中午時才姍姍來遲。彭越開始訓話說：「因為我比較年長，諸位推戴我為首領，可是今天就有很多人不聽從命令，按約定當斬，可是人數太多，就斬最後一名遲到者。」然後下令把最後遲到的人押上斬首。

到這個時候，大家仍然心情輕鬆，笑著對彭越說：「何必如此呢？以後多注意就是了。」彭越可沒有開玩笑，既然要起兵造反，軍隊就要有軍隊的紀律，否則只是一群烏合之眾罷了。他毫不留情，將最後到的那人拖下斬首示眾。這下子這群烏合之眾大驚失色，彭越玩真的了，大家心裡都怕了，不敢抬頭看彭越那雙冷酷的目光。

彭越起兵反秦，他的隊伍也從一百多人發展到了一千多人。當時劉邦奉楚懷王之命西進，欲奪取關中，彭越拉著他的隊伍，協助劉邦攻打昌邑。這也是他與劉邦的初次相識。這個時候，他對劉邦是有好感的。彭越與劉邦攻打昌邑，可是沒有打下來，兩人便分道揚鑣，劉邦繼續西進關中，而彭越則回到鉅野。

秦帝國覆亡後，西楚霸王項羽大封諸侯，可是彭越沒有得到分封。這時，他的隊伍已經擴大到了一萬多人，是一支不可忽視的力量，也是一支不歸屬於任何一方的獨立勢力。正因為其獨立性，彭越也成為各路諸侯爭先拉攏的對象。

很快，齊國的田榮起兵反抗西楚霸王項羽，齊楚戰爭爆發。田榮派人找到彭越，授予他將軍印，彭越欣然接受，並率軍進攻西楚。彭越作戰勇猛，有軍事指揮才能，項羽派大將蕭公角迎戰，被彭越打得落花流水。可是，齊王田榮卻在與項羽的交鋒中屢遭敗績，最後兵敗身死。這麼一來，彭越又成為一支無所歸屬的獨立軍隊了。

戰爭漸漸演變為劉邦與項羽兩大陣營的交鋒，彭越對項羽沒有好感，而他與劉邦有交情，所以他又協助劉邦來對抗項羽。

在楚漢戰爭中，彭越的作用是勿庸置疑的。他長期在西楚的腹心地區游擊，對項羽構成極大的威脅。在劉邦多次身陷危境時，都是彭越在西楚腹地發動進攻，牽制楚軍，逼迫項羽不得不分兵對付，從而緩解了劉邦的困境。項羽對彭越可謂是恨之入骨。雖然他多次重創彭越的軍隊，可是彭越憑藉其高超的游擊戰術，保存了實力，每每可以逃脫被全殲的命運，並且很快東山再起。

彭越是非常優秀的將領，他既善於保存實力，又善於攻擊敵方的弱點。他頻頻出擊，切斷項羽的交通線，使得在前線與劉邦作戰的項羽經常陷入糧食供應不上的局面，同時又攻城掠地，取得極大戰果。在西元前二〇三年，他攻克睢陽等十七座城池；次年，又攻下昌邑一帶二十餘城，同時繳獲十餘萬斛的糧食。

彭越在漢楚戰爭中的貢獻，僅次於韓信。

早在漢王二年（前二〇五年），劉邦便封彭越為魏相國。隨著彭越的戰功越來越大，顯然他對這個官職是不滿意的，他理所當然地認為自己應該成為諸侯王，擁有自己的地盤。可是忙於打仗的劉邦遲遲沒有表態，彭越心裡越來越不是滋味了。

西元前二〇二年，劉邦打算畢其功於一役，發動對項羽的最後一戰，親自率軍與項羽的西楚兵團對峙於固陵。可是他沒有想到的是，彭越與韓信竟然抗命，拒絕前來會師。很顯然，彭越與韓信抱著同樣的想法，要出兵，可以，但必須要先封王。迫於軍事上的壓力，劉邦不得不作出讓步，封彭越為王，並劃定從睢陽以北到穀城的地界為彭越的領地。彭越這才起兵，參加了殲滅項羽兵團的最後一役。

彭越如願以償地被分封為梁王，可是這並不意味著將永保榮華富貴。

高帝十年（西元前一九七年），陳豨起兵反叛。漢高帝御駕親征，抵達邯鄲時，派人傳話給彭越，命令他率部參加平定陳豨的叛亂。

彭越不願意去。自從秦末起兵以來，彭越一直保持其獨立性，即便後來歸屬劉邦，但實際上軍隊仍然牢牢控制在自己手中。可是彭越沒有明白一件事，如今的制度，早已不是春秋戰國時的諸侯制，而是中央集權制，在專制的帝王眼中，諸侯王也不過是國家的重臣，並非真正一國之君。

梁王彭越稱病不往，為了敷衍皇帝，他象徵性地派一名將領率部隊前去協助劉邦平定叛亂。在劉邦看來，彭越眼中根本沒有皇帝的權威，他大發雷霆，派特使前往梁國，當面斥責彭越的傲慢無禮。

彭越這回總算領教了皇帝的威嚴。他誠惶誠恐，準備前去見劉邦，親自謝罪。這時，他的心腹大將扈輒勸道：「大王原本不想去，現在皇帝一斥責就去，恐怕一去不復返了，到時說不定就被逮捕了。」彭越心頭一震，可不是嗎？當年韓信不就是一去不復返了嗎？扈輒又說道：「不如起兵造反！」一向雷厲風行的彭越，在這個問題上，又與韓信犯了同樣的毛病，自認為功勞大，而且沒有犯嚴重的過錯，他拒絕起兵造反，又不敢像韓信那樣前去自投羅網，索性又稱病，躲在家裡了。

可是躲得過初一，躲不過十五。

與韓信事件如出一轍，有人告密了。告密者是彭越手下的一名官員，他也因為犯了事，彭越準備拿他開刀，便逃到了長安城，向劉邦舉報：彭越準備謀反！

彭越還蒙在鼓裡時，劉邦以迅雷不及掩耳的速度，派人趁彭越沒有防備之際，將他捉拿，囚車押往洛陽囚禁。司法機構同時逮捕了曾經勸彭越謀反的扈輒，經過審訊後，向皇帝遞交一份報告，認為彭越造反一事屬實。這個調查報告的真實性很值得懷疑，很可能是這些官員摸透劉邦的心思，欲置彭越於死地。

不過，劉邦還是饒彭越一命。他心裡還念及彭越的功勞，決定免其一死，貶為庶人，流放到蜀地。彭越的命運與韓信驚人地相似，一轉眼之間，就從雲層高處重重地摔了下來。

如果彭越就此一去，倒也可能在荒山僻嶺了卻殘生。可不幸的是，在他被流放到蜀地的途中，卻遇到了一個人：英雄的剋星呂后。彭越見到呂后，以為抓到了一棵救命的稻草，痛哭涕下，為自己申冤。他極力向皇后證明，自己絕沒有造反的念頭，更談不上有造反的行動。他向呂后提出一個請求，讓自己回到家鄉昌邑，落葉歸根。

此時的彭越對這位皇后還知之甚少，呂后假裝同情彭越的遭遇，答應帶著他去見劉邦。彭越感激涕零，認為事情或能出現轉機。

可是呂后見了劉邦，就委婉地批評他放虎歸山：「彭越乃是壯士，如今把他流放到蜀地，這是自留後患，不如殺了他，斬草除根。臣妾已經把彭越帶回來了。」劉邦一聽，如夢初醒，這個彭越可不是一般的人物，他是個天才領袖，一旦流放到蜀地，山高皇帝遠，誰能控制他呢？可是皇帝的赦令已下，不好更改啊。

若論殘忍，以厚黑著稱的劉邦在呂后面前還是要甘拜下風的。欲加之罪，何患無辭呢？呂后找來一名彭越的隨從，收買加恐嚇，讓他告彭越再次想謀反。這個罪名當然有些可笑，此時的彭越已經是孤家寡人一人，難不成要一人造反。可是司法官員們裝模作樣地調查一番後，又一次確認彭越謀反的罪行。

彭越此時可能才明白「最毒婦人心」這句話的含義了。從反秦戰爭到楚漢戰爭，他縱橫戰場，不想卻死於一婦人之手。英雄如此下場，豈能甘心？但此時的他已是虎困樊籠，只有束手待斃了。

繼韓信之後，彭越也遭到被屠三族的悲慘下場，而且他的屍體被剁為肉醬，分發到各諸侯國，劉邦以此殘忍手段警示各諸侯王：這就是謀反者的下場！

看到了彭越的肉醬，淮南王英布再也掩飾不住內心的恐懼了。

英布也是秦末漢初的風雲人物。他跟劉邦、韓信、彭越等人一樣，出身於布衣，沒有顯赫的家庭背景。年輕時，曾有人給英布看相，對他說：「你將會受到刑罰，但以後能封王。」果然，到了壯年時，英布有一回犯事了，被判黥刑，就是在臉上刻字。不料英布受刑後居然笑了，他說：「相士說我會受刑，而後會當王，難道真是這樣嗎？」

秦始皇時，有數十萬人被送往驪山服勞役，英布也在其列。此時的英布雖然身處最底層，可是他嶄露出非凡的才能，他廣泛結交在驪山服役的豪傑壯士，並且帶著他們成功地逃亡，之後便浪跡江湖，成為綠林強盜了。有趣的是，他與劉邦、彭越雖然生活於不同地方，但三人的共同點，都曾經落草為寇。

秦末起義爆發後，英布是個有抱負的英雄，自然不甘心在江湖中當小混混，他也聚眾起兵，隊伍發展到幾千人，後來投靠項梁，成為其手下一名悍將。

英布作戰勇敢，膽略過人，很快便聲名鵲起，成為項梁賞識的將領，每次作戰他都勇冠三軍，令敵軍膽戰心驚。項梁死後，英布成為項羽的部將，同樣得到項羽的賞識，在鉅鹿之戰中，英布作為楚軍先鋒，率先渡河作戰。在兵力與秦軍實力懸殊的情況下，他以堅韌不拔的勇氣，頂住秦軍的瘋狂反撲，為項羽大軍涉河作戰，最終大敗秦軍立下了汗馬功勞。

項羽能成為義軍領袖，這與英布的傳奇表現也分不開，各路諸侯不僅憚忌項羽，也同樣害怕項羽身邊的這位勇將。在歷次大戰中，項羽總是以英布為先鋒，而英布也不負重望，每戰必勝。立下這麼多戰功，項羽並沒有冷落他。秦滅亡後，英布被封為九江王。他終於如願以償了，少年時的預言終於成真了。

作為項羽的爪牙，英布也幹了一些不太光彩的事情，比如坑殺秦降卒二十萬，追殺義帝等，這些也使項羽深為信任英布。

不過，英布是個胸有大志之人，他的人生志向就是割據為王，不想聽誰的指揮，項羽很快就怨恨他了。

齊楚戰爭爆發後，項羽親自出征田榮，他命令九江王英布也率部隊參加。英布卻稱病不往，只派了幾千人的小部隊，象徵性地參加戰鬥。項羽征齊時，劉邦從背後偷襲，攻破西楚霸王的大本營彭城。這時，項羽又要英布協助抵抗，可是英布仍然稱病，拒絕加入戰爭。這下項羽氣壞了，他多次派人嚴厲責備英布，只是考慮到樹敵已多，才放棄攻打英布的想法。

對於楚漢爭霸，英布想置身事外，保住自己的地盤就行。可是很快他就發現，實際上要做到置身事外，是不可能的。

漢王三年（前二〇四年），劉邦派說客隨何前往九江，爭取說服英布脫離西楚霸王。隨何到了九江後，英布知道他的來意，索性閉門不見，但也不驅趕他，只是派名官員陪同。隨何待了三天，沒見到英布，就對陪同官員說：「大王不肯見我，只是想著楚強漢弱。給我個機會，能與大王面談，如果我說得對，那麼大王一定是樂意聽的；如果我說得不對，大王可把我綁到街上砍頭。」

英布聽隨何這麼一說，那好吧，就讓他有一說話的機會吧。隨何心知英布雖然臣服於楚，但實際上是持觀望的態度，便向英布詳細剖析時局，認為項羽雖強，實際上已經眾叛親離，大失人心，在軍事上也陷入進退兩難的境地。他建議英布看清時局，發兵反楚，到時必定可裂地封王。

隨何的話令英布心動，如果他置身事外，一旦項羽兵敗，自己這個九江王肯定是保不住的。他私下許諾隨何，將背叛項羽，歸附劉邦。

其實，英布還是猶豫不決。他既接見漢使，也接見楚使。項羽派使者又一次敦促英布出兵，此時隨何闖進來，面對楚使說：「九江王已歸附漢，還說什麼發兵的事呢？」英布一聽大吃一驚，楚使大怒，拂袖要離開。英布一看到了這個時候，不反也得反了。他抽出寶劍，殺死楚使，宣布與西楚進入戰爭狀態。

之後，英布參加了一系列對楚戰役，包括垓下之戰。雖然他在楚漢戰爭中所立的戰功不及韓信與彭越，但他的背楚附漢，是劉邦獲得最後勝利的關鍵。戰後，英布被封為淮南王。

漢高帝十一年（前一九六年），韓信與彭越相繼被誅殺，英布怎麼能不如坐針氈呢？漢高帝劉邦這個人不可信，韓信與彭越都犯了同樣的錯，就是自投羅網。英布不能重蹈其覆轍，他開始暗地裡調動軍隊，以防備劉邦的陰謀詭計。

這是一個人人自危的年代，即使你自己認為坐得正，行得端，也無法防止有人在背後插上一刀。韓信不是遭告密嗎？彭越不是遭告密嗎？只要咬定你謀反，那就百口莫辯了，司法官員自然會網羅罪證，無中生有。

又一名告密者出現了。

這名告密者是淮南國的中大夫賁赫。賁赫有個鄰居，是個醫生。有一回，英布最寵愛的一位妃子生病了，到醫生家看病。賁赫早就聽說這位妃子生得很漂亮，他便給醫生送了一份厚禮，跑到其家中，與王妃一起喝酒。這件事被英布知道了，他勃然大怒，認為賁赫與王妃必有不可告人的姦情，準備要捉拿賁赫。賁赫一溜煙逃到長安，並舉報英布準備謀反。

漢高帝劉邦派人前往淮南調查事實。英布大為恐慌，彭越的下場歷歷在目，如果自己不先下手為強，只能坐以待斃了。就是要死，也要像英雄一樣死在沙場，怎麼能像韓信、彭越死得那麼窩囊呢？事到如今，不能不反了。

英布起兵叛亂。可以說，英布的叛亂，完全是出於恐懼的自保，劉邦對諸王大開殺戒，韓信、彭越都完蛋了，下一個就是自己了。

英布是一員悍將，作戰勇猛，經驗豐富。在他看來，自從項羽死後，能夠與自己抗衡的人只有三個人：劉邦、韓信、彭越。如今韓信與彭越已經被誅殺，英布判斷劉邦已經老邁（此時劉邦六十歲），勢必不能親自帶兵打仗，至於其他如周勃、灌嬰、樊噲等人，那還真入不了英布的法眼。

可是出乎英布預料的是，劉邦雖然成了皇帝，而且也老邁了，可是他還保留著英雄本色，重要的戰役，都是親自指揮的。淮南王叛變後，他又一次御駕親征。在漢楚戰爭中，劉邦多次被項羽打得丟盔棄甲，潰不成軍，所以他作為名將的一面，往往為人所忽視。其實劉邦不僅是個非常出色的戰略家，而且指揮打仗也頗為在行。

在遭遇劉邦大軍之前，英布揮師東擊荊楚，屢戰屢勝，一時兵威極盛。對於英布來說，此時最好的戰略，便是向北發展，攻齊取魯，傳檄燕趙，佔據東方半壁江山，與劉邦分庭抗禮。但是英布沒有席捲天下的雄心壯志，他所想的，只是保住自己的地盤，這就使他喪失了向北發展的大好良機。

英布裹足不前，給了劉邦反擊的機會。最後兩軍在蘄縣遭遇，劉邦責問道：「你為什麼要叛變？」英布答得爽快：「老子也想當皇帝罷了。」劉邦聽了大怒，臭罵了一陣後，兩軍開始血腥廝殺。漢軍兵多將廣，明顯佔優勢，英布軍隊開始抵擋不住，向後退卻，渡過淮河南撤。漢軍苦苦追擊，一路上英布的軍隊傷亡慘重，最後只剩下一百多人。

天地蒼茫，英布要逃往何方呢？他想到自己的岳父——長沙王吳芮。此時吳芮已經死了，由兒子吳臣繼承長沙王，看來只能前去投奔了。英布是吳臣的姐夫，吳臣不好拒絕，可是又不能背叛劉邦，怎麼辦呢？

吳臣最後決定借刀殺人，他假意安排英布逃到南越避難，路經番陽時，又唆使番陽人殺死了英布。

英布不想像韓信、彭越那樣束手就擒，可是最後還是沒有逃脫覆滅的命運。

彭越死後，燕王盧綰也走上叛反之路，兵敗後逃往匈奴。在七個異姓諸侯國中，只有長沙王由於地處偏僻，得以保全下來，成為異姓封王中碩果僅存者。

劉邦用七年的時間，削平異姓諸侯的勢力。這些開國功臣，多數以悲劇下場告終，這也是漢高帝劉邦最為後人所詬病的事，同時也給後世的專制者樹立了一個壞榜樣。但是撇開個人恩怨與私欲，隱約可以看到背後深層的原因在於二元政治結構的衝突。

自秦始皇一統天下後，中國的政治制度就發生了根本性轉折，即由分封諸侯制轉變為帝王集權專制。集權制與分封制水火不容，地方諸侯既有獨立的行政體系，又有獨立的軍隊，這無疑是君主專制的一大障礙。從深層分析，劉邦殺戮諸王的背後，實際上反映帝王專制與分封諸侯制新舊兩種制度的鬥爭。自春秋戰國以來，諸侯並起，群雄爭霸，戰爭烽火持續數百年。可以說，諸侯制的弊端是很明顯的，是國內戰爭的一大禍源，專制主義因而興起。從歷史角度說，在經歷數百年戰亂後，人心思定，秦漢之際的專制制度有其歷史的合理性。

劉邦並沒有承認變亂的原因在於中央政權集權制與地方諸侯分封制的矛盾，他只是認為異姓諸侯靠不住。因此，在掃滅異姓諸王的同時，劉邦大封同姓諸王，前後有荊王、代王、齊王、楚王、趙王、淮南王、吳王、燕王等。這些諸侯國作為拱衛漢帝國的重要力量，皆出於皇族，皇帝專制制度得以進一步的鞏固。不過，日後的歷史證明，即使是同姓諸王，也仍然是國家動亂與戰爭的一大誘因。

在長達兩千年的專制時代，各個王朝都解不開一個死結。一旦地方勢力式微，皇帝權力無限放大時，權力的腐敗便由上而下滋生，最終導致官逼民反的大起義，或者被外族乘虛而入。而一旦地方勢力過於強大，中央權力被架空，又容易陷入內戰的混亂之中。這個死結，就是專制政治的宿命。

九、來自北方的狼

劉邦一統中原，消滅了強大的勁敵項羽，可是他並非從此無敵於天下。在帝國的北邊，一位冷血英雄如旋風般席捲遼闊的草原，匈奴在游牧民族的歷史上大放異彩，成為大漢帝國的勁敵。

這位冷血英雄就是匈奴歷史上傳奇人物冒頓。

冒頓的父親頭曼單于，當時匈奴被夾在東胡與月氏之間，實力並不很強大。冒頓勇敢善戰，意志堅強，被頭曼單于立為匈奴太子。可是頭曼單于很快有了新的女人，這個女人給他生了一個兒子，單于開始考慮廢掉太子冒頓。他想了一個陰險毒辣的計畫，派冒頓出使月氏，準備借月氏人之手，除掉冒頓。

令頭曼單于沒有想到的是，冒頓居然憑藉自己的膽略與智慧，單槍匹馬逃回匈奴，並著手開始瘋狂的報復計畫。

冒頓開始訓練一支忠於自己的軍隊，要求騎兵們對他的命令只能無條件地服從。他發明了鳴鏑作為訓練工具，鳴鏑射向何處，所有射手必須毫不遲疑地將箭射向鳴鏑的方向，違令者處斬。他的訓練冷酷無情，為了考驗戰士的忠誠，冒頓別有用心地拿自己的坐騎作為鳴鏑的誘餌，凡是不敢射殺者，殺無赦。他的冷酷達到令人難以想像的地步，他甚至犧牲心愛的女人，以考驗戰士們的忠誠。冒頓在一次練兵中，突然以鳴鏑射向自己的愛妾，不再遲疑的騎士萬箭齊發，把這位可憐的女人射成一隻刺蝟。

這種血腥的訓練，終於使冒頓鍛造出一支忠誠且勇猛果斷的部隊，並不露聲色地準備對父親頭曼單于下手。機會終於來臨了，頭曼單于興致沖沖地在草原上狩獵，冒頓的鳴鏑發出信號，忠誠的戰士沒有任何的遲疑，一支支鋒利的箭矢射穿頭曼單于的身體，這位匈奴的最高首領就這樣死在兒子的手中。

政變成功後，冒頓自立為匈奴單于。他毫不留情地鎮壓異己，將權力牢牢掌握在手中。他雄心勃勃，不僅要成為匈奴之王，還要成為北方草原之王。

北方草原上的對手，有東胡與月氏，實力非常強大，特別是東胡之王，根本瞧不起冒頓單于。為了給這位新單于一個下馬威，東胡王派人前往匈奴，索要單于坐騎與愛妾，冒頓不露聲色，答應東胡王的要求。東胡人嘲笑冒頓的懦弱，得寸進尺索要匈奴東部的土地。

可是東胡王錯了，精於謀略的冒頓只是故意示弱，目的是使東胡放鬆對匈奴的警戒心，他落入了冒頓所布置的陷阱。冒頓發現東胡已經沒有任何戒備了，時機成熟了，他馬上動員傾國之兵，凡是可以作戰的男子，全部出征，落後者斬。匈奴騎兵以迅雷般的速度，踐踏東胡的土地，毫無防備的東胡，竟然在匈奴人的一擊之下，完全崩潰，迅速滅亡了。

冒頓的這次出擊，證明他是一位不世之梟雄，以尺蛇吞象的壯舉，一舉吞併比自己強大的東胡。可是，他的雄心還不止於此，挾狂勝之餘威，匈奴騎兵調轉馬頭，殺入月氏。月氏乃西北強國，擁有十萬戰士，可是在冒頓鐵騎的打擊下，幾乎沒有抵抗力，大部分土地都落入匈奴之手。

冒頓颳起的匈奴風暴，幾乎在一夜之間改寫了北方草原的權力版圖。匈奴、東胡、月氏三強並立的局面，變成為匈奴一枝獨秀。所有的北方蠻族，都在匈奴的鐵蹄聲中深感震撼與恐慌。冒頓成為高高在上的北方之王，此刻的匈奴，其土地的廣袤，幾乎可以與漢帝國相媲美。絕不能低估這位匈奴梟雄的雄心壯志，他並不想停止擴張的步伐，一統北方後，他又把目光盯住了南方崛起的漢帝國。

漢高帝劉邦曾以為，西楚霸王項羽死後，天下再沒有可以匹敵的對手了。可是他錯了，北方之狼已經悄然威脅到漢帝國的安全了。

漢高帝六年（前二〇一年），匈奴大軍越過邊界，悍然進攻漢帝國邊境的韓國。韓國是漢初七個異姓封國之一，韓王信在兵力懸殊的情況下，一方面緊急向中央政府求援，另一方面派人與冒頓單于談判。對異姓諸侯王充滿提防心的劉邦懷疑韓王信有叛反的企圖，派人前往面責，韓王信惶恐不安，權衡利弊後，索性斬殺劉邦派來的使者，打開城門，投降匈奴。韓王信的叛降，令漢帝國北門洞開，防禦線被突破了一個缺口。

冒頓單于的匈奴騎兵進駐馬邑，略作休整後，隨即大舉南下，越過句注山，圍攻太原，進逼晉陽。叛降的韓王信更是甘作急先鋒，從晉陽南下，直達銅鞮。匈奴騎兵的狂飆突進，令劉邦有幾分擔心，漢軍雖是百戰雄獅，但面對陌生的對手，既不熟悉其戰術戰法，也不熟悉其將帥的才能。劉邦雖然貴為天子，並沒有躲在皇宮深處遙控前方的戰事，而是親自披甲上陣。這是他的優點所在，他愛女人與酒，可是並沒有沉溺其中，該勇挑重擔時，他可以放棄溫柔鄉，重回殘酷的戰場。

大漢天子劉邦御駕親征，旗開得勝，充當匈奴前鋒的韓王信兵團很快被擊潰，韓王信狼狽地逃跑了。冒頓單于派左右賢王各率一萬名騎兵，支援韓王信的殘兵敗將，在北方戰場上戰無不勝的匈奴騎兵，這次見識到了漢軍的實力。大將周勃、夏侯嬰、灌嬰各率一軍，對晉陽展開猛攻，匈奴騎兵遭到重創後，向北退卻。灌嬰指揮燕、趙、齊、梁、楚等封國的車騎部隊，對匈奴軍隊窮追猛打，令高傲的匈奴人再嘗敗績。當勝利在望時，嚴寒遲滯了漢軍的進攻，並造成了大量非戰鬥傷亡，約有十分之三的士兵凍傷，戰鬥力大打折扣。

繼續進軍呢，還是撤退以待來年春暖花開後再繼續開戰呢？這是擺在劉邦面前的問題。

此時，一份情報讓劉邦下定繼續進攻的決心。漢軍偵知匈奴單于冒頓的大本營設在代谷，如果能突襲代谷，俘虜匈奴單于，便可以一勞永逸解決大漢帝國的北方邊患。

劉邦久經沙場，老成持重，他極為謹慎地連續派遣十批間諜潛入到代谷附近，偵察匈奴的軍事部署並評估匈奴軍隊的戰鬥力。可是他的對手絕非泛泛之輩，而是擁有過人軍事天賦的冒頓單于。冒頓既有項羽之勇，又有韓信之謀。為了迷惑漢軍，冒頓將計就計，把匈奴的精銳部隊隱蔽起來，而把老弱病殘置於軍中。

劉邦派出的十批偵察人員陸續返回，得出了一致的判斷：匈奴在代谷的大本營中，沒有精銳部隊，不堪一擊，漢軍全力出擊，必然可以活捉冒頓單于，迫使匈奴投降。劉邦對這個判斷充滿狐疑。從戰國時代開始，匈奴便是中國北部最強的對手，匈奴騎兵的悍勇與堅強，給中原各諸侯國留下深刻印象。至秦一統六國，蒙恬北逐匈奴，雖然將匈奴勢力逐出黃河南部，但並沒有對其軍事力量予以致命打擊，只能採用修築長城這種消極防禦，來防止匈奴的入侵。

劉邦決定派出非常能幹的婁敬潛入代谷，作最後一次偵察。婁敬深入代谷，經過縝密的觀察，他斷定匈奴故意隱藏著精銳部隊，而以老弱殘兵充斥陣營，其中必有詐。婁敬迅速南返，要把這個重要判斷彙報皇帝，行至半途時，他卻吃驚地發現，漢軍已經傾巢而出了。

劉邦在關鍵時刻犯了一個大錯誤。他沒等到婁敬的回報，就下令兵分兩路：由周勃、樊噲率領一路人馬，進擊砦石以北，尋殲被擊潰的匈奴殘軍與韓王信的殘部；自己則統領夏侯嬰與灌嬰的部隊，即刻北進，直撲匈奴的大本營代谷。

大軍越過句注山，從代谷返回的婁敬正好迎上劉邦的軍隊。婁敬緊急晉見劉邦，欲阻止漢軍的行動。他在劉邦面前分析說：「從冒頓弒父繼位以來，匈奴滅東胡，破月氏，南下吞併樓煩與白羊，佔領河南之地，圍馬邑，降韓王，軍力是何等強大。可是臣近窺其營地，只有老弱殘兵，根本不可作戰。現在漢匈兩國開戰，按常理，敵人一定會耀其兵威，壯其聲勢以鼓舞士氣，但匈奴軍隊卻十分低調，看不到精銳之師。可見其用意，正是向我軍示弱，以誘使我軍進行攻擊，他們的精銳之師，肯定是埋伏在某個地方，準備對我軍實施伏擊，絕不可以貿然出擊。」

一向精明的劉邦這回犯糊塗了，他以軍隊已經出發，無故回師會影響士氣為由，拒絕了婁敬的建議。可是婁敬很頑固，仍然堅持己見。

劉邦聽罷勃然大怒，對婁敬咆哮：「你這死賊，你有何本事，只不過靠著一張利嘴，才混得個官職，今天居然敢妖言惑眾，擾動軍心，你該當何罪？」下令把婁敬抓了起來，投入監獄。

漢軍長驅直入，進抵距離代谷很近的平城。在平城附近，有一座山，名為白登山。這座本不為世人所知的山，即將因為這裡爆發的戰役而永載史冊。

白登山是一處制高點，劉邦在此布下重兵，並前往白登山陣地巡視。一張巨大的羅網已經張開了。冒頓得知劉邦陳兵於白登山的消息後，緊急動員潛伏在附近的匈奴騎兵，全力出擊，包圍白登山。匈奴騎兵傾巢而出，號稱四十萬。這個數字有些可疑，多半只是虛張聲勢。不過這個兵力，對守在白登山的漢軍，已具有壓倒性的優勢。困守白登山的漢軍有多少人？史書沒有記載，劉邦御駕親征，總計動用三十二萬的軍隊，分兵兩路。一路由周勃統領，前去追擊韓王信的殘部了；另一路就是劉邦親自統率的人馬，駐守於白登山，推測劉邦在白登山的兵力應該是十幾萬人。

俯視白登山腳萬馬奔騰的壯觀場面，劉邦意識到自己中了冒頓的圈套。後悔已來不及了，白登山被擁有優勢兵力的匈奴人包圍得水洩不通了。雖然深陷重圍，漢軍的表現仍然十分優異。白登山有戰國時趙國修築的一段長城，原本就是為了對付擅長以騎兵發起進攻的游牧民族軍隊，漢軍佔有一定的地形優勢，易守難攻。何況這支軍隊乃是百戰雄師，訓練有素，其戰鬥力之堅強，為冒頓起兵以來所僅見。

雙方在白登山對峙了七天七夜，匈奴人無法突破漢軍的防禦，而漢軍也未能打破匈奴人的包圍圈。可形勢對劉邦非常不利，一是嚴寒的天氣，使士兵的傷亡繼續增加，二是如果不盡快突圍，軍隊很快就會陷入缺糧的境地。怎麼辦呢？劉邦心急如焚。

正在劉邦進難兩難之際，素有「智囊」之稱的陳平想出了一條計謀。這條計謀的重點，是利誘收買冒頓單于的夫人（匈奴人稱為閼氏）。

入夜時分，劉邦派遣一名說客，偷偷地溜進匈奴人的兵營中，並設法進入到閼氏的帳篷。閼氏大吃一驚，但來人立刻就跪下磕頭，自稱是大漢皇帝派來的使臣，特來向閼氏獻禮。說罷，打開禮盒，呈獻在閼氏面前，盒內盡是珠寶玉器黃金飾物。女人皆愛美，即便是貴為閼氏，又怎能例外？閼氏不由心動。

來使對閼氏說道：「大漢皇帝被單于圍困，願意與單于罷兵修好，大漢天子願意將國內最美的女人，獻給單于。」說罷，從懷中取出一帛畫卷，將卷軸展開，上面繪著一位美豔欲滴的女子。這就是陳平想出的詭計，女人妒忌心強，一想到自己丈夫要擁有漢地最美的女子，心頭醋意大發。閼氏要阻止這種事的發生，便前往見冒頓說：「漢匈兩國君主不應該兵戎相見，單于即便得到漢地，也不適合我們游牧民族居住，況且聽說漢朝皇帝有神靈相助，單于應該好好考慮一下。」

冒頓真的是在考慮這個問題了，但並不是因為閼氏的一席話，而是戰場形勢出現了一系列的變化。

首先，是韓王信的殘部並沒有如期前來會合，冒頓心生疑慮，擔心他們突然背叛；其次，周勃所率領的漢軍已經獲悉漢高帝被圍的消息，火速趕往平城，並與匈奴人交戰了。周勃部若與劉邦會師，漢軍總兵力三十二萬人，雖然與匈奴的四十萬人相比，略有遜色，然而一旦戰事陷入僵局，漢帝國還有源源不斷的兵源，而匈奴已經是動用傾國之兵，再無戰略預備隊可以投入，一旦被強大的漢軍反包圍，匈奴不僅將賭上軍隊的命運，還要賭上民族與國家的命運。這種嚴重的後果，冒頓即便是戰爭賭徒，也不敢輕易以整個民族的命運來進行一場曠世豪賭。

冒頓經過慎重的考慮，決定撤去包圍，放棄殲滅劉邦的計畫。後世的歷史學者多數誇大了陳平所謂「奇謀」的作用，事實上從冒頓的性格可以看出，他絕不是那種可以被女人一席話而改變決心的人。女人在他眼中只是工具，在訓練士兵時，他可以犧牲愛妾的生命，為的是考驗戰士的忠誠；在外交上，他可以犧牲愛妾，將她送給東胡王，作為迷惑對手的手段。可以肯定地說，他也絕不會因為一個女人的話，放棄消滅劉邦的機會。歷史事實是，周勃大軍的及時趕到，使他已經沒有機會了。

在劉邦被圍困的第八天清晨，匈奴人撤圍一角。這一天正好是大霧，也給劉邦的順利逃脫提供了絕佳的條件。漢軍立即從這個缺口撤退，劉邦第一個念頭，就要駕車狂奔逃命。大將夏侯嬰制止了：「不能逃得太快，否則讓匈奴騎兵看到我們方寸已亂，反而會惹禍上身。」陳平下令兩邊的軍隊拉起勁弩，箭頭向外，警戒匈奴騎兵可能發起的突襲。就這樣，十幾萬大軍有條不紊地撤退，當逃出了匈奴人的包圍圈之後，劉邦長長地吁了一口氣，如釋重負。

白登山之戰是漢匈三百年戰爭史的開端。投入的兵力之多，遠遠超過往後的各次會戰，匈奴出動四十萬大軍，幾乎是傾國之兵，漢軍也投入三十二萬人，總計交戰兵力達七十二萬人之多，這還不包括韓王信部隊。

冒頓單于一鳴驚人，在此役中實施欺騙戰術，圍漢軍於白登山，使漢高帝劉邦差點陰溝裡翻船。匈奴憑藉此役一舉跨入超級強國之列，並在未來相當長的時間裡，一直是漢帝國最強勁的對手，並佔據軍事上的上風。

雖然冒頓未能在白登山之戰中擒獲劉邦，但他仍然贏得了勝利。身經百戰的漢軍居然使出收買冒頓夫人這種不入流的策略，以圖解圍，很明顯在心理上就已經是失敗者。雖然白登山之戰，漢軍實際損失並不大，但劉邦的落荒而逃，使得漢軍對匈奴的軍事力量產生一種畏懼的心理。這種畏懼心理，也直接導致了和親政策的出臺。

提出和親政策的人，仍然是婁敬。在白登山之戰前，婁敬屢勸劉邦，匈奴人可能有詐，劉邦不僅不聽，反而以擾亂軍心的罪名將婁敬投入監獄。從白登山狼狽逃回後，劉邦知錯能改，他把婁敬從監獄中釋放出來，親自道歉，並擢升為「建信侯」。婁敬因禍得福，得到劉邦的信任。

白登山之戰後，冒頓繼續對漢帝國發動進攻。匈奴軍隊侵入代國，代王劉喜是劉邦的哥哥，這個阿哥沒有什麼本事，面對匈奴的入侵，竟然驚慌失措，最後索性落荒而逃。劉邦非常生氣，把哥哥的封王撤了。匈奴人的囂張氣焰，令劉邦心煩意亂。這時，他又想起了婁敬。

婁敬向劉邦分析了兩點：首先，漢帝國初創，天下剛剛安定，百廢待興，要休養生息，不可輕啟戰火；其次，匈奴是化外之人，不能用仁義感化。那要怎麼辦呢？婁敬提出與匈奴和親的政策。在婁敬看來，只要劉邦犧牲長女魯元公主，下嫁給冒頓單于，與匈奴和平共處，冒頓勢必會立公主為王后，以後生下的兒子，也勢必成為匈奴的太子。這樣，冒頓就成了中國皇帝的女婿，匈奴的太子也就是中國皇帝的外孫了。試想想外孫又豈能跟外祖父作對呢？這樣一來，可以不戰而令匈奴臣服。

劉邦聽罷十分高興，準備將魯元公主嫁給冒頓單于。這個決定把魯元公主的生母呂后氣死了，她豈肯讓自己的女兒嫁到蠻荒之地呢？呂后絕不是一般的皇后，她也是一位有魄力的政治家，劉邦也不能不讓著她三分。由於呂后堅決不肯嫁女兒，最後劉邦被迫使詐，從民間挑選一名女子，假扮成魯元公主，向匈奴冒頓單于提出和親的請求。

冒頓大喜，馬上答應與漢皇室的這門親事，迎娶冒牌的魯元公主。不過，這事情還是很快穿幫了。當冒頓得知劉邦居然使用偷樑換柱的詭計時，他冷落了這位冒牌的公主，如此一來，婁敬設想的以姻親關係來束縛匈奴的設想，泡了湯。

但是和親政策，從此成為漢帝國牽制蠻族的重要政策。這個政策雖然有某種缺陷，但起到了溝通漢帝國與其他游牧民族的橋樑作用，為民族融合作出了積極的貢獻，也大大減少了邊境的戰爭。

十、運籌帷幄的幕後英雄

漢高帝劉邦的過人本領，就是善於用人。漢初人才濟濟，武將如雲，文臣如雨。在劉邦麾下的謀士中，以蕭何、張良、陳平三人最為傑出，堪稱謀士三傑。

在三傑中，蕭何與劉邦走得最近，兩人在沛縣時，便已經是好朋友了。當時，劉邦還是一介布衣，蕭何是沛縣吏掾，雖然只是芝麻小官，但在沛縣這種小地方，也算是有點權力的人。劉邦為人性情豪爽，不拘小節，不免得罪一些人，蕭何覺得他與眾不同，多次暗中相助。後來，劉邦當了泗水亭長，與蕭何成為同事，關係更是非同尋常。

蕭何早年的事蹟，乏善可陳，沒有什麼驚天動地之舉，這個人的特點就是冷靜、務實、嚴謹。劉邦起義後，蕭何成為他不可或缺的助手，一則是因為劉邦信任他，二則是因為蕭何恪盡職守，不貪功，不貪財，凡事從大局著想，品格高尚。

從秦末起義到楚漢戰爭，蕭何為大漢帝國的奠基作出巨大貢獻。

劉邦佔領咸陽城後，諸將大多忙著搶奪金銀珠寶，大家都認為戰爭結束了，該發發財了。蕭何在這個時候格外冷靜，他入咸陽城後，沒有去哄搶財物，而是先到丞相府、御史府，將秦國的律令、文書、地圖統統收集起來，以免這些珍貴的文獻毀於戰火。這批文獻在日後的楚漢戰爭與漢帝國的制度建設上，發揮了極為重要的作用。秦帝國的文獻包括了大量的軍事資料，比如全國軍事要塞的分布與地形、各地戶口人數、經濟情況等等。這些至關重要的信息使劉邦在未來戰爭中得以把握全域的主動權。

劉邦被封漢王後，任命蕭何為丞相，蕭何實際上成為漢政權的第二號人物。蕭何一生謹慎，但有時也有出人意料的驚人之舉，他月下追韓信的故事為人所津津樂道。他是第一個認識到韓信價值的人。那時的韓信既無赫赫戰功，甚至在軍中的地位也不高。蕭何慧眼識英雄，不僅親自追回韓信，並且向劉邦建議破格將他提拔為大將。日後的事實證明，蕭何此伯樂之功，乃是漢軍由弱轉強之關鍵。

四年楚漢戰爭中，蕭何並沒有在前方戰場立戰功，出奇謀，而是經營大後方，功勳卓著。在四年的時間裡，大後方政治經濟均十分穩定，劉邦沒有後顧之憂，糧草與士卒源源不斷地輸往前線。劉邦多次遭到項羽的重創，先是彭城慘敗，損兵折將數十萬人，後又遭遇滎陽之敗，每當危急時刻，蕭何總是想方設法從關中徵集兵源，以補充前方巨大的損耗。可以說，蕭何是漢軍的後勤總司令，而且非常出色。

楚漢戰爭結束後，劉邦論功行賞，將蕭何排在第一位，封為酇侯。很多將領十分不服氣，紛紛反對：「我等披堅執銳，參加的戰鬥多則百餘，少則數十，提著腦袋拼殺，攻城掠地。可是蕭何卻沒有立下任何汗馬功勞，只會寫寫文書，動動嘴皮子，沒參加戰鬥，功勞卻在我等之上，這令人想不通。」

劉邦雖然成了皇帝，可是說話還是帶有平民化的粗俗。他不客氣地說道：「你們諸位見過打獵麼？打獵時追殺獵物者，是獵狗，而發現獵物蹤跡，下達攻擊命令的是人。如今在位諸位，都是追殺獵物之功狗，而蕭何運籌帷幄，是功人。」諸位將領被劉邦損為功狗，這下子誰也不敢吭聲了。

其實劉邦雖然說得粗俗些，可確實只有他能深刻認識蕭何的重要性。項羽的軍事力量很強大，最後敗在哪裡呢？正是在於後勤補給上，沒有兵源的補充，沒有糧食的正常轉輸，大後方頻頻告急。換句話，項羽的失敗，正是因為他缺乏一個像蕭何這樣有能力的後勤大總管。

作為帝國丞相，蕭何主持制定了許多國家政策，注重讓百姓休養生息，廢除秦時苛法，為國家政治穩定作出頗多貢獻。

高帝十一年，陳豨起兵反叛，韓信密謀在關中策應。蕭何在這個時候，利用韓信對自己的信任，將他騙入皇宮，導致韓信最後的敗亡。這件事，蕭何可能有點內疚，韓信因他而起，因他而亡，在權力場上，真是沒有什麼可以完全信賴的朋友。如今劉邦大開殺戒，屠戮功臣，雖然他蕭何只是文臣，沒有造反的資本，可是他還是不能不防備皇帝的懷疑，畢竟伴君如伴虎啊。

韓信死後，英布因恐慌而起兵造反，劉邦御駕親征。皇帝又一次把關中之地交給大總管蕭何，可是，皇帝對他的信任度已經降低了，頻繁派出使者，了解蕭何的一舉一動。蕭何心頭上飄過一絲陰影，他的一個座上客暗地裡警告說：「您快完蛋了，您貴為相國，功勳列第一，位極人臣。自從您入關中十餘年，體恤民情，深得百姓擁護，現在皇上頻頻派人前來，是害怕您利用威望顛覆關中。」蕭何聽了大驚，其實看看其他功臣的下場，不難得知劉邦確實有懷疑之心。怎麼辦好呢？客卿教他一個辦法：用低價購買百姓的田地，自毀聲譽，如此皇帝則無憂了。

蕭何是一個儉僕的人，即使成為帝國宰相，他也不尚奢華。為了自保，他還真違心低價購入大量田地，以致百姓對他大失所望，告狀告到皇帝那兒了。劉邦得知後大笑，責備蕭何與民爭利，不過懷疑之心，也在這聲大笑中煙消雲散了。

這是蕭何在專制時代下的政治智慧，也是無奈的選擇。

蕭何在西元前一九三年去世，他制定的各項政策，被他的繼任者曹參所繼承。

比起蕭何，張良的一生極富傳奇色彩。

張良先祖是韓國人，祖父、父親都曾擔任過韓國丞相，是貴族世家。韓國被秦滅後，張良開始醞釀艱巨的復仇計畫，他散盡家財，尋找勇士，密謀刺殺秦始皇。經過充分的準備後，他雇用一名力士，打造了重達百二十斤的大鐵椎，在博浪沙狙擊秦始皇。這次驚天大刺殺行動並沒有成功，大鐵椎沒有擊中秦始皇的坐車。刺殺失敗後，秦始皇詔令天下捉拿刺客，張良被迫隱姓埋名，逃匿於下邳。

在逃亡過程中，張良有一次偶遇一位老人，老人故意將鞋子扔到橋下，讓張良幫他撿回來，張良剛開始很生氣，後見老人年紀大，於心不忍，就取回鞋子，幫老人穿上。不想這竟然使張良意外地得到老人的贈書，這本書名為《太公兵法》，估計是老者的著作，他見張良有反秦之志，特以此書相贈。

張良為人俠肝義膽，助人為樂，在江湖上頗有名氣。有一回，項伯殺人犯法，逃到張良那裡，張良設法將他藏起來，救了項伯一命。此時的張良不會想到，若干年後，項伯知恩圖報，在鴻門宴上，報答他的救命之恩。

浪跡江湖十年後，因秦始皇之死，秦帝國開始岌岌可危，陳勝起兵後，張良也聚眾百餘人，起兵反秦。此時劉邦也在沛縣起兵，率數千人，攻掠下邳西部，張良得知消息後，便帶著自己這支小部隊前去投奔劉邦。

張良很快就發現劉邦身上的非凡天賦。在起兵之前，劉邦沒帶過兵，沒打過仗，對行軍作戰也一竅不通，而張良卻熟諳《太公兵法》，熱衷於軍事理論研究。張良向劉邦講授兵法，劉邦只聽一遍就掌握了，並經常採納張良的計謀。可是張良跟其他人說兵法時，誰也沒有弄明白，他不禁感歎說：「沛公的才能大概是上天授予的。」

從秦末戰爭與楚漢戰爭，張良多次在關鍵時刻立下奇功。尤其是在險象環生、刀光劍影的鴻門宴上，如果不是張良的機敏與從容，劉邦恐怕難逃一死的命運。張良雖然不是一名武將，沒有在前線衝殺，但他是非常傑出的戰略家。在劉邦遭遇彭城大敗後，張良便一針見血地指出，要擊敗項羽，就必須要聯合英布、彭越，並讓韓信獨當一面，後來的歷史也證明張良的分析是非常正確的。彭越與韓信後來抗命拒不出兵時，又是張良提醒劉邦裂土封王，以穩住二人，並最終贏得了垓下會戰的勝利。

對於張良的諸多貢獻，劉邦心裡有數。楚漢戰爭結束後，張良與蕭何一樣，成為第一批受封的功臣，被封為留侯。劉邦對張良的評價是：「運籌策帷帳之中，決勝千里外。」這個評價十分中肯。

晚年的張良行事十分低調，不願意捲入過多的政治漩渦中，他自己說：「我家歷代為韓國丞相，韓國滅亡後，我蕩盡萬金家產，就是想為亡韓報仇雪恨，誅殺強秦。如今我受封為萬戶侯，作為一介布衣，到今天能位極人臣，我已經滿足了。」張良為人慷慨富有俠義精神，不過他的外表並不魁武碩壯，而是清秀柔弱，但並不影響他內心的堅強。

功成身退後的張良身體越發虛弱，他熱衷於道家仙學，學習辟穀術、導引術，杜門不出。他是個很明智的人，知道政治鬥爭的殘酷性，因此他學道學仙，未必不是一個障眼法，表明自己超然於權力鬥爭之外，無欲無求。在漢初劉邦屠戮功臣時，張良並沒有受到任何的懷疑與衝擊。

但是他的聰明才智，又使得他很難真正遠離政治漩渦。晚年的漢高帝劉邦寵愛戚夫人，想廢掉太子劉盈（呂后之子），改立戚夫人所生子趙王如意。呂后雖然動員不少大臣諫爭，但無法改變劉邦的決心。百般無奈下，呂后想起了智慧過人的張良。張良原本無意捲入爭立太子的政治瓜葛，在呂后的強求下，他提出重聘四位德高望重的老者作為太子劉盈的老師。這四位老者又稱為「商山四皓」，是劉邦一直想得卻未能得到的四位賢人。呂后依張良之計，厚禮請商山四皓出山。太子有這四位賢人之助，使劉邦最後放棄了更立繼承人的念頭。

張良於西元前一八九年病逝，得以善終。

漢初謀士三傑的另一人是陳平。與蕭何、張良的嚴謹相比，他是一位個性張揚的人。陳平與張良一樣，富有謀略，但兩人的風格有些差異，張良略正，陳平略邪。

陳平年輕時家中並不富裕，但是喜歡讀書，父母親比較早就去世了，與哥哥住在一起。哥哥覺得弟弟有文化，以後應該有出息，便讓他安心讀書，自己則種田維持家庭生計。陳平長大成人後，一表人才，相貌堂堂，是個美男子，但嫂嫂對陳平整天不幹活非常生氣，曾經嘲諷他說：「有這樣的小叔子，還不如沒有。」這件事讓陳平的哥哥知道後，一怒之下，把妻子給休了。

雖然陳平是個美男子，但家境貧寒，要討個如意的老婆不容易。正好有一張姓富人，他的孫女是個不折不扣的剋夫相，嫁了五個丈夫，結果五個丈夫全部死了，沒有人敢娶她。陳平卻不信這個邪，他喜歡上張家孫女，後來終於如願以償地結為夫妻。這是陳平人生的一個轉折，他開始擺脫貧困的生活，並交結了很多義士豪傑。

秦末戰爭爆發後，陳平投筆從戎，先後投靠了魏王與西楚霸王。楚漢戰爭開始階段，陳平是作為西楚陣營中的一員，與劉邦作戰，但是殷地失守，項羽非常憤怒，要把相關人員處死，陳平心裡很害怕，便悄悄地逃跑了。臨行前，他把項羽所賞賜的黃金與官印原封不動地交還，只隨身佩帶一把劍。他逃到黃河邊上，搭了一艘船渡河，船夫見陳平這個人相貌非凡，像是有錢人，就動了壞主意，打算殺人劫財。聰明的陳平嗅出船上的不祥氛圍。為了表示自己並沒有財物，他非常機敏地脫去衣服，光著上身幫船夫划船。船夫這才確信這傢伙果然是個窮光蛋，便消了殺人劫財的念頭。

陳平就這樣有驚無險地逃出西楚，前往投奔漢王劉邦。

在朋友魏無知的引薦下，陳平見到了劉邦。劉邦也就是走走過場，他接見陳平等七位新來的投奔者，賞了一頓飯吃，準備打發他們回宿舍。可是陳平不想浪費任何一次機會，他馬上對漢王說：「臣到這兒來有事要說，這些話不能拖過今天。」劉邦略微一怔，便跟陳平交談起來，他發現這位英俊的美男子竟然胸有韜略，心裡很是驚奇，便問他：「你以前在西楚時擔任什麼官職呢？」陳平回答說：「擔任都尉。」

劉邦在識人用人上，向來是大膽而不拘一格，他馬上拜陳平為都尉。此舉在漢軍將領中遭到一片質疑聲，那些資深將領們心裡很不服氣，認為陳平不過是西楚的一名逃兵，還沒顯露出什麼才能，就被委以重任。可是劉邦對自己的判斷頗有信心，不僅不為質疑聲所動，反而對陳平更加寵幸。

這下子陳平可得罪了一批老將了，包括周勃、灌嬰在內的實力派將領紛紛收集證據，告到劉邦那兒說：「陳平雖然是個美男子，可是中看不中用。他以前在家中就與嫂子私通，後來在魏王手下做事，魏王也容不得他，便逃到西楚；在西楚，也沒得到項羽的重用，便又跑到我們這兒來了。大王對他很尊重，授予他官職，讓他督統護軍。可是陳平這傢伙私自收取諸將的賄賂，賄賂多的人給好處，賄賂少的人給小鞋穿，實在是個反覆無常的小人，請大王要詳察。」

劉邦一聽，這下子開始懷疑陳平了。他召來推薦人魏無知，責備他怎麼引薦了這麼一個品行欠佳的人呢？魏無知卻也不慌不忙地回答說：「我向大王舉薦的是有才能的人，而大王說的卻是品行的問題。試問大王就算得到像尾生、孝己這樣品行為世人所稱道的人，對時局可有半點用處？如今漢楚相爭，我向大王舉薦奇謀之士，只考慮舉薦之人是否有奇謀妙策，能否對國家有利，至於是不是與嫂子私通，是不是收受錢財，那不是我所考慮的。」

這一席話，讓劉邦打消了懷疑。不僅如此，還提拔陳平為護軍中尉，讓他監督諸將領。這下子再也沒有人敢說陳平的壞話了。

正因為劉邦的用人不疑，終於使陳平有了發揮其聰明才智的廣闊舞臺。他向劉邦建議，採用反間計，分化瓦解西楚內部陣營。劉邦便取四萬斤黃金，任由陳平運作，絲毫不加干涉，甚至不過問陳平怎麼花掉這些錢。

陳平利用這筆巨款，在楚軍陣營中大施反間計，最重大的成果有兩個：第一，離間項羽與亞父范增的關係，項羽開始懷疑范增，最後逼他出走，使西楚喪失了最有謀略的人才；第二，離間項羽與西楚大將鍾離昧的關係，使項羽不再信任他，而鍾離昧是西楚最勇猛的一員戰將。

陳平可以稱為漢楚戰爭間諜戰的大師。他雖然沒有橫戈馬上、衝鋒陷陣，但是在隱蔽的情報戰場上卻屢屢重創對手。在漢楚戰爭結束後，劉邦志在削平諸王，陳平也出謀劃策，他建議劉邦偽遊雲夢澤，不動一刀一槍，讓韓信自投羅網，從而撤銷韓信「楚王」的封號。鑒於陳平為漢帝國所做的項獻，劉邦剖符封他為戶牖侯。

陳平歷漢高帝、惠帝、文帝諸朝，每個時期均有大作為。在高帝晚期，他參加平定陳豨之亂與英布之亂；惠帝六年（前一八九年）陳平任帝國左丞相，兩年後升任右丞相。呂后去世後，陳平與周勃合謀，誅殺諸呂，擁立漢文帝，再立殊勳。司馬遷在《史記》中高度評價陳平的功績：「常出奇計，救紛糾之難，振國家之患。」

漢文帝二年（前一七八年），陳平病逝，結束了他非凡的一生。

十一、女人當國：呂后的時代

西元前一八五年，一代雄主漢高帝劉邦去世。

漢高帝晚年寵幸戚夫人。戚夫人給劉邦生了一個兒子，名為如意。劉邦多次想廢掉太子劉盈，改立如意為太子。平心而論，太子劉盈是個懦弱的人，跟他的父親性格相差很大，這也是他失寵的原因。可是在母以子貴的時代，劉盈的生母呂后豈可甘心她的情敵得逞呢？她想方設法，不擇手段要保住劉盈的太子位。

呂后不是個簡單的女人，她有一些坎坷的經歷。嫁給劉邦後，兩人過了幾年幸福的生活。後來，劉邦私自放走前往驪山服役的苦力，落草為寇，呂雉便表現出其性格堅強的一面，多次不辭辛苦到山澤地區尋找丈夫。漢楚戰爭爆發後，彭城一戰，劉邦慘敗，呂雉被楚軍俘虜，被關押在楚營兩年多，這也成為她人生中一個不平凡的經歷。

雖是女流之輩，呂后卻很有魄力，也有能力，且有心狠手辣的一面。韓信、彭越兩位天下梟雄，居然都死於呂后之手。由是可見，這位政壇鐵娘子手段是何等厲害。當劉邦寵幸戚夫人，並準備更立太子時，戚夫人不僅成為呂后的情敵，同時也是政敵。為了徹底擊敗情敵，呂后最後請出張良，張良獻計，令名滿天下的「商山四皓」四位長者輔佐太子劉盈。劉邦更換太子的計畫最終失敗，他無奈地對戚夫人說：「我想換掉太子，可是現在有四位賢者輔佐他，如今羽翼已豐，無法撼動了。看來，呂后真的要成為你的主人了。」戚夫人聽了大哭，劉邦不禁潸然歎道：「你為我跳個楚國舞吧，我為你唱楚歌。」說罷，劉邦高歌一曲。戚夫人豈能不知，她已經與呂后結下深仇大恨，以後會有怎麼樣的命運在等著自己呢？她不敢想，只是唏噓流淚。劉邦不敢正視，不再喝酒了，起身離去。

劉邦知道呂后為人心狠手辣，擔心他死後，戚夫人母子會遭到呂后的毒手，便派忠正耿直的大臣周昌到趙國，擔任趙王如意的宰相。即便這樣，戚夫人母子的悲慘下場，仍然是劉邦難以想像的。

漢高帝劉邦死後，太子劉盈繼位，是為漢惠帝。國家實際大權則掌握在呂后手中，呂后開始了瘋狂的報復，其手段之殘忍，前無古人，後無來者。

戚夫人，這位劉邦生前最寵愛的女人，劉邦死後，已經像斷線的風箏，無所依靠了，她此前的榮華富貴煙消雲散。她是情場上的勝者，卻是政壇上的弱者，等待她的，是令人髮指的折磨與苦難。

呂后並不急著殺死她的對手，她要玩一場盡興的遊戲，將十數年來的怨氣全部傾洩在這個可憐女人的身上。她下令剪掉戚夫人美麗的長髮，剃成光頭，戴上刑具，穿上囚衣，當作一名奴隸，讓她搗米幹活。呂后要讓她備嘗苦楚，先從精神上折磨，摧毀她的心理防線，最後再讓她受盡肉體上的痛苦。

要徹底擊垮戚夫人的心理，就要奪走她最心愛的兒子。呂后召年僅十二歲的趙王如意回長安城，這個命令遭到了趙國宰相周昌的頑強抵制。可是周昌並沒有能力拯救趙王如意，氣急敗壞的呂后索性先徵召周昌回長安城，周昌不得不從命。周昌一走，趙王如意已經孤立無援，他沒敢違抗呂后的命令，動身前往長安。

與母親不同的是，惠帝劉盈仍然念著手足之情，處處保護著趙王如意，使他免遭毒手。可是防不勝防，呂后終於找到了一個下手的機會，逼迫趙王如意喝下毒酒，等惠帝劉盈返回時，自己的異母弟弟已經七竅流血，毒發身亡了。

趙王如意之死，讓戚夫人精神崩潰了。呂后是復仇大師，她愉快地享受著這一過程，她要玩一場貓吃老鼠的遊戲，先把老鼠折騰夠了，最後才一口咬死。看到情敵在精神戰中一敗塗地，她那嗜血的心靈得到了極大的滿足。你從我身邊奪走的，我要讓你加倍地償還！精神的折磨已經讓戚夫人生不如死了。可是，呂后還要讓這個可憐的女人知道什麼才叫真正的生不如死。

戚夫人那雙曾經讓皇帝神魂顛倒的玉手與玉腿，被活生生地砍掉，再也跳不出優雅的舞姿了；曾經脈脈含情的雙眼被活生生地挖掉，只剩下兩個血窟窿；耳朵被鑿聾，然後被灌下啞藥，發不出清甜的聲音。呂后還要繼續羞辱她的身體，把這個被切割得慘不忍睹的肉體扔到廁所裡，並起了個名字「人彘」，就是人豬的意思。

這樣折磨情敵，呂后意猶未盡，她甚至叫皇帝前來欣賞她的傑作。可是出乎她意料的是，她的兒子並不像她這樣冷酷無情。當惠帝劉盈看到這樣一個斷手斷足眼珠也被挖掉的怪胎時，不禁毛骨悚然，而當他得知此人竟然是戚夫人時，他再也無法掩飾自己的內心的脆弱，失聲痛哭。

從天堂到地獄，這就是戚夫人真實而悲慘的寫照，她在受盡苦楚後含恨死去了。可是呂后並不全然是勝利者，因為她的兒子劉盈在目睹戚夫人之慘狀後，大病一場，從此看破了政治的殘忍與黑暗，選擇了自我毀滅的道路，縱情聲色，在酒與女人中一點一滴地毀滅自己的生命。西元前一八八年，當了七年皇帝後，漢惠帝劉盈終於耗光生命的油燈，這時他才二十三歲。

呂后對戚夫人母子的瘋狂報復，卻使她早早失去愛子，她是勝者，還是敗者呢？

漢惠帝當了七年皇帝，實際上他不理政務，呂后是實際的執政者。漢惠帝死後，呂后又立了一個傀儡皇帝，成了太皇太后，臨朝聽政，成為帝國的實際統治者。在劉邦死後的十五年（西元前一九五年—前一八〇年），呂后臨朝聽政，開啟了「呂后時代」。

作為統治者的呂后，既是殘忍的，也是能幹的。大漢帝國這艘超級巨艦仍然平穩地航行，這得力於呂后的領導力，也得力於劉邦時代所遺留下來的大批精英人才。在劉邦去世前，呂后曾請示他說：「在您百歲之後，蕭何要是去世，誰能接替他呢？」劉邦回答道：「曹參可以。」呂后再問：「那曹參之後呢？」劉邦又答道：「王陵可以。不過，王陵忠厚老實，陳平則精明過人，可補他的缺點。陳平聰明有餘，卻不夠厚重，難以獨當重任。周勃厚重，雖不善言辭，不過可以肩負起安定社稷重任的，可以讓他擔任太尉一職。」呂后又問：「那周勃之後呢？」劉邦望了一眼天空，若有所思道：「以後的事，就不是你我所能知的了。」

劉邦對諸臣的評判，可謂恰如其分，也可見他在識人用人上的高超本領。呂后雖然這一點不如劉邦，但她還是嚴遵劉邦的遺囑，這也是她的明智之處。

漢惠帝二年（西元前一九三年），相國蕭何去世，由曹參出任丞相。曹參能出任丞相，除了有劉邦生前的囑咐外，實際上與蕭何的推薦也是分不開的。

曹參是漢軍中的一員虎將，在秦末戰爭與楚漢戰爭中，身經百戰，多次在戰場負傷，全身傷口竟然多達七十餘處。他與蕭何兩人年輕時就是好朋友，到了劉邦封賞大臣時，把蕭何的功勞列在第一位，曹參排在蕭何之後，這使曹參非常不服氣，兩人的關係便急轉直下。可是曹參沒有想到，蕭何並沒有因此而貶低他，當蕭何病危時，漢惠帝前來探望，問他說：「相國百歲之後，有誰能接替您的位置呢？」蕭何並不直接回答，只是說：「知臣未如君。」漢惠帝便問道：「曹參如何？」蕭何從床上爬起來，頓首道：「陛下英明，臣死而無憾了。」同時，呂后也記想劉邦臨終前所說，蕭何死後，可由曹參繼任。由是，曹參開始了他無為而治的宰相生涯。

俗話說，新官上任三把火，可是曹參當了宰相後，卻沒有什麼大動作，什麼事都跟蕭何在世時一樣。漢惠帝有點怪他了，在朝廷上責備曹參無所作為，有負朝廷重望。曹參並沒有驚慌失措，他從容不迫地問：「陛下覺得自己與高帝相比如何呢？」漢惠帝拂然道：「朕哪裡敢望先帝之項背？」曹參又問：「陛下覺得我與蕭何相比，誰更賢明呢？」漢惠帝也直說了：「您好像不如蕭何。」曹參道：「陛下所言極是，高帝與蕭何平定天下，制定法令，如今陛下垂拱而治，我謹遵蕭何制定的法令，避免有過失，這樣做不就行了嗎？」

這就是「蕭規曹隨」的來歷，實際上也是無為而治的黃老之術。曹參這個做法，就是要各項制度平穩地執行，避免頻頻更換政令，以擾天下。

呂后對曹參的做法是讚賞的。曹參死後，呂后又依劉邦的遺囑，任命王陵為右丞相，陳平為左丞相，由周勃出任太尉。從某種程度上說，呂后也是在實施一種無為政治。呂后時代是一個和平的時代。劉邦生前南征北戰，稱帝之後仍以謀略或武力削平諸王。經歷多年戰爭後，帝國的首要任務是讓天下黎民得以休養生息。這一點，呂后基本做到了。這個時代，對於百姓來說，算是個好時代。後來，司馬遷高度評價呂后的功勞：「高后女主稱制，政不出房戶，天下晏然。刑罰罕用，罪人是希。民務稼穡，衣食滋殖。」

雖然社會太平，經濟發展，可是政壇卻是永遠不能平靜。

漢惠帝之死，對呂后是一大打擊，因為她只有這麼一個兒子。呂后臨朝聽政，獨攬大權，可是她沒有繼承人了。當然，劉邦還有其他的兒子，都不是呂后所生。呂后妒忌心特別強，對於劉邦曾寵幸的女人以及她們的兒子，她有一種油然而生的敵意。那麼誰靠得住呢？呂后想到了自己的呂氏家族，與其讓劉氏子孫來得到天下，不如讓呂家來坐取天下。

呂氏外戚集團開始以火箭般的速度躥起。

呂后臨朝稱制後，便任命外戚呂台、呂產出任南軍與北軍的軍事指揮官。南、北兩軍是捍衛皇室的主要軍事力量，南軍職責為守衛宮廷，北軍職責為守衛京城，這是兩支王牌軍，其重要性可見一斑。這是外戚集團崛起的開始。

西元前一八七年，呂后打算進一步擴張外戚集團的勢力，分封呂姓子弟為王，然而這個做法，有違漢高帝劉邦的的遺令。劉邦在掃滅諸王後，曾經與諸大臣刑白馬作誓：「非劉氏而王，天下共擊之。」如今劉邦手下的一班大臣多數還健在，呂后不得不小心翼翼地徵求右丞相王陵的意見。忠厚老實的王陵原則性強，斷然拒絕了呂后的提議，他反駁道：「呂氏封王，違背當年先帝與諸臣的約定。」

呂后聽了王陵的話後，非常不高興，轉而徵求左丞相陳平、太尉周勃的意見。陳平與周勃兩人深知呂后為人陰險毒辣，從她殺害戚夫人母子的手段可見一二，如果公然反對，不僅他們自身難保，而且也難以保全劉氏皇族的命運。陳平與周勃權衡利弊後，決定以退為進，保全實力，只要他們兩人還在丞相、太尉的職上，終究可以憑藉自己的實力扭轉乾坤，於是兩人便虛以委蛇，曲意阿承道：「高帝平定天下，分封劉氏子弟；如今太后稱制，分封呂氏子弟，有何不可？」

陳平與周勃的表態令呂后喜出望外，王陵卻埋怨二人拍呂后的馬屁。陳平與周勃對王陵說：「要說在朝廷上抗爭，我們不如您，可是說到安定社稷、保全劉氏皇族，您就不如我們了。」王陵無話可說。很快，直言不諱的王陵被架空了，呂后給了他一個太傅的虛職，剝奪了宰相的實權，由陳平接任右丞相。

呂后開始分封呂氏諸王。她先封呂台為呂王，呂台死後，又分封呂產為梁王，呂祿為趙王，呂通為燕王。呂氏其他子弟也雞犬升天，外戚勢力氣焰囂張，大有蓋過劉氏皇族之勢。

這種情況令陳平憂心忡忡，擔心時局的發展會超出自己的控制範圍。雖然他與周勃當時委曲求全，保存實力，可是兩人的關係並不是十分密切，陳平油然而生一種無力感。在這個關鍵時候，陸賈成為陳平與周勃間的一條紐帶，終於將兩人綁在一艘船上。陸賈對陳平說：「天下安，注重相；天下危，注重將。將相和睦，則士人自會歸附，萬一天下有變，相權與將權要相互策應。如今社稷大權，在您和太尉兩人手中，您何不與太尉交結更深的友情呢？」這些話令陳平頓悟，他主動給周勃送上黃金、美酒，周勃也以禮相贈。這齣「將相和」使兩人團結一致，為最終粉碎諸呂集團打下基礎。

西元前一八〇年，呂后終於走到人生的終點。在臨死前，她讓趙王呂祿擔任上將軍，統轄北軍，梁王呂產統轄南軍，並囑咐兩人說：「呂氏封王，大臣們都不服氣。我快死了，皇帝年幼，大臣們恐怕會作亂，你們一定要控制軍隊，守衛皇宮。不要為我送葬，以免被政敵有機可乘。」在臨終前，呂后布下最後一顆棋子，任命呂產為相國。

呂后死後，呂氏外戚集團與劉氏皇室集團的矛盾急劇尖銳化。在皇室集團中，齊王劉襄率先起兵，發布檄文，聲討呂氏家族的罪行，號召天下群起而討伐。相國呂產派大將灌嬰率部出關中，平定齊王劉襄的叛亂。灌嬰是帝國的開國大將，對於呂產的命令，他陽奉陰違，他已經察覺到呂氏家族已經加快奪權政變的步伐，自己倘若稍有不慎，便可能引火上身，成為帝國的罪人。灌嬰的軍隊進抵滎陽後，便按兵不動，暗地裡與齊王劉襄等取得聯繫，達成一致意見：倘若呂氏集團有政變的苗頭，他將聯合齊國軍隊反攻。

呂祿、呂產此時也明白，兩大政治集團積怨頗深，已經勢不兩立，如果不及早發動政變，便會被劉氏集團搶得先機。可在這個時候，呂祿與呂產舉棋不定，內則顧忌太尉周勃，外則顧忌齊、楚等劉氏封國，同時又擔心擁兵在外的灌嬰叛變。

還有一人心急如焚，他便是太尉周勃。太尉是全國最高軍事長官，可是在京城，南軍與北軍全部掌握在呂祿、呂產手中，萬一兩人發動軍事政變，怎麼辦呢？關鍵時刻，周勃想起一位老臣酈商。酈商有個兒子叫酈寄，與呂祿是好朋友。周勃打算拉攏酈寄，從酈寄這裡作為突破口，尋找呂氏集團的致命弱點。

在重要關頭，酈寄選擇站在老臣們這邊，捍衛劉氏政權。他跑去對呂祿說：「齊國之所以起兵，是因為有所猜疑。您想想，您受封趙王，卻沒有前往趙國，而是留在京城，還擔任上將軍，擁有重兵，這不使人懷疑您別有用心嗎？如果您把兵權交給太尉周勃，這樣齊國想要出兵也沒有藉口了，大臣們也可以安心，而您作為相國與趙王，不是可以高枕無憂了嗎？」

呂祿覺得這樣妥協也不失為一個辦法，可是又覺得不妥，因為呂后在臨終前特地囑咐他，不可丟失兵權，所以他猶豫不決，遲遲不肯交出兵權。

就在這個時候，呂產卻意外地得到一個密報：灌嬰與齊國、楚國已經達成協議，準備聯合進攻京城，誅殺呂氏集團。呂產聽了大驚失色，他趕緊火速進宮，打算會同呂祿緊急發動政變。可是呂產沒有想到，在他身邊也有太尉周勃的眼線，周勃與陳平很快就知道呂產的陰謀了。可是呂祿還沒有把北軍的兵權交出來，周勃手上沒有軍隊，怎麼辦？

此時的形勢異常緊張，火燒眉毛了。周勃必須要當機立斷。這位開國名將身經百戰，具有驚人意志力與決斷力。他並沒有遲疑，如今只能鋌而走險，孤注一擲了。生存還是毀滅？一半靠人為，一半靠天意吧。

周勃火速趕往北軍兵營，他持皇帝符節，假傳聖旨，要求接管北軍。此時，呂祿並不知曉呂產得到的密報，他對周勃前來接管北軍大吃一驚。這個時候，酈寄在一旁對他說：「皇上已經派周勃來接管軍隊，你最好交出將印，否則大禍臨頭了。」呂祿一直視酈寄是好朋友，是知己，豈知中了酈寄之計。他信以為真，便將上將軍的將印交給周勃，匆匆離去。

這個大膽的奪權冒險計畫僥倖成功。得到將印後的周勃，大大鬆了一口氣。他馬上召集軍隊，發令全軍：「為呂氏者右袒，為劉氏者左袒。」這其實是要求士兵們效忠。士兵們估計也不在乎什麼呂氏還是劉氏，關鍵看頭兒的態度。既然周勃要為劉氏集團拼命，士兵們也爭先恐後露出左臂，以示效忠。這樣，周勃憑藉自己的機敏與果敢，控制了北軍這一重要的軍事力量。

呂產並不知道北軍已落入周勃之手，他率一支衛隊趕到皇宮，準備發動政變。可是呂產晚了一步，周勃已經搶先派軍隊入駐皇宮，實施戒嚴。呂產的軍隊與周勃的軍隊在皇宮外展開激戰，在交戰中，呂產被北軍所殺。呂產被殺，呂祿失去兵權，呂氏集團在一天之內，從極盛走向毀滅。周勃派出軍隊，大肆抓捕呂氏家族成員，無論男女老幼，全部誅殺，寸草不留。

呂后沒有想到，她屍骨未寒，其精心構建的呂氏王朝，就這樣灰飛煙滅了。

十二、仁政的春天：文景之治

周勃誅殺諸呂，再造漢室。現在有一個事情擺在面前了：誰來當皇帝呢？

在呂后稱制的八年時間裡，前後有兩個漢朝皇帝（前少帝、後少帝），都是冒牌貨。原來漢惠帝早夭後，並沒有留下兒子，可是呂后又不甘心把皇位讓給劉邦其他的兒子，於是便收羅一批民間的男孩，把他們的母親殺掉，偷偷送入宮中，詐稱是惠帝的兒子。呂后執政期間的兩個漢朝傀儡皇帝，其實只是冒牌貨，非劉氏皇族血統。平定呂氏集團後，文武大臣面臨的第一件事，就是要從劉邦的子孫中，挑選一位德才兼備者，來繼承大統。經過慎重選擇，大家一致認為，劉邦的兒子、代王劉恒仁孝寬厚，是皇帝的最佳人選。

劉恒就這樣陰差陽錯同時又是幸運地成為帝國的皇帝，是為漢文帝。

對於飛來的帝位，劉恒起初並沒有感到幸運，反倒憂心忡忡。因為他久居代國，在京城裡根基不深，特別是京城裡的這些官，個個都是在殘酷的戰場中殺出來的武將謀臣，機心難測，自己會不會是羊入虎口呢？劉恒徵求他的親信張武、宋昌的看法。

張武認為，這些大臣們以迎立為名，恐怕有詐，況且現在屠殺諸呂，京城一片腥風血雨，他建議代王劉恒以生病為由，拒絕前往。宋昌則認為諸呂的迅速覆滅，證明劉氏的影響力深入人心，況且代王劉恒是漢高帝兒子中年齡最長，且又以仁孝著稱，理所當然是皇帝的最佳人選。

劉恒仍然小心翼翼，他動身前往長安城，並派宋昌先入城內，打探虛實。宋昌至渭水橋時，丞相陳平、太尉周勃等大大小小官員全部親自出城迎接。代王劉恒這才稍稍安心，放心前行。行至渭水橋，諸大臣紛紛拜謁新皇帝。

太尉周勃是平定諸呂的英雄，他可能想顯示一下威風吧，上前說：「我想單獨向皇帝稟報。」宋昌喝道：「如果是公事，請您直說。如果是私事，對不起，王者不受理私事。」周勃碰了一鼻子灰，只好跪拜呈獻上天子璽符。劉恒接過皇帝玉璽，此時他終於確信，自己果真是成為天子了。

漢文帝的上臺，周勃是第一功臣。丞相陳平很知趣，他向新皇帝說：「高帝在世時，周勃的功勞不及我；誅殺諸呂，我的功勞不及周勃。因此我打算把右丞相讓給周勃。」漢初尚右，右丞相官職比左丞相大。陳平對這位新皇帝的底細也不十分清楚，他選擇了謹慎，把功勞推給周勃，表面上是謙讓，實際上是明哲保身。

周勃成為右丞相，陳平屈居左丞相，大將軍灌嬰升任太尉。

在漢初開國勳臣中，周勃並非出類拔萃。當初韓信被降為淮陰侯時，他看不起周勃，為自己與之同列而深感恥辱。像彭越、英布、蕭何、張良、曹參、陳平等人的功勳也都在周勃之上，現在這些謀臣勇將多已去世，周勃的身價自然水漲船高，況且誅殺諸呂、再造漢室，這是何等偉大的功勳。周勃自己也有點飄飄然，找不到北了。他自矜其功，本想在迎接皇帝時，有一次可以單獨接見的機會，不料碰了顆軟釘子。但很快他就把不愉快拋之腦後，因為他現在成為帝國的首席宰相了，一人之下，萬人之上。

漢文帝表面上寬厚仁孝，像是忠厚長者，其實他頗諳統御之術，綿裡藏針。他深知自己雖然得到大臣們的擁護而成為皇帝，但以周勃為代表的這些大臣實則居功自傲，他得不露聲色地刺痛周勃一下，讓這位帝國丞相出出醜。

有一回，漢文帝故作不經意地問周勃說：「全國一年判決案件有多少起呢？」周勃一直以來都是幹武將的活，對刑獄之事哪懂呢？他聽了怔了一下，不知所措，只得向皇帝謝罪說：「這個臣不知。」漢文帝臉色微微一變，又問道：「那麼國庫一年錢與穀物的出入是多少呢？」周勃惶恐不安，再次謝罪道：「臣不知。」一邊說一邊汗流浹背。

漢文帝轉頭問陳平同樣的問題，陳平不慌不忙地答道：「這些事，都有專門負責的人。陛下如果要問斷案的事情，可以詢問廷尉；要問錢穀的事情，可以詢問治粟內史。」漢文帝滿意地點點頭，繼續問：「這些事都有相關的負責人，那你又負責什麼事呢？」陳平從容不迫地回答：「宰相的職責，上則輔佐天子，下則理順萬物，外則鎮撫四夷諸侯，內則親附百姓，使卿大夫各自可勝任其職。」

聽了陳平的一席話，漢文帝拍手稱好。這下子周勃更加狼狽不堪了。出了宮廷後，周勃遷怒陳平道：「你平常怎麼不教我這些應對的話呢？」陳平哈哈笑道：「您身為宰相，卻不知道職責所在嗎？要是陛下問你長安城內有多少盜賊，難道您也要勉為其難地回答嗎？」這下子周勃明白了，看來自己的政治才能，比起陳平來，要差得遠了。

周勃的一些親信也告誡他，皇帝是醉翁之意不在酒，雖然他有威震天下之功，但功高震主，什麼下場有前車之鑒。周勃越聽越害怕，便稱生病為由，主動交出相印。漢文帝只問了區區兩句話，就令大權在握的周勃乖乖讓出了相印，可以說深得統御術之精髓了。

漢文帝是中國歷史上最著名的明君之一。他崇尚文治，作為皇帝，他有相當人性化的一面，這也使他的政治措施中，充滿人性的光輝。在冷漠的專制社會，文帝時代隱約浮現出一絲溫情。在他身上，可以看到歷史進步的軌跡，但是我們又發現，歷史並不是一直在進步，他的很多開拓性的仁政措施，在後世又難覓蹤影了。

西元前一七九年，是文帝元年。

這一年，他廢除了連坐法。根據秦法，一人有罪，並坐其室家。漢初的律令沿用這條秦國法律，漢文帝一上臺，便下詔令，廢除此令，他認為：「法者，治之正也。」並對司法官員說：「如今犯法的人已經治罪，卻還要牽連他們的父母、妻子、兒女，判刑或收為奴婢。我認為這種做法很不可取。」司法官員回答說：「法令是為杜絕人們做壞事，連坐法是為了約束犯罪，使他們心有牽掛。這種做法沿習已久，還是不要改變的好。」漢文帝語重心長地說：「我聽說法律公正則民眾忠厚，量刑適當則百姓心服。官吏的責任是管理民眾並引導他們向善。如果既不能引導百姓向善，又要以不公正的法律來懲戒，豈不是害了他們，又迫使他們暴力抗爭。如此一來，怎麼杜絕犯罪行為呢？」

漢文帝力排眾議，廢除連坐法，確可見其非凡的人道主義胸襟。

仁政一直貫穿於漢文帝的政治生涯，從上臺開始，直到他去世。在中國兩千年的專制時代，漢文帝在歷代帝王中，其道德修養及其寬厚的政治主張是罕見的。這當然也得力於時代的因素，經歷漢數十年激烈的政治動盪，國家開始走入正軌，社會秩序晏然，這也給漢文帝施展仁政創造了空間。

文帝二年（前一七八年），他又廢除了誹謗罪與妖言罪。漢文帝以古代賢王為榜樣，認為法律中設誹謗罪、妖言罪，只能使官員們不敢斗膽直言，這就會使上級只聽到拍馬屁的話，卻不能發現自己的過失。官吏們在執法過程中，會濫用這種權力，致使百姓蒙冤，人人自危。漢文帝不以言罪人，從某種程度上說，極大消除了百姓禍從口出的恐懼感。

作一帝國專制者，他的法制思想不可避免有雙重標準。我們可以從一個事例來看。

有一回，漢文帝出行，到了渭水橋時，皇帝的御車在橋上行駛，橋底下沒有戒嚴，有一個傢伙在橋下走，被衛兵發現了，以為是刺客，衛隊出現一些慌亂，導致漢文帝御車上的馬匹受驚亂跑，把車上的漢文帝嚇出一身冷汗。他非常生氣，派衛兵馬上把橋下這個倒楣的傢伙抓起來，移交廷尉處置。

廷尉張釋之，是個忠正耿直的人，他認為這個行人只是無意之失，按照法律，處予罰款的判決。這下子可把漢文帝氣壞了，驚嚇皇帝的坐騎，萬一出現意外，那可是謀殺罪行，怎麼張釋之就判得這麼輕呢？漢文帝怒氣沖沖地找來張釋之，責備他說：「這個人驚著了我的馬，幸好這匹馬性情柔和，要是換成其他馬匹，我早就受傷了。廷尉你倒是輕鬆，才判罰款了事。」

張釋之並不慌亂，他不急不徐地回答說：「法律是天下所共同遵守的，明明法律條文這樣規定，現在卻要因為個人原因加重判罰，這將使法律不能取信於民眾。如果事發時，陛下派人直截了當地殺了他，那我也沒話說，不過現在這事已經交由廷尉來審理。廷尉，乃是國家的一把天平，天平一旦有所傾斜，國家法律尺度的寬鬆就沒有準則，如此一來，老百姓豈不是手足無措了。希望陛下詳察。」

漢文帝沉思良久，最後抬起頭來說：「廷尉你做得對。」

縱觀中國歷史，皇帝的意志，是凌駕於法律之上的，擁有至高無上的權力，這是制度使然。法律能否得到公正地執行，關鍵看統治者的個人修為與自我約束力。

漢文帝基本也是「蕭規曹隨」，國家基本政策上並沒有發生很大的變化。不過，在法制的改革上力度比較大，這也成為漢代政治最為修明的一段時期。

到了西元前一六七年，漢文帝又廢除一項苛法：肉刑。肉刑是一種無人道的刑罰，在中國歷史上早已有之，而且歷代一直沿用。在漢之前，肉刑種類很多，包括黥刑（在犯人臉上刺字）、劓刑（割鼻子）、斷腳、斷趾等。

這項人道主義改革的背後，有一個動人的故事。在封國齊國有一名官員，名淳于意，他有一回犯了法，被判處肉刑，押解到長安城。突如其來的橫禍，令家庭陷入災難之中，淳于意沒有兒子，只有五個女兒，他不禁歎道：「遇到急事，這些女兒都不中用了。」他的小女兒名喚緹縈，聽到父親這麼說，傷心得落淚了。她暗下決心，一定要拯救父親，便陪同父親，從齊國到了長安城。

雖然年紀輕輕，但緹縈很勇敢。為了拯救父親，她毅然給漢文帝寫了一封信。幸好緹縈生活在一個好時代，漢文帝時代言路暢通，使她的這封信有機會交到皇帝手中。在信中，她這樣寫道：「臣妾的父親在齊國為吏，當地人都稱讚他公正廉潔，但是由於受到牽連，被判肉刑。人死了就不能復生，肉體遭到斷肢就無法復原，即便日後想要改過自新也沒有機會了。臣妾願意為父親贖罪，入官府為奴為婢，沒有怨言。」

漢文帝一直提倡「以孝治天下」，見到緹縈的上書後，為這個小女子的勇敢精神所感動，便下達一份詔令：「民眾犯有過失，還沒來得及教化，刑罰就加於身了，就算想改過自新也沒機會。朕深感憐憫。斷人肢體或刻字於肌膚，一輩子也改變不了，這種刑罰多麼殘忍與不人道。朕作為民之父母，怎麼能做這樣的事呢？特下詔廢除肉刑，用其他刑罰替代。」司法機構經過反覆討論，最後在法律條文上做出重大修改：被判髡刑者，改判勞動改造，派去築城、舂米；被判黥刑者，改判戴枷具勞動改造，同樣去築城、舂米；劓刑者改判為笞三百；斬趾者改判笞五百。

廢除肉刑是中國法制史上的一大進步，不過也存在一些問題。比如說，能在鞭笞五百之下生存下來的囚犯，少而又少。本來漢文帝的本意是減輕刑罰，卻導致本不該判處死刑的人，在鞭笞之下送了性命。到了漢文帝去世後，漢景帝繼位時，下一道詔令，將笞五百改為笞三百，笞三百改為笞二百。

漢文帝致力於無為而治。無為而治，並不是什麼事也不做，而是盡可能少變更政策法令，不搞大規模運動，節省民力，減少政府的擾民行為。其中最重要的措施，就是輕傜役、薄賦稅，這就要求政府要節省開支，特別是皇室要以身作則。

在儉樸節約上，漢文帝的表現足以令人稱道。從他繼位到去世，在位時期長達二十三年。這段時間裡，皇家宮殿、花苑以及專用的馬匹車輛及宮中所用的服飾，全部沒有新增數量。他的節儉，在歷代皇帝中可以說是獨一無二的。有一回，他想在宮中新建一座露臺，便召來工匠，做了工程預算，大約需要一百金。他心裡盤算一下，覺得太貴了，便說道：「這筆錢相當於十戶中等人家的家產。我繼承了先帝留下來的宮殿，時常害怕自己德行不夠，令先帝蒙羞，看來是沒必要再修建露臺了。」

還有很多事例可以證明文帝的樸素。他身為皇帝，也不穿著上品衣料，他最寵幸的慎夫人，裙子不拖地。我們在古代的繪畫中，可以看到古代女子服飾多是裙子很長，拖在地板上，這是古代的時尚，但漢文帝不許自己的妃子裙子拖地，羅帳也不准繡花紋，簡簡單單的。倒不是說漢文帝真的節約到這種程度，而是要以此來為天下作一個榜樣，皇帝尚儉，臣下應該不敢過分奢華吧。

中國一直有厚葬的傳統，帝王更是如此，歷史上保留下來的皇陵大多規模浩大，在這些大型地宮的背後，是勞民傷財與奢侈浪費。在諸多的帝陵中，漢文帝的霸陵格外樸實，沒有高大的墓塚，沒有金銀銅鐵作為陪葬品，只有一些廉價的瓦器。無論生前還是死後，漢文帝在儉樸上，一以貫之。

漢文帝的時代，對普通老百姓來說，是一個好的時代。如果說漢高帝劉邦的事業是強兵，那麼漢文帝的事業就是富民。民富則國富，漢文帝的德治開創了一個令人懷念的時代，其歷史影響是深遠的。他多次詔免農民一半田租，以鼓勵農桑，刺激經濟生產。西元前一六七年（漢文帝十三年），更是下詔免除田租。對廣大農民來說，這是做夢都不敢想的事情了。

漢文帝去世後，他的兒子劉啟繼位，是為漢景帝。

漢景帝劉啟無論在人格修養上還是政治才幹上，都不及漢文帝，不過他仍然在很大程度上繼承了父親遺留下來的仁政傳統，使得西漢的黃金時代得到延續，後世把文帝、景帝的時代稱為「文景之治」，成為二千年專制時代中最具人性化色彩的時代。

肉刑被漢文帝廢除後，罪行較重者改為笞刑。前文說過，這種刑法也仍然存在問題，就是刑罰過重，經常導致受刑者喪命。漢景帝在西元前一五六年與前一四四年，先後兩次降低刑罰的標準，笞五百最後降低到笞二百，笞三百則降為笞一百。即使如此，也存在一個問題，就是笞刑所用刑具標準不同，也會對犯人身體損壞造成不同的後果。如果只降低笞刑的次數，而沒有統一刑具，仍然可能存在濫用權力的現象。因此，漢景帝又下令將刑具標準化，有一個細節也可以說明其人性化的考慮，由於刑具是用竹片製成，竹片上有突出的節，一律必須削平。另一個人性化的措施，是受刑者的受刑部位，一律在臀部，不得笞背，執刑過程中，不得中途換人，因為施刑者也有體力消耗，如果中途換人，那麼囚犯的苦楚當然要增加了。

從這些法律條文的細節處，可以看出漢景帝還是繼承父親寬厚、人性化的傳統。

文帝、景帝在位時間約四十年，政治上的清明與經濟上的發展，不僅使百姓生活水準大大提高，也使得朝廷府庫充盈。文帝與景帝都沒有彪炳的武功，然而漢武帝時代的赫赫武功，並非無源之水。數十年的積累，使國家富強、社會穩定、經濟繁榮，故而漢代之強盛，並不始於武帝，而是奠基於文景之治。

十三、安得猛士守四方

白登山之戰後，漢高帝劉邦採取妥協政策，以和親的方式羈縻北方的匈奴。這個政策不是特別成功，但對兩國的和平還是有一定的積極作用。劉邦去世前，曾衣錦還鄉，在父老鄉親面前，慨然擊節作歌：「大風起兮雲飛揚，威加海內兮歸故鄉，安得猛士兮守四方！」隱隱透露出對帝國邊疆的憂患之心。

和親之後的漢匈關係明顯緩和，但邊界衝突仍時有發生。雄才大略的冒頓單于是北方無可爭議的霸主，高高在上，俯視四方。在劉邦去世後，冒頓單于曾經寫一封信調戲呂后，大意是說，呂后是寡婦，他是鰥夫，兩人正好相配，不如就嫁匈奴好了。呂后見了信後勃然大怒，一氣之下想大舉討伐匈奴，不過當時漢軍的能征善戰的名將如韓信、彭越、英布等人都被剷除了，而匈奴的軍事力量如日中天，在群臣的極力反對下，最後只得作罷，這就是所謂的「嫚書之辱」。

漢文帝上臺後，仍然延續高帝時代的和親政策，以穩定北方的邊疆。匈奴冒頓單于為了試探這位新皇帝的心理底線，悍然命令右賢王率騎兵入侵漢帝國北邊的上郡。漢文帝沒有猶豫，馬上調派八萬大軍，由灌嬰統率，反擊匈奴的入侵。

冒頓單于見漢文帝有決心捍衛疆土，便採取心理戰術，又寫了一封信，試探這位新上臺的皇帝，這封信是這樣寫的：

「前些時，皇帝提及和親一事，兩國皆大歡喜。可是漢帝國邊疆的守吏侵侮我右賢王，右賢王沒有向我請命，就聽從手下人的計謀，與漢帝國的守吏相對抗。這樣一來，便撕毀了兩國君王的盟約，破壞了兩國兄弟般的情誼，我因此處罰了右賢王，命令他西向攻擊月氏王國。賴上天福佑，兵強馬壯，得以夷滅月氏王國，月氏人非死即降，完全平定。樓蘭、烏孫等二十六個國家，望風臣服於匈奴，草原上引弓控弦的騎士們，現在都成為一家人。北方全部平定，對南方的中國，我們願意收起武器，休養士卒馬匹。至於漢匈邊境衝突這一不愉快的事，就此了結，恢復兩國往日的盟約，使邊疆百姓得以安定。皇帝陛下如果不想匈奴人接近貴國的邊界要塞，就請下詔書，讓邊界的守吏與百姓遠離。」

這分明是對漢政府的一種恐嚇與威脅。

外柔內剛的劉恒，以不卑不亢、義正辭嚴的語氣，給冒頓回覆一信：

「單于不提前事，重修兩國盟約，我十分欣慰。國家之間和平相處，乃是古代聖人的志向。漢匈兩國約為兄弟，所以我贈送給單于的禮物甚為豐厚。違背盟約、破壞兄弟情誼，總是貴國率先挑起的，右賢王侵我邊境的事，我也不再追究，單于也不必深責了。如果單于願意履行來信的承諾，公開昭示百官，責成他們不可再違背盟約，要言而有信。」

漢文帝是個不尚武功的皇帝，但並不意味著一味退讓，而是積極尋求以外交方式來解決兩國的軍事衝突。

不久後，冒頓去世，匈奴新的統治者是老上單于。

漢文帝為了信守盟約，延續和親的傳統，便挑選了一位王族女子，嫁給老上單于。可是和親政策沒有能夠羈縻住匈奴擴張的野心，老上單于比他的父親冒頓單于更加狂妄，完全不把漢帝國放在眼中。

文帝十四年（前一六六年），老上單于悍然撕毀與漢帝國的和平盟約，親自率領十四萬騎兵南下，這是白登之戰後匈奴最大規模的對外用兵。這次出其不意的襲擊，令漢帝國損失慘重，邊境要塞朝那、蕭關失守，緊接著彭陽陷落，秦始皇二十七年所建的帝王行宮——回中宮被燒毀。匈奴騎兵的前鋒已經直抵甘泉，距離帝國的首都長安城，只有八十里。

面對匈奴騎兵疾風驟雨般的攻勢，漢文帝表現出應有的冷靜與從容。他沒有驚慌失措，而是以最快速度在長安城外布防十萬名士兵、一千輛戰車，做好充分的戰鬥準備，並巡視檢閱了部隊，封賞一部分有功將士，提振士氣。在受到獎賞的將士中，其中就有後來成為一代名將的李廣。

檢閱完部隊，漢文帝回到皇宮後，當即宣布，將御駕親征匈奴。文武大臣聽了大驚失色，紛紛上書勸諫。雖然長安城外集結了十萬精兵，但是相對於匈奴的十四萬精銳的騎兵，漢軍在數量上並不佔據優勢。劉恒心志堅定，不為大臣的勸諫所左右。大臣們計無可施，只好搬出救兵，請出劉恒的生母薄太后。

薄太后雖然是個開明的母親，但畢竟是女流之輩，在軍政事務上，著實沒有什麼高見。她斥責劉恒說：「你父親高皇帝身經百戰，帳下名將雲集，當年御駕親征匈奴，尚且在平城被圍困七晝夜。現在形勢比當年還嚴峻，匈奴大軍距離都城長安，不足百里之途，當年追隨高皇帝南征北戰的大將們，多已不在人世了。你若冒失御駕親征，稍有閃失，上則對不起養育你多年的母親，下則對不起天下蒼生百姓。」

薄太后的極力反對，使得劉恒不得不放棄了親征匈奴的計畫，而任命張相如為大將軍，全權負責指揮前線對匈奴作戰。

漢軍大舉反擊，匈奴人一溜煙就逃走了。

匈奴這次大規模的進攻，深入漢帝國腹地，不禁令漢文帝想起父親在《大風歌》中的憂慮「安得猛士兮守四方」。面對匈奴人日益猖獗的進攻氣焰，誰是守疆捍土的大將呢？在開國將領中，只剩下灌嬰一人，而他也垂垂老矣。

自從呂后時代推行休養生息無為而治以來，漢帝國已經有二十餘年沒有發動大規模的戰爭。在相對和平的環境下，要考量軍事將領的指揮水準與領導能力，是比較困難的一件事。漢文帝雖然是一代明君，但有其弱點，比起前任漢高帝劉邦，或日後的漢武帝，他在識人用人上，水準比較一般。

馮唐是第一個指出漢文帝弱點的人。馮唐是郎署長官，郎署是漢禁衛軍軍官的辦公地，也是漢軍的軍官儲備庫。有一回，漢文帝視察郎署，與馮唐有一段談話，說起戰國時代趙國名將廉頗、李牧時，漢文帝不禁慨歎說：「廉頗、李牧真可以說是一代名將了，要是我能得到像他們這樣的大將，匈奴人又怎麼敢如此猖獗啊。」

馮唐很不客氣地說：「陛下就算得到廉頗、李牧這樣的將領，恐怕也不能重用呢。」漢文帝聽了之後臉色突變，自己求賢若渴，可是馮唐居然如此冷嘲熱諷。一怒之下，漢文帝拂袖而走。過了幾天後，越想越不服氣的皇帝，又召來馮唐，當面質問。

馮唐謝罪道：「老臣是個鄉鄙之人，直來直往的，不懂得避忌。老臣聽說古代君王在任用將領出征時，非常鄭重，臨行前要親自推車，並囑咐道：朝廷內之事，由寡人作主；朝廷外之事，由將軍裁斷，軍功爵賞，都交由將軍處置，先行後奏。老臣曾經聽祖父說過趙國李牧將軍的故事。李牧為趙國守禦北疆，在邊疆地區設立貿易市場，所得的利稅都用來犒賞將士，不必上報政府，趙王並不遙制。所以，李牧得以充分展示才能，北逐匈奴，東破東胡、澹林，西抑強秦，南援韓、魏，立下赫赫戰功。」

馮唐舉李牧的例子，是告訴漢文帝，名將之所以能成為名將，與君主的信任是分不開的，君主在選將上，應該抓大放小，讓將領有施展才能的空間。說到這裡，馮唐將矛頭對準漢文帝的弱點，他以邊關守將魏尚為例：「雲中太守魏尚，奉命守邊，恪盡職守。他沿用李牧的方法，把邊區貿易市場所得的租稅，全部用來犒賞士卒，甚至還把自己的俸祿也拿出來，以補日常所用。所以，士卒樂於效命。去年時，匈奴曾進攻過雲中郡，魏尚率部迎戰，斬獲頗多。但僅僅因為上報戰功時，所報斬殺匈奴人的首級與實際相差六個，結果朝廷不僅未表彰其戰功，反而被削去官職，還判服一年苦役。」

馮唐歎了一口氣，接著說道：「這些前方將領與士兵，大多出自農家，對官府文書渾然不知，只知盡忠報國，奮勇殺敵。可是一旦前線的捷報到了後方文官手中，如果一處有誤，就會被文官援引法令條款處罰，卻不知捷報乃是將士們以鮮血與生命所換來的。魏尚戰功顯赫，卻因為所上報的殺敵數目，與實際相差六個，立遭嚴懲。魏尚即便有小過，也不可抹煞大功。可見陛下賞太輕，罰太重，對於邊疆守將限制太嚴苛。所以，臣說陛下即便得到廉頗、李牧，也未必能重用。」

劉恒聽得一頭大汗，趕忙謝道：「要不是老人家提醒，寡人差點要犯大錯了。」於是下令赦免魏尚，官復原職，仍然擔任雲中太守，並任命馮唐為車騎都尉，給了將領們更多的施展才華的空間。

在文帝時代的將領中，周亞夫是最出類拔萃的一人。

周亞夫乃是名將之後，他的父親就是大名鼎鼎的開國大將周勃。周勃平定諸呂，擁漢文帝上臺，居功至偉。不過在專制時代，功勞越大，身家性命越是岌岌可危，周氏家族的命運在漢文帝時代，可謂是一波三折。

文帝劉恒採取權術，迫使功高震主的周勃辭去宰相之職，回到自己的封邑絳縣。經歷過漢高帝劉邦屠戮功臣的周勃，惶惶不可終日，經常擔心自己會不會落到一個兔死狗烹的下場。這種擔驚受怕的心理，令他疑神疑鬼。只要有官員來訪，他就以為是朝廷下達逮捕令，恐慌不安，甚至常常全副武裝，出見來訪的官員。

越是慌張，越容易授人把柄。不久，就有仇家向朝廷告發，周勃家中殺氣騰騰，密謀造反。漢文帝指示由廷尉查處此案，有關部門將周勃逮捕下獄，質問他為什麼在家中整天全副武裝，難道是要謀反不成？周勃這個人，口才並不好，他不知道要如何應對。牢中的獄吏不把他視為開國勳臣，而是當作罪犯，敲詐欺辱。幸好周勃這個人還算聰明，他拿了許多黃金賄賂獄官，獄官拿人錢財，替人消災，便偷偷寫了幾個字給他，提醒他說：「讓公主為你作證。」

原來漢文帝把女兒嫁給了周勃的兒子周勝，兩家其實就是親家。獄官這一提醒相當重要，通過兒媳的幫忙，周勃的案件最後捅到薄太后那裡，薄太后相當氣憤。正好漢文帝前去向母后請安，薄太后一看到他，怒不可遏，抓起頭巾就扔過去，罵道：「周勃當年掌握著皇帝的玉璽，統領北軍，那時他不造反，現在身居絳縣，反而要造反嗎？」漢文帝見母親動怒了，一向孝順的他趕緊說：「這件事已經查清楚了，馬上要釋放他了。」

就這樣，周勃被釋放出獄，恢復封爵，回到絳縣。出獄後他說了一句話：「吾嘗將百萬軍，然安知獄吏之貴乎？」

周勃在西元前一六九年壽終正寢，不過周家的命運仍然跌宕起伏。他的兒子周勝是漢文帝的女婿，妻子是皇室公主，可是夫妻感情不好，後來又捲入到一起殺人命案中，他所繼承的爵位被剝奪，封邑也被取消。周家的運途跌落到谷底。一年後，漢文帝念及周勃曾經作出的貢獻，想從周勃的兒子中找一個德才兼備者，繼承他的爵位。當時，周亞夫擔任河內郡守，開始嶄露其軍政上的才能，被認為有乃父之風範，漢文帝便封他為條侯。不過這個時候，漢文帝並沒有意識到周亞夫的真正本領。

文帝后元六年（前一五八年），匈奴又一次大舉入侵，六萬名騎兵攻掠上郡、雲中，殺掠甚眾，烽火警報沿著長城的烽火臺，傳到長安城。

為了預防匈奴突進，威脅帝國的首都長安，劉恒安排在長安城附近的細柳、霸上、棘門三地屯兵，指揮官分別由周亞夫、劉禮、徐厲擔任。

這時已經是冬季，天氣寒冷。為了激勵士氣，劉恒親自前往各兵營巡視，犒勞全軍將士。首先抵達的是霸上兵營，皇家車隊暢行無阻，兵營指揮官聽說天子駕到，立即打開轅門，將士們列隊恭迎皇帝的巡視。緊接著又巡視棘上兵營，情況與霸上兵營差不多，天子的車隊，可以自由進出，沒遇到任何阻攔，從將軍到下級軍官，都迎進送去，夾道歡迎。

漢文帝不辭辛苦，又驅車前往細柳兵營。皇家車隊接近細柳營，可沒有出現夾道歡迎的現象，甚至兵營的大門也緊閉著。細柳營地肅然無聲，將士兵全副戎裝，武器在手，如臨大敵的模樣。

兵營指揮官周亞夫是名非常優秀的將領，不僅能帶兵，而且有強烈的責任心。他下達命令，細柳兵營乃是拱衛首都的重要軍事據點，必須嚴陣以待，以防匈奴騎兵突襲或奸細的破壞。在軍營中，將軍的命令乃是最高指令。整個兵營壁壘森嚴，將士們各就各位，在防禦上無懈可擊。

皇家車隊進到細柳兵營外，可是這裡既沒有歡迎的鼓聲，更沒有歡呼聲，甚至連大營的轅門也緊閉不開。皇家車隊等了半天，也沒有人前來迎接。

漢文帝劉恒派禮儀官前往營地門口傳話：「天子有詔，速開轅門！」營地守兵拒絕打門轅門，衝著來使喝道：「我等在此，只知有將軍令，不知有天子詔。」禮儀官吃了個閉門羹，氣急敗壞地回稟皇帝，漢文帝聽罷沒有生氣，反倒暗暗稱奇，又差人通報：「車上即是天子，前來勞軍，請速開大門。」

可是守兵仍然拒絕開門，衝著外面喊：「我等不認得天子，只認得天子的符節。」

漢文帝趕緊差人持著象徵天子權力的符節前往，守兵見到符節，不敢怠慢，便打開營門，只讓使者一人進入，持著符節直奔周亞夫的營帳內。周亞夫見到皇帝的符節後，這才下令打開轅門，准許皇家車隊進入兵營中。

皇帝在大門外等了老半天，終於可以進入細柳營了。漢文帝的御車夫驅車前行，剛進入兵營大門，又被守兵攔了下來：「將軍有令，軍營之中不得驅車奔馳。」皇帝左右的人早已氣得鼻孔冒煙了，可是漢文帝沒有說話，走下馬車，按轡徐行。

直走到主將的帳前，周亞夫這才走出營帳迎接，他身披鎧甲，腰佩利劍，威風凜凜。周亞夫對漢文帝作了一揖，從容不迫地說：「身披甲冑的武士，不便跪拜，屬下以軍禮參見聖上，請陛下勿責怪。」

漢文帝肅然起敬，手扶車軾，微微躬身回禮，然後差人傳達口諭：「皇帝敬勞將軍及諸將士！」周亞夫帶領眾將士答謝，恭敬地接受皇帝的檢閱。

這是一支何等精銳的軍隊。在皇軍巡閱及犒軍期間，所有的將士端正而立，目不斜視，不喧譁議論，隊伍整齊劃一，武器都擦得亮錚錚，全副武裝，一絲不苟。這才是真正的軍人，這才是真正的軍營。漢文帝看在眼中，暗暗稱奇。

巡視結束後，皇家車隊離開細柳營。營門重新關閉，兵營內的將士仍然沒有一絲一毫的放鬆，各就崗位，保持高度戒備。

出了轅門，隨從人員開始議論紛紛，漢文帝不禁稱讚道：「這才是真正的將軍。我們在霸上、棘門兵營裡所看到的，簡直是在玩兒戲，倘若匈奴軍隊突襲，只怕連主將也要成為俘虜了。周亞夫將軍治軍嚴謹，無懈可擊，即使是匈奴騎兵前來，又豈能奈何呢？」

很多人還以為周亞夫此舉對皇帝大不敬，可是自從馮唐給漢文帝說了一番道理後，漢文帝記得了這句話：「朝廷內之事，由君王作主；朝廷外之事，由將軍裁斷。」像周亞夫這樣嚴於治軍的將軍，是完全值得信賴的。因為他身上充滿了責任感，無論何時何地，都如臨大敵，如履薄冰，有危機感才會防患於未然。

周亞夫的駐軍沒有機會與匈奴騎兵交手。不久後，匈奴的騎兵撤退了，細柳、霸上、棘門三處兵營的駐軍也撤防。但是漢文帝卻得到意外的收穫，他慧眼識英雄，認定周亞夫必定會成為穩定大漢帝國的中流砥柱。

一個月後，周亞夫被提拔為中尉，相當於首都衛戍司令。

一年後，漢文帝劉恒病逝。臨終前，他喚來了皇太子劉啟，語重心長地說：「國家倘若遭遇重大變故，周亞夫是可以擔當重任的。」

周亞夫的才幹給漢文帝留下太深刻的印象，而事實上，漢文帝並沒有看走眼。在他死後第三年，漢帝國爆發內戰，周亞夫不負重望，以霹靂雷霆般的手段，迅速撲滅七國之亂，挽救了漢帝國的中央政權。

十四、地方諸侯的大叛亂

漢高帝劉邦搭建帝國大廈時，在地基上埋下了幾顆定時炸彈。漢初實施中央集權與分封諸侯的二元政治制度，這種混雜型的制度設計被證明是不高明的。在楚漢戰爭結束後，劉邦一方面積極剷除異姓諸侯王，原本七個異姓諸侯王，被消滅了六個，只剩下長沙王吳芮。吳氏長沙國在傳五代後，因為第五代國君無後，最後被撤除。

劉邦不信任異姓諸侯王，同時又認為同姓諸侯王在拱衛中央政權上，可以作為一支重要的力量，便在剷除異姓諸侯的同時，又大力分封同姓諸侯王。呂后當權後，也分封呂氏子弟為諸侯王，隨著呂氏政權的垮臺，呂氏諸侯王全體覆沒。從此，只剩下劉氏皇族系統的同姓諸侯王了。

然而，天下並沒有從此太平。集地方軍、政、財於一身的地方諸侯，反而成為中央政府的一大威脅。同姓又如何呢？在權力面前，尚且可以父子反目、兄弟成仇，這樣一種以血緣為紐帶的中央與地方諸侯的關係，實際的根基是很脆弱的。

在這些地方諸侯中，吳國最為富饒，這得益於其得天獨厚的自然條件。

吳王劉濞是漢高帝劉邦的侄兒，年輕時體格剽壯，在二十歲那年（前一九六年），英布起兵叛反，他便以騎兵軍官的身分，追隨劉邦討伐英布。劉濞作戰勇猛，得到皇帝的賞識，戰後劉邦封他為吳王，封國計有三郡五十三城。不過，劉邦很快就後悔了，因為他仔細看了侄兒的面相後，認為有反相，可是君無戲言，既然已經任命了，只好說：「天下同姓本為一家人，你要小心謹慎，千萬不要有反叛之心。」劉濞聽了大吃一驚，趕緊頓首拜道：「不敢。」

吳國的豫章郡有銅山，當時漢帝國的貨幣政策並不嚴厲，劉濞便收羅了許多亡命之徒，私自鑄錢。同時，吳國地處東南沿海，劉濞又煮海水生產鹽。在古代鹽乃是暴利的商品，因此吳國的財富很快便積累起來，成為最富裕的封國。

漢文帝時，發生了一件慘劇，最終令劉濞對中央政府產生敵對心理。

劉濞的兒子，也是吳國太子進京朝見，陪皇太子劉啟喝酒、玩遊戲。這時，兩人還都是小孩子，玩著玩著就鬧起來了。吳太子從小養尊處優的，在封國內，哪個人不讓著他呢，所以他習慣了，一生氣態度就有點傲慢。可是吳太子選錯了對象，坐在他面前的，可是皇太子。皇太子劉啟何嘗被人怠慢過呢，一怒之下，拿起遊戲用的台盤，往吳太子的腦袋扔過去。這一扔，扔出人命了，吳太子當場被砸死。

吳太子的屍體被送回吳國，劉濞一看，這下子可氣炸了。他怒道：「天下同姓本為一家人，死在長安，就葬在長安好了，何必送回吳國。」又把吳太子的屍體送回長安。劉濞其實是對漢文帝抗議：你兒子打死我兒子了，你看著辦吧。漢文帝一看，沒話說了，自己的兒子打死人，理虧了，可是也不能殺人償命，把皇太子也殺了吧。

皇帝沒有吭聲，劉濞大怒，索性從此稱病，躲在吳國，不再上京城朝見。中央政府派人前去吳國調查，查清楚了，劉濞根本就沒生病。司法官員要求將他捉拿治罪，可是漢文帝沒有同意。漢文帝心裡明白，劉濞身體沒有病，可是有心病，這種怨恨的心結，不容易解開，所以網開一面，不僅沒將劉濞治罪，還派人送給他坐几與拐杖，並交代說，他年紀大，路途遙遠，就不必來朝見了。

漢文帝劉恒與吳王劉濞是堂兄弟。當然，他這樣做的原因，也不全出自兄弟之誼，也是出於權謀。吳國富甲東南，坐擁地利，軍事力量頗強，在封國中有影響力，而且劉濞本人也是個出色的將領，萬一逼急了，說不定他還真會造反，倒不如示之皇恩浩蕩，讓他沒有造反的理由。只要等劉濞去世，那麼兩個家族的恩怨，便會隨著時間的推移而煙消雲散了。

從這件事也可以看出，分封的諸侯國不僅沒有成為中央政權的拱衛者，反而成了皇帝的一塊心病。

對於地方諸侯與中央政權之間的矛盾，當時的一些政治觀察家已經看出苗頭，其中最有名的有兩人：賈誼與晁錯。

賈誼是漢代著名的政論家與文學家，他曾上《治安策》，強調「欲天下之治，莫若眾建諸侯而少其力」。其著眼點，就是把大諸侯國分割成數個小諸侯國，以弱其力，這樣中央政府才能牢牢控制住這些封國。

與賈誼相比，晁錯更是鋒芒畢露。晁錯為人峭直刻深，他是太子家令，由於博學多才，能言善辯，深得太子劉啟的信任，被稱為「智囊」。他曾向多次上書漢文帝，涉及的內容廣泛，也包括削諸侯的主張。

西元前一六四年，漢文帝終於邁出削藩的重大一步，將齊國分割為齊、濟北、菑川、膠東、膠西、濟南六個小諸侯國；淮南國分割為淮南、衡山、廬江三個小國。但是對於吳國，漢文帝採取謹慎的態度。他的想法，大概是想等到吳王劉濞去世後，再名正言順地分割吳國。可是計畫趕不上變化，劉濞還沒死，漢文帝先死了。

西元前一五六年，太子劉啟繼承皇位，是為漢景帝。漢景帝所器重的晁錯被提拔為御史大夫，如今位高權重，更深得皇帝的信任，晁錯不遺餘力地鼓吹削藩論。他的說法是「天子不尊，宗廟不安」。

漢景帝不如父親文帝有深謀遠慮，且對吳國確有畏懼之心。他是殺死吳王劉濞親生兒子的罪魁元凶，雖然現在事過二十年了，可是吳王對他的怨恨心理，從沒有消除。在齊國被分割為六個小諸侯後，吳國成為最大的諸侯國，地位舉足輕重。晁錯估摸到漢景帝與吳王之間的矛盾不可調解，便大肆鼓吹吳王必反。他對漢景帝說：「吳王因為太子事件，稱病不朝，開礦山鑄錢，煮海水為鹽，收羅天下亡命之徒，陰謀作亂。他遲早要反的，削地也是反，不削地也是反；削地，他反得快，禍小；不削地，他反得遲，禍大。」

吳王是否真有謀反的想法，這個可能性還是比較小的。如果漢景帝能夠像漢文帝那樣，寬容一點，示以恩惠，估計吳王是很難反的。吳王已經是六十多歲的老人了，耐心地等到他去世，吳國的問題就好解決了。

可是在晁錯的慫恿下，漢景帝迫不及待地大力削藩了。

吳王劉濞被揪出歷史問題：在文帝時假裝生病不朝。漢景帝開始現在清算歷史問題，削去其國豫章、會稽兩郡。這個決定，能不把劉濞逼反嗎？吳國總共就三個郡，削去兩個，而且這兩個郡，一個產銅，一個產鹽。現在朝廷突然要翻歷史老帳，把吳國地盤削掉三分之二，讓它成為一個又小又窮的小國。要說歷史老帳，劉濞跟漢景帝也有一筆老帳，殺子之仇要怎麼算，你是皇帝，我得罪不得，我蝸居在東南，不問朝廷事，可是這樣還不行，朝廷還要苦苦相逼，老子也有是有臉有面的人，士可忍，孰不可忍呢？

被削地的還不僅是吳國，楚國被削一個郡，趙國被削一個郡，膠西國被削六個縣城。打擊面太大了，中央政府與地方諸侯的矛盾急劇擴大了。

激憤之中的吳王劉濞再也吞不下這口怨氣了，不反不行了。光憑吳國要跟中央政府對抗，那力量是不夠的。劉濞率先聯絡膠西王，告誡他說：「諸侯紛紛被削地，按理說，諸侯並無大罪，恐怕這背後不是只削地這麼簡單了。」明確說明，朝廷的意圖乃是要剷除地方諸侯。

膠西國是漢文帝分割齊國的產物。當年齊國被一分為六，在這六個諸侯王中，膠西王最為驍勇，而且他喜歡帶兵打仗，其餘五個小諸侯都畏懼他，他實際上是諸齊的領袖。膠西王也是削藩政策的受害者，他被削減六城，所以劉濞派人前來遊說，他很爽快地答應，與吳國一同起兵，對抗中央政府。

由於膠西王在諸齊地盤中的影響力，他很快就聯絡齊、濟北、菑川、膠東、濟南五個小諸侯，密謀共同發難。不過，有兩個小諸侯最終沒有加入反叛的行列。一個是齊國，齊王經過反覆考慮後，最後決定退出叛亂集團；另一個是濟北國，其國王被大臣劫持，無法出兵。所以諸齊六國，最後參加叛亂的是膠西、菑川、膠東、濟南四國。

另外兩個參加叛亂的諸侯是楚國與趙國。這兩個諸侯國，也都是削藩政策的受害者，楚國被削東海郡、趙國被削河間郡。這樣，楚、趙、吳，加上諸齊中的四個諸侯，總計七個國家發動叛亂，史稱「七國之亂」。

七國之亂，與漢景帝、晁錯的削藩政策是緊密相關的。這七個國家中，有四個國家是直接被削去土地，另外三個國家與膠西國同屬於「諸齊」系統。除此之外的其他諸侯國，由於沒有被削地，並沒有回應叛軍。由此可見，七國之亂與漢景帝政策的不當有著必然的關係。當然，晁錯作為皇帝的「智囊」，負有很大的責任。

吳王劉濞下達命令：「寡人今年六十二歲，親自率軍作戰，小兒子十四歲，也在士兵行列。國內凡年齡上與寡人相同，下與小兒相同者，一律要出征。」就是吳國從十四歲到六十二歲之間的男子，全部要應徵入伍。這樣，劉濞很快組建起一支多達二十萬人的軍隊。當然，徵兵之所以能順利進行，還得益其治下寬鬆的政治環境。劉濞的吳國由於有銅、鹽之利，長期實行免徵百姓賦稅的惠民政策。這一切仁政在中央政府看來，只是他收買人心的陰謀。

吳國與楚國是最大的兩個諸侯國，兩者合兵後，發布告諸侯書，宣布晁錯的罪狀，以清君側為名，與朝廷公然分裂對抗。但是此舉並沒有得到其他諸侯國的認同，吳楚聯手後，便進攻梁國，梁國不支持叛亂，引兵拒吳楚聯軍。劉濞在打仗上還是有一套本領。在棘壁之戰中，梁軍傷亡數萬人，被迫退守睢陽城。

膠西、膠東、菑川、濟南四國叛軍則攻打毀約的齊國，包圍臨淄城。而趙國則屯兵於西境，等待吳、楚聯軍前來會合，並祕密與匈奴聯絡，約請匈奴出兵。

面對七國突然其來的叛變，漢景帝措手不及。

其實晁錯在鼓吹削藩時，就預料到這種措施必定會引起諸侯王的強烈反對。他對諸侯的叛亂是有心理準備的，因而事變發生時，他是很鎮定的。可是漢景帝卻非常緊張，不知怎麼樣才好，他緊急召晁錯商議軍事。晁錯胸有成竹，他建議漢景帝御駕親征，而自己留守長安城。

晁錯犯了一個嚴重的錯誤：他自視過高了。長期以來，漢景帝對他的信任，讓他有點不知天高地厚。史書說他「峭直刻深」，他有一個很大的毛病，就是自以為是。他與袁盎是一對政敵，晁錯曾告發袁盎收受吳王賄賂，如今吳王叛變，他正好找到機會報復袁盎。袁盎得知消息後，先下手為強，密告漢景帝：「諸侯反叛的原因，就在於晁錯削奪其地。只要陛下能殺晁錯，赦免吳楚等七國，恢復其領土，那麼可兵不血刃結束戰爭了。」

專制者的眼中只有利益，所謂伴君如伴虎是也。晁錯過高估計了自己在漢景帝心中的分量，其實他只是帝王的一隻獵犬罷了，放出去與獅子搏鬥，鬥得贏就有利用價值，鬥不贏就犧牲獵犬了。漢景帝最終決定犧牲晁錯，以此作為賭注。

皇帝派人召晁錯上朝，懵然無知的晁錯穿著上朝的衣服，卻被帶到東市，突然一群人將他拉下車，綁赴刑台，宣布其罪狀，立即執行死刑。這個自以為深得皇帝信任的人，現在才明白，他是多麼微不足道，他為專制者擁有更大的權力而奔走，可是卻被拋棄了。皇帝送的最後禮物，是讓他死得痛苦不堪。他被處腰斬，一截兩斷。幾分鐘前，他還是朝廷一手遮天的重臣，幾分鐘後，他已是一刀兩斷了。當然，皇帝還額外送了一份禮物，只是晁錯沒有看到，他的妻兒老母兄弟，無論老幼，全部砍頭了。

漢景帝感到一陣輕鬆。

可是反叛者並沒有放下武器。在很多人看來，這說明了劉濞的造反是有陰謀的，並不僅僅是因為被削地。可是這裡要說明的一點是，政治鬥爭你死我活，往往是開弓沒有回頭箭的，就算七國就此罷兵，能保證朝廷不秋後算帳嗎？以前朝廷對付異姓諸侯王的手段，大家都心裡有數，現在輪到同姓諸侯王，朝廷的話信得過嗎？

劉濞不僅不投降，反而以「東帝」自居，公然與漢景帝分廷抗禮。

漢景帝犧牲了晁錯，可是顆粒無收，很失敗。看來唯一的辦法，就是在戰場上一決雌雄了。他想起了父親臨終前的遺言，國家有危難時，可以任命周亞夫為統帥。周亞夫被提拔為太尉，即全國軍事力量最高長官。這位名將之後，能否續寫先父的傳奇呢？

周亞夫率三十六名將軍東進，對抗吳楚叛軍。在出發前，周亞夫對漢景帝說：「楚兵悍勇，難以爭鋒。請暫時放棄梁國，切斷叛軍的糧道，如此方可克敵制勝。」漢景帝批准了周亞夫的作戰計畫。

周亞夫大軍抵達滎陽後，梁國正面臨吳楚叛軍巨大的軍事壓力，頻頻向朝廷告急，請求救援。然而周亞夫不為所動，他並沒有馬上實施救援梁國的作戰計畫，而是屯兵在昌邑，按兵不動。此時，梁王的告急書如雪片般地傳到京城，漢景帝不得不下詔給周亞夫，要求他立即解救梁國之圍。

奉行「將在外，君令有所不受」原則的周亞夫，拒絕執行漢景帝的命令，仍然堅持自己的戰略方針，在昌邑挖深溝壘高牆，堅不出兵救梁。另一方面，周亞夫派輕騎兵部隊切斷吳、楚叛軍的後勤補給線。後勤補給線是戰爭的生命線，即使吳、楚士兵再驍勇，也不可能餓著肚皮作戰。很快，吳、楚聯軍的糧食供應出現了巨大的困難，饑荒開始蔓延。

梁國在外無援軍的情況下艱難地作戰。在梁國保衛戰中，有兩個功不可沒的人，一個是老成持重的韓安國，另一個是勇猛善戰的張羽。在韓安國與張羽出色的指揮下，力挽狂瀾，苦撐危局。

吳王劉濞憂心忡忡，一方面攻梁受挫，另一方面後勤補給線被切斷。他決定在糧食斷絕之前，挫敗周亞夫，以扭轉困局。吳楚聯軍大舉進攻周亞夫駐屯的昌邑，周亞夫仍然堅守不出，叛軍企圖強攻，但每次均被漢軍擊退。一鼓作氣，再而衰，三而竭，在進攻頻頻受阻的情況下，又面臨斷糧的困境，曾經不可一世的吳軍終於露出疲態了，吳王劉濞不得不下令撤退。

在耐心的等待後，戰機終於出現了。

周亞夫判斷叛軍已是強弩之末了，他果斷地下令追擊，務必全殲叛軍。饑寒交加的吳、楚叛軍全無鬥志，撤退成了一場大潰敗，損失的兵力，超過十萬人。在關鍵時刻，吳王劉濞自己先動搖了，他脫離大部隊，帶著數千名逃往丹徒，而楚王劉戊見大勢已去，心灰意冷，自殺身亡。

這一戰成為「七國之亂」戰爭的一個轉捩點，也是關係到漢帝國命運的一場大會戰。如果從民心向背來看，其實吳王劉濞並不完全處於下風。漢帝國剛剛經歷文帝的仁政時代，應該說百姓對朝廷還是比較支持的，但吳王劉濞統治吳國四十餘年，根基很深，而且實行全免賦稅的政策，百姓也是得益匪淺。再從戰爭的原因來看，朝廷有不可推卸的責任，可以說這些諸侯國是被逼反的，所以也不乏同情者。

漢軍的勝利，主要歸功於周亞夫的深謀遠慮。他的戰略思想十分明確，而且冒著很大的政治風險，不僅得罪梁王，也公然違抗皇帝的命令，但是最後的結果證明他的持重戰略是正確的。

吳王劉濞雖然驍勇，但軍事思想陳舊。首先，吳、楚聯軍進攻思路簡單，就是從東向西攻掠。吳國將軍吳祿伯曾勸諫說：「兵聚屯而西，無它奇道，難以立功。」就是說，這種進攻思路，很容易被漢軍所扼制，應該要派出一路奇兵，沿江、淮而上，取淮南國、長沙國，出奇制勝，可是這個意見被劉濞否決了。其次，吳軍以步兵為主，而漢軍則以車騎部隊為主，步兵適合在山地作戰，而車騎部隊適合在平原作戰。吳國有位將軍提議，吳軍應該從大戰略思想出發，不要逐城爭奪，而應該放棄沿途的城池，急速西進，控制洛陽、敖倉，憑藉山河之險，阻止漢軍車騎部隊出關中，這樣便可以號令東部中原各諸侯。這個提議，也被劉濞輕易否決了。

在劉濞攻梁之戰的同時，吳國有一位奇才，取得了令人不可思議的戰績。這個奇才名叫周丘，但他卻沒有得到劉濞的重用。他很失望，就向劉濞提了個要求，要求給他一支符節，可以單槍匹馬召集一支軍隊。果不其然，他憑此符節，說降下邳城，得三萬人，繼而率這三萬人向北。攻下陽城後，他的軍隊居然達十萬人之多。這簡直是個奇蹟。可是就在這時，他聽到劉濞敗逃的消息。這使他心灰意冷，加上積勞成疾，竟然背疽發作身亡。

由是可見，劉濞手下其實不乏將才，可惜他不能識才，也不能用才。在劉濞棄軍而逃後，吳、楚殘兵只得向漢軍投降，最大的諸侯國軍隊基本瓦解。劉濞最後逃到東越，漢朝派人賄賂東越人，最後東越人誘殺劉濞，將他的首級送到長安城。

吳王劉濞的叛亂，前後只有三個月的時間，來也匆匆，去也匆匆。漢景帝的英明之處，就是記住父親文帝的最後遺囑，關鍵時刻，起用周亞夫，這是勝利的保證。

再來看看叛亂的另外兩個戰場。

一個是齊國戰場。由於齊王毀約，拒絕加入叛亂集團，齊國便成為膠西、菑川、膠東、濟南四個叛國的眼中釘，叛軍圍攻臨淄城，但久攻不下。漢景帝派將軍欒布率軍增援齊國，欒布大軍趕到後，解了臨淄城之圍。由於齊王事先曾經與四國有叛亂的約定，欒布的大軍在擊退叛軍後，準備向齊王問罪，齊王在擔驚受怕中，服毒自殺。

參加叛亂的諸齊四王，深知朝廷必然要追究，與其被殺，還不如死得體面些。膠西王劉卬、菑川王劉賢、膠東王劉雄渠、濟南王劉辟光先後自殺，四國之亂告結束。在諸齊六國中，只有濟北王由於受到大臣劫持，沒有參加叛亂，後來朝廷赦免其罪。六個王，五個自殺，只有他一個活了下來。

另一個是趙國戰場。趙王劉遂原本屯兵西境，等待與吳楚兵團會師，不料吳楚聯軍竟然才三個月便被周亞夫打得大敗。漢景帝派將軍酈商率軍討伐趙國，趙王趕緊將兵力撤回到邯鄲，據城固守。酈商圍攻七個月，仍然沒能攻下邯鄲，此時欒布已經取得伐齊的勝利，回師協助酈商攻趙。欒布採取引水灌城的戰術，終於摧毀邯鄲城的堅固城牆。趙王在漢軍殺進城之前，畏罪自殺。

這樣，「七國之亂」中的七王全部喪命，叛亂最終結束。這次動亂，是中央與地方諸侯權力的大洗牌，最終以中央政權的勝利而告終。這次事變，對漢代歷史產生深遠的影響。君主專制權力進一步擴大，地方諸侯權力進一步被壓縮，因而在漢景帝去世後，後繼者漢武帝終於將君主專制推向極致。

十五、漢武登基的前前後後

太子之爭，是專制王朝權力鬥爭的一個聚焦點。

太子是法定皇位繼承人，但即便被冊立為太子，也不意味著可高枕無憂。許多利益集團對此虎視眈眈，其牽涉面甚廣，包括後宮、外戚、大臣甚至宦官，都會捲入到太子權位的鬥爭之中。這是利益的博弈，一旦押中，太子登基後便成為新君的功臣，這是一條通往榮華富貴的捷徑。

漢景帝上臺後，他的正娶夫人薄夫人成為皇后。可是薄皇后很快就陷入到尷尬的境地中，她沒有能為漢景帝生育子女。在母以子貴的封建宮廷中，她很快就一敗塗地了。美女如雲的後宮中，栗姬一枝獨秀，贏得了漢景帝的寵愛。她給皇帝生了一位龍子，名為劉榮。由於冊立太子是一件重大的事情，不能一直拖著。西元前一五三年（漢景帝四年），劉榮被冊立為太子。

可是劉榮的太子地位並不穩固，想繼承皇位者大有人在。其中一個強有力的挑戰者，就是漢景帝的弟弟，梁孝王劉武。他背後的支持者，是母親竇太后。

竇太后有兩個兒子，一個是漢景帝劉啟，另一個是梁孝王劉武。她最寵愛小兒子劉武。漢景帝三年（前一五四年），劉武從梁國到長安城朝見，漢景帝設酒席，與弟弟喝酒聊天。喝到痛快時，漢景帝突然說了一句令人吃驚的話：「千秋萬歲後傳於王。」就是說，我要死了後，就把皇位傳給梁王你了。且不說漢景帝是否說真話，梁王劉武聽了是心花怒放，竇太后更是眉開眼笑。

劉武回到梁國時，「七國之亂」爆發了。梁國首當其衝，成為吳、楚叛軍進攻的重點。梁王苦苦支撐，令吳楚叛軍無法西進，他多次派人向朝廷與周亞夫告急，可是周亞夫出於自己的戰略判斷，斷然拒絕救援梁國。三個月後，在周亞夫的反攻下，吳楚叛軍全軍崩潰，梁國得以轉危為安。可以說，在平叛「七國之亂」的戰爭中，梁王劉武的表現是可圈可點的，功勞僅次於周亞夫。

可僅僅一年後，劉武被冊立為太子的夢想就落空了，這證實漢景帝在酒席上說的不過只是一句酒後戲言。這讓竇太后很失望，但作為皇帝的母親，她沒有權力過分干涉冊立太子的事情。

此時，又一個女人捲了進來。

這個女人是漢景帝的親姐姐，竇太后的女兒劉嫖。劉嫖可不是一般的女人。她工於權術，經常給弟弟進獻一些美女，討好弟弟，因此姐弟倆關係很好。憑這層關係，她在宮中也可以呼風喚雨。

自從劉榮被冊立為太子後，劉嫖認為栗姬遲早也會被冊立為皇后，她就向栗姬示好，希望將自己的女兒陳阿嬌嫁給太子劉榮。劉嫖的如意算盤是劉榮登基成為皇帝後，自己的女兒就可名正言順地成為皇后。

劉嫖卻吃了閉門羹，栗姬不買她的帳。作為皇帝的女人，最怕的一件事就是失寵，而劉嫖時不時向皇帝進獻美女，這豈不是讓栗姬終日惶惶不安，害怕會失去皇帝的寵愛。出於內心無法掩飾的厭惡，栗姬斷然拒絕劉嫖的提親，這無疑讓劉嫖覺得很沒面子。栗姬犯下一個極大的錯誤，她低估了劉嫖的能力，也高估了自己在漢景帝心中的地位。

其實跟皇帝談愛情，是有幾分好笑。皇帝後宮美女如雲，你說被這麼多女人包圍之下，又哪裡會把什麼愛情傾注在一個人身上呢？劉嫖明白男人好色，所以經常進獻美女給皇帝。同樣，這些美女也成為劉嫖安插在皇帝身邊的耳目，皇帝的一舉一動，自然也逃不過劉嫖的眼睛。

既然栗姬敬酒不吃吃罰酒，劉嫖自有辦法報復。

劉榮被立為太子後不久，薄皇后終於被廢黜了。誰將是下一個皇后的人選呢？作為太子劉榮母親的栗姬，自然是不二人選。然而，栗姬通往皇后之路，卻被劉嫖堵死了。

劉嫖在弟弟漢景帝面前開始大肆詆毀栗姬。她說：「栗姬這個人妒忌心很強，遇到受寵幸的妃子時，她就在她們背後吐口水，詛咒她們，搞歪門邪道。」栗姬這個人妒忌心強，大概是個事實。劉嫖抓住這把柄作文章，久而久之，漢景帝對栗姬便有厭惡感。

要不要冊立栗姬為皇后呢？漢景帝遲疑了。一個女人妒忌心太強，又手握大權，會有什麼結果呢？想想呂后當年如何折磨戚夫人的舊事，漢景帝豈能不擔驚受怕呢？萬一自己去世，後宮這些被寵幸的女子，會不會一個個變成戚夫人那樣的「人彘」呢？有一回，漢景帝提及愛妾以及她們的兒子們，對栗姬說：「我百年之後，你要好好對待他們。」不料栗姬果然醋意大發，一臉怒氣，不僅沒有答應，還說了一些氣話。栗姬顯然忘了，她的丈夫是皇帝，要讓皇帝只對她一個女人忠心，這真是天方夜譚。這件事對漢景帝是個刺激，他不僅對栗姬疏遠了，而且也認真考慮廢黜劉榮的太子位了。

劉嫖一方面打擊栗姬，另一方面也在尋覓可成為皇后的人選。最終，她看中了漢景帝的另一位寵姬：王娡。

顯然，王夫人是取代栗姬地位的最佳人選。她為漢景帝生了一個兒子劉徹，這就是日後大名鼎鼎的漢武帝。在劉榮被立為皇太子的同時，劉徹被立為膠東王。在漢景帝諸子中，他的地位僅次於皇太子。

說到這位王娡王夫人，絕非是一般女子。她的故事，頗為傳奇。

王娡的母親叫臧兒，是以前燕王臧荼的孫女。臧荼是漢初最先謀反的異姓封王，後為劉邦擊殺。臧荼死後，臧家就沒落了。王娡長大成人後，母親臧兒把她嫁給了一個叫金王孫的普通人家，結婚數年，生有一女。臧兒是個很迷信的人，她找人算命，相士說她兩個女兒都是貴人之相，可是怎麼才能成為貴人呢？臧兒心想，那只有在宮中才可能大富大貴，便把女兒從金家接回，把她送入太子宮中。過了不久，王娡的妹妹王姁兒也被送入宮中。

在眾多的太子妃中，王娡與眾不同。她曾為人婦，為人母，不僅光彩照人，而且成熟，富有風韻，身上又不時地體現出一個母性的溫柔，盡顯女人的魅力。很快，她就成為太子劉啟最寵幸的女人之一。她為劉啟生了三個女兒、一個兒子，在劉啟成為皇帝後，兒子劉徹被封為膠東王。

劉嫖看中王娡的潛力，決定扶植她取代栗姬。王娡是個冰雪聰明的女人，她不像高傲的栗姬那樣感情用事。當劉嫖找上門要求把女兒嫁給劉徹時，王娡幾乎沒有遲疑地滿口答應了。其實，這時劉徹也不過只是個五六歲的小男孩，遠不到結婚的年齡，劉嫖的女兒陳阿嬌也只是一個未成年的小女孩。所以，這只是一個政治上的婚姻，只是兩個強勢女人聯合的標誌。

據野史記載，劉嫖曾經抱著小阿嬌，問劉徹說：「你想不想討個媳婦呢？」劉徹很乖巧地答道：「想啊。」劉嫖就指著身旁的其他女子：「這些人你喜歡嗎？」劉徹都搖搖頭。最後她指著坐在自己膝上的女兒陳阿嬌問道：「阿嬌好不好？」劉徹笑著說：「好。若討得阿嬌為媳婦，就蓋個金屋藏起來。」這就是所謂「金屋藏嬌」的來歷。劉徹的乖巧令姑媽劉嫖歡喜得不了得，她多次遊說漢景帝，終於把這一對小男女的婚事定了下來。

劉嫖與王娡結為親家，使得王娡獲得了強有力的支持者，為她取代栗姬打下了堅實的基礎。劉嫖開始執行她的第二步計畫，她又在漢景帝面前極力稱讚劉徹。確實，劉徹雖然年紀小，但聰明乖巧，連漢景帝也十分喜歡。不過，廢黜太子終究是件大事，漢景帝不能不小心謹慎地考慮。

王娡也是個有心機的女人。她知道栗姬在漢景帝心中的形象已經一落千丈了，為了徹底扳倒栗姬，又想出了一個火上澆油的計畫。她暗地裡慫恿一些大臣向皇帝奏報，請求立栗姬為皇后，有大臣不明底細，還自以為可以立一功哩，便向皇帝寫了一奏摺。奏摺這樣寫道：「子以母貴，母以子貴，太子的母親，應該要尊為皇后。」

不出王娡所料，漢景帝看到該大臣的上書後，勃然大怒，認為是栗姬是為了當上皇后，勾結大臣，拉幫結派，公然威脅皇帝，他怒氣沖沖地說：「這個事是你能說的嗎？」下令處死該大臣，並廢去劉榮的皇太子位，貶為臨江王。

至此，栗姬完全失寵，連見皇帝一面也不可能了。這位失落的女人最後鬱鬱而終。

皇太子劉榮被廢黜了，意味著新一輪太子之爭又開始了。

竇太后仍然希望兄位弟承，由梁王劉武繼承皇位。漢景帝起初答應了，但在徵求大臣們的意見時，遭到袁盎等人的強烈反對。袁盎力諫說：「萬萬不可。春秋時宋宣公不立子而立弟，結果禍亂頻生，持續了五代。小不忍則害大義，這是《春秋》所闡述的道理。」在袁盎等人的反對下，竇太后最後不得不放棄由劉武繼承大統的計畫。

在皇太子劉榮被廢六個月後，漢景帝終於將膠東王劉徹立為皇太子，王娡也被冊立為皇后。在這場太子之爭中，王娡與劉徹最後成為贏家。

這場太子之爭雖然塵埃落定，但仍然蕩起一圈圈的餘波。

餘波之一，是袁盎被刺案。

作為爭奪太子權位中的失敗者，梁孝王劉武對袁盎恨之入骨，正是因為袁盎等大臣的強烈反對，使他最終失去繼承權，他一怒之下，對袁盎等人進行報復。在之後的幾個月裡，袁盎以及當時反對立梁王的十幾名議臣，先後遭到刺客的暗殺。

朝廷大臣居然連續遇刺，這些連環血案震驚了天子。漢景帝猜測此事必定跟梁王有關，經過對刺客的追蹤，順藤摸瓜，最後朝廷掌握此連環暗殺案的策劃者，乃是梁王的門客羊勝、公孫詭。朝廷遣專案特派員田叔前往梁國搜捕此二人，兩人逃入梁王的後宮裡藏起來，結果在城裡大搜一個月，仍然沒能找到兩個嫌疑人。可是紙包不住火，最後這件事還是被捅出去了，梁王為了洗脫干係，勒令羊勝、公孫詭二人自殺。

梁王出事後，竇太后擔心自己最疼愛的小兒子被處死，不吃不睡，日夜流淚，這讓漢景帝很為難。這時，專案特派員田叔從梁國返回，他燒掉了梁王的供詞，空著手來見皇帝。

漢景帝問他：「梁王有沒有參與此事？」田叔答道：「有。死罪。」景帝又問：「那供詞在哪？」田叔回答說：「陛下不要過問的好。」景帝覺得奇怪，問道：「為什麼？」田叔答道：「不誅殺梁王，那麼法律就得不到執行；可是殺了梁王，太后吃不下、睡不著，這就是陛下您的憂慮了。」

田叔這麼一說，漢景帝心領神會了。梁王的罪證，被田叔銷毀了，暗示皇帝只要追究到羊勝、公孫詭兩人就行了，至於梁王劉武，法外施恩，以安母后之心。不過從此之後，漢景帝對梁王越加疏遠，梁王也沒有機會東山再起了。

餘波之二，是周亞夫之死。

周亞夫在平定「七國之亂」中居功至偉，可是他卻得罪了梁王。在梁國遭到最嚴峻的軍事壓力時，周亞夫以梁為誘餌，拖住吳楚叛軍的主力，從而完成切斷叛軍後勤補給線的計畫。這一戰略在戰爭中體現出巨大的威力，但他卻因見死不救而遭到梁王劉武的忌恨。不過，他的偉大勝利贏得了漢景帝的器重。西元前一五〇年，周亞夫被提拔為帝國宰相。

與父親周勃相似，周亞夫是戰場上的一員虎將，但在政壇上卻非常勝將軍。在他擔任宰相時，發生了皇太子劉榮被廢黜一事，周亞夫沒有洞悉到廢立太子背後複雜的政治鬥爭，他只是以對帝國的忠誠之心，向漢景帝極力爭辯，企圖保全皇太子。周亞夫完全站錯了立場。此時的栗姬已經失寵，樹倒猢猻散，他的抗爭吃力不討好。漢景帝失去了耐心，他對周亞夫從信任轉而疏遠。

當周亞夫陷入困境時，對他懷恨在心的梁王不失時宜地跳出來，在皇帝以及竇太后面前，極力詆毀周亞夫。周亞夫處境已經十分不利了，可是緊接著，他又得罪了新冊立的皇后王娡。竇太后親自向漢景帝提出，封王娡的哥哥王信為侯，周亞夫卻搬出漢高帝劉邦的規定：「非劉氏不可封王，非有功不可封侯。」進而諫道：「王信雖然是皇后的哥哥，但沒有功勞，封侯有違高帝的規定。」景帝聽罷默然，對周亞夫的固執，他越來越不喜歡了。

在多次得罪漢景帝後，周亞夫索性稱病。西元前一四七年，他被免去丞相一職。

由於周亞夫多次抵觸聖意，漢景帝對他一百個不放心，這個不放心可以歸結為四個字：「功高震主」。周亞夫是平叛「七國之亂」的英雄，是景帝時代的第一功臣，也是一名天才將領，可是不聽話。不聽話，就可能有叛反之心，這是皇帝的邏輯。「兔死狗烹」成為漢代政治的一條潛規則，漢高帝屠戮諸王，漢文帝時周勃被告謀反下獄，現在輪到漢景帝時的周亞夫了。

漢景帝想了個辦法來考驗周亞夫。

這個辦法說起來十分可笑。皇帝召見周亞夫，賜給他食物，在案几上放置有大塊的肉，既沒有切開，也沒有筷子。周亞夫心裡不痛快了，這怎麼吃呢，難道堂堂前任帝國宰相，就用手抓著吃不成？他轉頭向負責送餐的官員喊話，要求拿雙筷子。這時，漢景帝陰森森地說：「這樣還不能滿足你嗎？」這句話有弦外之音：朕賜給你的，你可以要；朕不給你的，你不能要。

周亞夫聽了皇帝此言，趕緊叩首謝罪。漢景帝說：「起來吧。」周亞夫乘機起身告退了。望著周亞夫遠去的背影，漢景帝自言自語地說：「這個人牢騷多，不能成為少主的大臣。」當年，周亞夫強力反對立劉徹為皇太子，怎麼輔佐下一任皇帝呢？如果不能輔佐，那他又有什麼利用價值呢？

漢景帝殺機已露。

欲加之罪，何患無辭！很快，漢景帝找到把柄。周亞夫退出政治漩渦，不問政事，他甚至為自己準備了後事，預先購買了五百件殉葬用的盔甲盾牌。但不曾想到，這居然成為謀反的罪名。

司法官員以謀反罪逮捕周亞夫，審問道：「你打算造反嗎？」周亞夫回答說：「我只不過買了一些殉葬品，怎麼說要造反？」該司法官員吼叫道：「你就算不在活著時造反，死了後也想造反吧。」

這是什麼荒唐的邏輯？這就是專制君主鷹犬們的邏輯，羅織罪狀，目的就是置周亞夫於死地。

剛強的周亞夫豈能忍容筆刀吏的凌辱，他憤而絕食，五日後吐血身亡。這位一代名將，就這樣成為殘酷政治鬥爭的犧牲品了。

周亞夫死後第二年（前一四一年），漢景帝也死了。皇太子劉徹終於登上皇帝的寶座。這一年，他十六歲。劉徹的性格，與祖父劉恒、父親劉啟相比，有很大的不同。劉恒和劉啟都相當推崇文治，以黃老之術治國，蕭規曹隨，比較平淡；而劉徹則非常崇尚武功，富有激情。從某個方面上，他的性格很多繼承著母親王娡。

歷史有時富有戲劇色彩。王娡的先祖臧荼當年起兵反對漢高帝劉邦，兵敗身亡，可曾想到多少年後，他的曾外孫女竟然成為漢朝皇帝的母后。王娡作為一個帝國叛亂者的後代，作為一個曾經嫁過人、生過子的女人，竟然在入太子宮後，能奇蹟般地爬升到皇后的地位，她的聰穎、胸襟、富有激情可見一斑，而這些性格又遺傳給了漢武帝劉徹。

少年劉徹文武雙全。他愛好儒學，同時又非常尚武，勇猛過人。他喜歡在狩獵場上與猛獸搏鬥，而且是野豬、黑熊這樣的大型猛獸。當了皇帝之後，劉徹的興趣絲毫未減。他對狩獵的過度熱衷，使得大臣們不停地批評與勸諫，其中一個理由，就是跟野獸搏鬥，有著巨大的危險。但他正是想親歷這種危險。狩獵對於他，與其說是娛樂，不如說是實戰，以此來訓練自己堅忍不拔、果斷的意志力，在強健體魄同時，強健自己的膽魄。

在即位的最初幾年，劉徹在狩獵過程中，遇到過幾件事，可以證明他是一個多麼不拘一格的君主。

有一次，劉徹溜出皇宮，帶著隨從，微服到終南山的山麓進行野外狩獵。經過當地的農田時，隨意騎馬踐踏，結果惹起農民的圍攻，連縣衙也派人前來圍剿這群肆意破壞農田的傢伙。劉徹狼狽不堪，便讓侍從帶著皇帝的信物，亮給縣丞看。縣丞一看，大吃一驚，沒想到受圍攻的居然是當今天子，這樣皇帝才得以落荒而逃。皇帝受到百姓圍攻的事情，在中國歷史上真是很少見，但劉徹遇上了。

還有一次，漢武帝跑得更遠，到柏谷打獵。到了晚上，在當地一家客棧內投宿。劉徹一夥人，人多馬雜的，又一派很傲慢的樣子，以致店老闆以為遇到一群強盜，到鄰里找了幾個孔武有力的壯漢，準備在三更天後，對這夥來路不明的人下手，綁赴衙門。可是老闆娘見劉徹氣宇軒昂、長相不凡，暗中料想這個人來頭不小，就勸老公住手。但店老闆不聽，老闆娘沒有辦法，硬把老公給灌醉了，捆了起來，把那些召來的壯漢遣散了。然後親自殺雞宰鴨的，招待劉徹這夥人。事後，劉徹知道了這件事的經過，大加賞賜這位老闆娘。店老闆得知這個「強盜」便是當朝天子時，嚇了一身冷汗。不過，漢武帝劉徹認為他也是個好漢，升遷他為羽林郎。

這些花絮可以看出武帝性格的一些特點。他雖然年輕，但是有勇氣、有魄力。在經歷文景之治後，漢帝國在經濟上得到長足進展，在政治上削弱了地方諸侯的力量，實行高度中央集權制。正是在這種背景下，漢武帝奮發有為，無論在文治或武功上，均有卓越的建樹。

十六、罷黜百家，獨尊儒術

「七國之亂」後，地方諸侯的勢力遭到空前打擊，這為漢武帝時代的高度君主專制、高度獨裁打下了基礎。「罷黜百家，獨尊儒術」思想的提出，與這樣的時代背景息息相關。

百家就是「諸子百家」。在中國古代史中，學術思想最為發達的時代乃是春秋戰國。當時，學術思想出現「百家爭鳴」的鼎盛局面，百家意指當時主要的思潮學派，主要有儒、墨、道、法、陰陽、名、縱橫、雜、兵等九家，其中以儒學、墨家、道家、法家、名家、兵家最為著名。兵家偏重於軍事思想，而名家偏重於邏輯思想，故而在政治思想上影響深遠的，主要是儒、墨、道、法四家。

百家爭鳴思想的產生，主要是得益於寬鬆的政治環境。春秋戰國時代，周室沒落，諸侯紛起，整個社會權力結構發生了翻天覆地的變化，各諸侯國為了保持強大的競爭力，競先改革變法，這也成為催生不同政治思潮的溫床。

隨著秦始皇統一六國，開始了中國兩千年的專制時代。專制的政府，必然要統一國人的思想意識形態，故而秦始皇展開了一場焚書大行動，「天下敢有藏《詩》《書》、百家語者，悉詣守、尉雜等燒之。」只有醫藥、卜筮、種樹這類實用性的書冊才可以流傳民間。這實際上樹立了法家思想的統治地位。

但是秦的暴政很快被推翻了，這使得被禁絕的思想又得以死灰復燃，其中影響最深遠的，是黃老道家思想與孔子的儒學思想。在漢初七十年時間裡，黃老思想成為最重要的政治思潮，這也是同時代背景密切相關的。

在經歷了秦的暴虐統治與楚漢戰爭後，新興的漢帝國百廢待興。此時國家最重要的任務是發展生產，休養生息，老百姓也不希望有大規模的政治運動。這時，「無為而治」的黃老思想便成為時代的主流。

最初把黃老思想成功應用於政治的，是漢初著名的宰相曹參。

曹參最初在齊國實踐黃老思想。他在擔任齊國相期間，曾召集齊國儒生，請教治理國家、安撫百姓的方法，結果這些儒生一人說一套，把他聽得摸不著邊。後來，他聽說膠西有一個老先生，人稱蓋公，對黃老之術很有研究，便以重金將蓋公請來，向他討教治國撫民之策。蓋公對他說，治理國家，關鍵在於清靜無為，只要統治者不擾民，民眾自然安分守己。曹參聽後非常佩服，便請蓋公留下來，當他的顧問，協助他以黃老之術治理齊國。在曹參治齊九年後，齊國的秩安民生都非常好，人們稱他為賢相。

蕭何死後，曹參出任帝國宰相，他把在齊國實施的那一套黃老之術又搬到了朝廷，所謂「蕭規曹隨」就是對他無為而治思想的形象說明。對此，史書有一段中肯的評價：「參為漢相國，清靜極言合道。然百姓離秦之酷後，參與休息無為，故天下俱稱其美矣。」

漢文帝、漢景帝時代，推行「省苛事，薄賦斂，毋奪民時」的無為政治，皇室帶頭勤儉節約，「文景之治」遂成為古代盛世之典範。

漢武帝即位後，社會政治發生了很大的變化。首先是中央集權的程度加深了，皇帝的專制權力大大提高；其次國家經過數十年的發展，財富增加，國力空前強大。這些政治因素，加上漢武帝自身的勇猛進取，故而「進取有為」之治逐漸代替了「無為而治」的政策。

儒家思想取代黃老思想，也成為歷史的大勢所趨。雖然儒學中包含有「仁政」的思想，但它恪守君臣之道、強調社會等級秩序等因素，又成為專制獨裁者的福音。漢朝開國皇帝劉邦原本對儒生有一種逆反心理，但他當上皇帝後，儒士叔孫通制定了一套嚴格尊卑等級的禮法，使劉邦大為開心，他說了一句話：「吾乃今日知為皇帝之貴也。」由是可知，儒家在捍衛皇帝尊嚴與權威方面，是大有好處的。

建元元年（前一四〇年），年輕氣盛，一直想有所作為的漢武帝下詔徵賢良方正直言極諫之士，由皇帝親自策問古往今來治理國家的方法，總計有一百餘人參加應對。這次應對以莊助為第一，被提拔為中大夫，六十歲的儒士公孫弘也被任命為博士。這次對策可以看出，政府在取才上已經有明顯的偏向性，凡是學申（申不害）、商（商鞅）、韓（韓非）等法家學派人士，以及師法蘇（蘇秦）、張（張儀）的縱橫家，一概不予錄取。

曾經盛極一時的法家思想，怎麼成了過街老鼠，人人喊打呢？秦帝國的快速沒落，人們不得不反思其原因，秦帝國只講強權，只講嚴刑峻法，不講仁義道德，大失民心，最後只能被推翻。秦的垮臺，法家也隨之凋零，在漢初被視為「亂國政」的思想，因而漢武帝上臺後，對法家學派之人，一概不予錄用。

漢武帝本人喜愛儒家學說，他提拔魏其侯竇嬰為宰相，武安侯田蚡為太尉。竇嬰與田蚡兩人也崇尚儒學，又推薦趙綰為御史大夫，王臧為郎中令，趙綰與王臧兩人都是著名儒學大師申培的門生。申培又被尊稱為申公，對《詩經》有很深的研究，學識淵博，學生有數千人。趙綰向漢武帝推薦恩師申公，漢武帝求才若渴，馬上以厚禮迎接申公，並虛心向他請教治亂之事。八十多歲的申公只是說了幾句簡單的話：「治國者不在於多說話，而在於如何身體力行。」漢武帝聽了之後，就這幾句啊，有點失望，可是既來把人召來了，只好給他封了個太中大夫。

在漢武帝推行儒學並非一帆風順，最強有力的反對者就是竇太后。

竇太后是漢景帝的母親、漢武帝的祖母。她信奉黃老之學，最喜歡讀《老子》，並奉之為經典，不僅她自己讀，還要兒子、家人都認真讀這本書。可以說，漢景帝之所以還推行黃老之術，主要是竇太后的功勞。在漢景帝時，有一次，她召來博士轅固生，問他對《老子》這本書的看法。轅固生是個儒士，很頑固地回答說：「這只不過是普通人家的話罷了。」這是對道家經典的公然蔑視，竇太后聽了大怒，竟然把轅固生抓到獸園裡，讓他去鬥野豬。漢景帝沒有辦法，只好給了轅固生一把鋒利的武器，能不能打得過野豬，就聽天由命了。不料，轅固生居然有點本領，竟一擊正中野豬的心臟，野豬當場斃命，竇太后也沒辦法，只好作罷了。

老太后就是這麼個人，極度仇視儒學。她有自己的看法，認為儒者「文多質少」，就是只會誇誇其談，其實沒有多少本事，很不喜歡儒者。

漢武帝上臺後，雖然雄心壯志，但不敢得罪這個嚴厲的祖母，事事都得向竇太后稟報。新上任的御史大夫趙綰不知天高地厚，冒冒失失地上書漢武帝，建議皇帝不要什麼事都向竇太后稟報。竇太后得知後，心裡大怒，在她眼裡，這些儒生就只會挑撥是非，當官沒幾天，就想撼動老太后的地位，呸！她決心整垮這些新入閣的儒家份子，便偷偷派人暗中調查趙綰與王臧，結果不知從哪收羅一堆不利於趙、王兩人的證據。

竇太后突然反擊，她把收集來的證據出示給漢武帝過目，並訓斥道，不應該任用這樣的儒生。漢武帝不敢得罪竇太后，只得將趙綰、王臧兩人下獄，這對師兄弟在監獄中自殺身亡。推崇儒學的宰相竇嬰與太尉田蚡也因舉薦不當被免職，趙綰與王臧的老師申公也被以年老多病的理由，解職還鄉。

這是漢武帝登基以來所遇到的最大挫折。經過這件事後，年輕的漢武帝知道自己還不能與竇太后發生正面衝突，他小心翼翼地避免明目張膽地任用儒生，以免遭到竇太后的干涉。

建元六年（前一三五年）五月，竇太后去世。

僅僅過了一個月，漢武帝再次重用儒家份子，他迫不及待地將田蚡扶為宰相。竇太后之死，意味著黃老政治時代的結束，儒學政治將迎來春天。

第二年（前一三四年），漢武帝再次下詔，舉賢良文學，皇帝親自問策。著名的儒學大師董仲舒參加這次對策。董仲舒是漢代儒學的代表人物之一，以治春秋公羊學而著稱，在漢景帝時曾擔任過博士。他精進好學，據史書記載：「蓋三年不窺園，其精如此。進退容止，非禮不行，學士皆師尊之。」

在這次對策中，董仲舒提出一個極為重要的建議：「臣愚以為諸不在六藝之科、孔子之術者，皆絕其道，勿使並進，邪辟之說滅息，然後統紀可一而法度可明，民知所從矣。」這就是後來所說的「罷黜百家，獨尊儒術」。

這個觀點得到了漢武帝的認同。這是中國政治思想史上的一個重大改變，也是繼秦始皇焚書坑儒之後，又一次對自由思想的遏制。從此，儒學成為西漢的官方之學。雖然漢武帝並沒有採取極端的手段，壓制其他各家的學術，但儒學作為正統學術思想的地位由此得以奠立。

司馬遷在《史記》中寫道：「及竇太后崩，武安侯田蚡為丞相，絀黃老、刑名百家之言，延文學儒者數百人，而公孫弘以《春秋》白衣為天子三公，封以平津侯。天下學士靡然向風矣。」可見竇太后之死正是儒學之興盛的開端。

漢武帝為什麼欣賞「獨尊儒術」，大力推崇儒學思想呢？這是因為在諸子百家中，儒學思想最有利於專制統治，或者換句話說，容易被統治者所利用。黃老思想崇尚寡欲，清靜無為，主張節省財力民力，真正能實行黃老思想的帝王並不多見；墨家思想則有平民化的傾向，扶弱除強，強調社會正義，更多反映下層民眾的政治要求，向來不為帝王們所喜歡；法家思想推崇君權，固然迎合帝王所好，但赤裸裸地標榜權力，容易引火焚身，秦帝國的迅速沒落就是一例。與上述三家相比，儒家思想既標榜「仁義」，又強調「尊卑」秩序，這就容易為帝王所接受。

這裡必須指出的，漢武帝從來不是一個真正儒者。他外表愛好儒學，骨子裡則是個法家份子。表面上看，漢武帝排斥法學，實則不然。武帝時代最正直的大臣汲黯對皇帝有一句大膽的批評：「陛下內多欲而外施仁義，奈何欲效唐、虞之治乎？」一針見血地剖析了漢武帝偽儒學的本質。漢武帝的統御術，其實說穿了，就是掛羊頭賣狗肉，打著儒家的招牌，實在沿用法家的治術，外儒而內法，因而在武帝一朝，酷吏橫行，一手遮天，嚴刑峻法實為漢朝之登峰造極，此後文詳之。

武帝時代固然是儒家的春天，但只能說是儒者居高位者多罷了，這些所謂儒者的表現，大多差強人意。

竇太后死後，推崇儒學的田蚡為相。可田蚡是個什麼人呢？他是漢武帝的舅舅，皇太后王娡的同母異父弟弟。憑著這一層特殊關係，田蚡在家裡建豪宅，侵佔大量良田，公然收受賄賂，家裡的金玉珠寶、女人、狗馬、聲樂、玩好，不可勝數。他利用手中職權，獨斷專行，隨意提拔自己的親信，以至於漢武帝憤怒地說：「你任命完官吏了沒有，我也想任命幾個。」田蚡卻不知收斂，又向皇帝請求將考工官署之地撥給自己，用於建私宅。漢武帝氣瘋了，狠狠地說：「你乾脆把武庫也拿去吧。」

公孫弘也是漢武帝時代著名的儒士，是漢武帝時代少數得以善終的宰相。這個人是個大滑頭、偽君子、真小人。

說他是偽君子，可以從一件事看出來。為了博取好名聲，他故作節儉狀，家裡蓋一床布被。汲黯看不慣他的沽名釣譽，就跟皇帝說：「公孫弘身為三公，俸祿又高，卻蓋一床布被，這不是明擺著騙人嗎？」公孫弘很狡猾，反而在漢武帝面前稱讚汲黯：「汲黯真是個大忠臣啊，要不是他，陛下哪能聽到真話呢？」

為什麼汲黯認定公孫弘是偽君子、真小人、大滑頭呢？這當然並不只因為一床布被。朝中的人都知道，公孫弘外表寬宏大量，實則內心狹隘，表裡不一，當面恭維別人，背後打擊報復，實在不合儒者的身分。舉個例子吧，他與董仲舒一樣，都是治《春秋公羊傳》，論學問，他不如董仲舒，論品行，就差得更遠了。公孫弘擔心董仲舒的鋒頭會蓋過自己，便一直想方設法整董仲舒。當時膠西王作惡多端，難以管束，公孫弘便向漢武帝說：「只有董仲舒可以擔任膠西相。」表面上這是推薦董仲舒，其實是把一根難啃的骨頭扔給他，讓他難堪，讓董仲舒在膠西王那裡耗盡精力，任憑有什麼真才實學，也沒有用武之地。這就是公孫弘幹的事，所以說這傢伙是個偽君子、真小人。

對於「罷黜百家，獨尊儒術」這件事該怎麼看呢？

當專制制度發展到一定階段，思想專制是大勢所趨。專制制度必定要有一個官方意識形態，就算不是「獨尊儒術」，也會是像秦朝那樣「獨尊法術」，或者「獨尊道術」「獨尊墨術」等，都避免不了這些先秦偉大的思想被改造利用。只要思想被專制了，再偉大的思想，也容易成為暴政的藉口。還記得法國大革命時羅蘭夫人的一句名言：「自由，多少人借你之名義殺人！」盧梭、伏爾泰的偉大思想，不也成為暴政的理由嗎？

漢武帝是「獨尊儒術」，這個是沒錯的，可有沒有「罷黜百家」呢？其實沒有。想要「罷黜百家」的是董仲舒，他認為對儒學之外的學說，要「皆絕其道，勿使並進」。但漢武帝並沒有實行，他並沒有像秦始皇那樣，採取嚴厲手段打擊異端思想。

自從秦始皇一統中國，建立專制政權之後，百家爭鳴的土壤已經不復存在了。光榮已經遠去了，從秦始皇在秦漢之交時，墨家幾乎就絕跡了，名家也不知所終了，連儒家的經典都殘缺不全，還談什麼百家爭鳴呢？在學術衰落的背景下，漢武帝似乎也沒有必要採取強權手段打擊異端思想，他的做法，實際上是獨尊儒術，讓其他各家自生自滅罷了。

從某種程度上講，漢武帝還推動了學術發展。在武帝時代，至少有幾本重量級的著作問世——《史記》、《淮南子》、《春秋繁露》。《春秋繁露》是儒學大師董仲舒的代表作，《史記》是中國歷史上最偉大的一部史書，《淮南子》則是一部混雜多家思想的巨著。因此說漢武帝「罷黜百家，獨尊儒術」這個說法，並不太確切。

但是「獨尊儒術」的提出，在中國學術史上還是產生很大的負面影響。它不可避免地引導學術傳統轉向儒學，使儒學的地位一下子躍居於其他學派之上，成為思想領域的權威。在之後兩千年，雖然各思想流派之間勢力在不同時間段有彼此消長的現象，但儒學作為主流，特別是官方意識形態，這一點大體是沒有太大變化的。這也在某種程度上決定了中國的古代思想，跳不出前人所界定的框架，在沒有強大的異端思想挑戰的背景下，也難以維持其活力。

道家思想固然在「獨尊儒術」的背景下遭到重創，但仍然一直是中國最重要的思想流派。墨家思想在專制的土壤下已經無法生存，而法家思想則在「儒家」的外衣下，繼續發揮著重要的影響力。漢武帝時代，真正受到致命打擊的，可能是民間盛行的遊俠精神。

有人認為，中國的俠義精神，乃是源於先秦的墨家思想。這個結論是否正確，暫且不說。韓非子說過：「儒以文亂法，而俠以武犯禁。」儒學一旦與政治同流，成為立法的根據，便完全合法化了；而以鋤強扶弱為己任的俠義思想，必然走向強權政府的對立面，成為強權專制政權的眼中釘、肉中刺。

俠士在初漢時還很有社會影響力，隨著君王專制的發展，這些以武力行使道義的人，越來越被政府所深惡痛絕。這點我們從《遊俠列傳》中可以看出端倪。漢景帝時，皇帝派遣使者誅殺以豪俠聞名的濟南人瞯氏、陳地人周庸；一代俠客郭解的父親也是俠士，在漢文帝時被誅殺，而郭解本人則在漢武帝時被誅殺。

郭解被誅殺是一件很大的事。因為郭解不是一般的人物，司馬遷記載：「天下無賢與不肖，知與不知，皆慕其聲，言俠者皆引以為名。」儼然是天下俠士的偶像。而郭解被殺完全是政府的陰謀。在一次宴席上，客人們都稱譽郭解，有一個儒生很不以為然，就說：「郭解專以奸犯公法，何謂賢！」但這儒生隨後便橫屍街頭，估計是郭解的一個門客所為。官府要求郭解交出殺人犯，但郭解自己也不明白究竟何人所為，這是一樁無頭公案，最終官府以證據不足，判郭解無罪釋放。然而，作為御史大夫的公孫弘決心將郭解置於死地，他的理由是：「解布衣為任俠行權，以睚眥殺人，解雖弗知，此罪甚殺之。當大逆無道。」意思是說，郭解雖然對這樁謀殺案不知情，但他是俠士的領袖，俠士就專幹殺人這樣的事，跟政府對著幹，這就是大罪，就是大逆不道。在公孫弘的堅持下，一代大俠郭解最終難逃一死。

從郭解事件可以看出，到了漢代武帝時期，政府對俠士的打擊，並不僅僅是因為「以武犯禁」或「殺人」，而是「為任俠行權」，也就是俠士行使公然君王法令之外的一套權力。這一點無疑極大的刺激君王「履至尊制六合」的尊嚴與權力。所以，以尊卑定秩序的儒家思想的興起，遊俠精神便一蹶不振了。

「罷黜百家，獨尊儒術」思想的提出，雖然是大勢所趨，有其合理的一面，但加劇了中國思想領域的保守色彩。此後君權愈盛，而民權愈衰矣。直到兩千年後，西學東漸，民權、自由的思想徹底顛覆了傳統的儒學，儒學作為官方意識形態，才最終退出歷史舞臺。

十七、大帝國的反擊戰

自從漢高帝劉邦開國，匈奴就成為漢帝國北方最大的威脅。在呂后、文帝、景帝三朝，中央政府推行休養生息的國家政策，對外以和親手段羈縻匈奴。這一手段並不能抑制匈奴南下的衝動，但在客觀上仍然取得一定的效果，漢匈衝突維持在一種可控制的範圍。在漢匈軍事衝突中，一批抗匈英雄應運而生，其中最著名的人物是李廣。

李廣是隴西人氏，出身於武學世家。先祖李信，曾是在秦國時擔任將軍。受家庭尚武教育的影響，李廣自幼習箭，勇猛過人。西元前一六六年（文帝十四年），匈奴集十四萬騎兵大舉入侵，進攻蕭關。國難當頭，年輕的李廣毅然報名參軍，走上抗匈戰爭第一線，並一鳴驚人。在與匈奴人的殊死血戰中，李廣技藝超群，射殺匈奴騎士數十人。這一驕人的戰功，使李廣贏得了漢文帝的注意，並破格提拔為中郎，成為皇帝的武騎侍從。

文帝時期是一個相對和平的時代，這使李廣英雄無用武之地。作為皇帝的武騎侍從，李廣的剽悍英勇給漢文帝留下深刻的印象，這位一代明君曾以非常惋惜的口氣說：「真可惜啊，李廣生不逢時，要是他生在高皇帝爭霸天下的時代，封個萬戶侯也不算什麼。」

漢文帝去世後，「七國之亂」爆發了，這給了李廣一個重上戰場的機會。他被任命為驍騎都尉，追隨周亞夫，在昌邑與吳楚叛軍展開決戰。在戰鬥中，李廣衝鋒陷陣，如入無人之境，斬將奪旗，勇冠三軍，令叛軍心驚膽戰。他的傑出表現得到梁王劉武的青睞，梁王甚至私下授予他將軍的印信。

「七國之亂」平定後，李廣被調到漢匈邊境擔任太守。不平靜的邊關戰火不斷，匈奴騎兵頻頻越境發動進攻，但很快匈奴人就意識到，他們面對的是一隻猛虎，不，是比猛虎更凶狠的對手。李廣令人膽戰心驚的箭術、無所畏懼的膽量、好勇鬥狠的性格，使他很快揚名邊塞。

自信、果敢、機敏、頑強，這些優秀品質，往往使李廣能絕處逢生，反敗為勝。西元前一四四年，匈奴人又一次踐踏邊關，時任上郡太守的李廣率軍迎戰。在一次戰鬥中，李廣率一百名騎兵追擊匈奴人，不料與一支數千人的匈奴騎兵不期而遇。雙方力量懸殊，漢騎兵戰士大為恐慌，準備調轉馬頭撤退，李廣卻非常冷靜，他對將士們說：「我們現在離兵營數十里，如果後撤，匈奴人必將急追，難逃被殲的下場。如今只能兵行險招，不退反進，匈奴人必定以為我們有埋伏，不敢貿然出擊。」只有超人的勇氣才可能做出這種驚人的決定。

李廣率著百人騎兵向前推進到距匈奴大軍僅二里處，下馬解鞍，或臥或坐，旁若無人。這一從容之舉，果然把匈奴人怔住了，懷疑漢軍必定有埋伏。匈奴一名騎兵將領發出試探性的進攻，李廣以迅雷不及掩耳的速度，躍馬揚鞭，猛撲向前，搭箭上弓，瞄準後就是一箭，當即射殺匈奴將領，然後快速返回，卸下馬鞍，裝作若無其事的樣子。匈奴騎兵大為驚駭，以為天神，不敢輕舉妄動。就這樣，雙方一直對峙到了天黑，匈奴人最終也沒有進攻，悄然離去。

在漢匈戰爭全面爆發之前，李廣是最傑出的騎兵將領。他與匈奴人大小數十戰，名震邊關。他是無畏的戰士，遇敵時身先士卒，英勇善戰，成為漢軍的一面旗幟。

景帝時代，漢匈雙方在邊境上小戰不斷，但還未演變為全面戰爭。漢武帝上臺後，民富國強，對匈奴開戰的呼聲越來越高了。

元光二年（前一三三年），朝廷政策終於發生了根本性的變化。

在朝廷大員中，主戰派的領袖是大行令王恢。他強烈反對與匈奴的和親政策，並提議出兵攻打匈奴。王恢的主張，得到了朝野很多志士的支持，其中有一名愛國志士，是雁門郡馬邑縣的一名富豪，此人名為聶壹。雁門是兵災極重的一個郡，匈奴騎兵入寇，雁門首當其衝，受到戰爭的摧殘極為厲害。聶壹頗有豪傑之志，志在驅逐匈奴，多年下來，竟然在腦中形成了一個巨大的戰略構想。他將這個戰略構想彙報給主戰派領袖王恢：「匈奴國剛與中國和親，目前兩國邊關無戰事，此時匈奴一定沒有防備心，我們可以利以誘之，使他們深入到中國境內，然後設下重兵進行伏擊，一定可以予以致命的打擊。」

王恢對聶壹的這個計畫大為讚賞，將計畫略作修改後，上報給漢武帝。鑒於與匈奴全面開戰事關重大，漢武帝採取了謹慎的原則，他召集公卿公議，商議此事。會議的焦點集中在主戰派領袖王恢與主和派領袖韓安國兩人身上。

韓安國是「七國之亂」中保衛梁國的名將，力主與匈奴延續和親政策。他說：「高帝曾被匈奴圍困於平城七天七夜，脫險之後，反倒與匈奴和親，這是以天下為重，不存個人私怨，是何等博大的胸襟啊。因此，漢、匈兩國在高皇帝、呂后、文帝以及景帝時獲得長期和平。我認為，不宜貿然出擊。」

王恢反駁道：「高帝披堅執銳，縱橫天下幾十年，之所以沒有報復平城之辱，非能力不足，而是想讓經戰亂的人民得以休養生息。如今漢匈邊境，警報不斷，士兵死傷慘重，柩車相望，人民流離失所。現在正是反擊的大好時候。」

兩人你來我往展開大辯論，最後王恢把他的計畫亮了出來：「匈奴單于貪得無厭，正好可以利以誘之，使之深入。我則挑選精兵強將，埋伏於險要之地，待匈奴單于落入羅網，則包圍分割，全殲敵軍，生擒單于。」

王恢的計畫得到了好大喜功的年輕皇帝的支持。根據這個計畫，漢軍將動員超過三十萬人的兵力，在馬邑設伏，希望以此一舉殲滅匈奴的主力，畢其功於一役，徹底打垮北方勁敵的軍事力量。馬邑伏擊成敗的關鍵，就在於能否將匈奴主力成功引誘到既定的戰場。這個誘敵的計畫，王恢交給了馬邑志士聶壹。

聶壹是漢武帝時代最成功的間諜之一，他假扮成一名逃亡者，逃往匈奴。聶壹見到了軍臣單于，對他說：「我能殺掉馬邑縣的縣令與縣丞，獻城歸降，單于只要出兵接應，必可盡獲城內的財物。」有利可圖，軍臣單于十分高興，答應聶壹，只要他能殺死馬邑縣令，控制馬邑城，匈奴必定出兵接應。

一切計畫都按事先安排好的進行。聶壹返回馬邑後，殺死了兩名關押在牢獄中的死囚，詐稱是縣令、縣丞，並將兩顆頭顱掛在城門上，向軍臣單于謊報：「馬邑官吏已被殺死，請盡快出兵。」軍臣單于信以為真，當即率十餘萬精銳騎兵，穿越邊塞，直奔馬邑。

這時，漢軍已經布下天羅地網。漢軍的設伏兵力為五個兵團，分別由護軍將軍韓安國、材官將軍李息、驍騎將軍李廣、輕車將軍公孫賀、將屯將軍王恢指揮，埋伏在馬邑附近的山谷中。只要匈奴人一進入到包圍圈內，五大兵團將從四面八方合圍，屆時匈奴人插翼難逃。

這個軍事計畫非常高明，立足打大殲滅戰，如果能實現作戰的目標，將從根本上改變漢匈兩國的兵力對比。可惜的是，這個看似無懈可擊的計畫，竟然存在一個小小的漏洞，而正是這個漏洞，使得王恢的心血，最後付諸東流。

匈奴大軍一路挺進，距離馬邑不到百里了。軍臣單于發覺不對勁，一路上只看到成群的牛羊，卻看不到牧民的影子。以游牧為生的匈奴人對此怎能不生疑心？既然有牛羊，必定會有放牧牛羊的人，可是人呢？

為了嚴守軍事祕密，馬邑附近的居民全部被轉移，卻沒有來得及轉移牛羊，所以匈奴軍隊所到之處，只有牛羊，沒有牧人。漢軍的密謀露出了一個大大的破綻。

謹慎小心的軍臣單于滿腹狐疑，他下令暫停進軍，並派出一支小分隊，到四周進行武力搜索。匈奴人發現了一處漢軍的亭堡（漢代的碉堡），便發動猛攻。亭堡的守軍抵擋不住，繳械投降。亭堡指揮官為了保命，把漢軍的圍殲計畫和盤托出。

軍臣單于震驚了。匈奴軍隊在即將鑽入漢軍口袋的前一刻，懸崖勒馬，緊急後撤，一路撤回長城以北。漢軍發現軍臣單于逃走，知道圍殲計畫失敗了，傾巢而出，追擊匈奴人，可是已經來不及了。

這場旨在消滅匈奴有生力量的馬邑伏擊戰，最後無疾而終。

漢武帝對這樣的結果大為震怒，並將罪責歸之於主戰派領袖兼馬邑伏擊戰的總負責人王恢。王恢被捕入獄，最後選擇了自殺。

馬邑之謀，成為漢匈戰爭全面爆發的標誌。這也是漢帝國對外政策發生重大變化的標誌，之前清靜無為、休養生息的政策，被積極進取、開疆拓土的新政策所取代。

馬邑之謀後，漢匈邊境的衝突日益增多。

元光六年（前一二九年），匈奴大舉進犯上郡。漢匈戰爭初期，帝國一直處於防禦的位置，並沒有主動出擊，這是有原因的。匈奴是一個游牧國家，居無定所，沒有固定的軍事據點，來無影、去無蹤，很難追擊。漢軍兵種最初主要是步兵與車騎部隊。為了對付匈奴人，漢文帝時政府設立「馬苑」三十六所，專司養馬，戰馬的數量與品質迅速提升，騎兵得到突飛猛進的發展。如何適應荒漠作戰，對漢軍來說是一個新課題，既缺乏實戰經驗，在後勤補給上也存在困難。

有強烈進取精神的漢武帝仍然選擇以攻代守。帝國發動了第一次大規模的反擊戰，投入反擊的漢軍總計四萬人，分別由衛青、李廣、公孫敖、公孫賀各率一萬騎兵，深入匈奴腹地，意圖尋殲匈奴主力。這次作戰的準備並不充分，暴露出漢軍的短處，戰果差強人意。

在茫茫的荒漠草原，漢軍既不熟悉地形，也不適應乾旱的氣候，時常迷失方向，不僅難以追蹤到匈奴主力，反而容易陷入敵人的埋伏。

李廣的部隊遭到匈奴重兵的伏擊，傷亡慘重。在戰鬥中，李廣身負重傷，力竭被俘，匈奴人大喜過望，將重傷的李廣置於兩匹馬中間的網架上，前行了十餘里。李廣假裝奄奄一息，乘敵人放鬆警惕，忽然從網架上騰空而起，以迅雷不及掩耳之勢撂倒一名匈奴騎士，奪其弓箭，搶其馬匹，然後快馬加鞭一路狂奔，竟然奇蹟般地死裡逃生。

同樣倒楣的還有公孫敖，他的一萬騎兵也遭遇匈奴優勢兵力的圍攻，傷亡超過七千人。另一名將領公孫賀則根本找不到匈奴人的影子，在草原上蹓躂一圈後，無功而返。

只有衛青略有斬獲。第一次出征的衛青雖然缺少作戰經驗，但他思維敏捷，發現要在茫茫荒漠與草原上尋找敵人，無異於大海撈針。游牧民族居無定所，要到哪裡尋找打擊目標呢？衛青十分聰明，匈奴人沒有城鎮堡壘，卻有一個固定的祭祀場所，這就是龍城。龍城（蒙古和碩柴達木湖附近），是匈奴人的聖地，每年五月，這裡都舉行盛大的集會，祭祀祖先、天地、鬼神。衛青的選擇十分正確，他率一萬騎兵，神不知鬼不覺地奔襲龍城，殲敵七百餘人，並一把火把匈奴人的聖地給燒了。雖然從殲敵的數量上看，這只是小勝，不過燒毀聖地龍城，對匈奴人的士氣是一大打擊。

漢武帝發動的第一次反擊匈奴之戰，就這樣草草而終。總的來說，這是一次相當失敗的軍事行動，四個兵團中有兩個遭到毀滅性的打擊。戰後，表現糟糕的李廣與公孫敖被貶為庶民；衛青則一戰成名，成為漢武帝的心腹愛將。

這次北征，標誌著漢匈戰爭進入全面對抗時期。

第二年（前一二八年），匈奴展開大規模報復。兩萬名匈奴騎兵南下進攻遼西，殺掠二千多人，遼西太守戰死；緊接著，草原騎士向西挺進，進攻漁陽、雁門，又殺掠兩三千人。東北邊境頻頻告急。國危思良將，漢武帝重新起用李廣，出任右北平太守。

李廣極富有個人魅力，他武藝超群，箭術之精，無人出其右。駐守右北平期間，他有一樁廣為流傳的佳話。

右北平地處現在河北省境內，漢時仍是蠻荒地帶。李廣喜歡狩獵，尤其喜歡與猛虎搏鬥，靠著百步穿楊的本領和驚人的臂力，已獵殺數隻猛虎。

一天傍晚時分，李廣與幾個戰士巡邏時，路經一山麓，見草叢間有一黑影，隱隱看似一隻趴著的猛虎。他眼疾手快，拔箭引弓，朝向草叢中的大蟲便是一箭。箭飛出去了，可是草叢裡卻沒有動靜，衛兵們上前拔開草叢一看，哪是大蟲啊？只是一塊形狀有點像虎的石頭。李廣射出的箭竟深深沒入石頭之中，只有箭羽還留在外頭。李將軍把石頭都射穿了？士兵們嘖嘖稱讚，佩服不已。李廣自己也有幾分納悶，他跑回原地，拉弓射了幾次，但都沒法再射入石頭之中。可見情急之中，人所迸發出來的潛力，要遠遠超過平時。

這件事，很快就傳開了。

匈奴人本來就很憚忌李廣之勇，得知李廣射石後，更視其為天神，稱之為「漢之飛將軍」。由是，「飛將軍」成為李廣的綽號。

李廣在右北平待了五年，匈奴人不敢前來騷擾，烽燧不驚。

在李廣坐鎮右北平的同時，衛青臨危受命，率三萬餘人，第二次發動北伐，深入匈奴腹地，斬俘數千人，載譽而歸。

經過一系列實戰，漢軍戰鬥力得到明顯提升。自漢帝國大量組建騎兵部隊以來，匈奴人的優勢一點一滴地被蠶食。以前，匈奴人憑藉騎兵無可比擬的機動性，頻頻南下，打得贏就打，打不贏就跑，漢軍無可奈何。不過，這種情況已經得到了根本的改變。漢軍的騎兵不僅數量猛增，更擁有先進的武器。

強弩是漢軍的制勝武器，威力巨大，射程遠、速度快，是當時最先進的武器。弩機類似於近代的槍支，只是裝填的不是火藥彈，而是箭矢，機上有扳機與望山（瞄準器）。在防禦武器上，漢軍的盾牌、鎧甲品質遠遠優越於匈奴。秦漢始，中國開始以金屬為鎧甲，而匈奴人的甲冑是獸皮做的，盾牌是木頭做的，難以抵擋中國軍隊的強弓勁弩。

除了武器先進之外，漢軍紀律嚴明，作戰注重排兵布陣，強調整體進攻。這也是克敵制勝的法寶。

漢匈戰爭的全面爆發，大大刺激了國民的愛國熱情，尚武精神成為時代的主旋律。從皇宮深處到尋常鄉村，大家都熱衷的運動是騎馬射箭，年輕人懷抱著建功立業、驅逐北虜的信念走向戰場，「寧為百夫長，不做一書生」。近世大學問家章太炎稱「漢人堅強好勇」，又發感慨「漢人之強健，恐什佰於今人。」這是中國歷史上最生機勃勃、最剛強勇猛的時代。

時代呼喚英雄，大英雄衛青應運而生。

十八、從奴隸到大將軍

衛青的崛起，一半靠才幹，一半靠裙帶關係。

衛青的少年時代，充滿屈辱與艱辛。母親衛氏是平陽侯府的一名女僕，地位卑賤，後來衛氏的丈夫去世，衛氏獨立撫養三個女兒。有一次，在一個偶然的機會與平陽縣一名小吏鄭季相好，並生下了一名男孩。這個孩子怎麼辦呢？鄭季沒有辦法，只好當私生子帶回家中撫養。這個私生子就是衛青。

鄭季是有家室的男人，突然從外面帶回一個小野種，家裡人氣急敗壞了，可是又不能把小野種捏死，只得勉強收養。衛青便是在這種充滿敵意的家庭氛圍中長大，他雖然是鄭季的親生兒子，可在鄭家卻被當作奴僕使喚，稍有不稱意，便受鞭打棍揍。鄭季自己做了虧心事，無法制止家人虐待衛青。等到衛青年紀稍大後，他想來想去，還是將衛青送到平陽侯府家，由他的母親及三個姐姐照顧。

入了平陽侯府後，衛青成為一名打雜的家奴。童年的不幸並沒有使衛青灰心沮喪，相反卻培養他強烈的自尊心。隨著年齡的增長，衛青長成一個帥小夥，他身強體壯，並練就一身好本領。曾經有一個會看面相的囚徒，邂逅衛青之後，驚異地說：「你是個貴人啊，以後將封侯。」當時還是奴僕身分的衛青笑著答道：「像我這樣過著奴隸生活的人，能夠不受到鞭打責罵就心滿意足啦，還談什麼封侯呢？」

平陽侯府大有來頭，平陽公主是皇帝劉徹的親姐姐。有一回，平陽公主無意中看到衛青騎馬時的英姿，她覺得這個帥小夥身上有一種與眾不同的氣質，便將他從家奴提拔為家騎。這是平陽公主第一次注意到衛青，可她萬萬沒有想到，若干年後，她竟然成為衛青的妻子！

後來一個偶然的事件，徹底地改變了衛氏家族的命運。

建元二年（前一三九年）的一天，漢武帝劉徹大駕光臨平陽侯府。平陽公主是個頗有心機的人，她暗地裡尋找了十幾個美女，養在侯府中，專等皇帝大駕光臨時隆重推出。在酒席宴上，平陽公主讓十幾個美女一一粉墨登場，請劉徹挑選，可是沒有一人獲得皇帝的青睞。就在這個時候，衛青的三姐、平陽侯府的歌伎衛子夫登臺獻技。

衛子夫素裝淡抹，撥弦引吭，清音宛轉，如同芙蓉出水，亭亭玉立，漢武帝看呆了。心細過人的平陽公主注意到了，聰明的她不失時機地讓衛子夫陪侍皇帝。衛子夫與漢武帝的偶然邂逅，徹底改變了她的人生命運，也徹底改變了另一個人的命運——她的弟弟衛青。

衛子夫很快入宮了，成為皇帝身邊的女人。不久後，她就體會到後宮鬥爭的殘忍與黑暗。後宮的主宰是皇后陳阿嬌。當年劉嫖與王娡為聯手鬥垮栗姬，兩人結為姻親聯盟，為兒女指定婚姻。漢武帝登基後，陳阿嬌順理成章地成為皇后。可是陳阿嬌沒能為皇帝生育子女，這使她的皇后尊位搖搖欲墜。暴躁的皇后將怨氣發洩到後宮妃嬪們身上，特別對新來的衛子夫，更是採取壓制手段，將她視為地位低微的宮婢。

對於擁有「後宮佳麗三千人」的皇帝，萍水相逢從來不會留給他太多的牽掛。回宮後，衛子夫的倩影很快消失在他的腦海中了。剛剛看到希望的衛子夫很快陷入深深的失望之中。

後宮的女人太多了。這些女人天天盼望著皇帝的寵幸，但皇帝太忙了，沒有時間一一寵幸。漢武帝也有人性化的一面，自己也覺得後宮的女人太多，打算釋放一批未曾蒙寵的宮女出宮。他親自來到後宮，這個時候，衛子夫才得以見到皇帝一面，她抑制不住心裡的委屈，哭哭啼啼地向皇帝請求出宮。她這麼一哭，反倒令漢武帝產生憐愛之心，想起了在平陽侯府的纏綿往事，多情皇帝把衛子夫留在了身邊。從此之後，衛子夫逐漸成為漢武帝最寵愛的女人。

很快，衛子夫懷孕了。這對皇后陳阿嬌來說，絕對是一個嚴峻的挑戰。

為了打擊衛子夫，陳阿嬌的母親、精於權謀的劉嫖，策劃殺掉衛子夫的弟弟衛青。自從衛子夫入宮後，衛青也沾了點光，跟著到了長安城，在建章宮當差。擒殺衛青的計畫由劉嫖一手策劃。她派人逮捕了衛青，隨便扣了幾項罪名，準備就地處死。在生死關頭，衛青的好友公孫敖帶了一批好漢，偷襲了關押衛青的地方，硬是把他解救出來。

劉嫖謀害衛青的陰謀敗露了。漢武帝非常生氣，為避免類似的事件發生，他將衛青從建章宮小職員提拔為建章宮總管，加封侍中。不久，衛子夫被立為夫人，衛青再度得到擢升，任太中大夫。

皇后陳阿嬌在爭寵之戰中敗北，養尊處優的她哪能心甘情願呢？為了奪回皇帝的歡心，她冒險採用旁門左道之術。

在西漢，巫術大行其道。當時有個名叫楚服的女巫，向皇后陳阿嬌獻上巫術。這種巫術又稱為巫蠱，就是把仇人刻成一個小木偶，然後埋在地下，用各種咒語詛咒，讓災難降臨被詛咒者。這種巫術在時人看來，是一種非常惡毒的手段。雖然巫蠱的有效性很令人懷疑，但在民間卻大為流行。

巫蠱之術在宮廷是絕對禁止的，一旦被發現，將面臨很嚴重的懲罰。

陳阿嬌要憑藉這麼一種邪門歪道，反擊衛子夫，可是最終露餡了。漢武帝得知此事後，勃然大怒，責令御史張湯追查此事。在張湯的窮追猛打之下，宮廷陷入一片腥風血雨之中。女巫師楚服被梟首示眾，受牽連被處死的人數超過三百人。

東窗事發後，陳阿嬌再也保不住皇后的位置了。漢武帝下達詔令：「皇后失序，惑於巫祝，不可以承天命。」收其璽綬，幽居於長門宮。這場後宮的鬥爭，以陳阿嬌的最終失敗而告終。

衛子夫的得寵，也使衛青得以平步青雲。當然，衛青並不完全靠裙帶關係，他很快以自己非凡的才幹證明了自己的實力。第一次出擊匈奴，他率領一萬名騎兵，奇襲龍城，殲敵七百，雖不能算是大勝，但這是漢帝國第一次反擊戰的唯一戰果。憑此一戰，衛青被封為關內侯。根據漢高帝與諸臣的約定：「非有功者不封侯」，這個「功」要多大才夠封侯呢，沒有一個標準，關鍵看皇帝的喜好。在衛子夫得寵的情況下，衛青因為這個小小戰功被封為「關內侯」，並很快成為帝國軍界的後起之秀。

作為外戚，衛青心裡很明白，他與姐姐衛子夫是坐在一艘船上，一榮俱榮，一損俱損。他的戰功能鞏固衛子夫在後宮的地位，而衛子夫的得寵則是他成為軍事統帥的堅強後盾。衛青卓越的軍事天才，很快就在戰場上淋漓盡致地表現出來。

元朔元年（前一二八年），衛青第二度出擊匈奴，又取得殲敵數千人的輝煌戰績。同樣這一年，產下皇子的衛子夫，終於被冊立為皇后。衛氏家族鴻運當頭，皇帝的信任與器重，使衛青有了更廣闊的表演舞臺。

元朔二年（前一二七年）是漢匈戰爭的一個轉捩點。漢帝國開疆拓土的激情被點燃了，開拓的第一個目標，選擇在河南地。在中國的北方，黃河如一條巨龍橫亙東西。黃河中間一段，呈「几」字型向北凸出。這個凸出部分，即是漢代所稱的河南地，即河套以南。河南地曾是秦帝國疆土的一部分，當年秦國大將蒙恬以三十萬大軍，將匈奴人驅出河南地。後來秦末起義、楚漢戰爭相續爆發後，河南地重新被匈奴人所控制。

河南地緊挨著帝國首都長安城，只有奪回這塊土地，才能確保帝國心臟地區的安全。漢武帝將這項重要的任務交給衛青，此役也將奠定衛青一代名將的地位。

衛青率數萬名精兵，從雲中出發，沿著黃河北岸西進，目標直指河套平原的軍事要地高闕。圍攻高闕一役，匈奴人陣亡二千三百人。攻克高闕後，漢軍乘勝追擊，攻克榆溪要塞，緊接著翻越梓嶺，渡過北河。駐守於此的匈奴蒲泥王與白羊王、樓煩王退至高闕以西的符離要塞內，據塞固守。衛青率部猛攻，斬俘敵軍三千零一十七人，匈奴人被迫撤向北部的陰山。至此，河南地的敵軍基本上被消滅在黃河的北線。

衛青率軍沿黃河繼續南下，圍殲殘餘的遊兵散勇，從高闕到漢西部邊關隴西，一路如入無人之境，奪取另一塊肥沃之地寧夏平原。河南地全部落入漢軍手中。此役殲滅匈奴及樓煩、白羊部落共計五千多人，佔領了匈奴人最肥沃的河套平原與寧夏平原，擄獲的牛羊馬匹數量多達數十萬頭（《漢書》記有百萬頭之多）。廣闊的河南地全部併入中國，帝國心臟長安的潛在危險不復存在。

河南地之戰的偉大勝利，是衛青獻給衛子夫最大的賀禮。至此，漢帝國與匈奴的邊境北推到陰山山脈。此役的勝利，有著重大的歷史意義，不僅從匈奴人手中奪回肥沃的河套平原、寧夏平原，也是對匈奴經濟的一次重大打擊。這也是繼漢高帝劉邦之後，漢帝國規模最大的一次開疆拓土。

為了鞏固河南地戰役的成果，漢武帝大耗血本，在河套平原上修築朔方城，作為抗擊匈奴的堅強堡壘。衛青的副將蘇建負責督建朔方城，政府徵集十幾萬人前往築城。朔方城位於邊疆地區，築城所耗費的工程器械及十幾萬人所需的糧食衣物等生活物資，都必須從各地徵調，耗資巨大。經過兩年艱辛的努力，一座嶄新的巨大城堡建成了，巍巍矗立在河套平原之上，面朝陰山，耗費的銀兩超過千萬之巨，國庫為之一空。

同時，政府招募十萬人，移居朔方郡，用以開發這片未被開墾的處女地，將富饒的土地變為支援前線戰爭的糧食物資供應地。在未來的對匈戰爭中，朔方城作為帝國最重要的軍事基地，在戰爭中發揮了重要的作用。

這是一場曠日持久的戰爭。無論大漢帝國還是匈奴，都處在國力的鼎盛時期。雙方勢均力敵，無論哪一方，都無法輕易徹底擊敗另一方。

衛青每一次出擊，都會遭到匈奴人的瘋狂報復。

元朔三年（前一二六年），匈奴騎兵數萬人入侵代郡，代郡太守以身殉國，軍民被俘一千多人。不久後，匈奴騎兵再度出擊，血洗雁門，屠殺俘虜漢軍一千多人。元朔四年（前一二五年），匈奴糾集了九萬大軍，入侵代郡、定襄、上郡，殺掠數千人。

元朔五年（前一二四年），匈奴意識到朔方城對漠南地區構成了巨大的威脅，右賢王多次出兵攻打朔方城，然而面對銅牆鐵壁般的堡壘，匈奴人無功而返。

為了打擊匈奴人囂張的氣焰，漢武帝與衛青等將領又一次策劃大規模的進攻計畫。

進攻的目標，是盤踞在漠南的匈奴右賢王部，這支匈奴軍隊不時威脅朔方城的安全。衛青仍然是戰役指揮的主帥，他親率三萬精兵，從高闕出發，渡過黃河，進入漠南地區；另外，游擊將軍蘇建、強弩將軍李沮、騎將軍公孫賀、輕車將軍李蔡等，各率一萬人馬從朔方城出發，翻過陰山山脈。四名將軍均受衛青節制，投入漠南戰場的漢軍總兵力達到七萬人之多。

為了牽制匈奴東線軍隊馳援右賢王，在二千里外的右北平，李息、張次公率領三萬漢軍同時進攻匈奴。

衛青在北方的一連串勝利，儼然成了匈奴人的剋星。右賢王深知衛青的厲害，不敢應戰，他很明智地選擇撤退。在他看來，漢軍雖然悍勇善戰，但要在茫茫荒漠中捕捉到匈奴主力，是一件極其困難的事情，只要拖垮漢軍，使其後勤補給出現困難，便可不戰而勝。這是右賢王的如意算盤。

匈奴人後撤六百里，右賢王估計漢軍在短時間內不可能追上，他的警戒心放鬆了。可是，他卻低估了衛青的才能。

衛青的軍事才能從何而來，這確實是難解之謎。他善騎射，武藝過人，這些都是他成為一代名將的基本素質。但他並沒有系統學習過軍事理論，卻有驚人的判斷力與領袖才能，屬於天才型的將領。荒原戰爭，對任何一位漢軍將領，都是全新的考驗。有些將領很難適應這種新環境下的戰爭，比如像李廣，他孤軍深入的勇氣往往帶來被匈奴人包圍的後果。可是衛青則不然，他有勇有謀，注意情報與偵察，穩健又不失大膽。他的厲害之處，不完全是大量殺傷敵人，還在於對敵方經濟的摧毀。

右賢王避免與衛青決戰，這個思路並沒有錯，但他的對手太厲害了。即便撤退了六百里，匈奴人並沒有擺脫危險的境地，右賢王的蹤跡還是暴露了。

優秀的將領總是善於把握稍縱即逝的戰機。衛青當機立斷，他手下的三萬人馬夤夜前行，直撲右賢王大本營，並快馬通報其他四位將軍所率的四萬人馬，即刻啟程，合圍右賢王。

這是北方的初春時節，天氣十分嚴寒，冷風似刀。匈奴士兵正烤火取暖，右賢王則躲在帳篷中，坐擁愛妾，一點也沒察覺到危險的來臨。

匈奴人的懈怠為衛青贏得了時間。七萬漢軍已經悄悄接近匈奴營地，部署完畢，完成合圍。在黑夜的掩護下，漢軍的總攻開始了。

疏於防備的匈奴人很快就土崩瓦解，右賢王沒能在關鍵時候穩定軍心士氣，反而落荒而逃，帶數千名親兵從北面突圍而去。剛逃竄二三里，又遇上漢軍的伏兵，損失慘重，最終僅數百人衝破包圍圈。

群龍無首的匈奴人很快陷入混亂之中，漢軍如鐵桶般堵住了敵人逃跑的去路。從夜晚戰到清晨，陷入重圍的匈奴人停止了抵抗。一場驚天動地的大戰塵埃落定，只留下滿地狼藉與隨處可見的屍首。

這次會戰，匈奴右賢王部的主力幾乎被全殲。除了右賢王僥倖逃跑外，其餘十來個裨王，即匈奴的小王，全部被俘；匈奴被殺死和被俘虜的人數超過一萬五千人，被擄獲的牛、羊、馬等牲畜將近百萬頭之多。這次會戰發生在大漠以南的地區，史稱「漠南之戰」。匈奴無論在軍事還是經濟上均遭重創，此戰的勝利，消除了陰山以北右賢王部對朔方城的威脅。

漠南之戰是漢匈戰爭全面爆發以來，漢軍所取得的最大勝利。衛青的個人聲望達到巔峰，成為帝國勝利的一面旗幟。

作為外戚，衛青給皇后衛子夫掙足了面子，也給漢武帝掙足了面子。漢武帝毫不吝嗇地拜衛青為大將軍，其他將軍均受他的節制，實際上就是全國軍隊的最高統帥。從奴隸到大將軍，衛青的人生經歷了戲劇性的變化。這一切近乎做夢，然而卻是真實。

卓著的功勳與皇帝的恩寵，使得衛青位極人臣。包括宰相公孫弘在內的滿朝文武，都全力巴結奉承、討好衛青，見了他都得行跪拜禮。只有一個人例外，這個人就是武帝時以耿直著稱的汲黯。他從不向衛青跪拜，也不溜鬚拍馬。衛青感慨道：「當年我卑微時，稍比我有地位的人，視我如牛馬；今日我居大將軍的高位，眾人又捧我如日星，只有汲黯不卑不亢，他真是賢明之人啊。」他待汲黯比往日更加尊重，經常以朋友身分向他請教國家疑難大事。

翻閱中國古代史，外戚集團一直是封建政權的一股巨大勢力，在漢代更是如此。人性的弱點，便是不管出身如何，一旦飛黃騰達，權力的欲望就會被推向極致。外戚集團憑藉皇權的裙帶關係，往往以火箭般的速度躥起。權力來得太容易，權力所帶來的快感太誘人，很快他們便忘掉以前自己是怎麼樣的人，是怎麼樣的地位。像衛青這樣以外戚的身分位極人臣，卻始終保持著自己本性的人，在歷史上確實少見。

面對巨大的權勢，衛青不是得意忘形，而是戰戰兢兢，如履薄冰，如臨深淵，更多的不是欣悅，而是恐懼。功高震主難有好下場，這可是一條不變的規律，危機總會到來的，只是時間遲早的問題罷了。

當衛青的名望拔地而起時，有一個女人對他的愛慕之心與日俱增。這個女人正是他的老主人、皇帝劉徹的姐姐平陽公主。

平陽公主的個性，與其姑媽劉嫖頗為類似，手法也頗為雷同。兩人都是皇帝的姐姐，工於心計，通過向皇帝獻美女，以鞏固自己的權勢。平陽公主向漢武帝進獻的衛子夫如今成為皇后，推薦的衛青如今成為權傾朝野的大將軍。可是，平陽公主還不滿足，她還想成為衛青的夫人。

平陽公主的丈夫曹壽已經去世多年，她的年齡史書沒有很明確的記載，估計比衛青要大七八歲。她想嫁給衛青，可是心裡有顧忌，因為衛青畢竟曾經是自己的家奴。平陽侯府大管家看透了平陽公主的心思，一語道破：「衛青如今早是大將軍了，不再是當年的家奴了，這不是很相稱嗎？」

可是要怎麼開口呢？這難不倒聰明的平陽公主。她先找了皇后衛子夫，衛子夫能有今天的地位，當然離不開平陽公主，便很爽快答應了。緊接著，她又找了皇帝劉徹，漢武帝與平陽公主姐弟感情本來就不錯，又豈會拒絕這種美事呢？最後，皇帝居然是以下詔書的方式，來撮合衛青與平陽公主的姻緣。這也成為衛青傳奇生涯中一段有趣的小插曲。

十九、河西走廊的戰神

說到衛青，便不能不說霍去病。衛霍兩人是中國軍事史上的絕代雙雄，均可跨入歷史上最偉大的名將之列。

霍去病是衛青的外甥，兩人有許多共同點，生活軌跡亦有類似之處。有趣的是，故事的開始，還是發生在平陽侯府。這個皇帝姐姐的府第，總有說不完的故事。

在漢武帝登基的那一年（前一四一年），平陽侯府來了一個打雜的，此人名為霍仲孺。他本是平陽縣的一名小吏，被派往平陽侯府當差。侯府內的女人，總有紅杏出牆的故事。這一回，故事的主人輪到衛青的二姐衛少兒。她與霍仲孺兩人好上了，並懷上一個男孩，這個男孩就是後來名垂史冊的霍去病。

與衛青一樣，霍去病一出生就是個私生子的身分，可是他比舅舅要幸運得多，沒有遭遇很多坎坷。在霍去病出生的第二年，漢武帝光臨平陽侯家，這是衛家命運的轉捩點，衛子夫被皇帝看上了，帶回宮內。衛家開始飛黃騰達。

「一人得道，雞犬升天」。衛子夫得寵於皇帝，姐姐自然也沾光。雖然她未婚先育，生下了霍去病，可到了京城後，依然成為搶手貨，最後抱得美人歸的是陳平的曾孫陳掌。衛子夫的大姐衛君孺也找到好婆家，嫁給公孫賀，後來公孫賀當到了帝國宰相。

霍去病就這樣幸運地成為帝國最有權勢家族中的一員。

霍去病長大成人後，身體壯碩有力，意志堅強，善於騎射。在他十八歲的這年（西元前一二三年），漢武帝召他入宮，當了侍中，追隨在皇帝的身邊。這是許多人夢寐以求的職位，可是霍去病並不喜歡無所事事。他認為自己已長大成人，應當要胸懷天下，建功立業，做出一番事業。他主動請纓，要追隨舅父衛青，征戰沙場，一展拳腳。

這年二月，衛青以大將軍的身分，揮師北伐，出定襄擊匈奴，斬首數千級，凱旋而還。兩個月後，在衛青發動又一次進攻前，霍去病前來報到。舅甥兩人開始連袂作戰，將抗匈戰爭推向高潮。霍去病第一次來到塞外，即將奔赴戰場令他心潮澎湃。衛青很關照這位外甥，任命他為嫖姚校尉，選拔八百名勇士，組成了嫖姚營。但幾乎沒有人預料到，霍去病會如此快地嶄露鋒芒。

十八歲的嫖姚校尉霍去病帶著八百名勇士，開始了他的光榮之旅。初生牛犢不怕虎，剛剛踏入戰場的他，立即展現出他的沉勇與剽悍。他帶著這支微不足道的軍隊，一路尋覓匈奴人的蹤跡。他的大膽令人吃驚。當他發現匈奴人正在撤退時，竟然不顧兵力不足，奮勇追擊。在遠離漢軍大本營，沒有後援的情況下，橫穿匈奴腹地數百里，如入無人之境。

霍去病有一種超乎常人想像的勇敢與從容，面對數倍於己的敵軍，他根本不把對手放在眼中，他的大無畏精神，也許正是其取勝之道。他的八百名騎兵至少遭遇到五千名以上的匈奴軍隊，最後的結果卻出乎所有人的意料。霍去病大獲全勝，殺死、俘虜二千零二十八名匈奴人。光這個數量，就是他自身兵力的二點五倍。在擊斬與俘獲的匈奴人中，有被封為藉若侯的欒提產，有匈奴的相國（宰相）、當戶（匈奴高級軍官），還有匈奴伊稚斜單于的叔父羅姑比。

與衛青一樣，霍去病初上戰場，便淋漓盡致地表現出其高超的軍事才華。他的軍事天才與衛青一樣，都是難解之謎，似乎是與生俱來的一種能力。

當霍去病返回兵營時，包括衛青在內的所有人，都被他的英勇表現與輝煌戰果驚呆了。衛青的十萬大軍取得殲敵一萬的戰果，而霍去病僅僅憑藉著八百人，就斬俘二千多敵人，在所有將領中，獨領風騷。

一顆將星冉冉升起，漢武帝喜出望外，下了一道詔令：「嫖姚校尉霍去病，斬首虜二千餘級，俘虜敵相國、當戶，斬藉若侯欒提產，生擒單于叔父羅姑比。在殺敵數量與俘虜敵軍首領上，都列全軍第一，故封為冠軍侯。」

霍去病一戰封侯，由此開始平步青雲，深得漢武帝的信任與器重。

大將軍衛青的鋒頭很快被外甥霍去病蓋過了。

自反擊匈奴以來，衛青一直是戰場總指揮，並接二連三地取得輝煌的勝利。特別在河南地戰役與漠南戰役中，不僅大量殺傷敵軍，且奪走其肥沃的土地，俘獲牲畜兩百萬頭，大大動搖了匈奴的經濟基礎。他是帝國軍隊的領軍人物，可是情況正在悄然發生變化。

背後的原因，是衛青的姐姐皇后衛子夫逐漸失寵於武帝。皇帝的愛，是最靠不住的，原因很簡單，一個女人再美，總有人老珠黃的時候。後宮的年輕美女太多了，皇帝的移情別戀，只是個時間問題。來自趙地的王夫人，取代衛子夫，成為皇帝最寵愛的女人。王夫人年輕貌美，也產下一個皇子，成為衛子夫的勁敵。衛子夫的失寵，間接影響了衛青在皇帝心中的分量。特別是在霍去病異軍突起後，漢武帝有意讓這位後起之秀，取代衛青的地位。

經過十幾年積極的開拓進取，漢帝國在探索西域上取得重大進展，著名的探險家張騫從西域帶回大量有價值的情報。漢武帝腦海中開始形成一個明確的戰略：聯合西域諸國，共同對抗匈奴。要聯合西域諸國，必須要打通一條通往西域的道路。這條通往西域的狹長道路，就是河西走廊。

河西走廊夾在祁連山脈與阿拉善高原中間，是由一系列小沖積平原與洪積平原所構成的狹長通道，是漢帝國通向西域的咽喉地帶。打通河西走廊，成為漢帝國的第一戰略目標。奪取河西走廊的戰役又被稱為「河西之戰」。漢武帝在用人上極其大膽，他做出一個驚人的決定，將指揮河西戰役的重任交給了年僅十九歲的霍去病。這不能不說是一次豪賭。

霍去病年輕的肩膀，能扛得住這份重壓嗎？

元狩二年（前一二一年），霍去病從嫖姚校尉升格為驃騎將軍，開始他獨當一面的軍事生涯。該年三月，他率領一支精銳騎兵，從隴西出發，對河西走廊作一次試探性的進攻。

河西走廊上分布著匈奴控制的一些部落，其中勢力最強大的是兩個王：休屠王和渾邪王。另外還有數十個小王，其實就是部落的首領。河西走廊的地理位置十分特別，它與匈奴漠南地區隔著大沙漠，匈奴單于對這一地帶的控制力相對較弱。為加強河西走廊的防務，伊稚斜單于派自己的兒子來到這裡，意在監視這些大大小小的部落首領，以阻止漢軍西進。

要想阻止霍去病的西進，談何容易。

霍去病率領一萬騎兵，翻越烏戾山，面對的第一個對手是匈奴的遬濮部落。霍去病放出風聲：我們只是想活捉匈奴單于的兒子，你們放下武器，不要抵抗，我們就絕不會掠奪你們的財產和百姓。但是遬濮部落拒絕投降。霍去病大兵壓境，這只是一場以石頭砸雞蛋的戰鬥，遬濮部落全軍覆沒，遬濮王被斬首。

緊接著，漢軍渡過狐奴河，河的對岸分布有匈奴的五個小部落。遬濮王的下場令這五個小王心驚膽戰，一致做出決定，放棄抵抗，任由霍去病大軍過境。霍去病一路暢通無阻，快速穿過五個部落的轄地，以迅雷不及掩耳之勢，向西推進。六天的時間，漢軍向前推進了一千里，越過焉支山，直插向渾邪王的地盤。

漢軍宛如天兵，從天而降，匈奴人措手不及，由渾邪王、休屠王、折蘭王、盧侯王等部落組成一支聯合軍隊，在皋蘭山下迎戰霍去病兵團。

霍去病兵團是漢軍精銳中的精銳，所有騎兵都是霍去病從各軍中精挑細選出來的，皇帝賦予他這個特權。不僅如此，霍去病兵團的戰馬也是最優良的品種，體力與耐力都極佳，而且這個兵團的裝備也最好，都是當時最先進的武器。

這是一場騎兵大戰，但不是勢均力敵的戰鬥，而是一邊倒的戰鬥。

匈奴軍隊損失慘重。在戰鬥中，折蘭王被漢軍強弩射殺，盧侯王被斬於馬下；渾邪王的兒子在戰鬥中被生擒，相國與都尉均落馬被俘；休屠部落的寶物，一尊祭天金人——這是當地人宗教信仰的偶像——也讓漢軍作為戰利品收繳了。

這一戰，漢軍斬獲與俘虜的敵人共計八千九百六十人，深入河西走廊一千里，降服與擊敗十餘個匈奴部落。

霍去病果然不負皇帝的重望，第一次獨立指揮大兵團作戰，便大獲全勝。

第一次河西戰役達到了預期的目的，展露了霍去病非凡的軍事才華。霍去病的搶眼表現，激起了漢武帝的雄心壯志。他準備在河西發動更大規模的進攻，一舉殲滅匈奴的有生力量。第二次河西戰役很快提上議事日程。

要在河西走廊展開更大規模的作戰，有一定的難度。因為河西走廊地形狹窄，如果採取正面進攻，匈奴人可以據險而守，不利於大兵團作戰，而且正面進攻將無法切斷敵軍的退路，只能打追擊戰，不能打殲滅戰。

要立足於殲滅敵軍主力，不能實施穩步推進的戰法，必須要出奇制勝。在這裡，我們又一次看到霍去病超乎尋常的大膽戰略。這個戰略就是避開正面交鋒，漢軍從河西走廊東部沙漠地區迂迴到敵軍的後方，一舉切斷匈奴人的退路，然後包抄敵軍主力，以取得殲滅戰的勝利。

世界名將的共同點，就是用兵變幻莫測，出現在敵人意想不到的地方，以積極的進取打破敵軍的防禦。霍去病這一作戰計畫極富創意，但實施的難度巨大。從沙漠邊緣迂迴前進，行軍里程超過兩千里，沙漠地區植被稀少，又時值夏季高溫，水源也沒有保障，對所有將士是一大考驗。雖然困難重重，但霍去病沒有退卻，因為他確信閃電般的奇襲，將收到最佳戰果。

這是一次軍事大冒險。

漢軍從北地（甘肅省寧縣）出發，兵分兩路，一路由霍去病統率，沿著沙漠南緣進軍；另一路由公孫敖統率，沿沙漠北緣進軍。目標是在兩千里外的居延會師。兩路大軍各數萬人，必須要穿越沙漠地帶。

為什麼要選擇在居延會師呢？居延有一片湖泊，叫居延海，又稱為居延澤。居延海的水主要由弱水注入，在這裡有數萬大軍所必需的淡水。在沙漠地帶與戈壁地帶作戰中，淡水是極其重要的。

霍去病的大軍渡過黃河西進，折向騰格里沙漠南緣，渡過狐奴水，再沿弱水北上，直奔居延海。這是一次極其艱苦的行軍，但是這支英勇頑強的軍隊，克服了種種困難，終於到達了目的地，等待與公孫敖兵團的會師。

到了預先約定的時間，公孫敖的大軍並沒有出現。公孫敖在茫茫荒漠中迷路了，最後沒到有抵達會師地點。

軍情突然出現重大變化了。公孫敖誤期了，霍去病失去了一支重要的力量。這麼一來，漢軍的進攻力量大打折扣了。怎麼辦？是撤退，還是繼續前進？

在霍去病眼中，絕沒有「撤退」這兩個字，即便是孤軍，也要繼續深入。

橫穿二千里的沙漠後，霍去病突然出現在匈奴人的後方。這是小月氏的地盤。在匈奴頭曼單于時代，月氏、東胡與匈奴並列為北方三大勢力，到了冒頓單于崛起時，東滅東胡，西服月氏。後來月氏舉國大遷移，遷到中亞地區，但有一小部分月氏人留了下來，臣服於匈奴，這便是小月氏。小月氏大大小小部落有數十個，比較重要的小王有單桓王、酋塗王、稽且王、呼于耆王等。

漢軍從居延湖出發南下，直取小月氏。單桓王與酋塗王比較識相，心知螳臂擋車，只能粉身碎骨，不如投降，便率領屬下，包括相國、都尉等二千五百人，向霍去病投降。

稽且王負隅頑抗，很快被鷹擊司馬趙破奴擊破生擒，稽且部落的右千騎將、王母、王子以及高級官員四十一人以及騎兵三千三百三十人被俘，稽且部落全軍覆沒。漢軍校尉高不識率軍征服呼于耆部落。呼于耆王手腳快，僥倖逃跑了，但王子以及部落官員被俘虜十一人，戰士一千七百人投降。

霍去病率主力橫掃小月氏，一直追擊到祁連山腳下。小月氏之戰，匈奴河西諸部的力量遭到前所未有的重創，共計被斬殺與俘虜的人數多達三萬又二百人。小王被俘獲五名，小王的母親、妻妾、王子被俘虜五十九人；各部落的相國、將軍、當戶、都尉等高級官員被俘六十三人。

經過惡戰之後，漢軍傷亡頗大。由於缺少了公孫敖的這支生力軍，霍去病的兵力略顯不足。即便如此，在孤軍深入、外無援兵的情況下，霍去病仍然取得了令人震驚的戰績。第二次河西之戰所取得的戰果，是自反擊匈奴以來，最為顯赫的一次，斬獲數量之多，為歷次戰役之冠。看來，霍去病無愧於「冠軍侯」的頭銜。但這一紀錄，很快還會被霍去病本人打破。

霍去病大軍押送了大批的俘虜，沿河西走廊返回漢地。匈奴人已如驚弓之鳥，不敢有任何阻攔。漢軍一路穿行無阻，如入無人之境，返回國境，勝利結束了第二次河西會戰。

兩次河西戰役，匈奴諸部落的兵力損失了四萬人。四萬人是什麼概念？匈奴總人口也就一百多萬，可用兵源不超過四十萬人，四萬人相當於國內戰鬥人員的十分之一。伊稚斜單于大發雷霆，徵召渾邪王與休屠王前往單于王庭問責。

渾邪王與休屠王自知對戰敗負有不可推卸的責任，前去面見單于，凶多吉少。兩人商量一下，與其去王庭送死，不如舉部投降漢帝國。

渾邪王的使者祕密抵達長安，向漢武帝遞交了請降書。漢武帝對渾邪王、休屠王的歸降將信將疑，慎重起見，他做了兩手準備：既歡迎渾邪王與休屠王的歸附，同時嚴陣以待，以防止胡人詐降的詭計。

受降的重任，又交給了年輕的「冠軍侯」霍去病。

這不是一場戰役，卻比一場戰役更加複雜，充滿變數。在波雲詭譎的受降過程中，霍去病再次向世人展示了他臨危不亂、處變不驚的大將風範，以及霹靂雷霆般的鐵腕。

霍去病統率大軍，渡過黃河，準備接受匈奴渾邪王與休屠王的投降。除渾邪王與休屠王外，歸降的隊伍中，還包括了三十一位匈奴的小王，總計五萬人。將近漢匈邊境線時，休屠王突然反悔，想將自己的軍隊拉回河西走廊。渾邪王大吃一驚，休屠王手握重兵，一旦內部起訌，後果不堪設想。他牙關一咬，痛下殺手，假意邀請休屠王入帳內議事。休屠王不知是計，剛走入渾邪王帳內，便被埋伏在兩旁的武士手起刀落，身首異處。渾邪王迅速逮捕了休屠王的閼氏以及王子金日磾，控制了休屠王的隊伍，一場可能發生的內亂平息了。

渾邪王帶領五萬人臨近黃河岸邊，望見了霍去病威風肅肅、陣容齊整的受降兵團。但就在這時，意想不到的事情發生了。

匈奴一些裨王與將領動搖了，遠離故土使他們有一種背井離鄉的悲愴之情，對未來的命運也充滿迷惘。這些裨王將領們突然調轉馬頭，頭也不回揚鞭而去。匈奴軍心大亂，將近一萬名的匈奴人跟著譁變，奪路而逃。渾邪王試圖攔截，但無能為力。就在投降的最後一刻，局勢迅速惡化，變得不可收拾。

這一幕，霍去病全看在眼裡。他必須要當機立斷，不容許有片刻的遲疑。遲疑意味著局面將無法控制。

在此千鈞一髮之刻，霍去病絲毫不考慮自己的安危，孤身匹馬，獨自闖入匈奴軍中。這位年輕的勇士，其置生死於度外的勇氣，令匈奴人震驚了。匈奴人的譁變還在繼續之中，只要有幾個心懷不軌，只消幾支利箭，或者幾柄利刀，就可以結果霍去病的性命。霍去病穿行在匈奴騎兵之間，無所畏懼，昂然向前。這種大無畏的精神，把匈奴人鎮住了。

作為受降大將，作為曾經橫掃河西的英雄，霍去病這種奮不顧身的勇氣，也向匈奴人傳達一個消息：漢帝國是真誠歡迎你們歸降的。是的，如果這位帝國的將軍缺乏誠意，又豈敢親自送上門呢？他超乎尋常的英雄壯舉，平息匈奴兵營的喧譁與騷動。

霍去病手握韁繩，向匈奴四萬部眾口傳皇帝的受降詔令，表明朝廷的立場，給所有的匈奴人吃下一粒定心丸，緊張的情緒終於平靜下來。

接受渾邪王等四萬匈奴人的投降後，霍去病派遣一萬名強弩騎兵，前往追擊譁變逃亡者，一路窮追猛打。這些逃亡者既無組織，又驚慌失措，幾乎成了漢軍的活靶子。一萬強弩騎兵射殺八千多叛逃者，自己無一傷亡。

霍去病憑藉機智與勇敢，以雷厲風行的強腕，終於完成受降的使命，居功至偉。

從第一次河西戰役到成功受降，河西走廊的匈奴力量徹底被掃清。通往西域的咽喉之地終於打通了。漢帝國在河西走廊設立酒泉、武威、張掖、敦煌四郡，領土向西擴展了九百公里，取得了大約十五萬平方公里的土地。這是中國開疆史上最偉大的成就之一。

二〇、漢北之戰與李廣之死

從西元前一三三年的馬邑之謀到西元前一二一年的河西之戰，十二年的戰爭徹底扭轉了漢匈的攻防格局。漢武帝憑藉幾代帝王所留下的巨大政治、經濟資本，在衛青與霍去病兩名天才將領的指揮下，奪取河南、河西兩塊軍事要地，並將匈奴的勢力驅出漠南。反觀匈奴一方，雖然不斷地發動報復性的戰爭，但缺乏明確的戰略方針，只是破壞性的襲擾，未能從根本上改變被動的局面。

為了徹底擊垮匈奴，漢帝國在西元前一一九年發動了旨在殲滅匈奴主力的漠北戰役。這也是漢匈戰爭史上規模空前的大決戰。

這場大決戰也是衛青與霍去病軍旅生涯的巔峰之戰。漢軍投入遠征的兵力達到三十萬，分東、西兩線同時展開。東線由霍去病指揮，西線由衛青指揮，兵力各十五萬，其中五萬是騎兵，配備最優良的戰馬（粟馬；普通馬餵草，粟馬是吃粟米的，特別強壯），另有步兵及後勤運輸隊五十萬人。除了帝國政府準備的十萬匹粟馬之外，將士們把自己私人的戰馬也帶上了，總共有四萬匹。漢軍的戰馬總計達到十四萬匹之多。從這個細節，也可見當時漢軍士兵的士氣是何等高昂。為了上戰場殺敵，都自己掏腰包了。

將軍一級的將領全部配備給衛青兵團，其帳下轄五位將軍：前將軍李廣、左將軍公孫賀、右將軍趙食其、後將軍曹襄、中將軍公孫敖。霍去病兵團中沒有將軍，只有校尉級的軍官，包括路博多、趙破奴、衛山、李敢等。很明顯，漢武帝的用意是讓霍去病有自由發揮的空間，因為他年輕氣盛，不願意受到老將們的掣肘。此外，為了適應在環境惡劣的大漠中作戰，霍去病大膽吸納了匈奴的降將與降兵。這些人具有豐富的荒漠作戰經驗，特別在識路、尋找水源等方面，將起到很大的作用。

先來看看西線衛青兵團的情況。

獲悉漢以傾國之兵北征的消息後，匈奴伊稚斜單于為避鋒芒，大踏步後撤到大漠以北。衛青兵團從定襄出發，罕遇匈奴人，一路向北挺進。但是出發不久，大將軍衛青與前將軍李廣發生了激烈矛盾。

李廣是抗匈名將，歷文、景、武三朝，身經百戰，驍勇天下無雙。但歲月不饒人，他已經六十多歲了。在出發前，漢武帝曾下達一份密詔給衛青，認為李廣年齡大了，個性張揚，難以約束，不適合擔任前鋒的任務。因此，衛青改讓李廣、趙食其擔當兵團右翼掩護的任務。這惹怒了飛將軍。李廣的最大心願就是同匈奴單于好好幹上一仗，現在機會來了，可是衛青居然要剝奪他的權力，讓他去執行次要任務，老將軍嚥不下這口氣。不過，衛青畢竟是大將軍，李廣雖然情緒很大，最後也不得不聽命而行。

調離李廣、趙食其之後，衛青的屬下，青一色是他的親信：中將軍公孫敖是衛青的好友與恩人，左將軍公孫賀是衛青的姐夫，後將軍曹襄是衛青的繼子。決戰在即，衛青的這種安排，也是避免關鍵時刻他的決策受到老將的掣肘。

衛青兵團出塞後，長驅直進一千餘里，穿越大漠，行軍十分艱苦。在此過程中，漢軍精心馴養的粟馬耐力超強，在長途行軍中發揮了巨大的作用。

在漠北，伊稚斜單于已經嚴陣以待。當衛青兵團出現時，匈奴人以逸待勞，率先發起進攻。待衛青兵團進入到強弓的射程範圍時，匈奴人萬箭齊發。可是衛青是有備而來的，他動用了最新型的防禦武器：武剛車。

根據史料記載，武剛車是一種「有巾有蓋」的戰車，就是有車皮，有車蓋。這可能是用來送載糧食物資或步兵的車輛，被衛青很聰明地拿來作為防禦的武器。武剛車迅速併攏，構成一條環形防線，漢軍士兵躲在武剛車陣後面，匈奴人的箭雨被武剛車擋住，沒有多大的威脅。在缺乏天然屏障物掩護的大漠地區作戰，衛青將武剛車改造成為一種絕佳的防禦武器，的確非常高明。

眼看弓箭的打擊失效，匈奴單于採取騎兵強攻。一萬名剽悍的匈奴騎兵，向漢軍陣地發起衝擊。漢軍一面躲在武剛車後用弓弩進行還擊，一面派出五千騎兵縱馬上前迎戰。

衛青耐心地等待最佳戰機。

日薄西山，大漠颳起強風，天色頓變，一時間飛沙走石。漢軍是背向沙漠，而匈奴軍隊是面向沙漠，這對匈奴一方十分不利。衛青敏銳地抓住了戰機，當機立斷，命令大軍傾巢而出，從左、右兩翼包抄匈奴軍隊。

大血戰在一片飛砂走石的昏暗中進行。這是近身的肉搏戰，考驗著雙方統帥與戰士的意志力。誰的意志力先被擊垮，誰就面臨失敗。衛青鎮定自若，從容不迫，匈奴單于開始膽怯心虛了。他丟下士兵，調轉騾車（由六匹騾子拉），帶著數百名精兵，向西北方向逃竄。

與匈奴士兵相比，漢軍的優勢並不在於體能上，而在於紀律上。匈奴人長期以來的作戰風格是剽悍勇猛，單兵能力強，但組織紀律性較鬆散，遇到頑強的對手時，缺乏咬緊牙根堅持到底的精神。匈奴單于的臨陣脫逃，令軍心大亂，戰士爭先恐後地逃竄。名將用兵，即便撤退也絲毫不亂，可是匈奴人的撤退如一團亂麻，這使其損失極為慘重。這一戰，匈奴人被殺與被俘的人數，超過一萬九千人。

衛青率騎兵急追逃跑的匈奴單于，伊稚斜單于那六匹健騾，腳力十分好，耐力一流，衛青追蹤了一晚上，前進了二百里，還是未能找到單于的身影。不僅衛青找不到，連匈奴人自己也找不著了。直到十幾天後，蓬頭垢面的伊稚斜單于才找到自己的殘兵敗將。為了躲避衛青的搜捕，他只得向更北的荒涼地帶轉移。

匈奴單于逃跑後，衛青轉而進攻趙信城。匈奴本是一個游牧民族，城堡是很少的，後來漢軍將領趙信（原為匈奴人）叛降後，勸伊稚斜單于修建一座城堡，專門用來積存糧食及其他軍用物資。單于聽從他的建議，就在寘顏山（蒙古高原杭愛山脈南面的一支）修築一座城堡，以趙信的名字來命名，稱為「趙信城」。

漢軍只遇到輕微的抵抗，就輕鬆奪取了趙信城。

攻克趙信城意義非同小可，這是匈奴人的一個糧食大倉庫。衛青兵團在趙信城待了一天，把匈奴在城內所屯積的軍糧能運走的都運走。即使如此，還是有一部分糧食和物資帶不走，可以想像這個糧食儲備基地的存儲量是何等的巨大。漢軍撤退時，放一把大火，把帶不走的糧食，以及城內的房舍燒光了。匈奴單于花了幾年心血所建起的趙信城，還沒來得及發揮作用，就被衛青搗毀了。

衛青在西線取得了殲敵一萬九千人的佳績，又搗毀趙信城，可謂是斬獲頗豐。但在東線作戰的霍去病，卻青出於藍而勝於藍。

霍去病兵團不僅是由最強悍的士兵組成，所受的待遇也是最好的。漢武帝特地安排了宮廷負責膳食的官員，帶了數十輛餐車，專門負責給霍去病的騎兵團提供優質的伙食，以保證這支最強悍軍隊的戰鬥力。

霍去病的打擊目標，是盤踞在漠東的匈奴左賢王部。匈奴左賢王的地位僅次於單于，往往也是單于的接班人，握有強大的武裝力量。

面對來勢洶洶且數量龐大、裝備精良的漢軍，左賢王採取的策略是先向北撤退，撤到蒙古大漠的東北部，企圖憑藉熟悉地形的優勢，以逸待勞，尋機挫敗霍去病兵團。

在歷年的漢匈戰爭中，左賢王部的損失是最少的。這些年匈奴屢遭慘敗，只有左賢王能夠頻頻發動對漢帝國東北邊境的侵掠，這使他多少有些自鳴得意。不過，很快他就會明白，他會比任何一位匈奴王敗得更慘。

霍去病的戰略企圖是圍殲左賢王部，所以採取大縱深的突進戰略，插向左賢王的後方，然後集中優勢兵力合圍。

狡滑的左賢王一路北退，沒有讓霍去病有機可乘。霍去病一路追蹤，穿越瀚海沙漠。為了能追趕上匈奴軍隊，霍去病決定騎兵團率先出發，只帶上少量的輜重，全速北進，將後勤補給車隊遠遠拋在身後。越過沙漠之後，終於捕捉到左賢王的主力了。

一場惡戰在大漠的東北部展開了。

霍去病的正面，是匈奴左賢王的精銳，其將領包括單于的近臣章渠與匈奴小王比車耆、屯頭王、韓王等，還有左賢王部的左大將。在一陣對射之後，漢軍騎兵率先發起了攻擊，匈奴騎兵縱馬迎戰。

我們一再強調，霍去病兵團是精銳中的精銳，這些騎兵及其將領幾乎都是霍去病一手挑選出來的。其手下將領路博多、趙破奴等，後來均成為漢軍中重要的將領，還有李廣的兒子李敢，有乃父之風，非常勇猛。這一戰打得十分激烈，雙方的將領都上陣搏殺，匈奴小王比車耆被漢軍斬殺，另一名小王章渠受傷被俘。在進攻匈奴左大將部的戰鬥中，李敢勇冠三軍，斬將奪旗，如入無人之境。

匈奴人無法繼續打下去了，開始向後撤退。

可是霍去病不肯就此甘休，一路跟蹤追擊。路德博追擊匈奴軍隊到壽餘山，殲敵兩千餘人，霍去病則率主力深入漠北，翻越離侯山，抵達弓盧河。

兩軍在弓盧河畔又打了一次大血戰。漢軍將領衛山擒獲匈奴的屯頭王與韓王，其餘被俘的匈奴將軍、相國、當戶、都尉合計八十三人，其他士兵不計其數。

左賢王率領殘部退至狼居胥山。霍去病一鼓作氣，再下狼居胥山。在這裡他積土為壇，舉行了一個盛大的祭天儀式，向上天傳達勝利的消息。稍作休整之後，繼續西進，一路橫掃，直抵姑衍山。在霍去病的狂追狠打之下，左賢王已如驚弓之鳥，霍去病把弓一搭，他就驚飛了。漢軍攻克姑衍山，霍去病在此祭祀大地。

至此，東線戰事以全勝而告終，霍去病橫掃匈奴，斬獲七萬零四百四十三人。

這一戰績，打破了他自己保持的紀錄。漠北之戰，匈奴總計損失了九萬人，遭到前所未有的慘敗。作為一個游牧民族，匈奴人口原本就不多。經此重創，匈奴人被迫向更北的區域撤退，從此「漠南無王庭」，在之後很長的一段時間裡，沒有實力與中國對抗。

漢軍方面，漠北之戰的損失也極大，傷亡數萬人，馬匹經過數千里的奔襲，損失更加驚人，出塞前共有十四萬匹戰馬，回到塞內時僅剩下三萬匹。

這是一場消耗驚人的戰爭。匈奴的損耗慘重，但漢帝國也筋疲力盡了。這次大戰之後，漢匈兩國連續十幾年沒有大的交鋒，惡劣的氣候環境與複雜的地形拯救了匈奴人。

漢軍發動的漠北戰役過程中，最令人扼腕歎息的一幕，當屬李廣之死。

當衛青與霍去病掃蕩大漠南北時，作為衛青兵團右翼的李廣、趙食其部，卻在大漠行軍中迷失了方向，錯過了與衛青約定好的會師時間。

直到衛青擊敗匈奴，南返途中才與李廣、趙食其的部隊聯繫上。衛青喚來軍中長史，讓他帶著一些乾糧與酒，送到李廣的兵營中，表示慰問，並詢問迷途的具體情況。在漢代，迷途失期是一個很嚴重的過失，按律當斬。不過這只是表面的規定，很少有將領因為迷途失期被殺。因為漢代的法律又有一規定，只要繳納一些錢，就可以贖罪，但將被貶為庶人。

長史向李廣詢問迷路的情況，李廣默不作聲，沒有回答。李廣是個榮譽感很強的人。在大戰開始前，他突然被調離前鋒的位置，缺席了漠北大戰，沒有完成他與匈奴單于交手的願望，這已經使他極其不滿了，現在還因軍隊迷失方向而受責，老將軍這口氣怎麼嚥得下去。

長史見李廣不作聲，就催促說：「就請將軍的幕府人員隨我到大將軍處對質吧。」長史這句話暗藏玄機，分明暗示李廣，將迷途的過失推到幕府人員身上。

李廣豈會聽不出弦外之音，但光明磊落的他又怎麼可能把罪責推給他的部下呢？李廣想也不想，把手一擺，很堅決地說：「校尉們是無罪的，我身為將軍，軍隊迷失道路的罪責，理應由我承擔，我將親自前往大將軍處當庭對簿。」

李廣回到自己的幕府，其對麾下說道：「我李廣自從結髮以來，與匈奴大小七十餘戰。如今有幸與大將軍出征迎戰匈奴單于，可是大將軍卻把我的部隊調往右翼，迂迴繞行遠路，致使中途迷路。這是天意啊！我老了啊，終究不能面對刀筆吏的侮辱了。」說罷抽出寶刀，引刀自盡。

英雄竟然以此結局收場，令人難以接受。

李廣與衛青、霍去病並列為抗匈戰爭中的三大名將。雖然他的戰功不及衛、霍兩人，但他的傳奇生涯與人格魅力，使他成為千年傳誦的英雄楷模。作為一名將軍，李廣十分清廉，每有戰功得到獎賞時，他從不獨佔，而是分給自己的部下，與士兵同甘苦共患難，深受部下的尊敬與愛戴。他為官四十餘年，從不斂財。他的最大愛好就是射箭，其箭術之高超，曠世無雙。和平時代以狩獵消遣，戰爭時代他是急先鋒。他的英名令匈奴人膽戰心驚，在參加過的七十餘次戰鬥中，多次遇險，但他總能從容應對，化險為夷。

當李廣自殺身亡的消息傳出後，全軍上下為之痛哭。不僅是軍隊，就是尋常百姓，聞之亦落淚，可見李廣實人民之英雄、國家之英雄。

李廣之死，又引發了一系列的事件。李廣的兒子李敢是霍去病的部將，在漠北之戰中亦有上佳的表現。他認為自己的父親是被衛青逼死的，心中怨恨難平，總是千方百計想找機會報復。他雖然十分勇猛，但是腦子簡單，太容易衝動、感情用事。終於有一次逮住機會，他對大將軍衛青下手，刺傷了衛青。

刺傷大將軍是何等重罪，光憑這個，判處死刑也是正常的。但衛青把這件事壓下來，並沒有問罪，這是衛青高尚人格的又一體現。可這件事，最後被霍去病得知了。霍去病是衛青的外甥，為了給舅舅報仇，他頓起殺機。

元狩六年（前一一七年）春季，武帝到長安城附近的甘泉宮遊獵，霍去病與李敢二人都跟隨前往。在狩獵過程中，霍去病乘李敢不備時，竟然用箭射死李敢。這件事讓皇帝真是很傷腦筋。霍去病擅殺一名將領，而且還是在甘泉宮，這個罪名大了。但此時的他又是皇帝身邊最紅的人，最後事情不了了之。

半年後，年僅二十四歲的霍去病突然暴死。他的死因，史書沒有記載，風華正茂的霍去病此時官居大司馬，與衛青平起平坐，身強體壯，怎麼突然暴死呢？有人認為他死於政治陰謀，有人認為他患了不治之症，當然還有人認為是李敢的冤魂前來索命。

無論是哪一種原因，霍去病如一顆彗星，一閃即逝，掃過夜空，光芒四射。

霍去病為人沉勇有大略，敢於任事，遇事果斷而堅決。他是罕見的軍事天才，卻只活了二十四歲，這個年齡與他的偉大功績很不般配。

有一次，武帝想要讓人傳授霍去病孫子兵法與吳起兵法，沒想到霍去病居然不以為然，回答武帝說：「行軍作戰，關鍵要看謀略如何，沒必要學習古代的兵法。」武帝非常寵愛霍去病，給他建了一座大宅院，讓他去看一看。霍去病拒絕了，他雖然生於富貴之中，但他並不貪圖。他說了一句足以激勵每一個國人的名言：「匈奴未滅，無以家為也。」

衛青與霍去病可能都想不到，漠北之戰，既是他們軍事生涯的巔峰之作，同時也是封筆之作。霍去病只是二十出頭，而衛青也正值壯年，但是這兩位軍事天才的表演到此就結束了。

漠北之戰，意味著漢匈第一期的大規模會戰告一段落。在這場長達十餘年的會戰中，衛青與霍去病相繼崛起，奪河南，取河西，開疆拓土，驅匈奴於漠南，戰胡虜於漠北，威震四海。匈奴的力量遭到前所未有的打擊，發出了「失我祁連山，使我六畜不蕃息；失我焉支山，使我婦女無顏色」的哀歎。

衛青比霍去病遲了十一年去世（前一〇六年），但他的軍旅生涯提前結束了。雖然在衛青晚年，漢帝國開疆拓土，在南越、東越、西南、朝鮮、西域頻頻用兵，但這些局部戰爭與漢匈戰爭相比，不是一個檔次，殺雞焉用牛刀，自然不需要大將軍親自操戈上陣。同時，由於衛子夫的失寵，漢武帝對衛青的信任度也下降，衛青明哲保身，低調行事，不過多捲入權力之爭，也算得以善終。

二、發現西域：冒險家的故事

漢武帝是一位有雄才大略的皇帝，以自己堅韌不拔的意志改變著這個國家的歷史。他富有冒險精神，有開拓進取的雄心壯志。

武帝登基後第三年（前一三八年），有一批匈奴人前來歸降。從匈奴人口中，他了解到月氏國的一些消息。自遭冒頓單于、老上單于頻頻打擊後，月氏國力大衰，一蹶不振。月氏國王被匈奴人所殺，腦袋被割下來當飲酒的器具。月氏人被迫大遷移，在遙遠的西方，尋找了一塊土地，重新立國。

當時漢匈全面戰爭尚未爆發，但漢武帝已聯想到，如果能與遙遠的月氏國聯合，從東、西兩面夾攻匈奴，不是可以徹底擊垮這個北方勁敵嗎？

月氏國在什麼地方呢？沒有人知道。祁連山以西的土地，是漢人所未曾涉足的。這是一片未知之地，只知道這裡沙漠廣袤，戈壁遍布。

劉徹毅然下詔：徵募國內勇士，出使西域。

在時人看來，這幾乎是一項不可能完成的任務。要出使到西域，必須要穿越匈奴控制的河西走廊，要穿越莽莽沙漠與戈壁，要面對惡劣的氣候，去尋找一個不知在何方的國度。沿途要經過的國家，是否對漢使者抱有善意呢？隨便冒出一股土匪強盜，都可能令使團全軍覆沒。這個任務，明擺著就是九死一生、荊棘密布、險象環生的一次大探險。

這是一個富於冒險、開拓的時代，危險並不能阻止冒險家前行的步伐。郎官張騫慨然應徵。這時的張騫也許並不明白，自己的這次出使西域，將是一次改變歷史的偉大冒險。張騫的早年事蹟我們不太清楚，他曾是個軍人，人高馬大，相貌堂堂，孔武有力。除了張騫之外，加入這個探險團的人數，總計有一百多人，張騫擔使節團的團長。此外，還有一名胡人嚮導，名叫甘父，他的身分是奴僕。

對絕大多數人來說，這將是一條不歸路。

一百多人的使團從隴西郡出發。他們面臨的第一個難題，是能否安全通過匈奴人控制的河西走廊。此時，漢匈兩國還處於相對平靜期，張騫存有僥倖之心。很快，張騫的僥倖心便破滅了。行經休屠王地盤時，張騫使團全體被扣押。休屠王不敢擅自作主，索性將張騫等人移交給匈奴單于。這樣，使團成員被押解到了軍臣單于的王庭。剛剛出國門，使團就全軍覆沒了，尋找月氏國的使命，似乎只能成為泡影了。

張騫見到軍臣單于後，據理力爭，說明自己只是奉漢朝皇帝的命令，借道前往出使月氏，匈奴不能扣押漢朝使者。

軍臣單于一聽，跳了起來，勃然大怒：「月氏國在我的北面（其實是西面），漢政府怎麼能派使者去呢？我想派使者穿過漢帝國到南越，你們會聽任我這樣做嗎？」

張騫一行人出發後，便與漢政府失去了任何聯繫，他們遭到扣押的消息，也沒能傳到漢武帝耳中。軍臣單于並沒有殺死漢使團成員，而是全部軟禁起來，放逐到了寒冷的北方荒漠，以放牧為生。就這樣，張騫等人過上了游牧民族的生活。他耐心地等待逃跑的機會，可是一等，就是十年。

匈奴是個崇尚武力與勇敢的民族，對勇士很崇敬。張騫等人不懼生死，勇闖未知之地的勇氣，令匈奴人產生敬意。匈奴不是一個固步自封的民族，歷代單于在吸收外來人才上，都有積極作為。在他們看來，漢是一個文明高度發達的國家，人才輩出。從漢初開始，便有不少漢人叛逃到匈奴，如漢高帝時的韓王信、燕王盧綰，漢文帝時的中行說等等。匈奴人對漢帝國的叛降者比較尊重，從中吸收一些華夏文明。對於張騫，軍臣單于十分愛惜他的才華，想留為己用。因此，他挑了一個匈奴女子，嫁給張騫，想以此來羈縻這位膽氣非凡的探險者。

幾年後，匈奴老婆為張騫生了一個兒子，這給張騫的生活帶來了快樂。但是在他內心裡，一刻也沒有忘掉自己的使命。他精心保存著皇帝授予的符節，並時刻準備逃出匈奴。

光陰如梭，十年過去了。漢匈兩國關係發生了很大的變化，戰爭全面爆發了。不過，這並沒有影響到張騫的生活，他沒有暴露內心的想法，匈奴人漸漸也不把他當作軟禁的囚犯，對他的戒備越來越寬鬆。張騫心中明白，是時候離開了。使團的一百多人，分置在不同的地方，可以一起逃跑的，只有少數幾人了。

一天深夜，張騫與奴僕甘父及其他幾個人，成功地逃走了，他沒忘了帶上精心保存的符節。張騫並不是要逃回中國，而是要繼續完成未竟的使命。他們一路向西而去，餐風露宿，靠著奴僕甘父精湛的箭術，獵殺走獸飛禽。就這樣，張騫等人飽一頓饑一頓的，經過十幾天的艱難跋涉，終於逃出匈奴，進入西域。

西域是一個特定的地理概念，意指祁連山以西的廣大地區，大約包括今天的新疆與中亞。此前的漢人，對這裡的世界一無所知。張騫的到來，打開了大漢帝國認識世界的新視窗。

張騫到達的第一個國家是姑師（新疆吐魯番西北）。姑師國王聽說漢使前來，大吃一驚。漢匈戰爭正如火如荼地進行，漢與西域的交通線完全中斷，怎麼冒出個漢使來呢？

張騫把來龍去脈說給姑師國王聽，國王聽了之後非常欽佩，對張騫說：「月氏國距離姑師國尚且有數千里之遙，更不用說漢地了。前去月氏國，道路極為艱險，蔥嶺（帕米爾高原）難以逾越，必須要繞行極遠的路程。我派個嚮導給你們，先去大宛。大宛與月氏相接，你便可以經大宛抵達月氏國了。」

張騫連連道謝。

在嚮導的指引下，張騫這支人數稀少的使團沿著天山南麓向西行進。這是一個巨大的盆地，即塔里木盆地，盆地內沙漠廣布。在沙漠的南北兩側綠洲地帶，分布有大大小小數十個國家，沙漠北側的通道又稱為北道，沙漠南側的通道稱為南道，這是東西交通的兩大要道。張騫所走的是北道，沿途的國家有危須、焉耆、烏壘、龜茲、姑墨、溫宿、尉頭、疏勒、捐毒等國。張騫很留心這些國家的地理位置、地形、河流、人口、國土大小等信息。

數十日後，張騫到達了大宛。

大宛的位置，約在今天的吉爾吉斯斯坦、烏茲別克斯坦、塔吉克斯坦等國的交界地帶，在崇山峻嶺之間有一個盆地，叫費爾干納盆地，這可以說是西域的一塊風水寶地。大宛不是一個游牧國家，而是以農耕業為主，種植小麥水稻，國內有許多城鎮。

漢帝國對西域一無所知，可是西域國家卻都知道東方的大帝國。

大宛王已經得到消息，說大漢的使節不遠萬里前來，非常高興。張騫拜見大宛王，向他許諾，一旦完成出使月氏的任務，大漢皇帝必定會以豐厚的禮物相贈。月氏與大宛相鄰，但由於被高山阻斷，不易直接通行，得繞道康居國（哈薩克斯坦南部及烏茲別克斯坦東部），再從康居南下進入月氏。

大宛王派遣使者與翻譯隨同張騫出發，穿過康居後，向南行走，終於到了目的地——月氏。十年前，張騫應徵出使月氏國時，沒有人知道這個國家在什麼地方。經過十年的囚禁與等待，張騫終於不辱使命，找到了月氏。為了這一天，他付出太多了，想到這裡，他抑制不住內心的激動。可是，他並沒能完成使命。

他的使命是聯合月氏共同對抗匈奴。

好了傷疤忘了疼。月氏早已把國破家亡的舊事忘得一乾二淨了。自從月氏老國王被匈奴人砍了腦袋當作酒器之後，月氏人集體向西遷移，到了溈水（阿姆河）附近（阿富汗和塔吉克斯坦交界處），征服居住在這裡的大夏人，新的月氏國誕生了。月氏地處於高原之上，外敵很少，北部的康居與南部的大夏都臣服於它，月氏國王也就樂不思蜀了，再也不去想著為老國王報仇的事。月氏離匈奴很遠，離漢帝國更遠，既不擔心匈奴來進攻，也不擔心漢帝國來侵犯。月氏國王倒是很客氣，好好地款待張騫等人，就是絕口不提報仇雪恨的事情，這令張騫非常失望。

張騫在月氏待了一年多，他盡力想喚起月氏國王報仇的決心，但沒有任何效果。不過，他仍然收穫很多。在一年多的時間裡，他深入了解西域的政治格局與風土人情，還到附近的國家遊歷，大開眼界。

由於月氏國王無意與漢帝國共同聯合打擊匈奴，張騫決定啟程回國。西元前一二七年，張騫離開月氏，踏上回國的路途。

返回途中，為了了解更多西域國家的信息，他選擇走南道，即塔里木盆地的南緣。這裡也分布了許多國家，包括莎車、皮山、于闐、扜彌、精絕、且末等。可是很快，一個最嚴峻的問題擺在張騫面前：如何穿過匈奴人的地盤，安全返回國內？

倘若強行穿過河西走廊，勢必會落入匈奴人之手。如果不走河西走廊，那就只剩下一個選擇了：翻越青藏高原。祁連山的北側是河西走廊，南側是青藏高原，只有沿祁連山的南麓行進，才可以避開匈奴人。這條道路，仍然凶險萬分，不僅要面對世界屋脊青藏高原的挑戰，還要面對高原上剽悍的羌人。此時的羌人臣服於匈奴，是匈奴的盟友。

張騫翻過阿爾金山，進入青藏高原，不幸又一次降臨。只有幾人的小使團被高原上的羌人發現並扣押，羌人將張騫等人交給匈奴處置。張騫第二次落入匈奴人的手中。

我們必須說，匈奴有大國風範。張騫逃跑又被抓回來了，可是軍臣單于仍然沒有把他處死，而是再次將他軟禁起來，並讓他與匈奴老婆和兒子團聚。人非草木，孰能無情。張騫歷經劫難後，與家人團聚，多少使他感到一些安慰。但他仍是大漢的使臣，他必須要想方設法返回祖國，向天子覆命。

一年多後，匈奴政局風雲突變，給張騫提供了一次千載難逢的逃亡機會。

西元前一二六年，軍臣單于去世。左谷蠡王趁機擁兵自重，自立為伊稚斜單于，發兵攻打太子于單，匈奴內戰爆發。在這個混亂時期，誰會去留意一個被軟禁的漢使呢？

此時不逃，更待何時？這一次，張騫沒有拋下妻兒，他帶著妻兒與忠誠的奴僕甘父奔上逃亡之路。經過一番艱難的輾轉，終於回到漢帝國。

十三年前，以張騫為首的一百三十人使團出發後，便石沉大海，杳無音訊。所有人對張騫的生還已不抱有任何希望了。但十三年過去了，張騫奇蹟般地回來了，只是一百三十人的使團，最後返回的竟然只有張騫與甘父二人，這是何等巨大的代價。

在此期間，張騫遭遇了被捕、囚禁、逃亡、再被捕、再囚禁、再逃亡的生涯，九死一生。但他終於活下來了，不僅活下來了，他還回來了，同時帶回地理上的大發現。這些大發現，將完全改變漢人對外部世界的認識，推動帝國進入一個大外交時代。

這裡必須要提到一個人，這就是漢武帝。張騫的偉大，與漢武帝的英明是分不開的。沒有武帝當年聯合月氏抗擊匈奴的大設想，就沒有張騫偉大的探險。張騫帶回來的關於西域的情報，令雄才大略的武帝馬上意識到，這具有無可估量的價值。若換成其他的皇帝，很可能饒有風趣地聽完張騫的故事後，一讚了之，根本不會去理會張騫西域的見聞，對國家有何深遠的意義。

張騫通西域的第一個意義，是促成漢帝國打通西北交通線河西走廊，因為河西走廊幾乎是通向西域的唯一通道。元狩二年（前一二一年），霍去病兩次橫掃河西，並迫使渾邪王投降，將河西走廊拱手相讓。

西元前一一九年，衛青與霍去病聯手發動漠北戰役，重創匈奴。匈奴遠遁北方，漠南無王庭。漢匈戰爭的焦點，轉向了匈奴人控制的西域地區。

受封「封望侯」的張騫向漢武帝提出一項宏大的戰略計畫，這項計畫的核心是：與西域的強國烏孫結盟，漢帝國強勢介入西域，並最終控制西域諸國，斬斷匈奴的右臂。

張騫第一次到西域時，得知西域最強大的國家是烏孫國。烏孫國王昆莫是一個傑出的領袖。他剛出生時，他的父親被匈奴人所殺，國家被吞併。長大成人後，他立志為父親報仇，率族人遷徙到天山的北麓，征服了這裡的一些小國，建立烏孫國，並迅速崛起成為西域最強大的國家。匈奴軍臣單于多次派出大軍，企圖剿滅烏孫，但竟然屢屢被烏孫軍隊挫敗。

正因為烏孫獨立於匈奴的勢力之外，張騫要斬斷匈奴的右臂，首先必須與烏孫結盟，在匈奴人背後插上一刀。

漢武帝對張騫的計畫極為讚賞，出使烏孫的任務，理所當然落在張騫身上。這樣，張騫便第二度出使西域。由於河西走廊已經打通，這次西域之行暢通無阻。

烏孫國王昆莫接見了張騫的使團，但張騫很快就失望了。

此時，烏孫國內政局危機四伏。由於昆莫年老，他的兒子大祿與孫子岑陬兩人爭權奪利，擁兵自重。昆莫雖然仍是烏孫國名義上的國王，但國家已經分裂為三股勢力。面對國內政局的混亂不堪，昆莫沒有心思考慮與漢帝國結盟的事宜。繼聯合月氏抗匈失敗後，聯合烏孫抗擊匈奴的計畫也破產。

不過，張騫第二次出使西域仍然取得巨大的成就。他派出副使出使西域各國，所到之處，比張騫第一次出使西域時更遠，掌握的資料更豐富。漢使的足跡，從天山到塔克拉瑪干沙漠的南緣，從錫爾河到阿姆河，從帕米爾高原到裡海的沿岸，從興都庫什山脈到印度河流域。向西最遠到達了安息國的首都番兜城（今伊朗達姆甘）；向南則到達身毒，即今天的印度，這是中國與印度兩個偉大國家的初次接觸，具有劃時代的意義。

這次出使，張騫在西域待了將近四年，龐大的使節團頻繁出使各國，中國開始走向世界。這是中國外交史光輝的一頁，也是中國積極主動進取的開拓時代。

元鼎二年（前一一五年），張騫返回國內。

張騫發明了一種外交方式。漢帝國的使者每出使到一個國家後，返回時帶上一批該國的使者，讓西域的國家也了解中國。

張騫返回漢地時，帶了幾十位烏孫國的使臣。烏孫使臣對漢帝國的強大、眾多的人口以及物產的富饒大感震驚。這些人回國後，對烏孫國王添油加醋地誇讚漢帝國的強大，烏孫國王也暗暗吃驚，此後兩國的交往逐漸增多。

張騫派出的副使也陸續返回國內，同樣帶上西域國家的使臣。張騫通過這種方法，使得漢與西域各國的交流越來越密切。

第二次西域之行，雖然未能與烏孫國結盟，但是「斷匈奴右臂」作為一項長期戰略計畫被堅持下來，六十年後，終於獲得了巨大的成功。

張騫回國後，被任命為大行，位列九卿。大行是主管藩夷事務，約相當於現在外交部長。一年後（西元前一一四年），張騫病逝。

今天我們都承認，張騫是中國歷史上最偉大的人物之一，可是張騫自己恐怕沒意識到這點。張騫之前的中國，是中國人自己的中國，除了自家的地盤，只知道周圍的鄰國，視野是這樣狹窄；張騫之後的中國，是世界意義上的中國，開始與中亞、南亞、西亞頻頻接觸交流，並開拓出古代最重要的貿易運輸通道：絲綢之路。

絲綢之路從中國經河西走廊，在西域分為兩支：一支沿崑崙山的北麓，經樓蘭，順塔里木河直抵莎車，越過蔥嶺進入月氏、安息，到達西亞，再從西亞直入歐洲，形成一條漫長的路上交通要道；另一支沿天山南麓，到達疏勒，越過蔥嶺，抵達大宛、康居。

絲綢之路的開通是世界交通史上一件極為重要的事件。中國的絲綢產品就是通過這條通道銷往歐洲。數十年後，當羅馬帝國最偉大的詩人維吉爾看到來自中國的絲綢時，他斷言，這種東西是從樹上長出來的。

張騫的地理大發現，促成漢武帝時代大規模的開疆拓土。直接的結果就是經營西域：帝國的勢力強勢介入塔里木盆地、天山以北以及中亞的費爾干納盆地，西域從此成為漢帝國對外經略最重要戰略方向。另一個結果就是開拓西南，武帝中期在西南方向的擴張，就是希望打通一條通往印度、中亞的西南交通線。

這些擴張，為今天中國疆域的版圖奠定了歷史基礎。

二二、西南的擴張

張騫出使西域的同時，漢帝國在西南的地理探索也有重大進展。這歸功於一個名為唐蒙的冒險家。建元六年（前一三五年），唐蒙出使南越國，他的身分是番陽縣令。

唐蒙到南越後，有一次見到南越有中國蜀郡出產的枸子醬。唐蒙很奇怪，就問道：「蜀郡離南越這麼遠，為什麼這裡竟然有蜀郡的枸子醬啊？」南越官員對唐蒙說：「這是通過牂牁江運過來的。」唐蒙從沒有聽說過這條江，就詢問具體的情況，南越官員回答說：「牂牁江與西江相通，從牂牁江出發，船隻可以直達番禺城。」

從南越回來後，唐蒙在長安城找到了蜀郡的商人，打聽詳情，想弄清楚蜀郡的枸子醬，是怎麼到了牂牁江，再從牂牁江運往南越的番禺。蜀商對唐蒙說：「你說的枸子醬，只有蜀郡能夠生產。在蜀郡的南邊，有一個國家叫夜郎國（現貴州省西北部），很多商人就把枸子醬賣到那兒。夜郎國有一條牂牁江，江面很廣，可以行船。由於南越勢力大，夜郎國要向南越國繳納貢品。不過由於路途很遠，南越也沒法征服夜郎國。」

唐蒙聽了很高興，他是個既精明又有遠見的人，發現蜀商透露的信息有重大的軍事價值，便馬上將自己的想法寫成一道奏摺，呈上給漢武帝。

在奏摺中，唐蒙提出一項宏大的戰略計畫：「聽說夜郎國有精兵十萬，如果我們佔有並控制夜郎國，可以沿著牂牁江順流而下，出其不意，直抵南越首都番禺，那麼南越指日可以平定。以漢帝國的強大、巴蜀兩郡的富庶，只要打通一條通往夜郎國的道路，就很容易控制這一地區了。」

劉徹看了非常高興，馬上批准了唐蒙的計畫。

唐蒙被任命為中郎將，率一千人從巴郡符縣（四川合江）出發，向南進入雲貴高原，翻山越嶺，抵達夜郎國。唐蒙拜見夜郎國王多同，代表漢帝國政府，給了國王大把銀子，並乘機向夜郎王提出，由漢帝國向夜郎委派官吏，實際上就是將夜郎納入中國的管轄。夜郎及其附近的小國，一來看到唐蒙出手大方，再者認為漢帝國遙遠，也奈何不了他們，就紛紛表示願意締訂盟約。

唐蒙返回長安後，向武帝彙報了情況。武帝下詔設置犍為郡，負責管理夜郎國及其周邊的小國，夜郎王改稱為夜郎侯。

由於漢地與夜郎的交通十分不便，必須要修築一條通往牂牁江的道路。築路的重任，又落在唐蒙身上。唐蒙徵發巴、蜀兩郡的民工與士卒數萬人，修築從僰道（今宜賓市）到牂牁江的通路。地形非常複雜，修路難度非常大，數萬築路的士兵與民工夜以繼日地幹活，很多人活活累死。唐蒙立功心切，嚴令不得稍懈，否則即以軍法治罪。這樣一來，巴、蜀兩郡的百姓民怨沸騰。

唐蒙的事被捅到漢武帝那兒，劉徹認為唐蒙太過分了，便派遣司馬相如前往巴蜀，深責唐蒙。司馬相如是蜀人，在巴蜀威望很高。他到西南後，一方面傳達武帝劉徹的聖諭，譴責唐蒙草菅人命；另一方面，寫了一份告巴蜀人民書，安撫當地人民，並宣稱唐蒙的作法，不是皇帝的旨意。

這條通道修築兩年，最終因人員死亡極多，耗費的錢財過巨，不得不停工。

位於巴、蜀兩郡西南部的邛都、筰都、冉駹（三個國家均在現四川省境，稱為西夷）等國，聽說夜郎與中國交通，撈到不少好處，心中好是羨慕，也紛紛派出使者到長安，表現願意歸附中國，接受帝國政府管轄，請求朝廷派出使者前往溝通。

漢武帝想到司馬相如對西南最為熟悉，向他徵求意見。

司馬相如說：「邛都、筰都、冉駹這三個國家，與巴、蜀兩郡毗鄰，交通比較便利。在秦帝國時，曾在那兒設立郡縣，秦帝國滅亡後，脫離中國。如果現在重新併入中國版圖，設立郡縣，那可是件好事。」

武帝正雄心勃勃地開疆拓土，既然人家找上門了，便任命司馬相如為中郎將，持節出使西夷，王然于、壺充國、呂越人等充任副使，率領使節團，從首都長安城出發，抵達蜀郡。

司馬相如是西漢著名的文學家，可是很多人並不曉得，其實他文武雙全，又有外交本領。他是蜀郡成都人，年輕時就學富五車，是劍術高手，小名叫犬子，後因崇拜戰國時代趙國著名宰相、外交奇才藺相如，就改名叫司馬相如。他當過景帝的武騎常侍，也當過梁孝王的門客。梁孝王死後，他失去靠山，只好回到蜀郡，居住在臨邛縣，生活落魄。在這裡，他有一段令人廣為傳誦的姻緣。

當地首富卓王孫舉辦酒宴，司馬相如應邀參加。在酒席上，司馬相如彈奏一曲，被躲在房中、倚在窗臺的卓王孫女兒卓文君聽到了，她被司馬相如的氣質與琴聲迷住了。司馬相如也看到了窗後的卓文君，兩人目光不期而遇。司馬相如為其絕色而傾倒，又彈奏一曲。這是一首表達愛意的曲子，精通音律的卓文君聽出來了。愛情無語，兩人僅僅憑著秋波與音樂，竟然相互傾心了。

酒席過後，卓王孫讓客人們留宿家中。司馬相如與卓文君沒有浪費一個晚上的時間，他們倆的僕人來回傳遞錦書，互訴愛意。這麼快就墜入愛河了，甚至還沒有面對面地說一句話，不能不讓人感慨愛之魔力。兩人居然做出一個不計後果的決定：私奔！

司馬相如雖然有文才武略，可家中一貧如洗，夫妻兩人過起了艱苦的生活。對於女兒的私奔，卓王孫氣急敗壞，可是生米煮成熟飯，最後也只得認了司馬相如這個女婿，並分給百萬家產。司馬相如與卓文君得到這筆財產，在成都買田置地，也算富甲一方，過上了快樂逍遙的生活。

司馬相如的文章在當時廣為流傳。有一次，漢武帝讀到他寫的《子虛賦》時，還以為是古人的作品，愛不釋手，感慨道：「可惜沒能與這篇賦的作者生在同一時代。」後來，有人告訴皇帝，這篇賦的作者是司馬相如，他住在成都，還活得好好的。漢武帝聽了大喜，召司馬相如進京，拜為郎官。這樣，司馬相如又擠進了政壇。

蜀郡在漢代時，屬於偏遠地區，犯人的流放地，沒有幾個在朝廷當官的。司馬相如以中郎將身分衣錦還鄉，蜀郡的官員幾乎傾巢而出，迎接司馬相如，包括蜀郡太守、縣令以及當地富豪，當然也包括他的岳父卓王孫。當地政府及富豪還大力支持司馬相如出使西南三夷國，有錢的出錢，有物的出物，這給他完成這項使命提供了很大的便利。

司馬相如帶上巴蜀兩郡的物產，前往西南夷，沿途經過邛都國、筰都國、冉駹國、斯榆國等，賞賜給這些國王們大量的巴蜀物產及金銀帛物。這些西南國家得到賞賜，非常開心，紛紛表示願意內附中國。

這意味著中國的邊界向西南大大擴張了。在司馬相如主持下，撤除原來與這些西南夷國交界處所建的關卡，帝國的西南邊境西抵沫水（大渡河）、若水（雅礱江），南達牂牁（貴州黃平）。司馬相如還修築了靈山道並在孫水（四川安寧河）修建橋樑，打通了邛都、莋都的交通線。漢政府設十個縣，派遣一位都尉，負責管理這片新開拓的土地，在行政上屬於蜀郡管轄。

在唐蒙、司馬相如等人的努力下，漢帝國對西南的開拓取得了極大的進展。

西南這些小夷國之所以內附漢帝國，主要是見錢眼開，而且自認為地形險峻，漢帝國的勢力根本無法擴張到他們的地盤上。然而，他們絕對低估漢政府的力量。

漢帝國動用巴、蜀、廣漢、犍為四郡的民力，大力開拓西南交通，這使得西南諸部落大為恐慌，大有末日來臨的感覺，紛起叛變。

事實也證明，漢朝軍隊要跨越高山大河的天然屏障，進攻西南夷國，也是困難重重。漢武帝派出軍隊鎮壓叛變的國家，花了不少軍費，卻收效甚微。

除了西南夷的叛變之外，築路的傷亡也非常大。在西南山區鑿山修路，相當困難，光是民工士卒的糧食供應，就得耗費巨大的人力財力，道路修了好幾年，仍然未能完工。

漢武帝對此十分頭疼。到了元朔三年（西元前一二六年），漢匈戰爭進入高潮，此時漢帝國已無財力在西南大規模開拓交通線。皇帝下令停止對西夷的經營，傾盡國家的財力，在北方建朔方城，全力迎戰勁敵匈奴。

張騫從西域帶回的信息，又一次刺激了武帝開拓西南的念頭。

在張騫第一次通西域時，曾經遊歷月氏南部鄰國大夏國的首都藍布城（今阿富汗的瓦齊拉巴德），這裡是一個商業中心。一次偶然的機會，他發現這裡居然賣漢帝國的一些商品，包括邛地的竹杖與蜀地的布料。邛與蜀都位於漢帝國的西南，怎麼那裡的商品竟然會出現在萬里之外的大夏國呢？

細節決定成敗。張騫非常細心，起初他認為從中國到月氏、大夏這些中亞國家，只有穿越河西走廊、入塔里木盆地再到中亞。可是這條路是不通暢的，河西走廊被匈奴人封鎖了，不可能有漢地的商品從這裡通過。那麼只有一種可能性，在漢帝國的西南地區，一定還有另一條路可以抵達月氏、大夏。

經過向商人仔細盤問，張騫弄明白，這些來自邛、蜀的商品，是從大夏國東南的身毒國（即印度）轉送過來的。張騫判斷，身毒國一定與漢帝國的西南相距不遠。這意味著，從中國的西南，可以打通一條南方通道，穿過身毒國，直抵西域諸國。

這是一個重大發現。由於河西走廊還控制在匈奴人手中，漢武帝認可了張騫的判斷，決心打通一條西南國際交通線，直抵西域。

張騫負責打通西南交通線。元狩元年（前一二二年），他派了王然于、呂越人（以上二人均曾為司馬相如出使西夷時的副使）、柏始昌等精通西南夷事務的資深外交家，率外交使團分四路出發，尋找通向身毒的道路。

四路使團最後都碰了一鼻子灰回來，北路從冉駹出發的使團，被氐部落、莋都人所阻擋，無法通過；南路從邛、僰出發的使團，到了巂、昆明時，受到阻擋，特別是昆明這個地方，有很多小部落，沒有一個強大的統治者。這些小部落見漢使團攜帶貴重的物品，便心生歹意，憑藉山地叢林，伏擊漢使團，不少使團成員被殺，物品也被搶走一部分。

昆明沒法通過，只有尋找其他的道路。在昆明不遠處，有一個比較大的國家，叫滇國。滇國對漢使團比較友好，國王名叫當羌，親自召見了漢使並問道：「中國與滇國相比，哪個比較大啊？」

漢使節一聽，這有什麼好比的啊，便告訴滇王當羌：「哎，滇國的大小，還比不上中國的一個郡呢！」

在滇國待了一段時間後，漢使團繼續向南行。但是西南地形實在太複雜了，山河相間，叢林密布。熱帶叢林中分布許許多多的部落，冷不防就受到這些部落的襲擊，僅憑這百來人的使團，根本無法通過這些山林地帶。最後，漢使團放棄了，這次打通西南交通線的計畫最終流產。

漢帝國在西南的冒險失敗了，可並非一無所獲。

漢使團返回國內後，詳細彙報了沿途的情報，最重要的信息有兩條：其一，滇國是西南夷中比較大的一個國家，應該讓滇國歸附中國，加強中國對西南的控制；其二，昆明附近有一個大湖，名為滇池，這一帶多劫匪，且殺死了不少中國使團成員。

當時國際慣例，兩國交兵不殺來使。不料，西南這些蠻夷根本不理會這套，沒交兵也照殺，殺人越貨。漢武帝是個心高氣傲的人，有人敢殺漢使，這一定得報復。由於這些蠻夷出沒於滇池，漢武帝就在長安西南開鑿了一個二十平方公里的人工湖，命名為昆明池，用來訓練軍隊的水面作戰。

元鼎六年（前一一一年），西南諸夷再度爆發大規模的叛亂。

最先叛亂的是且蘭國（位於今貴州都勻），且蘭王殺死漢使者，率兵對犍為郡發動襲擊，殺死犍為郡太守。而後邛都、筰都紛起回應，加入叛亂的行列。

漢武帝緊急下令，調八名校尉率軍鎮壓西南的叛亂。然而西南地區地形太複雜，易守難攻，八校尉與西南諸夷陷入苦戰中，無法取勝，雙方陷入僵持狀態。

朝廷起用一名非常優秀的將領，曾經多次追隨衛青出征匈奴的中郎將郭昌，率主力部隊增援八校尉。郭昌作戰以勇猛著稱，且經驗豐富。他採取各個擊破的戰略，先解決且蘭國的叛變。且蘭國的軍隊武器低劣，焉是漢軍的對手，又沒什麼戰術，很快便被擊破。郭昌進據且蘭國的都城，斬首數萬，國王在逃跑途中被斬殺，且蘭國的叛亂完全平定。

然後，郭昌揮師西向，又擊破邛都、莋都兩國，殺死兩位國王。漢軍的進攻勢如破竹，西南諸夷大為恐慌，冉駹等夷國紛紛向漢軍表示歸附，請求漢帝國派官吏管理。

武帝劉徹詔令在西南設立五郡：牂牁郡（管轄區為且蘭國，位貴州都勻）、越巂郡（管轄原邛都國，四川西昌一帶）、汶山郡（管轄原冉駹國，位四川茂汶）、沈黎郡（管轄原筰都國，位四川漢源）、武都郡（管轄白馬氐部落，武都在今甘肅成縣）。

這次出兵西南，一舉將這些夷國置於郡政府的管轄之下，朝廷對西南的控制力更強了。

平定諸夷叛亂後，漢武帝派王然于出使滇國，要求滇王歸附漢帝國。滇王仗著自己有數萬軍隊，而且與鄰國勞浸、靡莫等屬於同族同姓，自以為漢軍無法深入此地，傲然拒絕王然于的要求。

勞浸與靡莫多次出兵偷襲漢國使團，掠奪漢使團的財物，與滇國一樣，拒絕歸附漢帝國。

元封二年（前一〇九年），漢武帝決心武力征服滇國、勞浸與靡莫。

巴蜀兩郡的大軍深入南方，由在西南戰場立下卓越功勳的將軍郭昌任總司令，中郎將衛廣任副司令。勞浸與靡莫兩國位於滇國的北部，首當其衝。漢軍勢如破竹，輕鬆擊破勞浸與靡莫，進入滇國境內。滇王大驚失色，自思不是漢軍的對手，決定舉國投降，歸附漢朝。

劉徹下詔，在滇國、勞浸、靡莫這一地區設益州郡。

從元光五年（前一三〇年）唐蒙出使夜郎，到元封二年（前一〇九年）滇國入帝國版圖，前後共計二十一年的時間，漢帝國領土向西南方向大大擴張，共設立七個郡（犍為郡、牂牁郡、越嶲郡、汶山郡、沈黎郡、武都郡、益州郡），歸降的西南夷國家及部落共計一百多個。這一百多個國家與部落中，只有夜郎與滇國保留「王」一級的稱號。

由於西南諸夷的歸附，漢武帝雄心壯志，欲再次開拓西南國際交通線。此後幾年，每年派出打通西南交通線的使團，多達十個以上。這些使團每到昆明就受阻，無法通過。這裡的蠻夷太多，神出鬼沒，殺人越貨，截擊使團。

早想征服昆明的漢武帝，終於在元封六年（前一〇五年）任命郭昌擔任拔胡將軍，南下征討昆明。昆明夷族部落眾多，各自為戰，但是在戰術水準上與武器方面，與漢軍相比，差距過於懸殊。昆明諸夷的不團結，給這些部落帶來了毀滅性的後果。郭昌率軍猛攻，採用各個擊破的戰術，逐一清除，大開殺戒，前後斬殺昆明夷數量，達數十萬人之多。

漢軍雖然控制了昆明，但打通西南到身毒（印度）交通線的努力最後仍然以失敗告終。因為這條通道確實太難行走，既有橫斷山脈崇山峻嶺阻斷，又有莽莽的熱帶雨林，這些天然屏障，難以逾越。漢武帝打通西南交通要道的宏偉計畫，最終不得不擱淺了。

至此，中國開拓西南告一段落。

二三、南越王國的興亡

漢武帝是一位雄才大略的君主，他是漢代武功鼎盛的皇帝，平定南越與東越，開拓南方萬里之地，是他對中國最傑出的貢獻之一。

我們先來了解一下南越的往事。

南越王國的建立者趙佗是秦朝時駐南海郡的一名官員。

秦始皇三十三年（前二一四年），秦王朝開鑿的靈渠，溝通長江水系與珠江水系，以靈渠的水運，大舉南征。秦軍一舉掃蕩南方蠻族力量，平定嶺南，置桂林、南海、象郡三個行政區。然而，就在平定嶺南後四年，秦始皇死在東巡途中，緊接著陳勝、吳廣揭竿而起，天下大亂，中原逐鹿，英雄紛起。遠在南嶺以南的南越，很快便脫離中國的版圖了。

當時任南海郡軍事長官的任囂，是個胸有大志之人，見秦國內政混亂，天下英雄崛起，也想藉此時機，在南方有一番作為，割據自立，獨霸一方。

可惜任囂年老，體弱多病，最後竟臥床不起。臨死之前，他喚來了心腹之將，時任龍川縣令的趙佗，對他說：「現在陳勝起兵，天下豪傑紛起，南海之地雖然僻遠，但恐怕不久戰火也要燒到這裡了。所以我打算興兵，隔絕通往北方的道路，避免戰爭影響到南方，然後靜觀中原戰局的變化。唉，可惜的是，我身患重病，去日無多。南海這個地方，北有五嶺山脈，地勢險峻，而且東西數千里，與中原隔絕。自帝國南征，遷移到此的中國人不少，南海雖然只是一郡，然而北方有變事，可自立為國。現在郡中官吏中，沒有幾個有本事的，只有你才幹突出、倜儻不羈，深得我信任，所以想讓你接替我的位置，作出一番事業來。」

不久後，任囂去世。根據他的遺命，趙佗繼任南海郡軍事長官。

任囂並沒有看錯趙佗，趙佗確實是有本事的人。他一上任，首先阻斷通向北方的通道，並下了一道命令：「北方的叛軍就要殺到南方來了，速將通道阻斷，並重兵把守。」斷絕與北方的聯繫，南海郡實際上成為一個獨立王國了。

西元前二〇七年，短命的秦朝滅亡。這時遠在南方的趙佗得到消息，更加有恃無恐了，便出兵攻打桂林、象郡，吞併這兩個地方。此時，趙佗已經完全掌握了嶺南地帶，便宣布獨立，自立為「南越武王」。

漢王朝建立後，高帝十一年（前一九六年），高帝劉邦考慮到南越還沒有臣服，便派陸賈出使南越，打算封趙佗為「南越王」，使南越國成為漢帝國的藩國。

陸賈是一介文人，他的口才非常好，鐵齒銅牙，連劉邦都不得不佩服。陸賈常在劉邦面前，動輒說《詩》談《書》，劉邦瞧不起儒生，就罵道：「你這個書呆子，老子在馬上得天下，讀《詩》、《書》有何屁用！」陸賈並不驚慌，徐徐地說：「在馬上得天下，未必可以在馬上治天下呢。倘若秦王朝可以行仁義，法先王，陛下安得有之！」劉邦聽了愣了半天答不出話。

陸賈懷揣準備給趙佗的印綬出發了。

趙佗聽說漢帝國使者到來，擺出一副妄自尊大的架式，大模大樣坐在堂上，頭上不戴冠，衣服鬆鬆垮垮的，露出胸膛，兩腳張得大大的，就是一派南蠻的樣子。

陸賈大聲喝道：「足下本來是中國人，父母的墳墓都在真定，現在居然自甘淪為南蠻，盡喪中國人的風俗，想憑藉區區南越之地，與帝國天子抗衡，我看足下要大禍臨頭了。」

趙佗一聽嚇了一大跳，慌忙正坐，謝道：「哎，我在蠻夷地待得時間久了，差點忘了中國的禮儀。」

陸賈繼續威嚇：「足下想想秦帝國與西楚霸王何等強大，漢天子僅以數年時間，平定海內，這豈是人力所能達到的，分明是天意所屬。現在大漢天子憐憫百姓受戰爭之苦，不想對南越用兵，遣我前來，授予足下南越王印，並與南越互通使節。足下不僅未出郊相迎，北面稱臣，反而倨傲自大，坐井觀天，倘若天子聞此，必定掘足下先祖的墳墓，屠滅宗族，遣偏將率十萬雄師南下，取南越易如反掌了。」

趙佗並不以為然，笑問道：「閣下看我與蕭何、曹參、韓信相比，究竟誰的本事大呢？」

陸賈這個人聰明得很，他微微一笑說：「足下似乎要高出一籌呢。」

趙佗聽得很舒服，又問道：「那我與皇帝相比如何呢？」

陸賈拂然道：「皇帝起於豐沛，討暴秦，誅強楚，一統中國，繼承五帝三皇的偉業，國土廣袤，人口眾多，萬物殷富，真是自有天地以來所未曾有。足下不過數萬人馬，還都是蠻夷之輩，國土皆是崎嶇山地，還比不上漢帝國的一個郡，跟漢帝國皇帝有什麼可比的！」

趙佗哈哈大笑說：「那是我沒在中原起兵，只好在此地稱王，倘若我居住中原，未必不如漢皇帝呢！」

陸賈能說會道，很有學問，他曾寫了一本書，叫《新語》。趙佗留陸賈住了好幾個月，日夜飲酒，暢談天下大事。趙佗對陸賈說：「南越這個地方，沒有人可以暢談得如此痛快，先生此來，說了許多話，我聞所未聞，真是收穫良多啊。」

陸賈是個讀書人，但頗有義氣，他向趙佗曉以利害，勸他早日歸附漢帝國。趙佗被他的話所感動，於是自願稱臣，歸附漢廷，與漢帝國互通使節。陸賈便以漢帝國使節的身分，將「南越王」的大印授予趙佗。陸賈完成外交的使命，準備回國覆命，趙佗非常捨不得，贈送了許多南越珍寶物產，價值千金。

這樣，南越國就成為漢帝國的一個藩國，與漢帝國建立了外交，相互通商通使。南越國從漢帝國進口大量的鐵器、農具以及牛、羊、馬等，每年也獻上南越特產給漢帝國。

數年後，漢高祖劉邦去世，呂后當權。呂后一反劉邦的政策，對南越限制出口鐵器、農具，牲畜只出口雄性，不准出口雌性。這些貿易制裁措施使趙佗怒從心生，便發兵攻打漢帝國，大掠而歸。呂后派周灶為將軍，率軍討伐南越，但受制於南嶺的叢林，最後南征無功而返。

這樣一來，趙佗更加橫行無忌，便揮師東向，攻打閩越國。閩越國是漢之藩國，在現在福建、浙江一帶，第一任國王無諸，是越王勾踐的後代。在秦末時，無諸率領閩越人參加了滅秦之戰，後被劉邦授予閩越王。趙佗大兵壓境，閩越國震動。趙佗既施以兵威，同時又用錢財賄賂閩越王，閩越王被迫屈服於趙佗，閩越國成為南越國的從屬國。

趙佗採用同樣的手段，迫降西甌國（在現在廣西境內），這是南越國的黃金時期，雄踞南方，東西土地萬餘里。

趙佗還覺得不夠爽快，再次發兵越過南嶺，攻打長沙國。四處出擊，屢屢得手，趙佗好不得意，於是自稱皇帝，乘黃屋（皇帝專用車），建左纛（皇帝車上專用的裝飾），搞得有模有樣的，跟漢帝國的皇帝的儀制相同，好不威風。

在當時中國人看來，天下就只能有一個皇帝，而趙佗公然自稱皇帝，這怎麼行呢？漢文帝繼位後，他決定通過外交手段，效法高帝劉邦的作法，使趙佗稱臣。

首先，他重修了趙佗父母的墳墓，並派專人負責看守，定期灑掃；其次，他召來趙佗在漢的兄弟，授予他們官職，並且賞賜了許多財物。漢文帝故意讓人將這些消息傳到南越。人非草木，孰能無情，趙佗離開漢地將近五十年，聽到這些消息後，也十分感動。

但要完成這項艱巨的外交任務，一定要有個出色的使節，誰最合適？當然還是趙佗的老朋友，曾經出使過南越的陸賈。為了國家利益，陸賈不顧年老力衰，毅然再次挑起這個外交重擔，不遠萬里之遙，前往南越國。在他的行李中，有一封文帝劉恒寫給趙佗的親筆書信。

自從陸賈第一次出使南越，整整過了十七個年頭了。

趙佗聽說老朋友再度光臨，親自設宴為陸賈接風洗塵。陸賈說：「漢朝皇帝囑我出使貴國，欲與貴國再度通商通使，盡棄前嫌。大王也應該聽說了吧，我朝皇帝重修大王的祖墳，並授大王的兄弟官職，賞賜良多。只想與貴國重新修好，貴國仍為漢帝國的臣藩，如同高皇帝時的舊制。」

陸賈掏出漢文帝的書信，遞給趙佗。信是這樣寫的：「前一段時間，您發兵攻打長沙，製造邊境衝突，長沙與南郡都損失很嚴重。戰爭能否為貴國帶來好處？一旦戰事興起，必定會使大量的士兵慘遭屠戮，大批的將吏也將要血灑疆場，許多將士的妻子將成為寡婦，許多幼小的兒童將成為孤兒，許多年邁的父母將無所依靠。戰爭所得到的，遠遠不及戰爭所破壞的，所以我不忍心做這種事情。我國無意與貴國開戰，即便得到貴國的土地，中國也不因此而大多少，即便得到貴國的財物，中國也不會因此而更富裕。五嶺山嶺以南的地區，由閣下自行統治管理。只是閣下自號皇帝，這就使得天下兩個皇帝並立，又沒有使臣互通往來，這才引發兩國的爭端。所以希望您放棄皇帝稱號，我願與您盡棄前嫌，從今以後，恢復使節往來。」

趙佗是個很精明的政治家，他盤算跟強大的漢帝國對抗並非上策，況且自己的親人兄弟，還住在中原，皇帝名義上是封官賞賜，其實還不是拿他們當人質。想到這裡，趙佗向陸賈謝道：「您不遠萬里而來，又是老夫的朋友，老夫自當接受天子的詔書，從此以往，永遠作為中國的藩臣，每年向中國進貢，永不犯中國。」說完之後，趙佗當眾宣布：「我聽說兩雄不並立，兩賢不並世。當今漢朝皇帝，乃是真正的賢明天子。從今日起，我將除去帝號，撤去黃屋左纛。」

陸賈兩度出使南越，勞苦功高，為漢帝國羈縻南越立下奇功，使得南越在秦帝國時短暫併入中國之後，仍作為藩國與漢帝國保持聯繫，為日後永久進入帝國版圖打下了基礎。

趙佗是那個時代的英雄，是一個非常出色的人物。雖然偏居一隅，臣服於漢帝國，但是卻不受制於漢帝國。只不過這個貌似大老粗，實則精明過人的趙佗，在漢使離開後，又私下裡打起皇帝的旗號，只是在出使漢帝國時，才收起皇帝的名號。漢文帝恩威兼施，令南越重新回歸藩國之列，化解了一場戰爭危機，使百姓黎民免遭戰爭之苦，此後漢與南越維持了數十年的和平局面。

南越英雄趙佗在漢高帝、漢文帝時，兩次臣服於漢帝國，南越成為漢的藩國。

趙佗去世後，他的孫子趙胡繼任國王，稱為南越文王。趙胡的才幹遠遠比不上他的祖父，南越的國勢有所衰弱。建元六年（前一三五年），趙胡派遣太子趙嬰齊到漢帝國都城長安，充當皇帝的侍衛官。

南越太子趙嬰齊到了長安，擔任武帝劉徹的侍衛官。一次偶然的機會，他結識了一個美麗的女人，此女姓樛，史不載其名。樛氏是邯鄲人，她曾有一個情人，叫安國少季，兩人曾戀愛過。但趙嬰齊捲了進來後，樛氏最終選擇了南越國的太子，她為趙嬰齊生了一個兒子：趙興。

趙嬰齊在長安待了十餘年，直到父親趙胡病逝。他是南越國的太子，國家不可一日無君，漢武帝同意趙嬰齊返回南越國，繼任國王，樛氏也名正言順成為南越國的王后，她的兒子趙興成為太子。

一切都很美好，但幾年後，趙嬰齊不幸染上重病，竟然英年早逝。管理國家的重任，落在太子趙興與樛王后這對孤兒寡母身上。趙興當上了國王，當時他尚年幼，樛太后又是一個不諳權術的女人，軍事大權實際掌握在三朝宰相呂嘉的手中。

因為樛太后是漢人，武帝劉徹想藉此機會，將南越國從漢帝國的藩國，變為漢帝國的封國。藩國雖然臣服於中國，但主權是獨立的，封國則是屬於漢帝國中央政府的管轄。南越王趙興年齡尚小，樛太后名義上是南越國的最高統治者。要說服樛太后將南越由藩國變為封國，這需要有合適的人選。誰最合適呢？當然是樛太后早年熱戀的情人安國少季。

西元前一一二年，安國少季被任命為出使南越的使節，陪同前往的，還有勇士魏臣和以辯才聞名的終軍。

已經孀居多年的樛太后，見到老情人安國少季時，舊情復燃。在太后的安排下，安國少季頻頻出入宮禁，與樛太后重溫舊日之好，做一對戲水鴛鴦，好不快活。

宮禁傳出的醜聞，令南越大臣們私論紛紛，認為樛太后身為南越國母，與一位漢使者如此曖昧，實在有損國體。樛太后也意識到南越大臣們的不滿情緒正悄悄地滋長，她油然而生一種無力感，發現自己無法控制南越的局勢，政變隨時會爆發。

一個戀愛中的女人，很少會去考慮國家大事。當她發現周圍不滿的情緒在悄悄滋長時，她決定尋求漢帝國的保護，便同意漢武帝提出的要求，將南越變為漢的封國。

樛太后的決定，令南越國朝野上下一片譁然，反對的聲浪此起彼伏。

宰相呂嘉成為反對派的軸心。呂嘉三朝為相，家族成員中，有七十多人在國內各機要部門擔任要職，勢力極其龐大。

必須要除掉呂嘉！搬掉這塊絆腳石，一切就好辦了。但是這塊石頭太大了，怎麼搬掉？樛太后手頭上沒有誓死效忠的軍隊，她所能憑藉的，就是安國少季和他的漢使團。

又一場鴻門宴緊鑼密鼓地上演了。

樛太后設下宮廷酒宴，宰相呂嘉應邀出席。

酒宴開張了。飲酒過半，樛太后對呂嘉說：「南越歸附中國，是利國利民之事，宰相你為什麼總是百般阻撓呢？」呂嘉怕爭議起來，惹怒了漢使團，乾脆就默不作聲，只顧飲酒。

樛太后轉頭看了安國少季一眼，暗示他動手解決掉呂嘉。可是在關鍵時候，安國少季優柔寡斷，瞻前顧後，遲遲不肯下手。

老奸巨猾的呂嘉看出酒宴上布滿殺機，他必須馬上走，遲則生變。想到這裡，他起身告辭，然後向大門走去。

樛太后見安國少季遲疑不決，心中大為焦慮，見呂嘉就要走出宮門，情急之下，離座操起一把矛，準備自己動手。國王趙興見母親操矛，心中一驚，慌忙上前拉住樛太后。呂嘉大驚失色，撒腿便跑，一溜煙跑出宮外，躲進弟弟的兵營中。

這次除掉呂嘉計畫的流產，樛太后與宰相呂嘉的矛盾白熱化了。呂嘉躲在弟弟的兵營中，不敢回家，向朝廷請了病假，拒絕上朝，並且祕密聯絡朝中大臣，坐觀事態的發展。樛太后雖然想要除掉呂嘉，但再也沒有下手的機會。雙方僵持了幾個月，誰都沒有進一步的行動。

武帝劉徹了解事件的經過後，認為安國少季這個人缺少魄力，只要朝廷對南越略為施加軍事壓力，一定會迫使呂嘉就範的。他派遣一支兩千人的部隊，由韓千秋為總指揮，樛太后的弟弟樛樂為副指揮，啟程前往南越，企圖迫使呂嘉就範。

得知漢軍南下的消息傳出後，呂嘉作出迅速反應。他發布通告：「國王年少，太后乃是中國人，與中國使者穢亂春宮，企圖以先王的土地，獻媚於中國，到時我南越的百姓，將被全部販賣為中國人的奴僕。呂嘉身為三朝宰相，不忍心看到先王之業毀於婦人之手，特起兵除奸，以保趙氏之社稷。」

國內兵權，全操之於呂氏兄弟之手。呂嘉派他弟弟速發兵攻打王宮。王宮的少量的衛隊，豈是大軍的對手。叛軍很快便攻入宮中，樛太后與國王趙興孤立無援，被憤怒的叛軍亂刀砍死。緊接著，叛軍們又殺向漢使館，安國少季、魏臣與終軍負隅死抗，然而終究寡不敵眾，血濺使館，魂歸中國了。終軍死時，年僅二十出頭。這次出使南越，他是自告奮勇，並且在漢武帝面前立下誓言：「必羈南越王而致之闕下。」可惜他過於樂觀，不僅沒有實現豪言壯語，反倒身死異鄉。

呂嘉政變成功，控制了王宮，並另立趙興的異母弟弟趙建德為南越國王。

南越國政變後，樛太后的弟弟、南下兵團副指揮樛樂得知姐姐遇害，悲痛欲絕，請求韓千秋急速進軍，欲為姐姐報仇。韓千秋立功心切，連續攻下南越國的幾座城邑。

呂嘉得知漢軍部隊只有二千人，故意誘敵深入。韓千秋一路無阻，直逼南越國的都城番禺。漢軍行進到距離番禺只有四十里處時，突然鼓聲四起，殺聲震天，韓千秋這才發覺，已中了南越軍隊的埋伏。

這支兩千人的小部隊，最後全軍覆沒，韓千秋與樛樂都力戰而死。

南越政變、使臣之死、韓千秋兵團的覆滅，實際上宣告了漢與南越的全面戰爭爆發。

為了征戰南越，漢武帝大赦天下，將囚犯編入南征隊伍。短短的五個月時間，以囚犯為主力的南征軍團組建完成。南越地域遼闊，東西跨萬里，但是人口稀少，主要集中於一些大城邑，尤其是首都番禺（廣州）。鑒於陸路地形複雜，有山林阻隔，因此漢軍將領設計出一個非常高明的作戰計畫，利用內河航運，以水路運載士兵，沿著珠江的支流，順流而下，直搗南越老巢。

遠征軍兵分四路：第一路由伏波將軍路博多指揮，從桂陽出發，順著湟水南下，進攻番禺；第二路由樓船將軍楊僕指揮，從豫章出發，順橫浦南下。另兩路分別由南越降將指揮，一路從零陵出發，沿湘江支流溯流而上，再經靈渠進入珠江水系；另一路從牂牁江出發，經盤江，下西江，然後東進番禺。

從這裡也可以看出，漢代已經對南方珠江水系各支流的分布有了詳盡的了解。四路南征兵團總兵力在十萬人以上，其中進攻的主力是路博多兵團與楊僕兵團。路博多是漢軍將領中的後起之秀，他曾經參加漠北之戰，並有不俗的表現；楊僕則是一名文官，但他精通軍事，曾經編了一本兵書《兵錄》，現在終於有機會親自操刀作戰了。

進攻的時間選擇在秋季，此時的南方已經過了雨季，正是展開軍事行動的最好時機。

楊僕指揮的兵團是南征的王牌，由精銳的正規軍組建，戰鬥力最強。他一路沿江而下，在尋陝（廣東曲江縣）與南越軍隊第一次交鋒，大獲全勝。首戰告捷後，楊僕繼續南下，到離番禺二十里處的石門要塞，再次攻陷要塞，南越軍隊被迫躲進番禺城中，據險而守。

路博多的運氣比較差，他的兵團主要由大赦的囚犯組成，一路上逃兵不斷，到與楊僕兵團會合時，只剩下一千多人。

南越宰相呂嘉在戰略上犯了一個嚴重的錯誤，他沒有採取化整為零，依靠地形優勢打運動戰的策略，而是幻想固守番禺城，做孤注一擲的一搏。很快，他就見識漢軍的厲害了。

番禺之戰開始了。楊僕兵團從東南方向進攻，路博多兵團則駐紮在西北方向。

楊僕仗著人多勢眾，對番禺城發動輪番的猛攻。而路博多手頭只有千把人，要從正面攻破城池是不可能的，他非常聰明，不急著進攻，只讓士兵們把旌旗插得滿山遍野，虛張聲勢，然後把招降書射進城內，勸守城將士快快投降。楊僕在東南面攻打，南越守兵紛紛向西北面逃竄，向路博多兵團投降。路博多又讓這些投誠的南越將領，帶著印綬返回番禺城內，對其他將領進行招降。

經過一番激戰，楊僕兵團終於攻破番禺城的東南城牆，漢軍一擁而入，在城內縱火。南越國宰相呂嘉見大勢已去，趁著夜半時分，與新任國王趙建德分乘幾艘船，逃離番禺城，準備先到南海去躲一躲。由於路博多採取勸降的策略，在楊僕攻破城池後，南越將士多數選擇向路博多投降。

楊僕抓獲的俘虜居然比路博多還少。他氣急敗壞，下令在番禺城中，挖開死人的墓穴，將首級砍下來，冒充軍功。

就在楊僕忙著砍死人的腦袋時，路博多並沒有被勝利衝昏頭腦，因為首惡呂嘉尚未抓獲。路博多經過對戰俘的細細盤問，打探出呂嘉與小皇帝趙建德乘船逃出海。他馬上派幾十艘快船，在南海海域進行拉網式搜捕。經過一夜的搜捕，終於在第二天追上了呂嘉與趙建德的逃亡船隻，並且將兩人全部擒獲。

南越王國至此滅亡，此時距趙佗立國，共計九十三年。

自從秦帝國經略嶺南後將近一百年的時間，南越這片廣闊的土地再次併入中國版圖。漢帝國將南越分割為九個郡：南海、蒼梧、鬱林、合浦、交趾、九真、日南、珠崖、儋耳，範圍包括今天的廣東、廣西、海南、越南的北部與中部。

平定南越是一場影響深遠的戰爭，是漢帝國開疆拓土的重要組成部分。至此，幅員廣闊的南方地區，成為中國永久性的領土。

二四、帝國伸出兩個觸角

漢武帝時代，是中國歷史上繼秦始皇之後最重要的開疆拓土時期。開拓是全方位的：從匈奴人手中奪取河南地與河西走廊；在西南吞併降服百餘個小國與部落；武力征服南越與東越。除此之外，漢武帝也積極在東北、西北兩個方向實施戰略擴張，大帝國伸出兩個大觸角，一個伸向朝鮮，一個伸向樓蘭。

我們先來看一下征服朝鮮的戰爭。

漢時的朝鮮與今天朝鮮的概念是不同的。當時，朝鮮半島上有幾個國家，包括朝鮮、真番、臨屯、辰國等，朝鮮只是半島北部的一個國家，而且是一個漢人統治的國家，在歷史上被稱為「衛氏朝鮮」，其政權的創立者是衛滿。

衛滿是秦末漢初時的人物，他原本是盧綰帳下的一名將軍。漢王朝建立後，盧綰被漢高帝劉邦封為燕王。漢高帝十二年（前一九五年），盧綰謀反不成，逃入匈奴。漢將周勃率軍隊征討盧綰殘部，衛滿率軍抵抗，吃了敗仗，帶著一千多人的殘兵敗將，向東逃竄，一直逃到了浿水（今朝鮮清川江）。

浿水以東，就是朝鮮的地界。衛滿率眾渡江後，脫去漢服，改穿朝鮮的服飾，在異國他鄉逐漸站穩腳跟。憑藉這支一千多人的部隊起家，衛滿居然在幾年內掃蕩朝鮮，奪取政權，自立為國王，定都王險城（今朝鮮平壤）。

衛滿在奪取朝鮮政權後，積極與漢帝國達成和解。漢高帝劉邦去世後，呂后當權，派遼東太守前往朝鮮，與衛滿達成協議，朝鮮成為中國的藩國。作為藩國，朝鮮有完全獨立的主權，同時對漢王朝負有一定的義務，主要是藩衛漢帝國東北安全，同時監視東北邊境的蠻夷部落。

作為回報，漢帝國向衛滿賞賜了大量的財物。衛滿利用這些金錢，大量添置武器，訓練軍隊，陸續打敗了朝鮮半島中部的真番國、臨屯國，成為半島上最強大的一個政權。

衛滿去世後，又傳二代，他的孫子衛右渠成為朝鮮國王。

衛右渠心高氣傲，想獨霸朝鮮半島，作為漢的藩臣，他從來沒去朝見漢朝皇帝。不僅如此，他還阻撓半島上的其他國王前去朝見皇帝。

真番國王與辰國國王都打算前往長安，朝見漢武帝，可是衛右渠多方阻撓，最後無法通過朝鮮國境。這件事讓漢武帝得悉後，他認為衛右渠的作法，違背了當年衛滿與呂后達成的協議，便派出一名使者前往朝鮮，與朝鮮政府進行交涉。

元封二年（前一〇九年），漢使涉何抵達朝鮮首都王險城。他會見國王衛右渠，對他阻撓鄰國元首朝見皇帝一事進行指責。但是衛右渠態度強硬，導致雙方的談判破裂。涉何打算回國覆命，衛右渠出於外交禮節，派一位裨王，禮送漢使出境。到了浿水（漢朝邊境）附近，涉何心裡盤算自己不遠萬里出使朝鮮，就是想立功於異域，博取功名，可最後竟然兩手空空、無功而返。不行，一定要給皇帝帶個禮物，也好邀功請賞。在邊境線上，他乘前來送行的裨王不留神的時候，拔刀將其殺死，斬下首級，然後溜回國內。

作為一名外交使節，涉何這一做法非常卑劣，犯天下之大不韙。可是，回到長安後，他卻瞎編了一則故事，向漢武帝吹噓自己如何神勇地殺死朝鮮的大將。漢武帝信以為真，果然對他加功進賞，拜為遼東東部都尉。涉何就用這種小伎倆騙了個官職，可是他沒有想到，這給自己帶來殺身之禍。

遼東與朝鮮是接壤的，涉何無緣無故殺死護送漢使的朝鮮裨王，這是一樁國際謀殺案。可是漢武帝不僅不加懲罰，反而聽信其言，還讓他到遼東擔任軍事指揮官。這可把衛右渠氣壞了，他馬上發兵攻打遼東，涉何會暗地下毒手，卻不會打仗，兵敗被殺。

涉何事件，終於導致了漢與朝鮮的兵戎相見。

朝鮮戰爭，本來是可以避免的。涉何擅殺裨王，朝鮮政府本可採取外交手段來討回公道，可是衛右渠卻採取侵略的手段，這確實是下策。漢帝國如日中天，北驅匈奴，令胡人不敢南下牧馬，還平定南越、滅亡東越，開拓西南。在這樣的背景下，朝鮮悍然入境殺漢將，這是很不明智的，最終只是激怒了漢武帝。

元封二年（前一〇九年）秋季，劉徹將全國被判死罪的囚犯赦免，編入遠征軍。曾在南越戰場與東越戰場立下赫赫戰功的樓船將軍楊僕，擔任遠征軍的海軍統帥，率領龐大的戰船，下轄五萬名士兵，從齊地出發，出渤海，直趨朝鮮。陸軍統帥由左將軍荀彘擔任，從遼東出發，進逼涓水。

漢朝的水上力量十分強大，楊僕的海軍進攻朝鮮，也創下中國軍事史上遠距離跨海作戰的先例。樓船將軍楊僕立功心切，帶領七千人的先頭部隊，率先登陸，進逼王險城（平壤），可是他確實低估了朝鮮的軍事力量。朝鮮軍隊出城迎戰，楊僕被打得大敗，他的七千名士兵很快就潰散了，逃竄到山林中。楊僕發現自己快成為光桿司令了，也只好逃入山中，躲了十幾天，才慢慢找回失散的部隊。

第一次交鋒就很狼狽，看來朝鮮這根骨頭不好啃。

陸路的進展也很不順利，左將軍荀彘率由遼東士兵為主力的漢軍先鋒，挺進到浿水以西，與駐守在此的朝鮮軍隊交戰。但是師出不利，出現不少逃兵，進攻也遭遇挫折。

漢武帝是作兩手準備的，一方面從海、陸兩路壓迫朝鮮，另一方面也積極謀求外交解決。在楊僕與荀彘先後吃敗仗的情況下，漢朝特使衛山抵達王險城，與朝鮮國王衛右渠會晤。

衛右渠深知兩國實力相差懸殊，對抗並非上策。他曾經想向楊僕、荀彘兩人投降，但又擔心這兩位將軍會像涉何那樣魯莽行事。如今衛山持著皇帝的信印符節前來，他馬上表示願意投降。為了謝罪，衛右渠準備了五千匹上好的馬作為呈獻給皇帝的禮物，同時遣朝鮮太子入中國朝見漢武帝，並派一萬名官兵隨行。到了浿水東岸時，左將軍荀彘擔心朝鮮詐降，要求朝方一萬名官兵放下武器渡河，他對朝鮮太子說：「現在你們已經投降，不宜攜帶武器。」朝鮮太子心生狐疑，擔心一旦放下武器，衛山與荀彘將利用這個機會屠殺朝鮮人，便拒絕漢方的要求。

雙方在是否攜帶武器一事上相持不下，相互間不信任。朝鮮太子憤而返回王險城，投降一事便這樣不了了之。衛山沒有完成使命，回到長安城後，漢武帝很生氣，認為他處置不當，阻撓朝方投降，一怒之下，竟然處死衛山。

和局不成，雙方只好繼續兵戎相見，在戰場上一分高下了。

左將軍荀彘在兵力得到補充後，繼續對水一線發動進攻，終於憑藉優勢兵力突破朝鮮軍隊的防線，挺進到首都王險城。此時，樓船將軍楊僕的五萬名海軍士兵也完成登陸，與荀彘兵團合圍王險城。

漢軍的指揮中樞的缺點暴露出來了。武帝任命荀彘為遠征軍陸軍統帥，楊僕為遠征軍海軍統帥，相互不受對方節制，沒有一個明確的指揮系統，這導致了前線協同進攻出現了極大的問題。

荀彘從西北方向進攻王險城，楊僕則從南面進攻。楊僕吸取南越番禺之戰的經驗教訓，主張與朝鮮政府和談，以達到不戰而屈人之兵的目的。他頻繁派出使者進王險城，與衛右渠談判，想搶得首功。荀彘則是主戰派將領，憑藉燕、代的悍兵，對王險城展開一波接一波的猛烈進攻，然而進展遲緩。荀彘屢屢要求南線的楊僕兵團配合攻城，楊僕每次都答應了，但荀彘發起總攻時，他還是按兵不動。

楊僕之所以屢屢毀約，是因為朝鮮國王衛右渠祕密派出使者，詐稱要投降。楊僕自以為勝券在握，坐等衛右渠將王險城拱手相讓，好搶下朝鮮之戰的首功。

其實，衛右渠根本就不打算投降，只是以派出使者，羈縻楊僕，耍了一個計謀罷了，同時還離間兩位漢軍主將。有一次，荀彘也派出使者，以強硬的態度，要求衛右渠投降，衛右渠故意說：「我打算向楊僕將軍投降。」

兩位大將相互拆臺，導致王險城久攻不下。

這件事讓漢武帝很不高興。他派濟南太守公孫遂前往朝鮮，調查兩位大將失和的原因。臨行前，皇帝密授公孫遂「有便宜得以從事」，遇到緊急情況，可以有當機立斷的權力，不必事先請示朝廷。

公孫遂到了左將軍荀彘軍中，荀彘抱怨說：「王險城這麼久攻不下來，都是因為楊僕每次到了約定總攻日期，總是按兵不動。」荀彘還認為，楊僕私下裡跟衛右渠頻繁往來，而衛右渠又沒有投降的跡象，他懷疑楊僕有叛反的可能，並告誡公孫遂：「現在如果不把楊僕抓起來，恐怕會釀成大害。」

公孫遂聽了荀彘的話後，覺得有道理，便以符節召樓船將軍楊僕到左將軍營中。楊僕剛入左將軍帳中，立即被逮捕，他的五萬名軍隊也被荀彘所吞併。

特使公孫遂自以為頗有雷霆霹靂手段，將楊僕押回長安城。不想漢武帝勃然大怒，他派公孫遂去調解楊、荀兩人的矛盾，沒想到這個傢伙竟然自作主張，把前線大將抓回，他下令處死公孫遂。平心而論，公孫遂雖然做得過分，但罪不致死，況且事先皇帝還有准許他有「便宜從事」的權力。

荀彘吞併了楊僕的兵團之後，實力大增，重新發動對王險城的進攻。在十萬漢軍的猛攻之下，王險城的淪陷只是時間問題。

朝鮮的宰相路人以及官員韓陶、尼溪相參、王唊等私下商議，王險城已經危在旦夕，國王衛右渠又拒絕投降，這樣只能是死路一條。路人、韓陶、王唊三人逃出王險城，向荀彘投降，而尼溪相參則留了下來。他試圖保全王險城，避免軍民更大的傷亡。

尼溪相參收買了部分王宮中的近衛軍，又派出刺客潛入宮中，將國王衛右渠刺死，控制王宮，然後打開城門，向荀彘投降。至此，衛氏朝鮮滅亡。其土地被併入漢的版圖，分置為四郡：樂浪郡、臨屯郡、玄菟郡、真番郡。

戰爭的勝利並沒有給前線將領帶來榮耀與富貴，其結局令人大跌眼鏡。作為第一功臣的左將軍荀彘，不僅未受封賞，反而被劉徹以「爭功相嫉乖計」的罪名，綁赴街市斬首。樓船將軍楊僕被判處死緩，罪名是他在朝鮮登陸後，沒有等待荀彘大軍南下，便率先發動攻擊，以致傷亡慘重。楊僕繳交贖金後，免於死罪，被奪去官職爵位，貶為平民。

朝鮮戰爭是漢武帝一生武功的分水嶺。在此之前，漢朝的軍事力量在各個方向均勢如破竹。可是在朝鮮戰場卻暴露出很多問題，前方將領爭功，相互拆臺，後方皇帝血腥屠殺。在整場戰爭中，衛山、公孫遂、荀彘，都死得莫名其妙。三個人都沒有死罪，卻成了皇帝喜怒無常的犧牲品。

在荀彘攻陷王險城的同一年（前一〇八年），漢軍將領趙破奴也在西域樓蘭取得一場勝利，標誌著漢的軍事力量開始介入西域。

自張騫通西域後，漢政府派出大批使者，出使西域諸國，平均每年有五次到十次。在西域的國家中，離漢最近的是樓蘭與車師，這是兩個小國，地處交通咽喉之處，每當有漢使團出訪時，總是先在樓蘭與車師停歇。這兩個小國要為漢使團準備食物、安排住宿，有時一年有十幾個使團，平均下來，每個月都要接待一批漢使。這對這兩個並不富裕的小國來說，負擔太大，苦不堪言。再加上有些使節以大國欺小國，為非作歹，使得樓蘭與車師終於忍無可忍，拒絕為漢使提供食物，並且暗地裡與匈奴相勾結，為匈奴人提供漢使團的情況，導致使團經常受到匈奴騎兵的攻擊。

為了保證絲綢之路的交通安全，打擊專門搶劫漢使團的匈奴遊兵散勇，帝國不惜血本。元鼎六年（前一一一年），公孫賀率領一萬五千名騎兵從九原出發，向西深入兩千里；趙破奴率領一萬名騎兵從令居出發，向西深入數千里，對這個區域展開一次大規模的武力搜索。可是結果卻令人大失所望，連一個匈奴兵的影子也沒找到。

難道匈奴人有遁身術？

公孫賀與趙破奴的搜索大軍無功而返，但匈奴人劫殺漢使團的情況依然嚴重。從西域返回的使節，在漢武帝面前狀告樓蘭與車師，認為是這兩個國家給匈奴人通風報信，才導致使團被襲事件不斷發生。看來要保障西北交通線的安全，就必須要控制樓蘭與車師這兩個交通咽喉之地。

對樓蘭與車師這兩個國家來說，夾在漢與匈奴兩大強國之間，日子不太好過。既不敢招惹漢帝國，也不敢招惹匈奴，不過匈奴與樓蘭、車師相鄰，有地緣優勢，如果兩國非得做出一個選擇的話，他們更容易倒向匈奴。

漢武帝崇尚武力，既然出了問題，就以武力解決。

元封三年（前一〇八年），趙破奴被任命為遠征軍的總指揮，率領數萬人馬遠征樓蘭、車師。趙破奴是漢軍中的一員悍將，曾追隨霍去病參加過河西戰役與漠北戰役，屢建戰功，勇猛善戰。

趙破奴的作戰風格與霍去病相近，強調勇氣與快速突擊。為了達到閃擊突襲的效果，他竟然將大部隊甩在後面，只率領七百名精銳騎兵，快馬加鞭，輕裝疾進，直奔樓蘭。樓蘭的軍隊不多，軍事力量不強，也缺乏防禦性武器，在趙破奴出其不意的閃擊下，竟然猝不及防，很快被攻陷，連樓蘭王都成了俘虜。

在主力部隊還未趕到前，趙破奴僅憑七百人的小部隊，就攻破樓蘭，這不能不說是個奇蹟。後續部隊抵達樓蘭，與趙破奴的先頭部隊會合後，向北挺進，進逼車師。車師也是一個軍事弱國，漢軍以七百人便橫掃樓蘭，這種神話般的戰績怎麼不令車師人膽戰心驚呢？車師軍隊做了象徵性的抵抗後，便放下武器，向趙破奴投降。

這是漢軍第一次在西域亮相，一亮劍便寒氣逼人，其驚人的戰鬥力令西域各國無不陷於恐慌之中。佔領車師之後，趙破奴軍隊繼續向西挺進，耀武揚威，直達烏孫與大宛。烏孫與大宛都是屬於西域大國，尚且震懾於漢軍之威，更別提那些小國了，紛紛派出使者前往漢軍營中，向漢軍謝罪。

樓蘭、車師一役，意味著漢在西域上的政策做出了重大調整，由和平外交走向軍事控制。這一轉變的背後，仍然是為了對抗匈奴。自漢北戰役遭重創後，匈奴人遠遁北方，經十餘年的蟄伏，元氣慢慢恢復。匈奴力圖控制西域諸國，將西域當作其後花園、補給基地。對於匈奴人的戰略，張騫是看得明白的，他提出了「斷匈奴右臂」的計畫，這一計畫成為漢對外軍事外交的重點，並被長期堅持下來。

爭奪西域的控制權，已經成為漢匈第二戰場。

通往西域的交通線主要是河西走廊。漢武帝在河西走廊置四郡，並且大量移民，然而狹長的河西走廊仍面臨人口稀少與軍備不足的困境，不足以控制西域。為了強化對西域突發事件的快速反應能力，漢政府在酒泉與玉門關的西部邊陲，修築漫長的碉堡群（亭障），作為前沿哨所。這一切暗示著，曾經風平浪靜的西域，已經是殺機四伏了。

四年後，一場規模更大的戰爭，在西域拉開帷幕。

二五、十萬屍骨換來汗血馬

汗血馬乃是西域寶馬，產於大宛國。大宛位於今天的中亞地區，距漢帝國遙遠。中亞多山脈高原，在崇山峻嶺之中，有一塊盆地，稱為費爾干納盆地，大宛便位於盆地中。跟漢一樣，大宛是一個農耕國家，這裡種植水稻小麥，有很多城鎮，雖然與漢相比它只算是一個小國，但在西域，算是一個中等大小的國家。

張騫第一次通西域，就到過大宛國。在這裡，他看到了一種奇特的馬，這種馬四肢強健有力，奔跑時迅疾如風。更特別的是，在奔跑的時候，滲出的汗滴，竟然像殷紅的血珠，故稱為「汗血馬」。

汗血馬是大宛的寶貝。大宛人怕這種優良的馬被其他國家偷去，便將汗血馬集中在貳師城內（貳師城在大宛首都貴山城東南一百公里處）。這個城不對外開放，即便後來漢朝使者來訪，也未曾見過傳說中的汗血馬。

在漢代，馬是國家重要的戰略資源，能否保有一支強大的騎兵，關鍵在於能否有優良的馬匹。漢政府為了提高馬匹的性能與耐力，用粟米餵養，稱為粟馬。粟馬在漠北之戰中發揮了重要作用，但是這種方法有缺陷：第一是費用昂貴，因為它的飼料是粟米，而普通馬匹只是吃草，因此成本很高；第二，採用粟米餵養並不能改良馬匹的品種，跟游牧民族的良馬相比，仍有一定的差距。

漢與西域交通後，獲得了不少西域的良馬。比如烏孫國曾獻給漢帝國一千匹良馬，漢武帝非常高興，將它們命名為「天馬」。不過後來他發現來自大宛國的汗血馬更為出色，便把「天馬」的頭銜給了汗血馬，而把烏孫馬稱為「西極」，意為西域之極品。

為了得到汗血馬，漢武帝不惜血本。他準備用上千兩的黃金與一個黃金鑄成的馬匹金像，交換汗血馬。這筆錢在西域國家看來，簡直是天文數字。

以車令為首的使節團出發了，前往大宛國。

車令拜見大宛王毋寡，當面提出漢帝國願意以千兩黃金與一尊金像來交換汗血寶馬。可是大宛的高級官員們紛紛表示反對，稱汗血馬乃是國寶，怎麼可以對外輸出呢？大宛王便拒絕了漢使以黃金換寶馬的要求。自從趙破奴擊破樓蘭、車師後，威震西域，西域諸國對漢帝國都懷有畏懼之心，沒想到大宛王竟然一口拒絕漢使的要求。車令這個人脾氣很大，他一聽氣壞了，當著大宛王的面，破口大罵，並將金像當場擊碎，然後裹起碎片，揚長而去。

大宛王怎麼說也是一國之君，車令當眾羞辱，不給他半點面子，讓他十分難堪。大宛王被憤怒佔據了內心，他竟然不計後果，冒失地做出一個令人震驚的決定：命令郁成王截殺漢使團。

郁成城是大宛東部的重要城邑，郁成王接到大宛王的命令後，派出軍隊攔截漢使團。包括車令在內的整個大漢使團，一個也沒活下來，全部死於大宛軍隊的刀下。這是一樁國際大屠殺，而元凶就是大宛的國王。

可以想像，當使團覆滅的消息傳到長安時，漢武帝被激怒了。自從登基以來，帝國的疆域一天天地擴大，比起秦始皇時代的大秦帝國，亦有過之而無不及。在開疆拓土上，他的豐功偉績超越了歷史上任何一位君王，他傲視天下，雄霸四方，可是小小的大宛王居然敬酒不吃吃罰酒。這口氣，漢武帝怎麼嚥得下去？

一定要嚴懲大宛王！戰爭是政治的延續，既然和平手段不行，就以武力解決。漢武帝召來曾經出使過大宛的使節姚定漢，了解大宛的軍事力量。姚定漢認為大宛的軍事力量並不強大，只需三千精兵，就可輕取其國，生擒大宛王。

姚定漢這個判斷嚴重有誤。根據史料的記載，大宛國有大小城邑七十餘座，民眾數十萬人，雖然是一個農耕國家，但亦保存游牧民族善騎射的習性。更重要的是，大宛距漢相當遙遠，中間隔著一個塔克拉瑪干大沙漠，氣侯乾旱，嚴重缺水，中亞地形又多崇山峻嶺，對於軍隊行軍作戰是相當不利。當時，漢帝國對外作戰，戰無不勝，不免產生一種自大的心理，可是這種自大要是過頭了，那是很危險的。

漢武帝聽了姚定漢的判斷後，決定將遠征大宛的任務交給李廣利。

在此之前，李廣利是一個沒沒無聞的人，他既沒立過功，甚至沒有帶兵打過仗。漢武帝為什麼會將遠征大宛這樣一個重要的軍事行動交給他呢？這裡是有故事的。

自從皇后衛子夫失寵後，漢武帝先後又寵幸了幾個女人，其中李夫人是最得寵的一人。李夫人就是李廣利的妹妹，出身於倡人世家，她還有一個哥哥李延年，是漢代著名的音樂家，可是曾犯法被閹了。李夫人能歌善舞，十分討漢武帝的歡心，可惜紅顏薄命，年紀輕輕就死了。臨死之前，漢武帝前去探病，想見她一面，可是李夫人拉起被子蒙住臉，不肯讓皇帝看。她躲在被窩裡說：「妾生病已久，容貌毀壞，不可以見陛下。」並且請求漢武帝能在她死後關照她的兄弟。漢武帝沒有見到李夫人最後一面，很不高興，後宮其他嬪妃也責李夫人不識抬舉。其實，這正是李夫人聰明過人之處。此時的她病魔纏身，早已失去往日光彩照人的容貌，如果皇帝看到她現在醜陋的模樣，一定會感到厭惡。相反，如果皇帝沒有見到，就只會記得她靚麗迷人的樣子。李夫人去世後，漢武帝果然終生對她思念不已，甚至還為她寫詩作賦，聊以紀念。

漢武帝依李夫人的遺願，關照其兄李廣利，想封他為侯。不過，漢高帝劉邦曾立下規矩：非有功之人不得封侯。皇帝迫切希望李廣利能為國家立功，如今機會來了，根據姚定漢的判斷，只需用三千精兵，便可以擺平大宛國。這麼一件輕而易舉可以立功封侯的機會，漢武帝想留給李廣利。

就這樣，李廣利憑藉著裙帶關係，一舉成為西征軍的統帥。為了讓這次遠征不至於節外生枝，漢武帝撥給他的軍隊遠不只三千人，而是有數萬人，其中還包括六千名外籍兵團（以歸降的匈奴人為主）。這場戰爭的目的，除了為車令使團復仇之外，最重要的是奪取大宛貳師城內的汗血寶馬。漢武帝拜李廣利為貳師將軍，從這個頭銜可以看出，得不到汗血寶馬，皇帝是絕不會善罷甘休的。

這支數萬人的軍隊開始向西域挺進。出了邊界玉門關後，李廣利沿著塔里木盆地的北緣行進（即所謂的北道，盆地中央是大沙漠）。自從趙破奴擊破車師、樓蘭後，漢軍對西域國家的軍事力量很輕視，幾乎所有人都認為征服大宛將不費吹灰之力。可是很快，李廣利就意識到了問題的嚴重性了。

首先是後勤補給的問題。越往西行走，離漢邊境越遠，糧草、水的補給都必須要就地解決，可是沿途經過的西域國家，都拒絕為這支龐大的軍隊提供物質補給。李廣利出生於倡人世家，從小學習的只是唱歌跳舞，對軍事外行，對外交也是一竅不通。在這種時候，他沒有積極與這些國家進行溝通，而是想用武力擺平。李廣利下令攻打拒絕提供糧食的國家，但是隨著糧食供應越來越緊張，想要攻下這些國家的城堡，也不是一件容易的事情，很多時候只能放棄，繞城而走。

其次是惡劣的環境。西北盡是乾旱區，沙漠廣布。在穿越這些沙漠時，水源是最重要的，如果缺少水源，無異於自殺。如果只是一個小使團，只要找到小水源就可以，可是現在卻是數萬人的大軍，很多人在缺水少糧的情況下病倒，加劇了恐慌的蔓延。

饑餓、缺水、疾病，使漢軍數量銳減，死亡人數與日俱增。這好似一次地獄行軍。從玉門關出發時，大軍共有數萬名士兵，到了大宛國境時，只剩下數千人。戰還沒有開打，軍隊已經減員八九成了。

經過萬里行軍與沿途的折磨，剩下這丁點兵力也毫無戰鬥力可言。大宛東部邊境軍事重鎮郁成城，城主郁成王，正是殺死漢使團的元凶之一。李廣利的軍隊駐紮在郁成城外。當郁成王發現他面對的只是一支人數稀少，且疲備不堪的漢軍時，他毫不猶豫地出擊。這一戰，李廣利兵團大敗。

千辛萬苦到了大宛，不料第一次交鋒就吃了敗仗。且不說大宛的軍力強大與否，如今李廣利剩下的烏合之眾，就是打土匪也不見得有勝算。無奈之下，李廣利被迫撤退。

撤退也不是一件容易的事，疲憊之兵又踏上通往茫茫沙漠之路，沿途盡是漢軍的屍骨。這次讓李廣利見識到打仗並不是每個人都會的事情了。經過長途跋涉，最後回到玉門關時，李廣利的兵團僅剩下數百人。

第一次對大宛的遠征就這樣草草告終。

數萬人出關，回來只有數百人，而唯一的戰果就是吃了一場敗仗。李廣利心裡明白，這件事，沒法向皇帝交代。他很識相，沒敢踏入玉門關內，只是將殘兵駐紮在玉門關外，然後給皇帝上了一折奏書，為失敗的軍事行動辯解，將原因歸結於饑餓與兵力不足，請求班師回京。

這是漢武帝時代最窩囊的一次遠征。失望到極點的漢武帝簡直快發瘋了，他派人傳諭李廣利：「膽敢入玉門關者，殺無赦。」李廣利這位貳師將軍心裡非常害怕，提心吊膽地在玉門關外，等待皇帝下一步的指示。

要不要繼續對大宛實施第二輪的進攻呢？朝中大臣們力主放棄對大宛的遠征。可是漢武帝是個不達目的不肯甘休的人，他力排眾議，決定發動第二次大宛戰爭。

這次投入的兵力比上次更加龐大，除了調動部分邊關騎兵外，又從各郡國徵發囚犯與惡少年參軍入伍。漠北之戰後，由於正規軍損失頗大，在之後的南征北戰中，軍隊大量使用牢獄中的囚犯作為補充。在平定南越之戰與征服朝鮮之戰中，均可看到大量囚犯的影子。同時，這也是國家財力匱乏的一個體現，使用這些廉價的囚犯，可以節約軍費的開支，也節約牢獄的開支。這些兵力總計有六萬多人。

除了囚犯與惡少年外，漢武帝又徵天下七科謫。所謂七科謫，就是七種沒有社會地位的賤民。漢代時所謂的賤民，與西方的奴隸階層或者印度種姓中的賤民階層有所不同，七科謫包括：吏有罪（犯了法的小吏）、亡命（流浪漢）、贅婿（男人入贅妻家）、賈人（做小買賣的零售商人）、原有市籍者（曾經被列入市籍的，市籍就是小買賣商人向官府登記註冊，載入官方檔案中）、父母輩有市籍者、祖父母輩有市籍者。

鑒於第一次西征途中後勤補給嚴重不足，這次還組織了大規模的後勤部隊，配備十萬頭牛、三萬匹馬、一萬多頭驢和駱駝，並且補充大量的兵器以及糧秣。這樣，實際上漢軍的武裝部隊與運輸部隊，加起來的人數已經不下十萬人了。

西征軍的統帥，仍然是貳師將軍李廣利。

漢武帝一朝曾經人才輩出，這與他善於用人有關。同時他也有一個缺點，就是喜歡任人唯親。以李廣利第一次征大宛的敗績，足以構成死罪。但作為外戚，皇帝還是法外開恩，不僅沒有治罪，還讓他有一個將功補過的機會。這一次，李廣利要是再吃敗仗，他就再也沒有藉口了，所以只能勝，不能敗，否則小命不保。

漢軍再次挺進西域，體現其雖遠必誅的決心，這令西域諸國感到震驚。這些小國的態度發生了一百八十度的轉變，主動打開城門，迎接漢軍，並提供糧食與住所。可是仍然有一些小國拒絕合作，其中最強硬的是輪臺。

當李廣利大軍行經輪臺時，輪臺政府關閉城門，拒絕讓漢軍入城。李廣利勃然大怒，下令攻打輪臺。經過幾天的血戰，終於攻陷輪臺。李廣利下令屠城，血洗輪臺，大屠殺的消息傳出後，西域諸國無不駭然，輪臺以西的國家，沒有一個敢違抗李廣利，乖乖地為漢軍提供各種服務。

就這樣，西征兵團一路通行無阻，抵達大宛。

這一次，郁成王不敢出城迎戰了，只是固守城池。李廣利也不進攻郁成城，只是留下一部分兵力監視，其餘主力繞城而過，直撲大宛首都貴山城。

大宛王一直認為距離漢帝國遙遠，漢軍根本不可能穿越乾旱地帶、遠涉萬里前來。可是漢軍不僅來了，還來了兩回。比起上次的兵疲馬憊，這次漢軍不僅人多勢眾，而且武器精良。漢軍先頭部隊三萬人抵達貴山城外，大宛王想要先聲奪人，率大宛軍隊出城作戰。經過一陣交鋒後，大宛軍傷亡很大，只得退入貴山城固守。

在李廣利的軍隊中，有一支特殊的部隊，是水利工程隊。這支特殊部隊有一個特殊的使命。由於貴山城地處乾旱的中亞，水源對其無比重要，只要切斷其水源，貴山城很快就會陷入癱瘓。這支特殊部隊切斷了流向貴山城的河流，迫使河流改道。這樣一來，貴山城內的河床水源開始枯竭了。

為了應對漢軍的打擊，大宛國是作了充分的準備，光是貴山城中就儲存了大量的糧食，足夠貴山城軍民用一年以上。不過，大宛王卻忽視了一件事，城內並沒有儲備足夠的水源。在這個關鍵時刻，大宛王突然想起貴山城內，還有一批漢軍俘虜。這批俘虜是第一次西征時被大宛軍隊俘虜的，這些來自漢地的士兵，有不少懂得鑿井技術。大宛國地處費爾干納盆地，地下水資源豐富，如果向下挖掘，應該可以找得到地下水源。這些戰俘就開始鑿井，漸漸地貴山城的用水可以自給了。

李廣利的計畫失敗，只能強攻了。

貴山城之戰持續了整整四十天。大宛軍隊的頑強抵抗，足以說明戰前漢朝廷對其軍力的評估存在嚴重的誤判。不過隨著戰事的進展，漢軍的優勢逐漸體現出來。擅長攻堅戰的漢軍終於取得重大勝利，攻佔了貴山城的外城，並生擒其大將。大宛守軍被迫退入內城，繼續頑抗，並緊急向鄰國康居求援。

外城丟失後，大宛的貴族們開始恐慌了。他們將責任推卸到國王身上，如果不是大宛王下令屠殺漢使團，這場戰爭是可以避免的。為了保全貴山城，只有交出首惡大宛王，獻上汗血馬，才有可能與漢軍達成和平協定。

這些貴族在祕密協商後，發動政變，刺殺大宛王，斬下其首級，交給李廣利，並說道：「截殺漢使的命令，乃是大宛王下達的，現在我們已經把大宛王的人頭獻上。您如果不再進攻的話，我們就交出汗血馬，任由你們挑選，並為貴軍提供糧食。如果你們決意要再戰的話，我們將殺死所有的汗血馬，而且我們已經向盟國康居國請求援助，康居的援軍很快就會到來，到時內外交攻，結局尚未可知呢。」

這時，康居援軍已經出動，到了大宛國邊境地區。他們見漢軍人數眾多，不敢貿然行事，只是按兵不動，靜觀事態的發展。

李廣利也擔心一旦康居國捲入大宛的戰爭，將使大宛的戰事更加複雜，如今首惡元凶大宛王已經被誅殺，而且大宛貴族們都答應要獻上汗血馬，這出征的任務也就算是圓滿完成了，於是同意與大宛國講和。

大宛國將所有的汗血馬拉來讓漢軍挑選，總計挑選了數十匹上等的良馬，中等馬匹以及母馬共計三千多匹，以做為繁衍所用。為了穩定大宛政局，李廣利挑選一位親漢的貴族，立為新的國王。

貴山城的戰鬥結束了。但還有一位戰爭元凶尚未抓獲，這就是大宛東部重鎮郁成城的統治者郁成王。

在李廣利攻打貴山城時，留下一支千餘人的小部隊監視郁成城。郁成王乘機反撲，以三千人的兵力發動襲擊，這支千餘人的漢軍小部隊幾乎全軍覆沒。李廣利佔領貴山城後，派上官桀率軍隊回攻郁成城，郁成王落荒而逃，一直逃入康居國。上官桀緊追不捨，一直追擊到了大宛國與康居國的邊境。

大宛戰敗後，康居王不敢得罪李廣利，便交出郁成王，郁成王最終也步大宛王的後塵被擒殺。郁成王之死，意味著大宛戰爭宣告結束。

汗血馬戰爭雖然獲得勝利，但代價驚人。當李廣利第二次回到玉門關時，漢軍生還者僅一萬多人，而出關時，僅戰鬥人員就有六萬多人，還不包括運輸部隊。第二次西征是比較順利的，漢軍並沒有發生缺糧的情況，在戰鬥中的傷亡也不大，那是什麼原因導致士兵的大量死亡呢？

主要原因是貳師將軍縱容手下官吏虐待士兵。根據史料所記：「貳師後行，軍非乏食，戰死不能多，而將吏貪，多不愛士卒，侵牟之，以此物故眾。」這些士兵的組成主要是由囚犯、惡少年及七科讁，都是來自社會底層，受到這些貪官污吏的迫害，在不缺糧食的情況下，居然導致數萬人拋屍於野外，使得這次遠征，成為一次死亡行軍。

從汗血馬戰爭中，可以看出李廣利並非一名優秀的將領，兩次遠征漢軍死亡人數，估計有十萬人左右，且絕大多數是非戰鬥性死亡。對此，李廣利負有不可推卸的責任。

一將功成萬骨枯，十萬漢軍屍骨鋪就了李廣利的錦繡前程。凱旋回國後，他不僅未受到漢武帝的懲罰，還被封為海西侯，日後還成為漢軍的統帥。在漢武帝後期，他的賞罰尺度只是憑著自己的喜好。朝鮮之役中的荀彘有大功卻被誅殺，汗血馬戰爭中。李廣利有大過卻得以封侯。這種差別，只是因為李廣利是愛妃的哥哥，漢武帝不免愛屋及烏了。

兩征大宛是代價慘重的戰爭，但並非一無所獲，至少這場戰爭表明帝國政府有能力在遠離國門之外，打贏一場區域戰爭。這對於日後經營西域，產生了巨大的影響。

二六、李陵與司馬遷

西元前一〇三年（太初二年），正當李廣利第一次從西域敗回玉門關時，平靜了十六年的北方風雲突變，漢匈戰爭烽火重燃。

在漢匈休戰的十六年間，漢帝國開疆拓土，全面擴張，匈奴卻韜光養晦、臥薪嘗膽，漸漸恢復元氣。漢軍雖然在南方、朝鮮、西域等取得一連串的勝利，卻面臨一系列的問題：其一是名將的凋零，衛青與霍去病相繼去世，其他將領難以接替此二人的位置；其二是財力的匱乏，在歷次戰爭中，不得不將囚犯編入軍隊，以緩解軍費壓力；其三是漢武帝的獨裁專橫，對軍心士氣頗有影響，像軍事才能平庸的李廣利，卻成為漢軍中的重要將領，難以服眾。

新一輪戰爭爆發的誘因，是匈奴的內訌。匈奴左大都尉密謀政變，誅殺單于，祕密約請漢帝國出兵相助。漢武帝認為這是擺平匈奴的良機，便派遣趙破奴率兩萬名士兵，深入匈奴境內，接應左大都尉。然而左大都尉的政變沒有成功，反而被匈奴單于所殺，這使得孤軍深入的趙破奴非常被動，匈奴八萬騎兵將趙破奴的軍隊包圍，最後生擒趙破奴，兩萬名漢軍士兵集體向匈奴投降。

趙破奴兵團的覆滅，標誌著漢匈兩國休戰局面的結束。

西元前九十九年，貳師將軍李廣利率領三萬人馬，從酒泉出發，進擊匈奴右賢王部，殲滅匈奴軍隊一萬餘人。眼看漢軍就要獲得勝利時，匈奴單于的援軍及時趕到，反而包圍了李廣利的部隊，戰場形勢出現大逆轉。在生死存亡之際，軍中司馬趙充國挺身而出，率一百名壯士，勇闖匈奴人的包圍圈，終於打開一個缺口，李廣利才得以逃命。然而是役，漢軍三萬人戰死了兩萬多了，又一次慘遭敗績。

在沒有衛青與霍去病的時代，漢軍屢屢戰敗。這時有一位勇士挺身而出，他就是李陵。

李陵是名將李廣之孫。他的父親是李廣長子李當戶。李陵還在娘胎裡時，父親就去世，他自小就是個孤兒。作為將門之後，他從小接受嚴格的訓練，性格與祖父李廣有很多相似之處，善於騎射、為人豪爽，注重義氣。這使他成為在江湖中很有名望的人物。

李陵膽氣過人，漢武帝曾派他率八百騎兵，出居延澤，深入匈奴境內二千餘里，刺探匈奴國內虛實。李陵不負眾望，圓滿完成任務，漢武帝很高興，將他提拔為騎都尉，駐守在酒泉、張掖一帶。由於當時漢軍士兵充斥很多囚徒、地痞、流氓，素質不高，導致戰鬥力大打折扣，李陵對此現狀深感擔憂，他打算以招募勇士的方法，組建一支具有超一流戰力鬥的鐵軍。

荊楚向來是勇士的故鄉。自春秋戰國以來，荊楚地區一直人才輩出，到秦末起義時，荊楚的義軍也是推翻暴秦統治的主力。李陵前往荊楚，招募當地的勇士。他禮賢下士，吸引很多人前來投奔，經他細細挑選，最後挑了五千人。這五千人都身懷絕技，有些是大力士，可扼殺猛虎，有些是劍術高手，武術奇才，有些是神箭手，百發百中。這麼一群人，組建起了一支鐵血兵團。

李陵向漢武帝主動請纓，要求率自己的這一支兵團，師出蘭于山，打擊匈奴。漢武帝起初並沒有同意，因為當時戰局不利，軍隊中的馬匹已經全部調撥給了李廣利、路博多等軍隊，李陵想要出戰，朝廷無法提供戰馬。漢武帝不想讓李陵冒險，而是讓他負責李廣利兵團的後勤補給。

不料，李陵卻口出狂言：「我不需要騎兵，我願以少擊眾，以五千步兵，踏平單于王庭。」五千步兵踏平單于王庭，真是好大的口氣。要知道匈奴地處荒漠地帶，地域遼闊，作戰距離動輒上千里，即便是騎兵也人疲馬困，何況是靠雙腳走路呢？不過李陵的一番慷慨陳詞，還是令漢武帝怦然心動，因為他太需要一場勝利來鼓舞士氣了。

天漢二年（前九十九年）九月，李陵率這支由勇士劍客所組成的兵團，從居延澤出發，向匈奴進發。全軍只有寥寥幾匹戰馬，還有一些馬車，士兵們全部徒步行軍，走入茫茫的荒漠。他的目的地是浚稽山南部的龍勒水（在蒙古杭愛山脈東南），沿途搜索匈奴騎兵，如果沒有遇到敵軍，就返回受降城（內蒙古白雲鄂博西南）進行休整。

李陵雄心勃勃，但他沒有料到，這只是噩夢的開始。

經過三十天的徒步行軍，李陵兵團最終抵達浚稽山，一路上沒有遇到匈奴的騎兵。根據事前的計畫，沒有搜索到敵人的影子，就返回受降城。可是這個時候，李陵兵團的蹤跡被匈奴人發現了。

匈奴且鞮侯單于打探到李陵的部隊不過只有區區數千人的步兵，心中大喜，當即點兵三萬，抵達浚稽山，將李陵的步兵團圍困在兩座山之間的狹長地帶。

匈奴人的來犯並沒有讓李陵驚慌，相反，他很高興有機會讓匈奴人見識一下荊楚勇士們的厲害。他當即排兵布陣，將輜重車輛靠攏圍成一圈，當作一條防禦線，然後五千勇士排成戰鬥佇列。前排戰士手持盾戟，後排戰士把強弩拉滿弦，引而不發。

仗著人多勢眾，匈奴人率先發起進攻，騎兵向李陵的步兵方陣發起衝擊。但匈奴人很快便意識到，這絕不是一支普通的軍隊，鐵騎居然無法衝破漢軍的防線。由武林高手、劍俠刀客所組成的荊楚勇士兵團，個個身懷絕技，以一當十，在漢軍陣地前沿，匈奴人屍橫遍地，卻無法突破漢軍堅強的防禦。

且鞮侯單于未曾見過如此強悍的軍隊，大為震驚。但是匈奴騎兵與漢軍步兵的兵力對比是六比一，以多打少，兵力優勢明顯，索性三萬人一起壓上去。李陵不愧是戰術大師，見匈奴騎兵壓上，馬上鳴金令前排格殺的荊楚勇士退下，後排的強弩射手做好戰鬥準備。

當匈奴騎兵進入射程範圍後，千弩齊發。在這裡，我們看到一種新型的武器：連弩。關於這種連弩，史書沒有很明確的記載，究竟是可以一發多箭呢，還是一種可以連續發射的機關弩呢？還不太好確定。但有一點可以肯定的，這種改進型弩的威力要比傳統弩要強很多。

在連弩的射擊下，匈奴騎兵紛紛中箭落馬，傷亡慘重。且鞮侯單于見勢不妙，只得暫停進攻。這一次交鋒，匈奴騎兵陣亡數千人。

敵強我弱，李陵也不敢戀戰，徐徐撤退。不過，這支靠雙腿走路的步兵團的移動速度，遠遠不及匈奴騎兵。匈奴人雖然不敢迫近，卻可以緊咬李陵兵團不放。再厲害的勇士，也是人，不是一塊鋼鐵，依靠腳力長途跋涉，總有累垮的時候，只要把這支軍隊拖垮了，就可以從容收拾了。為了徹底殲滅李陵兵團，匈奴單于再調援兵，兵力增加到了八萬人，十六倍於李陵兵團。

李陵兵團一邊戰鬥，一邊向南撤退，傷患成為行軍的最大問題。傷患太多了，李陵下命令：身受三處箭傷者，可以坐在輜重車上；身受兩處箭傷者，充當駕駛；身受一處箭傷者，裹創再戰。在撤退途中，這支勇猛的部隊士氣也越發低落，因為他們深入到匈奴腹地，距離漢邊境是如此遙遠，而身後是匈奴人的八萬鐵騎。

在這種情況下，李陵決心以一場勝利來挽回士兵們的士氣。他親自率領軍隊，對匈奴尾隨其後的追兵反戈一擊，再次取得一次大捷，射殺匈奴兵三千人。

此戰得勝後，李陵率軍折向東南，又行軍四五日，到了一片蘆葦沼澤地帶。當時正颳西北風，匈奴人在上風向，李陵的軍隊在下風向。匈奴人就藉著有利的風向縱火焚燒蘆葦叢，火勢向東南方向蔓延。這麼一來，李陵只有竄入南部山區。

山地崎嶇難行，對步行的一方更加不利。匈奴騎兵很快又追上來，他們縱馬登上山頂，李陵兵團的移動盡在掌握之中。漢軍沿著山麓撤退，匈奴騎兵在背後追趕，形勢對李陵是相當不利。李陵非常聰明，他撤向樹林之中，因為在樹林地帶，騎兵快速衝擊力會大大減弱。匈奴人入山林中搜索，又遭到李陵兵團的迎頭痛擊，再次損失達數千人之多。

這是匈奴人的第三次慘敗。八萬人對五千人，騎兵對步兵，竟然三次敗績，損失近萬人。且鞮侯單于動搖了，他開始懷疑李陵兵團是不是漢軍故意放出的誘餌，是不是前方有漢軍主力的埋伏呢？他想撤兵了。不過，匈奴其他將領認為：「從山谷再往前行四五十里地，就是平地了。如果我們無法在山區消滅漢軍，到時再撤退也不晚。」

在接下去的一天，李陵兵團與匈奴騎兵大小數十戰，匈奴人又損失二千餘人。

且鞮侯單于心灰意冷，準備放棄追擊。就在這個時候，一件意外的事情發生了。李陵兵團有一個軍侯，被他的上級欺辱，憤然向匈奴人投降，並且告訴匈奴單于，李陵兵團既無援軍，連箭矢也即將用光了，除了李陵與韓延年麾下各八百人，建制比較完整外，其餘各部傷亡慘重，只要單于使用精銳騎兵猛攻，漢兵的箭矢用盡，就只能束手就斃。

叛徒的告密，洩露了李陵的底牌。且鞮侯單于大喜過望，速令急攻李陵。匈奴騎兵從山坡上衝下，進攻山谷中的漢軍，其攻擊的猛烈程度，遠遠超出以前。李陵指揮軍隊殊死抵擋，就在這一天，漢軍所有的箭矢全部用盡！

從撤退到現在，李陵兵團已經陣亡將近兩千人。這個損失，與匈奴人相比並不算多。可是沒有武器了，能不能殺出重圍，只能看運氣了。李陵下令丟棄輜重車輛，毀壞強弩，以免讓漢軍威力強大的武器落入敵人手中。把車輛卸了，把車輪上的輻條當作武器，就這樣，輕裝疾行，一路退到了鞮汗山峽谷。

可是，匈奴騎兵已經搶佔了峽谷兩側的山地，並從山上扔下巨石，把峽谷的通道堵死了。天色快暗了，李陵心裡很清楚，大部隊要突圍是不可能了，現在只能賭一把了。他決定孤身一人，潛入匈奴營地，生擒單于作為人質，這是唯一的出路了。

要生擒單于，談何容易。夜幕降臨，李陵潛到匈奴營地附近，匈奴人守備嚴密，根本找不到機會下手，他不得不放棄生擒單于的計畫。當他回到部隊中時，歎了一口氣說：「兵敗死矣。」

一位部下說：「將軍何必求死呢？將軍此役威震匈奴，想當年浞野侯趙破奴將軍兵敗被俘，後來逃回中國（趙破奴是在前一年，即西元前一〇〇年逃出匈奴的），皇帝仍然優待他，更何況是將軍呢？」言下之意，李陵可以先投降，以後找機會逃回中國。

李陵搖搖頭說：「我不死，非壯士也。」便下令斬盡旌旗，把軍中的值錢的東西都掩埋於地下。看著剩下不到三千人的疲憊之卒，李陵忽然覺得心頭湧出一種悲戚之情，長歎道：「如果每人還有數十支箭矢，便可以突出重圍。可是現在我們沒有武器了，只要等到天一亮，必定成為匈奴人的俘虜，必須要連夜突圍。從現在始，大家要各自為戰了，這樣還能有一部分人可以殺出重圍，回報天子。」

說罷，李陵涕淚長流，這支荊楚勇士組建成鐵血兵團，最終難逃全軍覆沒的下場。

這時，李陵距離漢邊境遮虜障僅有一百餘里，可是他已經是強弩之末了。眾將士每人攜帶兩升的糧食與一片冰塊，相約如果得以突出重圍，就在遮虜障會合。軍隊化整為零散開，戰士們以幾個人為一組，在夜幕的掩護下，分道突圍。

李陵自己帶了十幾名勇士突圍，很快被匈奴人發現了。在激戰中，李陵的隨從全部戰死，最後只剩下李陵一人，被匈奴人團團圍住。他原本已下必死的決心，但到最後關頭，他並沒有選擇一死。他在部下面前說過：「不死，非壯士也。」可是他竟然沒有選擇像英雄一樣死去，而是選擇了投降，為什麼會這樣呢？我們不知道李陵的真實想法。不過在多年後，他曾向摯友蘇武透露過，他投降的初衷，是想效法春秋時代的英雄曹沫，劫持匈奴單于返回漢地。不過計畫趕不上變化，人算不如天算，最後發生了種種悲劇，使他永遠留在了匈奴。臨降前，李陵說了一句話：「無顏面以報陛下。」

這次突圍行動，絕大多數戰士英勇戰死，最終殺出重圍，返回漢地的只有四百多人。這支漢軍歷史上特殊的鐵血兵團就這樣瓦解了。

兵團覆滅的原因，細細推究起來，主要還是在於李陵過於自信。他吹牛能以五千步兵橫掃匈奴，這未免是癡人說夢。雖然這支兵團的戰力鬥相當強悍，李陵在指揮作戰上也是位天才，不過匈奴能成為漢帝國的北方勁敵，其實力不是像朝鮮、大宛這樣的小國能相比的。以衛青、霍去病的天才，傾盡帝國之財力，也僅能重創其力量，而無法徹底打垮，何況是區區五千步兵呢？如果不是李陵誇下海口，漢武帝也不會輕易讓他深入匈奴。

勝敗乃兵家常事。如果只是戰敗，也不會讓漢武帝雷霆大怒，關鍵是別人都死了，可是主將李陵卻還活著，投降了。

過了一段時間後，漢武帝心生悔意，悔當初沒有給李陵提供援兵，以致其孤軍深入並最後覆敗。他仍然十分愛惜李陵的軍事才能。一年多後，他命令公孫敖率騎兵深入匈奴，目的是為了解救李陵。可惜他所任非人，公孫敖並沒有什麼軍事才幹，深入匈奴，無功而返。為了推卸責任，他誣陷李陵變節投降後，教給匈奴人攻守的戰法，導致他出師無功。

公孫敖這一席話，令暴戾的漢武帝勃然大怒，下令族誅李陵的全家，包括他的母親、弟弟、妻子、兒女，一律斬首示眾。李氏家族，為漢家奮鬥數十年，卻成為那個時代的悲劇家族。李廣與李敢之死，前文已詳述。李陵家人被誅殺後，李敢的兒子李禹被人誣告企圖叛逃匈奴，也被捕殺。

遠在匈奴的李陵得知這個噩耗時，慘叫一聲，當場暈死過去，從此他心念俱灰。

過了不久，中國的使節到達匈奴，李陵滿腔悲憤地對使節說：「我身為漢朝將軍，率五千步兵，橫行匈奴，只是因為沒有援軍，以致落敗，我做了什麼對不起朝廷的事，以至於皇帝要誅殺我的家人？」

使節對李陵說：「只因為公孫敖將軍稱少卿（李陵的字）教授匈奴人防備漢軍的戰法。」

李陵悲愴地說：「教匈奴人兵法的是李緒，不是我！」

李緒原本是漢帝國的塞外都尉，後來戰敗投降匈奴。李陵將一腔悲憤，發洩到李緒身上，派人刺殺李緒。匈奴的太后（大閼氏）極為震怒，要殺死李陵，但是單于非常愛惜李陵的才華，把他藏起來。直到大閼氏去世後，單于把李陵接回來，將自己的女兒嫁給了他，並封為「右校王」。

李陵是一位悲情將軍，他的投降不僅累及全家，還引發了一場千秋冤案，冤案的主角就是中國歷史上最偉大的史學家司馬遷。

司馬遷出生於史學世家，父親司馬談是一位著名的學者，曾擔任過太史令。他從小接受系統的古文教育，博覽群書，深受儒學影響。二十歲後，他遊歷了長江、淮河一帶，走訪名山勝蹟，又到禮儀文化最發達的齊魯訪問講學，細心體會中原文化的民風習俗，參觀孔子的遺蹟，最後又遊梁國、楚國等地。這次出行令他大開眼界，也實地考察地方文化與風俗。後來，司馬遷被漢武帝任命為郎中，此時漢帝國正大力開拓西南，大舉用兵，司馬遷也隨軍參加了西南戰爭。根據他的自述，他應該參加過西元前一一一年郭昌將軍平定邛都、筰都叛亂的戰爭，以及西元前一〇五年郭昌指揮的遠征昆明夷的戰爭。

父親司馬談臨死前，遺願就是司馬遷能繼承自己的事業，擔任太史令，整理史料，完成一部歷史著作。司馬遷在父親死後三年，終於成為太史令，他全身心地研究國家各種歷史書籍、文獻、檔案，寫作《史記》一書。但是在不經意之間，他卻捲入到李陵事件的漩渦之中。

李陵兵敗投降，當時所有朝廷官員，齊聲討伐李陵，只有太史令司馬遷為李陵說了幾句辯解的好話。他說：「李陵對母親孝敬，對朋友有信義，為國事奮不顧身，有國士之風範。他率領不足五千人的步兵，深入匈奴戎馬之地，對抗匈奴數萬精銳騎兵，使敵人傷亡慘重，救死不暇。匈奴以傾國之兵追擊圍攻，轉戰千里，直到矢盡路窮，士兵以空弩對抗白刃，仍然頑強苦鬥。李陵得部下的效死，即便是古代名將也未必可以做到如此。」

司馬遷又說道：「李陵之所以不死，可能因為他想找到合適的機會，報效朝廷。」其實，司馬遷所說的是實情。李陵以五千步卒，轉戰數千里，殲敵過萬，名震塞北，雖然兵敗而降，並沒有做什麼對不起朝廷的事情。而且司馬遷對李陵的個性很清楚，他並非貪生怕死之輩，否則也不會冒著那麼大的風險自動請戰。

可是，這一席話卻令漢武帝勃然大怒。他認為司馬遷為李陵辯護，乃是嘲諷貳師將軍李廣利。李廣利因為裙帶關係，受漢武帝恩寵，成為漢軍級別最高的將領，並全權負責對匈奴的戰事。但李廣利在對匈奴戰爭中，表現平平。現今司馬遷讚揚李陵的功績，不就是間接貶低李廣利，這樣不就是間接在嘲諷皇帝嗎？這就是獨裁者的思維方式。

司馬遷沒有想到這番話會帶給自己終生的恥辱，武帝劉徹聽得勃然大怒，下令將司馬遷處以腐刑。腐刑是割去男性的生殖器，這不僅是身體的創傷，更是心靈的創傷。司馬遷後來說：「太上不辱先，其次不辱身……其次毀肌膚斷肢體受辱，最下腐刑，極矣。」

他曾經想到一死了之，因為大丈夫可殺而不可辱。死生，晝夜事也，可是就這樣一死了之嗎？在這個人生的十字路口，偉大先賢的事蹟，是他活下去的精神支柱。他想起古代偉人們在困厄之中，頑強地與命運抗爭，留下寶貴的精神遺產：「西伯拘而演《周易》；仲尼厄而作《春秋》；屈原放逐，乃賦《離騷》；左丘失明，厥有《國語》……」人固有一死，或重於泰山，或輕於鴻毛。他要向先輩學習，在困厄中奮起，完成他的偉大著作：「所以隱忍苟活，函糞土之中而不辭者，恨私心有所不盡，鄙沒世而文采不表於後也。」

在忍辱含垢之中，司馬遷以堅韌不拔的意志，完成了《史記》一百三十篇。這是中國最偉大的一部名著，魯迅讚之為「史家之絕唱，無韻之《離騷》」。

國家給了他恥辱，他卻給國家帶來了榮光。他是那個時代的卑賤者，卻是中國五千年史上的偉大者。他受到時人的嘲諷，卻贏得了後人的尊敬。

二七、專制魔王的暴政

漢武帝一面是雄才大略的一代明君，另一面則是殘忍暴戾的專制魔王。

西漢時代的君主獨裁，到漢武帝時達到登峰造極之地步，這是有原因的。一講到皇帝時，有些人總是理所當然地以為皇帝權力無限，可以隨心所欲地由著自己的意願去做事。其實並非如此，歷史上真正能做到隨心所欲的皇帝，那是很少的，皇權也受制於其他權力。比如說有些權臣可以將皇帝玩弄於手掌，甚至廢黜皇帝；比如說地方諸侯，歷史上有很多皇帝是被地方諸侯打倒的。

不過在漢武帝登基時，地方諸侯已經無力與中央政府抗衡了。在此之前的「七國之亂」是地方政權挑戰中央政權的一次大膽嘗試，但是這次大規模的叛亂被鎮壓了。此後諸侯國難以撼動皇帝的權威，中央集權制度更加完善。漢武帝上臺後，獨尊儒術，大力提倡《春秋》中的大一統思想，損抑諸侯，一統於天子，從而建立起皇帝獨裁的意識形態基礎。

為了進一步削弱諸侯的力量，西元前一二七年，漢武帝採納主父偃的建議，頒布「推恩令」。諸侯國是國中之國，與帝國一樣，其封王也是採取嫡長子繼承制。可是現在漢武帝別出心裁，要推廣其恩典，使封國的其他王子也可以分得一塊土地。這麼一來，一個大諸侯國，在「推恩」之後，就變成幾個小諸侯國，力量更小了。推恩令的理論淵源，其實是漢文帝時代的政論家賈誼提出的「眾建諸侯少其力」。

「推恩令」的頒布，是對諸侯王權力的一大打擊，引起諸侯王的強烈反彈，這是意料之中的事情。在削弱諸侯權力的背景下，發生了淮南王劉安與他的弟弟衡山王劉賜圖謀造反的事件。

淮南王劉安在歷史上是赫赫有名的人物。他是皇室成員中的大學問家，門下賓客數千人，其中不少是學者，在他主持下編寫的《淮南子》一書，成為中國思想史上重要著作之一。可是劉安並不安心當一個學者，他還想當個皇帝。漢武帝推出「推恩令」後，諸侯國與中央的矛盾加劇，劉安覺得機會來了。他私下刻了皇帝璽印，及丞相、御史大夫、將軍、軍吏、太守、都尉等印信，並準備派人潛伏在大將軍衛青的身邊，一旦起事，立即刺殺衛青。

不過，劉安還沒來得及謀反，事情就敗露了。漢武帝派廷尉張湯窮究。張湯乃是著名酷吏，心狠手辣，絕不留情，連舉報劉安謀反者，也被誅殺。淮南王劉安自殺，王后、太子以及參與謀反者全部族誅。

淮南王劉安被殺後，又牽出其弟衡山王劉賜謀反之事。劉賜自殺身亡，王后、太子及參與謀反者，同樣遭到族誅的命運。

淮南、衡山的謀反，遭到了殘酷無情的鎮壓。兩次大獄共處決數萬人，其中很多是無辜者，在毫不知情之下，被株連牽扯到大獄之中。這兩次血腥的屠殺，乃是殺雞駭猴，是做給其他諸侯國看的——什麼皇親國戚，只要想謀反，就是這樣的下場。為了維護皇權，武帝劉徹可謂是心狠手辣。

推恩令在這種暴力手段的支持下得以實施，最後使得各諸侯國被切割得肢離破碎，「大國不過十餘城，小侯不過數十里」，再也沒有力量構成對皇權的威脅了。

在文景之治期間，漢的法律是比較寬鬆的，在很多法律條款上，體現一些人道主義色彩，比如廢除連坐法，廢除肉刑等。

到了漢武帝時，法律開始苛嚴。西元前一三五年，由著名酷吏張湯與趙禹共同制立各項律令，務在深文峻法，法網愈加嚴密。在這一年，制定見知法。這個法令規定，官吏如果知有人犯法而不舉告，與犯者同罪。這項法令目的是讓官吏相互監視，相互檢舉，其頒布的初衷是為了強化吏治，特別是對中下層官吏的管理監督。然而有了這個法律條文，就出現官吏之間的誣告之風蔓延，而中下級官吏為了避免被舉告，對下層百姓採取更為嚴厲的管理，導致冤案的劇增。

張湯與趙禹制定的法律，首要目的並非為了維護公正，而是維護皇權的至尊無上。在這方面，張湯是一位行家裡手。

張湯是酷吏的代表人物。漢代的酷吏，意指執法嚴酷之官吏，並非就是惡吏的代名詞，其實這些酷吏很多人十分廉潔，像張湯就是這樣的人。張湯因調查皇后陳阿嬌巫蠱案而一舉成名，深得漢武帝的器重。同時，他也善於察言觀色，討皇帝之所好。

漢武帝上臺後，推行儒家學術，張湯為了迎合皇帝，在辦理大案時，就牽強附會儒家經典。他請來了一幫儒家知識份子擔任廷尉史，遇到疑難案件時，就以《尚書》、《春秋》的義理來解決。張湯是位法家人物，不過他很聰明地把法儒結合在一起，這種八面玲瓏的作法，使他贏得漢武帝的信任。

張湯在執法上有兩大特點：第一就是以嚴酷著稱。譬如在淮南、衡山兩大謀反案中，張湯大開殺戒，對有參與者採取族誅的懲罰，導致被殺的人竟然多達數萬人。第二就是看皇帝的臉色辦事。張湯表面裝作公正的樣子，其實很有心機，善於利用法律條文。皇帝想嚴辦的人，他必將想方設法，置其於死地；皇帝想寬恕的人，他也會利用法律漏洞來為其解脫。因而，張湯雖然廉潔，但並非完全維護法律的正義，而是維護皇帝個人的權威。

元狩四年（前一一九年），張湯又根據皇帝的意思，推出「告緡令」，引起天下騷動，民怨沸騰。這一年，政府為應對財政空虛，對商人課以資產稅，其具體稅率為二千稅一算（一百二十錢），稅率為百分之六。如果商人是經營自家生產的商品，則稅減一半，稅率為百分之三。此外，對民間車輛、大船也徵收一百二十至二百四十錢的稅收。這些稅收大大加重了商人及普通百姓的負擔，引起普遍的不滿與抵制。在這種情況下，張湯制定「告緡令」。該法令規定，如果商人不按實核報資產，一旦被告發，將罰戍邊一年，資產沒收，並將一半資產賞給告發者。

如果說「見知法」引起官員之間檢舉揭發之風，那麼「告緡令」則引起民間檢舉揭發之風。根據史料的記載，中等以上的商人，基本上都被告抄家，民間財富大量集中到了政府手中，政府沒收的民間財物數以億計，奴婢成千上萬，大量商人家庭破產，每個縣沒收的田地少則百餘頃，多則數百頃。告緡令的執行，使得曾經生機勃勃的商業陷入低谷，從文景之治以來上升的經濟發展形勢開始走向惡化，社會矛盾激化。

高壓政策與酷吏橫行，使得社會恐慌在蔓延。恐慌不僅存在於平民百姓，甚至連朝中大員，也提心吊膽，惶惶不可終日。

「腹誹罪」是張湯的發明之一，從中可以看出法律被濫用到何種地步。朝中有一些耿直的大臣對張湯的一手遮天很不滿，顏異就是其中的一個。顏異是大農令，位列九卿，正好有一件事得罪了漢武帝。當時，漢武帝與張湯搞出一種新貨幣，稱白鹿皮幣，主要是用鹿皮為幣材，值四十萬。皇帝徵求顏異的意見，顏異認為新幣幣值高估得厲害，持反對意見，結果漢武帝對顏異就有意見了。張湯抓住這個機會，讓人告發顏異，告發什麼呢？說起來很好笑，就是有一次，一位客人談到新頒布的法律有不妥當的地方時，顏異沒有吭聲，但微微動了下嘴唇。

沒說話，動了下嘴唇，這算是罪行嗎？落到張湯手中，這就是罪行了。張湯向皇帝說了：「顏異位列九卿，發現法令有不妥之處，不在朝廷上說，卻在肚子裡誹謗，應當判處死罪。」顏異就這樣稀裡糊塗被處死了。這下子麻煩了，動一動嘴唇，就是腹誹死罪，那麼任何一個眼神、一個舉動，甚至打個噴嚏，都可能被認為對朝廷不滿，對皇帝不忠，肚子裡在誹謗。此例一開，高層開始掀起一股溜鬚拍馬之風，極盡諂媚阿諛之能事，以討皇帝及上級之歡心，以免被政敵套上一個「腹誹」之罪。

張湯曾任廷尉、御史大夫，由於他令人髮指的嚴刑峻法，以及皇帝在背後的支持，使他的權勢蓋過宰相。他拼命地為皇帝掃清獨裁專制的種種障礙，而在漢武帝眼中，張湯也不過是他的鷹犬罷了。真正冷酷無情的人，是站在張湯身後的漢武帝劉徹。從他上任開始，削諸侯、任用酷吏、架空相權、打擊豪強階層，將專制統治推向極致。漢武帝在選拔人才上有一套本事。但同時選拔上來的人，即便地位很高，只要有一些地方犯錯或違反法令，動輒誅殺。他的殘暴，甚至超過前朝皇帝秦始皇。說穿了，張湯只是他手上的一個工具罷了。

當然，也有人不怕張湯，甚至與張湯對著幹，這個人就是汲黯。

汲黯是漢武帝時代名臣之一，他品格高尚，有俠義精神，特立獨行。當大將軍衛青權傾朝野時，所有官員見到衛青都行跪拜禮，唯獨汲黯不肯，不卑不亢，卻贏得了衛青大將軍的尊重。張湯當上廷尉時，汲黯對他的深文峻法深惡痛絕，多次公開責備張湯，並且罵道：「天下都說刀筆吏不可以為公卿，果然如此。如果依張湯的辦法治國，必使天下人恐懼得不敢邁腿走路，不敢眼睛正視了。」後來的情形，確如汲黯所言。

張湯當權後，一直想置汲黯於死地，好在漢武帝雖然殘暴，但對汲黯總是比較尊敬。汲黯天不怕地不怕，皇帝他也不怕。當漢武帝獨尊儒術時，汲黯卻當面批評他：「陛下內多欲而外施仁義，奈何欲效唐虞之治乎！」這下把漢武帝氣得半死，不過事後還是原諒他，因為漢武帝愛惜其才能，並評價他說：「古代有匡扶社稷的大臣，汲黯差不多也算是了。」正因為汲黯不講情面，漢武帝也不得不給予汲黯一點特殊待遇，這裡有一件事可以證明。皇帝對近臣一直比較隨便，大將軍衛青進宮時，漢武帝曾蹲在廁所接見；丞相公孫弘晉見時，皇帝有時省事，就不戴帽子；可是汲黯來的時候，漢武帝一定要衣冠齊整才能接見他。有一回，汲黯進來時，漢武帝還沒戴好帽子，遠遠望見汲黯，趕緊躲到帳內了，以免衣冠不整讓汲黯痛罵。

汲黯潔身自好，名重於天下，這讓沽名釣譽卻又殘忍暴戾的皇帝始終沒有對他下毒手。張湯多次想幹掉汲黯，可是有皇帝這個保護傘，沒能成功。但是在法網森羅的情況下，還是防不勝防，連腹誹都可入罪，還有什麼不能治罪呢？汲黯犯了個小過，張湯終於逮住一個機會，將他抓起來。不過，汲黯命大福大，剛好遇到漢武帝大赦天下，就這樣躲過一劫，但是被免官返回家園，後來又被武帝起用為淮陽太守，任職七年後去世。

與其他耿直、敢與張湯作對的官員相比，汲黯算是幸運了。

張湯善於網羅罪狀，打擊異己勢力，不過他最後被別人「以其人之道還治其人之身」。得罪了太多同僚後，張湯意猶未足，甚至想打垮宰相莊青翟。丞相府聯合其他反張湯的力量，共同檢舉、構陷張湯，這位漢代第一酷吏被免官治罪，憤而自裁。

張湯死後，法令深密的情況不僅未得以改變，反而變本加厲。據《史記》載：「自張湯死後，網密，多詆嚴，官事浸以耗廢。」因為張湯不過是前臺的一個小兵，背後的操縱者是集國家大權於一身的漢武帝。張湯雖然嚴酷，但他辦案大多數還是依據法令行事，其他一些著名的酷吏，在執法上更是不擇手段。

義縱是與張湯同時代的一名酷吏，在剷除盜賊與豪強上雷厲風行，受到武帝的重視。由於漢匈交戰，作為前方基地的定襄受戰爭之害很深，很多家族因戰爭而家破人亡，為了生存，不免做些違法的事情，而官吏也很腐敗，因而定襄的社會穩定成為一大問題。漢武帝讓義縱擔任定襄太守，義縱到任後，發現監獄管理問題很大，有不少囚犯的朋友、兄弟私下裡可以到獄中探監。他一口氣逮捕了二百多名犯人以及二百多名私自探監者，以「為死罪解脫」為名，全部處死。一日之內，處死四百餘人，令定襄所有民眾大為恐慌。義縱便是以這種恐怖手段來達到治理的目的。這已經不能稱為執法，堪稱是一次大屠殺了。

與義縱苛嚴殘暴相比，張湯還算是尺度寬鬆了。義縱的這種高壓政策，卻贏得了漢武帝的青睞。當時整個社會的混亂甚至蔓延到了首都長安城，天子腳下之地。法律越苛嚴，百姓越沒有生路，便鋌而走險，鑄私錢、當強盜。在這種背景下，義縱被任命為右內史。義縱依然採取極端高壓的血腥手段，殺人特別多，這得到漢武帝的默許。法律不是為了公正，只是為了皇權。因此，才有義縱這種殘暴的治理手段。

可是義縱後來忘了一件事了。西元前一一四年，漢武帝派楊可主持「告緡案」，一時間富商紛紛被抄家破產。義縱認為這將導致民眾作亂，便私下干涉楊可辦案。可是他真的錯了，楊可不過是個小兵，後臺大老闆是漢武帝。這個嚴重的政治立場錯誤，導致他命喪黃泉，最後被處死了。

另外一名著名的酷吏王溫舒，他是從地方小官吏一步步成為朝廷重臣，從打擊盜賊開始，手段血腥，後來成為張湯的手下。在擔任河內太守時，極力打擊地方豪強，拘捕連坐者達一千餘家，大罪滅族，小罪處死。中國古代死刑基本是在秋冬執行。春夏萬物生機，在中國人的觀念中，不宜執行死刑。王溫舒在死刑季節中處死人數之多，駭人聽聞，據史料記載：「流血十餘里」。有一些嫌疑犯直到春季時才被抓捕，王溫舒居然跺腳歎道：「要是冬天再長一個月，我就可以殺完了。」

為什麼在漢武帝時代社會秩序如此混亂呢？

在武帝之前的文景之治中，政府節約開支，輕徭役，薄賦稅，國家經濟得到迅猛的發展，民富國強。可以說，漢武帝早期之所以有赫赫武功，一方面固然與他的雄才大略有關，另一方面也得益於先帝遺留下來龐大的經濟資本。民富則國強，這是一個規律，而漢武帝卻逆其道而行，經過大規模的開疆拓土，國家財政陷入危機。在這樣背景下，漢武帝便進行金融改革，但並不太成功。

一個是發行白鹿皮幣。一皮幣價值四十萬錢，這種錢在市場上得不到認同，皇帝便要求王侯宗室在送貢禮時，要用這種皮幣墊在貢物上，其實就是強行讓這些諸侯王室買單。後來又改發行白金幣，所謂的白金，是銀與錫混合冶鑄，其價值當然比不上純銀，但是這種新幣被政府規定分三等：一等值三千錢，二等值五百錢，三等值三百錢。推行新幣的結果，是出現大量的私鑄者。在其後五年內，因鑄私幣被判死刑的人多達幾十萬人。因為人數太多，後來不得不採取大赦的手段，讓私鑄者自首。結果自首的人超過一百萬，而沒有自首的人，要遠遠多過這個數量。

金融改革的失敗，使漢武帝開始採取高壓手段，打擊豪強富商。「告緡令」導致天下大亂，民怨沸騰，連富商都紛紛破產，一般百姓更沒有生路。這樣，社會治安一天天惡化，而法令一天天苛嚴，反過來迫使民眾去偷盜、搶劫、搞不法買賣。儘管酷吏橫行，殺的人越來越多，但社會越來越亂。

如果結合一下漢武帝後期在與匈奴戰爭中的不佳表現，就可以發現，當人民不再富裕，社會不再安定時，一個國家的軍事同樣會走下坡路的。

漢武帝不是一個仁慈的君主，即便是他所信任的人，也很容易失去其信任，他其實就是一名獨裁者，深知如何牢牢握住手中的權力。

他採用酷吏政治，壓制朝中的文臣武將，法網森密，稍不留神，就可能人頭落地。在武帝一朝中，總計有十三個宰相，其中有六人死於非命。特別到了漢武帝晚年，更加暴戾無度，以至於公孫賀被任命為丞相時，竟然是惶恐不安，不願接印綬，頓首涕泣不肯起。漢武帝拂袖而去，他不得已接受，自言自語說：「我這下子完蛋了。」後來，公孫賀果然沒有好下場，遭到族誅的悲慘命運。

在重用酷吏的同時，漢武帝對待這些酷吏，只是視為打手，曾經紅極一時的張湯獲罪自殺，義縱因有違聖意被處死，王溫舒更慘，他自殺後，還被屠滅了五族。

晚年的漢武帝，沒有強大外敵的挑戰，沒有強有力諸侯的威脅，沒有權臣的掣肘，甚至連社會上的豪強也被剷除，他的專制統治達到登峰造極的地步，沒有任何制約的權力終於導致了一場場慘禍不斷發生。

西元前九十二年，一場導致數萬人死亡的巫蠱之禍爆發了。

二八、血流成河的巫蠱之禍

漢代的人很迷信，而漢武帝更加迷信，他一生孜孜不倦地求神尋仙，企圖長生不老，永享富貴榮華。他擁有人世間無限的權力，沒有人可以跟他對抗，但有一點他卻不能不防，就是防備別人以超自然的鬼神力量來陷害他。巫蠱就是這樣一種在時人看來具有超乎想像、不可思議的鬼神力量，這自然成為皇帝必須要杜絕的法術。

第一任皇后陳阿嬌就曾經想利用巫蠱之術，來打倒衛子夫，最後卻因此事被廢黜了。然而巫蠱在京城的流行，卻絲毫不減，一大堆在江湖混飯吃的方士巫師，紛紛聚集於京城，故弄玄虛，妖言惑眾，專門搞歪門邪道。在宮廷內部以及王侯將相府中，這個法術受到了空前的歡迎，特別是皇宮侯府內的女人特別多，爭風吃醋，相互鬥爭，互相搞巫蠱來詛咒對方。

西元前九十六年，曾經陷害李陵的公孫敖，被查出他的夫人搞巫蠱，他也受到牽連，被抓起來砍頭了。不過，此時以巫蠱治罪，還僅是個案。四年後（前九十二年），建章宮發生了一起離奇的事情，並最終導致了血流成河的巫蠱慘禍。

這年的一天，漢武帝在建章宮時，突然看到有一名男子帶著一把劍走入中龍華門，他意識到此人有問題，便派人前去捉拿，結果這名男子轉身就逃，沒能抓住。性本多疑的漢武帝這下確信，有人想要致他於死地。不久後，他又做了一個夢，夢到數千小人木偶，持著武器攻擊他。他驚醒了，嚇出一身冷汗，更加認為有人以巫蠱術加害於自己。從此，巫蠱便成為朝廷打擊的首要目標，哪一個人只要捲入巫蠱之中，必死無疑。

首個捲入巫蠱案的大人物，便是帝國宰相公孫賀。

在此之前，公孫賀的官運亨通，這也得益於裙帶關係。公孫賀的妻子是皇后衛子夫的姐姐衛君孺，他也是衛青的姐夫，多次參加抗擊匈奴的戰爭，乃是漢軍一名重要的將領。公孫賀的兒子公孫敬聲也因為父親的關係，當上太僕。仗著老爹的權勢，公孫敬聲驕橫霸道，幹了不少違法亂紀的事情，後來居然挪用北軍公款一千九百萬，結果被人舉報，抓捕入獄。

公孫賀愛子心切，想法設法要營救公孫敬聲。正好當時朝廷正通輯一位綠林好漢，此人叫朱安世，江湖人稱陽陵大俠，但一直抓不到。公孫賀就向漢武帝請求，他願意動用一切力量，抓獲朱安世，來贖兒子之罪，漢武帝同意了。公孫賀還是有些能耐，經過一番努力，終於抓到陽陵大俠朱安世。朱安世被捕時，竟然臉帶微笑，對公孫賀說：「丞相你要大禍臨頭了。」

作為著名的遊俠，朱安世消息頗為靈通，他也掌握了丞相府中的一些祕密。在獄中，朱安世上書漢武帝，檢舉揭發道：「公孫敬聲與陽石公主私通，並且在甘泉宮馳道上，埋藏有木偶人，讓巫師詛咒皇上。」

漢武帝得知這個消息後大為震驚，讓著名酷吏杜周調查此事。杜周這個人，據史書所載，「其治暴烈皆甚於王溫舒等矣」，他比前幾任酷吏手段更加嚴酷。杜周根據朱安世提供的線索，果然挖出木偶人，漢武帝下令逮捕宰相公孫賀。經過調查，巫蠱案屬實，父子兩人在監獄被處死，整個家族全部被殺。

這起巫蠱案並沒有結束。

與公孫敬聲通姦的陽石公主，是漢武帝與皇后衛子夫的親生女兒。衛子夫為漢武帝生了兩個女兒，另一位諸邑公主也被捲入到這起巫蠱案之中，具體她參與什麼事，史載不詳。兩位皇帝親生女兒都捲入此事，這事情怎麼辦？俗話說，虎毒不食子，但漢武帝絕對是個例外。他對他人的生命漠視到極點，即使自己的女兒、兒子的性命，他也不在意。

漢武帝指示，不論涉及何人，一律嚴懲，絕不寬恕。哎，晚年的漢武帝，哪裡像是個人哪，分明是個魔鬼了。涉案的兩個親生女兒，竟然都被他下令處死，而他還自稱是儒家的信徒呢。

同時被殺的人，還包括衛青的兒子衛伉。這件巫蠱案，是衛氏家族遭遇到的最大打擊。被處死的這些人，都與皇后衛子夫有著密切的聯繫。從衛子夫在平陽夫人家中遇寵，到巫蠱案的爆發，已經過去四十五年了。衛子夫從一名歌伎成為一國之后，但是年老色衰的她，早失去了皇帝的寵幸了。唯一令她安慰的，是自己的兒子劉據立為太子。可是現在，她忽然覺得山崩地裂，天旋地轉了。自己的兩個女兒竟然被殘暴父親處決，姐姐衛君孺一家遭到滅族的命運，侄兒衛伉也被殺了。

這一切，似乎都是衝著皇后與太子而來，衛子夫有一種大禍臨頭的強烈預感。

衛子夫的預感沒有錯。

山雨欲來風滿樓。皇后與太子的命運，早就岌岌可危了。

皇太子劉據的性格，明顯與父親劉徹不同，倒是與曾祖父文帝有些類似，性情溫和，富有同情心。在武帝看來，皇太子這些性格是缺點，既然他以後要繼承皇位，就應當要有魄力，要雷厲風行。隨著衛子夫的失寵，後宮新獲寵幸的女人也不斷為皇帝生下新的皇子，漢武帝對皇后衛子夫、太子劉據開始疏遠了。

起初衛子夫有強有力的後援，這就是他的弟弟衛青，以及她的妹夫公孫賀。漢武帝雖然對皇后與太子疏遠了，可是並沒有更換太子的想法。他察覺到衛子夫內心深處的不安，便對衛青說：「漢室草創，四夷侵陵中國，朕如果不變更制度，後世不能效法；不出師征伐，天下不能安定；因而不得不勞民傷財。如果後世像我這樣做，那是蹈秦帝國覆亡之路。太子敦重好靜，以後必定可以安定天下，不會讓我憂慮。如果要找守成之君主，哪裡有比得上太子的呢？聽說皇后與太子心裡惴惴不安，以為朕有疏遠之意，其實不是這樣的。你可以把我的話轉告他們。」

皇帝的表態，讓皇后衛子夫稍感心安。

太子劉據比較有人情味，他反對父親濫用武力，四處征伐，漢武帝只是一笑了之，對他說道：「勞苦的事我來做，安逸的事留給你，這不是挺好麼？」當時漢武帝喜歡任用酷吏，用法嚴苛，劉據打心眼裡反對這種暴政，他性情寬厚，總是反覆核對案件，發現有不少冤獄，救了不少人。可是，這個做法引起了當權派酷吏集團的強烈不滿。衛子夫對太子的做法非常擔心，深恐他遭到這些當權派的陷害。

衛青在世時，這些當權的酷吏對這位大將軍十分憚忌，不敢貿然對劉據報復。到了西元前一〇六年，衛青病逝，使得皇后與太子失去了一座靠山，酷吏集團便開始對劉據展開反撲，頻頻陷害太子，動輒向皇帝告密，說太子的壞話。不過，一來太子做事謹慎，並沒有給當權派抓住什麼致命的把柄；二來漢武帝雖然殘暴，可還不是老糊塗，所以劉據雖然沒得到寵愛，卻仍然得到信任。

可是到了西元前九十二年，漢武帝在經過遭遇刺客與夢到被小偶人攻擊的事情後，性情大變。

其一，刺客竟然可以攜劍入宮，而後又逃之夭夭。這說明指使刺客的人，絕不是一般的人物，肯定是朝中重要當權人物，可是這是無頭公案，查不出來。其二，漢武帝身體欠佳，特別是精神狀態不好，容易忘事。這使他深信有人在搞巫蠱法術，企圖以此摧殘其意志。他的疑心更重，對誰都不信任了。特別是公孫賀父子一案中，他的兩個女兒居然捲入其中，更使他震驚。

這一切，被當權派酷吏看在眼中。

諸邑公主與陽石公主是太子劉據的姐姐，這給劉據的政敵們看到了一個信號，皇帝現在是六親不認，而且對皇后衛子夫與太子劉據業已失去了信任。

一場針對太子的陰謀已在悄悄的醞釀之中，而策劃這個陰謀的，是酷吏江充。

江充是漢武帝後期最凶殘的酷吏之一。

他本是趙國人，因告發趙國太子立功而得到皇帝的器重，被指派為繡衣直指。繡衣直指是朝廷的特派官員，專門督察巡視地方官員，權力很大。江充這個人很懂得維護皇帝的權威。當時，漢帝國修有馳道，就是當時的高速馬路，是皇帝的專用車道，一般大臣公卿、皇親國戚也不准走，但皇帝並不經常出行，所以慢慢這些馳道也開始被一些高層人士所使用。江充為了討好皇帝，便向漢武帝提議，如果有發生馳道犯禁之事，便把車馬沒收了。這個建議，得到了准許。江充便開始在馳道上嚴抓犯禁的官員，結果很多人被他逮住了，只得交錢贖罪，這些贖金竟然多達數千萬。有一回，太子劉據栽在江充手上，他的馬車違規駛入馳道，被抓住了。劉據派人向江充求情，但江充鐵面無私，還告到皇帝那裡。這樣，江充便與太子劉據結怨了。

眼看著漢武帝一天天地老去，身體越來越差，一旦突然駕崩，劉據將成為帝國的繼承人。想到這樣的結果，江充憂心忡忡，擔心劉據上臺後，自己肯定沒有好下場。正好宮中傳出皇帝夢到受小偶人的攻擊，江充便心生一計。他對皇帝說：「皇上的疾病，乃是因為有巫蠱作祟。」漢武帝深信不疑，便令江充為特使，專治巫蠱案。一時間巫蠱案掀起腥風血雨，只要被誣為巫蠱，便立即被判處大逆不道，從京城到全國各地，因捲入巫蠱案而被處死的人數，前後多達數萬人。

在取得了反巫蠱的重大「勝利」後，江充開始將矛頭對準皇太子劉據。

江充指使巫師檀何向皇帝密告：「皇宮中的蠱氣，如不剷除，皇上的病不能康復。」漢武帝一聽，這還了得，急令江充入皇宮內，掘地搜尋巫蠱道具。江充將嬪妃處、皇后宮、太子宮等處掀了個遍，掘地三尺，結果聲稱在太子宮下挖出許多木偶人，還有寫著大逆不道文字的帛書，並且上報給漢武帝。

很明顯，這些所謂的木偶人，只是江充栽贓嫁禍的。巫蠱案的下場，太子劉據是親眼見過的。在公孫賀父子一案中，他的兩位姐姐都被殺死了。現在他明知是江充搞的鬼，可是有口難辯了。劉據陷入深深的恐懼之中，怎麼辦呢？

漢武帝此時在長安以西八十里處的甘泉宮養病。太子少傅石德認為這件事，百口莫辯，他建議太子劉據矯詔抓捕誅殺江充，並暗示如今皇上病重，奸臣當道，不要被奸臣所算計，落得個像秦朝太子扶蘇的下場。

劉據原來打算前往甘泉宮向漢武帝解釋，可是江充步步緊逼。事到如今，與其坐以待斃，不如鋌而走險了。他聽從石德的建議，派心腹冒充皇帝的使者，逮捕江充。與江充一同辦案的韓說懷疑使者身分，不肯受詔，當即被格殺。江充被綁到太子劉據面前，劉據怒責道：「你以前陷害趙王父子還不夠，現在又要害我們父子！」說罷，親自操刀，一刀結果江充的性命。

事到如今，劉據不得不考慮自保了。他把矯詔誅殺江充之事，報告給母親衛子夫，而後打開武器庫，將兵器分發給長樂宮侍衛。長安城內一片混亂，「太子謀反」的傳言四起。

一些官員逃出長安，出奔甘泉宮，向漢武帝報告太子謀反了。

漢武帝不相信，他對自己這個兒子的性格還是比較了解，所以只是淡淡地說：「太子肯定是害怕了，對江充等人很氣憤，才會有此激變。」便派人返回長安城，召太子前往甘泉宮。當使者到了長安城後，卻怕死不敢前去見太子，跑回來謊報道：「太子已經謀反了，還想殺我，我逃了出來。」

這下子漢武帝大怒，這個獨裁者是個六親不認的人。在歷史上，子弒父的故事在春秋戰國時代便反覆上演，他認定太子謀反屬實，即便親如父子，在政治鬥爭中依然是你死我活。他馬上指示丞相劉屈氂，對叛逆者格殺勿論，不許有一個叛逆者漏網。

一場驚心動魄的內戰爆發了。

漢武帝徵調長安附近的軍隊，交給劉屈氂指揮。太子劉據困獸猶鬥，他仍以矯詔的方式，赦免首都監獄中的囚犯，發給武器，武力抗拒。同時，派人持符節徵調長水、宣曲兩地的胡人騎兵團（主要是歸降的匈奴人）。可是，他晚了一步，皇帝的特使告訴胡人：「符節是假的，不可聽從。」胡人騎兵團轉而站在皇帝一邊，進攻長安城。

漢代的符節是紅色，為了與太子使用的假符節區別，漢武帝命令在紅色符節上加上黃旄。在長安城內，最精銳的部隊是負責守衛京城的北軍。太子劉據親自來到北軍營地門外，召來護北軍使者任安，把符節交給他，命令他發兵。任安見符節上沒有黃旄，心知有詐，他接受符節後，進入軍營，閉門不出。

劉據調動不了北軍，無可奈何之下，他只得以平民、囚犯作為主力，與丞相劉屈氂的軍隊作戰。經過五天的血戰，雙方死亡人數多達數萬人，可見戰況之慘烈程度。此時消息漸漸明朗，長安城內百姓都認為太子謀反，紛紛逃離太子陣營，形勢對劉據相當不利了。

戰敗的太子劉據無奈之下，逃出長安城。漢武帝控制了都城，立即下詔，收回皇后衛子夫的璽綬。衛子夫絕望了，在兩個女兒被處死後，她就已經傷心欲絕，沒想到現在又輪到自己的兒子遭殃了，這位曾經絕色傾國的女人最終以自殺的方式，結束了自己的生命。

漢武帝大開殺戒，太子的門客一律誅殺，曾追隨太子起兵者，一律以謀反罪誅滅全族。長安城內一片腥風血雨。

太子劉據逃出長安城後，藏身在湖縣一窮人家中，主人靠賣草鞋的微薄收入，供養太子與他的兩個兒子，生活極為艱難。正好在湖縣有一個富人，是太子的舊相識，劉據便向他求援。這樣一來，行蹤暴露了。地方官府立即派官吏圍捕太子，劉據無處可逃，無奈之下，上吊自殺，他的兩個兒子一併遇害。

太子死後，巫蠱之禍仍在蔓延。

很快，恐怖的巫蠱案落到了鎮壓太子的宰相劉屈氂身上。劉據死後，太子位便出現空缺，究竟哪位皇子可以繼承皇位呢？宰相劉屈氂與貳師將軍李廣利打算爭取讓劉髆成為皇太子。劉髆是李廣利的妹妹李夫人所生，而劉屈氂是貳師將軍李廣利的親家（李廣利的女兒嫁給劉屈氂的兒子）。只要劉髆日後能成為皇帝，兩人便可永保榮華富貴了。

沒想到這事被人告發，稱宰相劉屈氂的夫人大搞巫蠱，詛咒皇帝早死，與李廣利合謀擁立劉髆為皇帝。又是一個巫蠱案！只要與巫蠱沾邊，必死無疑，連太子劉據、皇后衛子夫都不能身免，宰相算什麼呢？

劉屈氂被逮捕，漢武帝命令將他囚在廚車上遊街。廚車是裝豬、牛等牲畜的車子。對宰相進行一番人身羞辱後，劉屈氂被綁赴東城腰斬。劉屈氂的妻子兒女被拉到華陽街斬首示眾。李廣利的妻子與兒子也被逮捕。

李廣利的家人沒有馬上被處決，是因為漢武帝投鼠忌器，此時的李廣利正手握重兵，率軍北伐匈奴。當劉屈氂全家被屠的消息傳來時，李廣利嚇得魂不守舍。他殘留著一絲僥倖，就是希望能夠以一場輝煌的勝利，來換得皇帝的赦免。這是唯一的希望了。

可是事情又節外生枝，李廣利軍中長史竟然密謀暗算他，想將貳師將軍抓起來向皇帝邀功。在生死攸關的時刻，李廣利先下手為強，逮捕並誅殺長史。然而內訌一起，軍心渙散，士氣低落，不堪再戰了，只得撤軍回國。

撤退到燕然山時，匈奴狐鹿姑單于親自率領五萬騎兵，包圍李廣利兵團。在匈奴人的夾擊之下，漢軍大敗。李廣利心裡很明白，吃了敗仗之後回到長安城，新舊帳一起算，他就是有十顆人頭也得落地。絕望之中，他向匈奴人投降。

冷血無情的武帝劉徹，聽到李廣利投降的消息後，他沒有遲疑，立即下令將李廣利家族全部屠殺。

從西元前九十二年到九十年的三年間，是巫蠱的恐怖時期。帝國皇后、太子、兩任宰相都死於非命，從政府高級官員到平常百姓，都陷入到深深的恐懼不安之中。

到了西元前九十年，從民間發回的調查報告顯示，所謂的巫蠱案，基本上都是屬於誣告栽贓。這時，漢武帝有所醒悟，他開始體會到太子劉據是出於恐懼不安的心理，並非真的想奪權謀反。想到太子的悲慘下場，他有所悔意，便建了一座思子宮、一座歸來望思臺，以表示思念之情。是到了反思的時候了。

曾經盛極一時的大漢帝國，如今一團亂麻。對外戰爭一敗塗地，自從漢匈重新開戰以來，沒有贏得過一次重大勝利，反而連遭敗績，漢軍重要將領趙破奴兵敗被俘，李陵兵團全軍覆沒，最後李廣利也兵敗投降。與對外戰爭相比，內政更是一片混亂，幾年巫蠱事件下來，血流成河，酷吏橫行，冤獄屢興，民不聊生，各地武裝起義紛起。這個曾橫掃四方的大帝國，岌岌可危！

也許是太子之死刺激了漢武帝，在他生命的最後幾年，一改以前的暴政與對外擴張政策，為結束帝國政治混亂局面打下了基礎。

二九、懸崖勒馬：政權的平穩過渡

持續三年之久的巫蠱之亂告一段落，漢武帝開始有悔意。

西元前八十九年，有一次面對群臣時，漢武帝說了一番懺悔的話。他說：「自從我即位以來，所作所為，狂妄而有悖於事理，使天下百姓陷於愁苦之中，現在想起來，不可追悔啊。從現在開始，凡事如果有傷害百姓之事，有浪費天下錢財之事，一概停止。」

漢武帝乃是一個極為堅強、自信的人，即便做了錯事也不願承認，但這次，他卻公開承認自己執政五十年來的錯誤。此言一出，每個人都意識到，皇帝的思想發生一百八十度的大轉變了。

接著，迷信了一輩子的劉徹，下令罷除宮中所有的術士巫師，並感慨道：「以前我很愚昧，被這些術士所欺騙，天下哪裡有神仙啊，盡是些妖言妄語罷了。只要多注重飲食與吃藥，身體就可以少得病了。」從迷信神仙到罷除術士巫師，可以看出，巫蠱之禍、特別是太子之死，對他的心理產生了巨大的影響。

此時，漢武帝接到治粟都尉桑弘羊、丞相田千秋等人的聯合上書，提議政府增派士兵到西域輪臺屯田。輪臺於西元一〇二年被李廣利屠滅後，漢政府派數百人前往屯田，這裡可灌溉地超過五千頃，屯田人數嚴重不足。桑弘羊還提議招募百姓遷徙到屯田處，並在輪臺以西修築漫長碉堡線。

然而，武功蓋世的劉徹，沒有批准這項軍事計畫。他發了一道詔令，這道詔令後來被稱為「輪臺詔令」。在詔令中，武帝說道：「現在大臣請求屯田輪臺，修築碉堡、開鑿山道，這將擾勞天下，這樣做並非優待百姓，這是我所於心不忍的。」又說：「當今的急務，是禁止官員對百姓的苛暴與擅自徵收額外的賦稅，力耕務本，發展農業，重修『馬復令』（馬復令是指民間養馬，給予優惠政策，可以代替差役），以補戰馬的缺乏，勿使武備荒弛。」

在這道詔令中，武帝劉徹改變長期奉行擴張的國策，而採用休養生息的政策，以緩和國內日益嚴重反抗政府的暴動，鼓勵發展農業，富實百姓。

曾經幾何時，漢武帝對民間的富商豪強深惡痛絕，認為是國家潛在的威脅，多次採取強硬高壓手段打擊，特別是「告緡令」的出臺，令富商多數為之破產。政府對民間經濟的打擊，造成民貧則國不強，致使晚期在軍事上也頻頻失利。漢武帝發布輪臺詔令後，又一次將國家政策拉到「富民」一事上。他將新任丞相田千秋封為「富民侯」，就是告誡他，職責在於富民。

同時，漢武帝起用趙過為搜粟都尉。趙過是漢代歷史上有名的農學家，他大力推行「代田法」。代田法是一種高效的耕作方法，並大力推廣新型靈巧方便的耕作工具，使得農田畝產量大大提高。由是可見，漢武帝在晚期，任用人才上仍然是獨具慧眼的。

由於漢武帝已經年老了，一直想尋求長生不老藥的他，自己感覺來日無多，必須要考慮接班人的人選。先前的太子劉據死於巫蠱之禍後，誰將是新的太子呢？劉屈氂與李廣利曾經想爭取李夫人所生的劉髆為太子，不過失敗了。剩下的諸皇子中，依長幼次序排名，最有可能作為接班人的，是燕王劉旦。

劉旦也自認為太子位非自己莫屬，不僅從長幼排行上，他是長者，而且他頗為聰穎，博學多才。他上書漢武帝，要求入皇宮宿衛，實際上想近水樓臺先得月。劉旦的自以為是，令漢武帝大為震怒，朕給你的，你才可以得到，朕不給你的，你想都不要想。漢武帝一怒之下，斬殺劉旦派來的使臣，並且削去他封國中的三縣。

燕王劉旦的弟弟廣陵王劉胥也是太子有力的競爭者。此人勇武有力，在這點上，頗與漢武帝相類，只是經常目無法紀，過失頗多，所以漢武帝也將他從人選名單中劃去了。

在漢武帝的所有兒子中，他最喜歡的是小兒子劉弗陵。

劉弗陵是西元前九十四年出生的，這一年漢武帝已經六十二歲。母親鉤弋夫人懷胎十四個月才產下他，這被認為是吉兆，因而大臣們紛紛向皇帝表示祝賀。晚年得子的漢武帝對自己的小兒子非常喜歡。到了劉弗陵五六歲時，他的個頭已經比一般小孩子要大了，而且人很聰明，漢武帝想將他立為太子。可是這時劉弗陵還年幼，而母親鉤弋夫人也還年輕。

漢武帝有一種擔憂。如果劉弗陵繼位，年齡這麼小，大權肯定會落入母親之手，到時是不是還會重演呂后擅權的悲劇呢？一旦鉤弋夫人大權獨攬，就沒有制約她的力量了，到時就形同女皇，必定會驕奢淫亂，那麼劉氏的江山，不就毀於一旦了麼？他越想越害怕，最後他一咬牙，一狠心，決定除掉鉤弋夫人，為帝國除去後患。

宮廷內向來母以子貴，但情形總有例外。為皇帝生下皇子，是後宮女人們的心願，這也是保持地位與富貴的手段。對於鉤弋夫人來說，產下皇子，竟然惹來了殺身之禍。漢武帝下定決心後，他找了件小事，責備鉤弋夫人，夫人脫去玉簪耳飾，叩頭謝罪，皇帝突然對左右喝道：「帶她去掖庭監獄。」鉤弋夫人大吃一驚，她根本沒料到事情怎麼會這樣嚴重，她頻頻回頭看著皇帝，漢武帝的心情非常複雜，以惆悵的語氣說：「你快去吧，你不能活了。」

鉤弋夫人最終被賜死了。處死鉤弋夫人後，漢武帝要面臨第二個問題：劉弗陵年幼，一旦登基，一定要有賢明的大臣輔佐，誰是最佳人選呢？漢武帝雖然殘暴，但有識人之才。他暗中觀察很久，最終選定奉車都尉兼光祿大夫霍光為第一輔佐大臣。

霍光是何許人呢？他正是名將霍去病的異母弟弟。

霍光的父親霍仲孺，早年在平陽侯府中與衛青、衛子夫的姐姐衛少兒私通，生下了霍去病。不久後，由於衛子夫得寵，衛少兒也得以到京城中嫁給了陳掌，與霍仲孺失去了聯繫，而霍仲孺也娶妻生子，生下了霍光。霍去病長大成人後，才知道自己的親生父親是霍仲孺，卻沒有機會相見，直到漢北之戰前夕，他有機會回到平陽侯家，差人請父親前來相見。霍去病見到生父後，拜倒在地說：「去病原先不知道是您的骨肉。」父子離別十幾年後相見，霍去病極盡孝心，為父親購置田地住宅，並見到了自己的異母弟弟霍光。漠北之戰大勝後，霍去病在返回途中，順路將弟弟霍光帶回長安城，此時霍光只有十幾歲。

當時霍去病戰功卓著，蒙皇帝恩寵，霍光也跟著沾光。漢武帝任命霍光為郎官，後來又提拔為侍中。霍去病去世後，霍光被封為奉車都尉兼光祿大夫。霍光的職責是在宮中侍奉皇帝，皇帝出行時，則以奉車身分隨駕。晚年的漢武帝性格暴躁，喜怒無常，又好殺戮，他身邊的人無不戰戰兢兢，如履薄冰。可是霍光卻憑著自己的機謹與忠誠，凡事小心謹慎，進出禁宮二十餘年，從來沒有犯過小錯，深得漢武帝的信任。

儘管霍光的官職並非很高，但有一雙慧眼的漢武帝認為他為人堅毅沉勇，辦事老練果斷，忠誠不二，一心奉公，是輔佐幼主的不二人選。所以，他命人畫了一幅畫給霍光，畫的是周公背著周成王接受諸侯朝賀的情景。周成王繼位時，由於年幼，周公輔佐他，發揚光大周室的事業。皇帝贈送霍光這幅畫，就是暗示霍光，他要像周公輔佐周成王那樣，來輔佐下一位君主。

不久後（前八十七年），漢武帝的病情加重了，已經到了油枯燈滅的時候了。霍光侍奉於皇帝的病榻下，流著淚問道：「皇上如有不諱，那麼誰來接班呢？」漢武帝掙扎著坐起身來，對霍光說：「你沒看明白我送你那幅畫的含義嗎？立少子劉弗陵為繼承人，你就肩負周公輔佐的職責吧。」

霍光一聽，趕緊叩頭道：「輔佐少主，臣不如金日磾。」站立在一旁的金日磾也叩首道：「臣是外國人，不如霍光。」

在漢武帝心裡，金日磾是輔佐大臣的第二人選。為什麼一個外國人，卻得到漢武帝如此器重呢？這裡是有些故事的。

金日磾是匈奴休屠王的太子。西元前一二一年，霍去病發動兩次河西戰役，前後殲滅匈奴軍隊四萬人，休屠王與渾邪王屢屢戰敗，匈奴單于非常生氣，想殺掉他們兩人，兩人商量後決定率部眾五萬人向漢政府投降。但是後來休屠王反悔了，渾邪王當機立斷，將他殺死，並逮捕其夫人與太子金日磾，吞併其部。這一年，金日磾才十四歲，他與母親、弟弟一同被送入官府為奴。他的命運出現巨大的轉折，從王太子一下子淪為奴隸。

雖然成了官奴，但金日磾身上還是頗有一種貴族氣質。又過了幾年，他長成一個男子漢，人高馬大，容貌很威嚴。由於來自游牧民族，他擅長養馬，所養的馬匹又肥又壯。一個偶然的機會，改寫了他的人生。漢武帝在一次遊宴中，參觀馬匹，當時後宮美女們都站在一旁觀看。這時，金日磾等幾十個人牽著馬匹上場，這些養馬人哪裡見過這麼多美女，全都偷偷瞟了美女幾眼，只有金日磾目不斜視，昂首挺胸。看來畢竟是當過太子，雖賤為馬夫，依然存有王者之風。

金日磾的幸運，是他遇到了漢武帝。善於提拔英才的皇帝一眼就看出此人氣宇軒昂，是個正直的人，不禁暗暗稱奇，召來問話，金日磾對答如流、進退得體。漢武帝馬上將他提拔為馬監，後來又出任侍中駙馬都尉、光祿大夫。從此，金日磾便平步青雲，成為朝中重臣。漢武帝的英明之舉，在很多年後得到了回報。

在漢武帝去世前一年（前八十八年），發生了馬何羅行刺案。馬何羅與大興巫蠱案的江充是好朋友，江充被誅後，他提心吊膽，害怕受到牽連，便積極策劃謀反。金日磾察覺有異常，便經常暗中監視，使馬何羅無法下手。有一天，金日磾生病了，臥床休息，馬何羅覺得機會到了，便私自入宮，並攜帶一把匕首，準備刺殺漢武帝。金日磾雖然臥病，但心中不放心，總覺得有什麼事要發生，便前往皇帝的寢室，正好遇上馬何羅。馬何羅見到金日磾後，慌了手腳，便跑向皇帝寢室，慌亂之中，碰到門口的寶瑟。這時，金日磾從背後抱住他，並高喊說：「馬何羅造反了。」漢武帝的左右侍衛趕過來，生擒馬何羅。

由於金日磾的赤膽忠心，漢武帝在臨終前，讓他協助霍光共同輔佐幼帝劉弗陵。

霍光被拜為大司馬、大將軍，金日磾為車騎將軍，上官桀為左將軍，桑弘羊為御史大夫，這四人被任命為新皇帝的輔佐大臣。

不久後，漢武帝病逝。漢武帝在位五十四年，他是中國歷史上最傑出的帝王之一，他既是明君，也是暴君。對此，司馬光曾有一段評價：「孝武窮奢極欲，繁刑重斂，內侈宮室，外事四夷，信惑神怪，巡遊無度，使百姓疲敝，起為盜賊，其所以異於秦始皇者無幾矣。然秦以之亡，漢以之興者，孝武能尊先王之道，知所統守，受忠直之言，惡人欺蔽，好賢不倦，誅賞嚴明，晚而改過，顧託得人，此其所以有亡秦之失而免亡秦之禍乎！」頗為中肯。

年僅八歲的劉弗陵繼任皇帝，是為漢昭帝。

漢昭帝雖然年幼，但帝國之舟平穩過渡，這得益於漢武帝的識人之明。霍光與金日磾兩人通力合作，輔佐幼帝。第二年，金日磾去世後，霍光大權獨攬。他老成持重，知人善任，任用一批嚴而不酷的官吏，一改武帝時酷吏當權的局面。在國家政策上則延續漢武晚年「輪臺令」的精神，採取休養生息、富民勸農的經濟措施，使得國家很快從巫蠱案的恐怖中走出。

儘管如此，圍繞最高皇權的政治鬥爭仍然暗流湧動。

劉弗陵作為武帝幼子登基，引起其他皇兄的憤怒，特別是燕王劉旦。他原本以為帝位非自己莫屬，不料卻陰溝裡翻船，心中極為不滿。而在朝中輔佐大臣中，上官桀與桑弘羊對霍光的不滿情緒也與日俱增。

上官桀的兒子上官安是霍光的女婿，因而上官、霍兩家關係一直比較密切。在漢武帝時，上官桀就已經位列九卿之列，地位比霍光要高，可是沒想到漢武帝臨終前，卻把霍光提到了大將軍兼第一輔佐大臣的位置，成為國家權力的實際掌控者，上官桀的地位反而在霍光之下。這一點，他心有怨言。

為了與霍光爭權，上官桀通過各種關係，將兒子上官安的女兒送入宮中，被冊封為皇后，而上官安也被賜封為桑樂侯。上官父子都成為當朝將軍，且又是皇后的祖父與父親，因而權勢熏天，不可一世。儘管如此，霍光的地位也沒有受到動搖。他的第一輔政大臣的特殊身分，使其地位難以撼動。他也不時壓制上官父子的囂張氣焰，使得他與上官桀的矛盾日益加大。

另一位輔政大臣桑弘羊，乃是漢武帝時代首屈一指的理財專家，也是經濟政策的主要制訂者。漢武帝時代最重要的事情，就是反擊匈奴與開疆拓土，因而其經濟政策主要是戰時經濟。漢武末年到漢昭帝時，漢帝國停止對外大舉出兵，當時社會也普遍認為應當要重返文帝時代的經濟政策。在此背景下，一場著名的「鹽鐵會議」在西元前八十一年召開，以各郡國賢良文學代表為一方，以桑弘羊為另一方，展開一次大辯論。這次大辯論的實質，是霍光對掌握財政大權的桑弘羊的一次政治鬥爭，在一定程度上削弱了桑弘羊的力量。

燕王劉旦、上官桀上官安父子、桑弘羊等人一致把霍光當作主要的政治對手，這些人便組成了反霍陣營。

西元前八十年，上官桀等人設計了一個陰謀，企圖剷除霍光。當時，霍光正好到京城郊外檢閱禁衛軍，上官桀讓人偽造一份燕王劉旦的奏章交給漢昭帝，誣陷霍光出行時，搞皇帝的排場，僭越禮儀，又擅自從軍隊中抽調軍官進自己的幕府，圖謀不軌，並告發霍光「專權自恣，疑有非常」。

上官桀的如意算盤是，皇帝見到這奏章時，必然大怒，到時下交給他辦理此事，他與桑弘羊就立即逮捕霍光，然後處死。可是上官桀百密一疏，他處心積慮地要致霍光於死地，卻忽視了一個關鍵人物：漢昭帝。

漢昭帝看了這折所謂燕王的奏章後，並沒有勃然大怒，反而不動聲色，只壓在案頭，沒有說什麼處理意見。霍光當然也有很多眼線，打探到了上官桀的密報，他心裡惶恐難安。第二天上朝時，害怕被逮捕，不敢進殿。漢昭帝看不到霍光，便問群臣：「大將軍在哪裡？」上官桀得意洋洋地站出來說：「燕王告發他的罪行，他不敢前來上朝。」漢昭帝下詔，宣霍光進殿。

這一刻，霍光根本不知道等待自己的命運是什麼。上官桀等人已經搶先一步向皇帝告狀了，而皇帝這時只有十四歲。一個十四歲的孩子，在錯綜複雜的是非面前，能辨別清楚嗎？霍光心裡沒底，但皇帝詔令已下，他只好硬著頭皮進殿。一見到皇帝後，霍光當即脫去帽子，叩頭請罪。

不料，皇帝的話卻令霍光大吃一驚。漢昭帝十分平靜地說：「大將軍請戴回帽子，朕知道這折奏章有詐，將軍無罪。」霍光趕緊拜謝，又問道：「陛下何以知奏章有詐？」漢昭帝回答道：「將軍出城檢閱禁衛軍是最近幾天的事，而調校尉入幕府也不過才十天的時間。京城距離燕國路途遙遠，燕王如何能這麼快得知情況。況且將軍如果真想要圖謀不軌，也根本不需要什麼校尉。」

如此精確的分析與英明的判斷，出自一個年僅十四歲的小皇帝，在場的人無不感到震驚。這時大家方才明白，漢武帝將劉弗陵選為接班人，真是沒選錯人啊。當然，有人欣喜，有人恐懼不安。

漢昭帝開始嚴查所謂燕王奏章的事件。這件事從頭到尾都是上官桀等人指使偽造，偽造者得到風聲後，逃之夭夭，沒能抓到。不過上官桀、桑弘羊等人惶惶不安，擔心總有一天會露餡。索性一不做，二不休，只有幹掉霍光，廢掉漢昭帝，將燕王劉旦扶立為皇帝，才能永保無患。

反霍陣營決定在鄂邑公主府中設宴，邀請霍光出席，在宴席上殺死霍光，然後發動政變，迎立燕王。

但是這起政變的陰謀，被鄂邑公主的一個手下舉報。霍光馬上向漢昭帝彙報這起陰謀，漢昭帝果斷下詔書，逮捕上官桀、上官安、桑弘羊等人，全部處死。涉案的鄂邑公主、燕王劉旦自殺身亡。

至此，這場權力場上的生死大戰塵埃落定，霍光最終贏得勝利，並成為四位輔政大臣中的碩果僅存者。霍光全力輔佐年輕的漢昭帝，在內政外交上，均取得重大成績。史學家班固評論道：「武帝之末，海內虛耗，戶口減半，霍光知時務之要，輕徭薄賦，與民休息。至是匈奴和親，百姓充實，稍復文、景之業焉。」斯可見其功。

在昭帝一朝，還有一件大事，就是被囚匈奴達十九年之久的蘇武，在經歷千辛萬苦後，終於返回祖國。他的事蹟驚天地，泣鬼神，乃漢民族氣節之完美寫照。

三〇、被放逐北海的硬漢子

昭帝始元六年（前八十一年），被匈奴人囚禁達十九年之久的漢使節蘇武，終於迎來了歸國的日子。當他手持早已旄旄落盡的符節回到長安時，帝國之都以最高規格的禮儀來歡迎這位堅強的鬥士，萬人空巷，以一睹英雄的風采！去時是年輕力壯，回來時白髮蒼蒼，只有堅毅的眼神一如往昔。

故事要從十九年前說起。

那是漢武帝天漢元年（前一〇〇年），漢匈戰爭第二次爆發，匈奴新上臺的且鞮侯單于想同漢帝國和解，便派使者出使漢帝國。漢武帝為了回報匈奴，答謝其善意，便派中郎將蘇武為正使、副使張勝、隨從常惠等人出使匈奴。

蘇武的父親蘇建，曾是漢軍重要將領，多次追隨衛青出擊匈奴，屢立戰功，被封為平陵侯。在衛青第五次北征匈奴時，蘇建是衛青麾下的右將軍，他的軍隊遭到匈奴人的伏擊。前將軍趙信率軍投降，但蘇建堅決不肯投降，冒著被斬殺的風險回到大將軍營中。當時軍中議郎提議處死蘇建，但衛青沒有同意，而是交由皇帝處置。漢武帝法外開恩，蘇建得以保全性命。因為這件事，蘇武一直對皇帝的寬恕有著深深的感激，朝廷對蘇家恩重如山哪，他希望能有機會以報答皇恩。現在他以正使的身分出使匈奴，一定要不辱使命。

蘇武使團一行人抵達匈奴，原本以為會受到且鞮侯單于的隆重接待，沒想到匈奴人對待漢使極其傲慢，副使張勝一肚子不高興。

正在這個時候，有一位故人前來探訪張勝。這個人名叫虞常，原本是匈奴人，後隨渾邪王投降漢帝國，他與張勝兩人是密友。後來虞常追隨趙破奴出征，趙破奴兵敗被俘，他手下的兩萬名騎兵全部投降，虞常也因此投降了匈奴。虞常有個計畫，想劫持且鞮侯單于的母親作為人質，反動叛變，脫離匈奴，返回漢帝國。可是沒有外援，不敢貿然行事，正好漢使團前來，他便想讓張勝助他一臂之力。

在虞常的慫恿下，張勝勉強同意了。這麼大的一件事，張勝瞞著其他使團成員，作為正使的蘇武，一直不知曉這件事。

一個月後，機會終於來了。

且鞮侯單于外出打獵，王庭中只有單于的母親、兒子、弟弟，衛隊人數不多。虞常糾集了七十多人，準備發難，但是關鍵時刻，其中一人反悔了，半夜時跑去向單于揭發虞常的陰謀。單于聞訊大吃一驚，火速將精銳衛隊調回王庭，圍攻虞常等叛亂分子。虞常這七十餘人，焉是單于精銳衛隊的對手。虞常被生擒，其餘七十餘人全部被斬殺。

這次叛變就這樣被輕而易舉地鎮壓了。

張勝慌了手腳了。

虞常被捕，單于肯定會嚴刑逼供，到時張勝參與虞常叛變的事情就會水落石出。張勝惶恐不安，找到蘇武，把整個事件和盤托出，蘇武聽了之後大吃一驚。

蘇武沉吟片刻說：「事已至此，看來單于追究到我頭上是遲早的事了。與其等著被捕羞辱而死，不如現在死個痛快一些。」說罷，把刀拔出來，就要往脖子上抹。張勝、常惠等人眼疾手快，把刀從蘇武手中奪走。

不出所料，在嚴刑拷打之下，虞常供出漢使團的張勝參加這次密謀。且鞮侯單于大怒，打算將所有的漢使團成員全部抓起來殺掉。單于的手下說道：「與其殺死他們，不如讓他們投降。」單于點點頭，將漢使團成員全部逮捕，並交給衛律處置。

衛律原本是定居在中國的匈奴籍人，與李延年是好朋友。李延年是武帝最寵幸的李夫人的哥哥，所以衛律對帝國高層的事情，也知道得一清二楚。李夫人去世後，李延年不知犯什麼法，被武帝劉徹下令處死。衛律因為與李延年的關係非同尋常，害怕受到牽連，便逃亡到匈奴。由於衛律對漢帝國的高層內幕瞭若指掌，他受到匈奴單于的重用，封為「丁靈王」。

蘇武不願受辱，他說：「我身為使團的正使，與其受匈奴人的污辱，即便苟且偷生，又有何臉面回到中國呢？」說罷，拔出佩刀刺進腹部，鮮血汩汩直流。

衛律見狀，吃了一驚，馬上請來醫生進行治療，好歹保住蘇武的性命。

過了一段時間，蘇武的身體漸漸恢復了。

匈奴人將蘇武及其他使團成員帶到衛律營帳中。為了給漢使施加心理壓力，匈奴人當著蘇武等人的面，將叛亂的主謀虞常斬首，一顆血淋淋的人頭滾落在地上。

衛律轉身面對蘇武說：「副使張勝參與謀反重罪，你作為正使，也須連坐。」

蘇武輕蔑地說：「我跟他既無相謀，也非親屬，他犯罪，我為什麼要跟他連坐？」

衛律被蘇武駁斥得啞口無言，惱羞成怒，拔劍刺到蘇武面前，但蘇武視死如歸，巋然不動。衛律知蘇武不怕死，來硬的不行，一轉念頭，收起劍道：「我以前逃離中國投靠匈奴，受到單于的重用，封我為丁靈王，擁眾數萬，馬畜滿山，也算是富貴了。你今日如果投降，明日也是如此，否則的話，身體腐爛在草野之上，誰又能知道呢？」

蘇武一聲不吭。衛律又接著說：「你如果投降，我願與你交為兄弟。如果不聽我的話，那麼以後即使想見我一面，恐怕也沒有機會啊。」

不想蘇武聽完後，便罵道：「你原是中國的臣子，卻背信棄義，投降到這種蠻夷之地，我為什麼要見你一面？單于信任你，讓你來審理此案，你掌握生殺大權，卻不能平心靜氣公正處理，反而將我們這些與事件無關的漢使扣押威脅，企圖挑起漢、匈兩國的戰爭。南越擅殺漢使，結果國家被屠滅；大宛截殺漢使，大宛王的首級被懸掛到帝國都城的北門；朝鮮擊殺漢使，馬上遭到滅國之災。現在只剩下匈奴還未遭報復，你明知我是不會投降的，卻來逼迫我，不過是為了挑起兩國的戰爭，來達到你個人報復的目的。看來匈奴就要大禍臨頭了！」

衛律被蘇武罵得灰頭土臉，只好說：「你這樣堅持不投降，我只好把你交給單于親自處置了。」

且鞮侯單于想從精神上打垮蘇武。他將蘇武囚禁在冰冷的地窖中，不提供水和糧食。寒冷、孤獨、饑餓一齊襲來。蘇武飲冰噬雪，從身上的皮衣上，將毛皮扯下，硬是一口一口地吞進肚內。他心裡只有一個念頭，自己是大漢使節，即便身陷險境，仍然要捍衛帝國之尊嚴、民族之尊嚴。

這是一場沒有硝煙的戰爭，是比拼哪一方的意志力更加堅強。

過了好幾天，且鞮侯單于料想蘇武定是奄奄一息，意志力被擊垮了。他下令打開地窖。出乎所有人意料的是，蘇武雖然瘦削了許多，但他的目光還是那麼沉毅，他的手臂還牢牢地握著符節，頑強地站立著，凜然不可侵。

所有人都驚呆了，就是久居北方的匈奴人，也絕不可能有人在這種惡劣的環境下可以生存下來。蘇武堅不可摧的意志力令匈奴人震撼了。

且鞮侯單于面對著蘇武，感到自己在一場決鬥中被打敗了。但是單于還不甘心，因為他還掌握著生殺大權。他下令將蘇武流放到荒涼無比的北海（貝加爾湖），讓他去放牧一群公羊，跟他說：「等到公羊產奶的那一天，你才可以回到中國。」

蘇武從此被囚於北海，與冰雪為伴。

除了蘇武，漢使團另一名重要成員常惠在匈奴的萬般利誘與威脅下，也錚錚鐵骨，堅決拒絕投降，表現出漢使的崇高氣節。而副使張勝是成事不足，敗事有餘，貪生怕死，變節投降了。

蘇武在寒冷的北海湖畔度過了十九個年頭！

北海是荒涼之地，也是匈奴流放犯人的地方，糧食經常無法按時供應，蘇武就在野地裡挖掘老鼠洞，逮著野鼠後烤著吃，有時也以野草充饑，就這樣飽一頓，饑一頓的。但無論走到哪裡，那支代表他漢使身分的符節，始終沒有離身，符節上的旄毛已經全部脫落，光禿禿的。

歲月的滄桑，磨滅不去蘇武的節操與信念；思鄉的渴望，霜白了他的鬢髮；寒冷與荒涼，驅不去他內心熱火般的激情。

在這裡，他沒有朋友，直到李陵的到來。

李陵投降匈奴後，沒有顏面來見蘇武。他與蘇武在漢帝國的宮廷中同為侍中，共事多年，交往甚密。

十餘年後，匈奴單于派李陵到北海勸降蘇武，李陵才硬著頭皮前往。

李陵擺下酒筵，與蘇武對飲。飲酒過半，李陵歎了口氣，對蘇武說：「子卿（蘇武的字）兄，沒想到十餘年前，長安城一別，竟然是在此相見。我來之時，聽說令母已經仙逝，你的兩個弟弟蘇嘉與蘇賢，幾年前都因為受一些事的牽連而自殺身亡。子卿兄的媳婦，聽說已經改嫁他人了。家裡還有兩個妹妹、兩個女兒與一個兒子，現在也生死未明。」

蘇武自從被囚禁以來，家鄉之事，無一而知，聽到母親與弟弟去世，家庭破碎，心中一陣傷悲，強抑淚水。

李陵又說道：「人生短促，就像朝露一樣，子卿兄何必折磨自己呢？當初我兵敗投降時，內心狂亂恍惚，既痛心愧對國家朝廷，又牽掛著被收監的妻兒老母。我不想投降匈奴之心，恐怕不亞於子卿兄。不想皇帝聽信讒言，竟然誅殺我全家，致使李陵肝膽俱裂，萬念俱灰。如今皇帝年事已高，法令無常，且莫說大臣無罪被夷滅全族的多達數十家（公孫敖、公孫賀、劉屈氂、李廣利、趙破奴等），連太子與皇后都不能免。子卿兄啊，你卻在這裡受盡苦難十餘年，又為的是誰啊？」

蘇武答道：「皇帝於蘇家恩重如山，蘇武無半點功德，卻與將軍侯爵同列，常願肝腦塗地以報答天恩。今天即便以斧鉞湯鑊加諸蘇武，我也受之如甘。請閣下不必再說。」

李陵默然無聲。

這樣過了幾天，李陵天天與蘇武飲酒。到了李陵要離開的那天，李陵說：「子卿兄，請再聽我一句話。」

蘇武打斷李陵：「自從離開中國以後，蘇武已把自己當作一個死人了。如果大王（李陵被封為右校王）一定要勸降蘇武，我與大王暢飲之後，便死在大王面前。」

李陵被蘇武的忠誠之心所感動，喟然歎道：「古代忠義之士，也沒有超過子卿兄的。李陵與衛律所犯下的罪行，上通於天！」說罷，淚下沾襟，與蘇武訣別而去。

在蘇武面前，李陵為自己的投降感到恥辱。他聽說蘇武生活艱難，想送一些牛羊給蘇武，但自己沒有顏面去見蘇武，就讓自己的匈奴妻子，帶著數十頭的牛羊到北海，接濟蘇武。

幾年後，李陵又一次來到北海，給蘇武帶來一個天大的噩耗。

李陵對蘇武說：「匈奴兵虜掠了一些雲中的百姓，從百姓口中得知，雲中自太守以下的官吏百姓全部身著白色的衣服，說是皇帝已經駕崩了。」

原本李陵希望武帝的死訊能夠讓蘇武沒有效忠的對象而投降匈奴，沒想到蘇武一聽到這個噩耗，馬上跪倒在地，向南叩拜號哭，悲痛欲絕，最後竟然口吐鮮血，暈死過去。

李陵大吃一驚，忙差人實施搶救。蘇武醒來後，再度號哭吐血。

從那一天起，蘇武連續幾個月，每天早晚都要向南跪拜，表達哀傷之情。

西元前八十六年，匈奴狐鹿姑單于去世後，國內各方勢力爭權奪利，在衛律的支持下，壺衍鞮單于繼位，而實權派左賢王、右谷蠡王心懷不滿，拒絕前往龍城參加單于主持召開的大會。匈奴內部開始出現了分裂。

匈奴的內部分裂，使新上任的壺衍鞮單于深感無力與強大的漢帝國抗衡，便希望謀求與漢帝國的和親之路。而要與漢帝國和好，被扣押的使節便成為敏感問題，於是蘇武的生死下落便成為漢匈兩國關係的焦點。

昭帝始元六年（前八十一年），漢派遣使者到達匈奴，商談具體事宜。

中國使者向匈奴提出必須要釋放被扣押達十九年之久的蘇武，可是匈奴方面使詐，謊稱蘇武已經死了，只把與蘇武同時被扣押的副手常惠等人交還給漢使。

也許是李陵將蘇武被囚禁在北海的消息告訴了常惠，常惠與漢使節一起商量解救蘇武的方法，最後常惠想出一條妙計。

漢使節再度求見匈奴單于，對單于說：「中國皇帝在上林苑狩獵時，射落了一隻飛雁，飛雁足上繫有一帛書，稱蘇武被囚禁在某某湖的湖畔。」

匈奴人特別迷信，對漢使編出來的故事大感震驚，以為真是什麼神靈在暗中幫助蘇武。壺衍鞮單于被使節質問得啞口無言，想了半天說：「請您稍等，我再向左右問個明白。」然後假惺惺與左右交談片刻，滿臉愧疚的樣子說：「真是不好意思，是我弄錯了，蘇武真的還在人世。」

李陵親自到北海為蘇武餞行，擺下酒筵，與蘇武觥籌交錯，一醉方休。

好友要返回中國，李陵既喜且悲，喜的是自己摯友終於獲得自由，悲的是自己淒慘的心事，從此再無人訴說。

李陵舉起酒杯，對蘇武說：「子卿兄，你此番歸國，揚名於匈奴，功顯於漢室，古代竹冊帛書所記載的英雄人物、丹青濃墨所繪的偉人，何有過於子卿兄！李陵雖然駑怯，但倘若漢室寬宥陵的罪過，保全老母妻兒，陵願意忍辱含垢，奮起武士之心，效法齊魯曹柯之盟中的曹沫，劫持匈奴單于以歸漢室，這是李陵往昔的夙願。可是漢室竟族誅我家室，屠戮之慘狀，陵每思之，心中滴血，痛心疾首，我還有回頭路可走嗎？一切都過去了，只是想讓子卿兄知曉我內心無言的悲痛。」

蘇武聽後也一陣唏噓，兩人再盡一杯酒，從此永別。李陵望著蘇武遠去的身影，不禁泣下成行。十九年啊，蘇武出使匈奴時，尚是壯年，回到祖國時，卻已是白髮蒼蒼的老翁。

十九年的囚徒生涯，蘇武在一場沒有硝煙的戰場上戰勝了敵人。他以自己驚人的意志力，為偉大的中國增添一段傳奇，為堅忍不屈的中國精神做了最好的注釋。

漢室輔佐大臣霍光與上官桀，同李陵是舊日的好友。武帝劉徹去世了，李陵也該返回中國了。霍光、上官桀派李陵的同鄉好友任立政等人，前往匈奴見李陵，勸他歸國。

任立政的到來，令李陵稍感安慰。任立政對李陵說：「少卿兄，現在時過境遷，李家的悲劇，我聽後也十分悲痛。現在朝廷上下，都希望少卿兄能夠返回中國，繼續為漢室效力。少卿兄意下如何呢？」

李陵搖搖頭說：「回中國很容易，但大丈夫不能再次受辱了。」拒絕了任立政的請求。

最後，李陵老死在異國他鄉。

蘇武與張騫一樣，是漢代最偉大的人物之一，他是民族精神之碑。血濺虜廷，威武不能屈其節，飲雪吞氈，厄境不能移其志；牧羊北海，人生有幾個十九年春秋，冰雪霜白其髮，風沙落其節旄；茹毛窮海，不為大漢羞，死有所不避，生只為報國恩；天地茫茫，萬物卑微，唯其精神可超越生命而千年不朽矣。

三一、從囚徒到天子

昭帝劉弗陵是一位明君，可惜英年早逝。元平元年（前七十四年），劉弗陵去世，死時只有二十一歲。昭帝沒有子嗣，誰將成為下一位皇帝呢？

當年與劉弗陵爭奪皇位的武帝諸子，有燕王劉旦、廣陵王劉胥與昌邑王劉髆。燕王劉旦因參與上官桀、桑弘羊的謀反而自殺，劉髆已經去世，剩下來的只有廣陵王劉胥。朝中大臣多數主張由劉胥來繼承帝位，可是掌權的霍光卻不願意。

霍光不願立劉胥是有原因的。劉胥不僅年長，而且此人好勇鬥狠，崇尚武力，曾經徒手鬥熊，被熊抓傷了，險些喪命。這樣的人上臺，霍光怎麼控制得住呢？霍光是一名賢臣，但賢臣不見得就沒有心機。此時帝王的廢立大權，全操在霍光之手，他豈能不為自己考慮一條最好的道路呢？

就在這個時刻，有一位官員上書，稱「廢立君主，主要考慮是否適宜，廢長立幼也是可行的。」我們有理由認為，這折上書可能是霍光指使的。霍光便將此奏摺交由宰相以下官員傳閱，這下子大家明白了霍光的意思了，就是「廢長立幼」。按親疏關係一排，就輪到了漢武帝的孫子昌邑王劉賀（劉髆的兒子）。

劉賀這個人，比劉胥更糟糕。他是劉髆的兒子，劉髆是漢武帝最寵愛的李夫人的兒子。以前宰相劉屈氂與李廣利認為劉髆繼位的可能性很大，想扶立劉髆。後來事洩，劉屈氂被殺，李廣利叛降匈奴，這樣一來，劉髆失去了繼承權。漢武帝死的時候，劉賀不僅沒有表示悲哀，反而還興致沖沖地跑出去打獵，這在當時是嚴重違背禮法的。繼承昌邑王位後，劉賀更是行為放蕩，無人可以拘束，整天喜歡跟一群善於拍馬的侍從混在一起，吃喝玩樂，令忠正耿直之臣無可奈何。

劉賀自己也沒有想到，突然喜從天降。昭帝去世後，帝位居然輪到他的頭上。收到以上官太后名義頒下的繼位詔書後，劉賀急不可待，他的馬車隊一路向長安城狂奔，半天的時間就跑了一百三十五里地，許多馬匹被活活累死了。

在奔往帝都的路上，劉賀已經在開始計畫著皇帝的美夢。他沿途搜羅美女，藏在車上，準備帶回皇宮去享用。快到長安城時，他的下屬龔遂提醒說：「根據禮法，昭帝剛駕崩，此行也是奔喪，望見都城時應該要哭。」劉賀很不高興地說：「我喉嚨疼，不能哭。」一直到了未央宮東門時，他才假裝嚎哭了幾聲。

對劉賀來說，自己現在是皇帝了，真命天子啊，天下都是屬於他的了，且先享享福了。繼位登基後，劉賀並不是忙於政事，除了泡美女外，就是飲酒作樂，鬥虎豹熊羆。不僅如此，他還把自己封國昌邑的官員下屬都調入長安城內，一口氣封了好多官。這麼一來，以大將軍霍光為首的朝中重臣明顯有一種受到冷落的感覺。

霍光「廢長立幼」，不立劉胥而立劉賀，原本希望繼續把持朝政大權，不料事與願違，居然來了這麼一個皇帝，一下子把他這個大將軍拋諸腦後了。

劉賀的倒行逆施，令霍光大失所望。朝廷之中，究竟是誰說了算，是皇帝劉賀呢，還是他大將軍霍光？霍光決定要反擊，讓劉賀見識一下，他是掌握有廢立大權的輔政大臣。

霍光私下召來親信大司農田延年，田延年說道：「大將軍是國家柱石，如果認為這個人不能勝任皇帝之位，為何不向太后稟告，另選賢能立之？」霍光沉吟片刻，說：「大臣廢黜君主，這種事情古代有沒有呢？」看來他是要尋找廢黜君主的法理依據。田延年博學多才，回答說：「有的，商代宰相伊尹曾流放國君太甲，以安定宗廟，後世稱讚其忠心為國。將軍您如果能這樣做，就是當代的伊尹了。」霍光聽罷大喜，讓田延年祕密聯絡車騎將軍張安世，共圖大計。

在得到張安世的支持後，霍光又聯絡宰相楊敞。楊敞這個人膽小怕事，一聽到霍光說要廢黜皇帝，他嚇得兩眼發愣，一句話也說不出來，汗流浹背，不知所措。此時，楊敞夫人對丈夫說：「這麼大的事情，大將軍已經下定決心了，如果你還猶豫不決，不肯表態，肯定要大禍臨頭的。」楊敞被夫人這麼一說，恍然大悟，他已經捲入漩渦，無法置身事外了，便答應霍光，全力支持政變。

成敗在此一舉了。霍光召集宰相、御史、將軍、列侯、高級官員、大夫、博士等在未央宮舉行會議。他開門見山地說：「昌邑王行為昏亂，恐怕危及社稷，怎麼辦？」大多數人並不知曉霍光的計畫，聽了之後大驚失色，知道一定有大事要發生了。此時，田延年站出來，按劍厲聲道：「先帝托孤給大將軍，就是認為大將忠良賢明，能夠安定劉氏江山。現今昌邑王無道，社稷將傾，如果漢家垮了，大將軍就是死了，有何面目見先帝於地下呢？今天所議之事，沒有迴旋的餘地，如果有人遲遲不肯回應，我就殺了他。」

田延年手握劍柄，瞪大虎眼。大家心裡明白，這不是什麼討論會，而是表態會。霍光的手段，大家是見識過的，反對大將軍者，即便是燕王劉旦、輔政大臣上官桀、桑弘羊都難逃一死，估摸一下自己的斤兩，有必要為昏君賣命嗎？大家一致表態：「萬姓之命，在於將軍，唯大將軍令！」

霍光便率文武大臣，晉見上官太后，列舉劉賀的種種惡行，直言他沒有資格繼承皇位。上官太后是霍光的外孫女，名義上是太后，其實她的權力有限，但是從法律上來說，她是唯一可以廢除皇帝的人。

上官太后移駕未央宮承明殿，並且發下詔書，禁止原昌邑國的官員進入宮門。劉賀入宮後，宮門關閉。他從昌邑國帶來的一幫大臣進不去，他大吃一驚，問霍光說：「這是幹什麼？」霍光跪稟道：「皇太后有詔，不准這些人進宮。」劉賀這時還沒有意識到這幫大臣正在密謀政變。可是霍光已經祕密吩咐車騎將軍張安世將劉賀在昌邑國的一幫臣僚二百餘人全部逮捕，劉賀很不高興地說：「我這些舊臣僚有什麼過錯，大將軍怎麼將他們都抓起來？」

這時，皇太后下詔召見劉賀。劉賀這下子突然意識到有什麼事要發生了，他恐懼不安地說：「我犯什麼錯了，太后要召我去？」進了承明殿後，只見殿上數百名侍衛，全部操著兵器，全副武裝，殺氣騰騰的。劉賀走到上官太后面前，伏地聽詔。

霍光與文武大臣聯合彈劾劉賀，由尚書令宣讀彈劾書，一五一十地羅列劉賀的罪狀，當念道：「與孝昭皇帝的宮女淫亂，並恐嚇掖廷令：敢洩露消息者，腰斬。」作為女人的皇太后，對其他政事可能不太敏感，但一聽到劉賀居然與先帝的後宮女人淫亂，這下子可氣壞了。她插了一句：「停一下，作為先帝的臣子，膽敢悖亂到這種地步。」劉賀這下子更加惶恐，趴在地上不敢抬頭了。

尚書令念完控告書後，請示皇太后：「宗廟重於君，陛下不可以承天序，奉祖宗廟，子萬姓，當廢！」上官太后詔曰：「可。」同意廢掉劉賀的帝位。

劉賀哪裡甘心啊？他脫口而出：「我聽說天子有諍臣七人，即便沒有道義，也不會失去天下。」霍光厲聲喝道：「太后已經下詔廢去你的帝位，你還敢妄稱天子！」馬上解下劉賀身上的玉璽，呈交給太后。就這樣，劉賀當了二十七天的皇帝後，被霍光拉下馬。看來在君臣的較量中，皇帝並不總是贏家。

劉賀被廢除帝位後，誰將是下一任的皇帝呢？霍光將目光鎖定在漢武帝的曾孫劉病已的身上。

帝王之家並不意味著就擁有榮華富貴，皇子皇孫也可能有著悲慘的命運。前太子劉據就是一例。這位漢武帝與衛子夫的親生子，最終身陷巫蠱之禍，不僅自己命喪黃泉，而且還拖累了家人。劉據的三個兒子、一個女兒以及他所有的妻妾，全部在巫蠱之禍之中被殺，只有孫子劉病已僥倖活下來了。

劉病已的父親劉進，是劉據與史良娣的兒子。他剛出生後不久，巫蠱之案爆發了。父親劉進、母親王翁須全部死於這場慘案中，而剛剛幾個月大的劉病已，因為只是個嬰兒，沒有被誅殺，被關押在監獄中。一個嬰兒被關押在獄中，沒有人撫養是必死無疑的。這時，監獄中一位正直的官員伸出了援手，這名官員是擔任廷尉監的邴吉。太子劉據遭遇巫蠱滅門慘禍，邴吉是抱以同情的態度，他認為太子是被惡人所陷害。對於太子的唯一血脈、年僅數月的劉病已，他很憐憫其悲慘的遭遇，便盡自己的能力來保護、撫養這個可憐的嬰兒。

監獄的環境很惡劣，黑暗而潮濕，沒有青天白雲，沒有清新的空氣，一個嬰兒要在這種環境下生存，非常困難。邴吉很細心，他把劉病已安排在比較高、比較乾燥的牢房，並且安排了兩位乳母。這兩人都是監獄中的女犯，為人善良，一個叫胡組，另一個叫趙征卿，輪流給嬰兒餵奶。邴吉公務繁忙，但每隔一天，總要到監獄看望劉病已一次。

就這樣，劉病已在監獄中度過了童年。兩年後，武帝劉徹生病，術士對武帝說：「這是因為長安城的監獄中有天子氣，與皇宮的帝氣相沖，導致龍體不安。」

劉徹是個頗迷信的人，一聽雷霆大怒，下了一道旨令，凡是京城各處收押的囚犯，不論罪行輕重，一律處死。

頓時間，京城的監獄，血流成河，獄吏的屠刀上血跡斑斑。

很快，內臣郭穰懷揣皇帝的詔令，深夜直奔向關押著劉病已的監獄：郡邸監。廷尉監邴吉已經得知其他監獄的囚犯被集體屠殺了。這可是皇帝的詔令啊，怎麼辦？

這一天對邴吉來說非常漫長，沒想到武帝居然把自己曾孫都列入屠殺之列啊！這可是太子劉據唯一的血脈了。邴吉想起了春秋時代趙氏孤兒的故事，公孫杵臼與程嬰兩人為了保護趙氏孤兒不惜殺身成仁的英雄之舉，何等的迴腸盪氣啊。邴吉把心一橫，豁出去了，橫豎只是個死字。

邴吉下令將監獄的大門死死關上。內史郭穰奉皇帝之令，在深夜時抵達郡邸獄，監督監獄處決犯人的事宜，可是卻被擋在門外。沒想到獄官竟然敢抗旨，他氣急敗壞，在外叫囂威脅邴吉。

邴吉在裡頭喊道：「皇帝的曾孫在此！他人無辜而死尚且不可，更何況是皇帝的親曾孫呢？」郭穰在外頭暴跳如雷，邴吉堅決不打開獄門，兩人一直相持到了天亮。郭穰怒氣沖沖返回皇宮，向武帝稟報。

武帝劉徹一聽，心中一動：「莫非……監獄中衝出的天子氣，就是我的曾孫？難道這是天意？」劉徹幡然醒悟，下令大赦天下。這個大赦令來得晚了，長安城中的監獄，除了邴吉所在郡邸獄外，其他監獄早就堆滿死人的屍骨了。劉徹這個人，是死要面子，因為太子叛逆案並沒有撤銷，所以他採取大赦的方式，以委婉的方式把曾孫劉病已釋放了。

此時，劉病已才只有三歲，根本沒有自理能力，父母雙亡，無依無靠，釋放出獄後要安置在哪裡呢？邴吉煞費苦心。

起初，他將劉病已與乳母胡組交給京兆尹（長安市長），但是京兆尹膽小怕事，不肯接納，於是乳母胡組只好抱著劉病已又回到監獄中。邴吉沒有辦法，只好讓劉病已以監獄為家，小病已很小便失去母親，乳母胡組成為他最親的人。可是後來乳母胡組刑期滿了，要出獄了，劉病已很想念乳媽，日夜哭個不停。邴吉只好自己掏錢，雇用胡組繼續留在監獄中。這樣，胡組又在監獄中多待了幾個月。

麻煩的事情接踵而至。劉病已現在既不屬於監獄關押的犯人，也不被皇家所認可，成為一介平民，所以宮廷停止對劉病已的伙食供應。邴吉的俸祿並不算多，但他每月都自己掏錢，提供給劉病已必需的糧食和肉。即便這樣，長期待在監獄中的劉病已身體孱弱，經常得病，好幾次差點兒死去。邴吉讓乳母細心呵護，並親自調製醫藥，終於保住了他的小命。

因為監獄的條件很不好，不利於劉病已的身心健康，邴吉決定給他換一個生活環境，經過多方打探，終於打聽到劉病已的外曾祖母貞君以及舅舅史恭尚在人世（劉病已祖母史良娣死於巫蠱之禍）。邴吉把劉病已送到了史家，交給他們撫養，外曾祖母貞君年事已高，白髮蒼蒼，見到自己的曾外孫時，想起死於非命的女兒，老淚縱橫，悲痛不已，便親自撫養劉病已。這樣，劉病已才結束漂泊不定的生活，過了幾年平靜的日子。

漢武帝去世後，昭帝劉弗陵繼位。有一回，漢昭帝想起了這位被人遺忘多時的皇室成員，了解到劉病已生活困苦，心中甚為憐惘，就派人將他接到宮中，由掖廷（宮女居住的地方）的宮女代為撫養，並且把劉病已重新列入皇族名簿冊中，算是承認他的皇族身分了。

掖廷令張賀曾經是太子劉據的門客，巫蠱案發後，與太子案有關的人員一律被處死，張賀的弟弟張安世上書皇帝求情，最後張賀被判宮刑，割了生殖器，成了太監，掌管掖廷。因為劉病已是劉據的後人，同病相憐，張賀對他關心備至，拿出自己的錢，供劉病已讀書。

劉病已長大後，聰明好學，受教於名師，學習《詩》、《書》。他雖然恢復皇族身分，但與平民無異，所以經常出入市井，深受當時社會遊俠思想的影響，為人有俠義。因為身處社會的底層，使他了解了許多其他皇族成員所無法了解的社會現實，了解到官吏在民間的為非作歹，對吏治的得失很有心得。

張賀很喜歡劉病已，想將自己的孫女嫁給他。此時，張賀的弟弟張安世成為漢昭帝的重臣，他聽說哥哥想嫁孫女給劉病已，很不高興，認為劉病已只不過是廢太子的後人，根本沒有機會出人頭地，力阻張賀。張賀嫁孫女不成，便想了另一個辦法。他找到好友許廣漢，在他面前說了劉病已的好話，勸許廣漢將女兒嫁給這位皇曾孫。許廣漢的夫人得知此事後，大吵大鬧，堅決不肯。因為劉病已雖然被重新承認其皇族身分，卻沒有任何皇族待遇，貧困潦倒，還經常要張賀資助呢。

不過，最後許廣漢還是將女兒嫁給了劉病已。漢武帝的曾孫娶老婆時，居然出不起聘禮，還好張賀又幫了一把，不僅幫他出了聘禮，還一手操辦了其婚禮。結婚後的劉病已，總算有了個依靠，這是他人生中一段清閒安逸的時光。

沒有人會想得到這個出生後就失去父母、歷盡苦辛、幾度瀕死的劉病已，有朝一日竟然會成為大漢帝國的皇帝。就連看好他的張賀，原本也僅猜測憑著其皇族身分，說不定可以封個關內侯（有爵位無封邑）。但是命運有時如此不可思議，不能不讓人慨歎人生充滿變數。

漢昭帝死後，霍光等人先是立劉賀為帝。二十七天後，劉賀被廢黜。什麼人來繼承呢？在漢武帝的皇子、皇孫中，找不到哪個非常傑出的人才，所以霍光也遲遲不能決定。就在這個時候，邴吉上了一折奏書說道：「武帝曾孫劉病已曾由掖庭、外祖母家收養，我以前在郡邸監獄時，曾見過他。當時他還年幼，現在已經十八九歲了，精通各種典籍，才華橫溢，行為舉止端莊，品性溫和。請將軍從大義出發，詳加考察，並且用蓍龜占卜，看看是不是合適。」

除了邴吉之外，杜延年也在霍光、張安世面前大力舉薦劉病已。霍光與張安世等人在慎重考慮後，同意了邴吉的建議，並由上官太后下詔，將劉病已推上皇帝的寶座。這就是漢代著名的漢宣帝。

漢宣帝劉病已（後改名劉詢）是西漢最有傳奇色彩的皇帝之一。從囚犯到天子，他的早年充滿苦難與艱辛，遍遭困厄，但他沒有灰心喪氣，沒有向命運低頭，非凡的經歷薰陶出非凡的人格，也培養了他過人的才識。否極泰來，這應驗了古老的格言。

劉病已的傳奇，與一個人是分不開的，這個人就是他的救命恩人邴吉。當年邴吉不惜抗命以保全皇曾孫的性命，並細心照顧，還找到其家人的下落。這一切都是在劉病已童年時發生的故事，已經成為皇帝的劉病已當然已經沒有任何印象了。邴吉從來沒有對人說過這些事，但他始終關注劉病已的成長。當他看到這位落難皇孫成長為一個見識不凡的英才時，又向大將軍霍光大力舉薦，這才使得劉病已在眾多的皇室成員中能脫穎而出，榮登帝位。

漢宣帝登基後幾年，邴吉由於出色的才幹，遷為太子太傅、御史大夫。這時的他雖然是帝國的重臣，但他絕口不提以前曾救過劉病已的事情。漢宣帝對自己的童年經歷一無所知，一直想方設法暗中調查。終於，一個偶然的事件，使真相大白於天下。

當時，掖庭一位宮婢貪功，便上書皇帝，聲稱自己對皇帝有保育之恩，並且說邴吉可以作為證人。邴吉見到這名宮婢時，說道：「你是曾經養育過皇曾孫，但並沒有盡心竭力，還曾因為犯有過失而遭到過鞭罰，怎麼敢冒稱有功呢？」邴吉想起了曾經含辛茹苦養育劉病已的監獄乳母胡組、趙征卿兩人，便給皇帝上書，敘述當年兩位乳媽的功勞，但仍隻字不提自己的事蹟。

漢宣帝童年的事情開始浮出水面，他開始尋找兩位乳母的下落，可是兩人都去世了，便重賞其家人。同時，宣帝又派人以乳母為線索，調查究竟誰才是自己的救命恩人。調查的結果令皇帝大為吃驚，原來身邊的重臣邴吉就是當年冒死拯救自己的恩人，可是他居然對這件事沒有提過一句話，足見其高風亮節。這一刻，皇帝有一種說不出的感激之心。他立即封邴吉為博陽侯。正巧此時邴吉重病，皇帝擔心他的病好不了，這樣自己便無法報恩，便將侯印直接送到邴吉家中。邴吉好人有好報，最後大病痊癒，便上書堅持要推掉侯印，皇帝回信說：「君上書要歸還侯印，這不是要彰顯我的無德嗎？」又在信中要邴吉好好休養，注意身體。

這件事後，邴吉成為皇帝最信任的人，後來他出任帝國宰相，直到去世。去世前，漢宣帝親自到病榻前看望恩人，並問他：「您如果有什麼三長兩短，誰能接替您呢？」邴吉推薦了杜延年、于定國、陳萬年三人。這三人後來成為宰相或御史大夫，表現傑出。

漢宣帝是繼漢武帝之後，最有作為的西漢皇帝。在他統治的時期，大漢帝國終於制服匈奴，成為唯一的超級大國。

三二、天堂到地獄有多遠

大將軍霍光廢除劉賀的帝位，扶立劉病已為皇帝，儼然成為太上皇，其權勢如日中天。漢宣帝劉病已雖然成了皇帝，但他戰戰兢兢，如履薄冰。雖然醜小鴨突然變成白天鵝，但這一切是霍光給予的，如稍有不慎，霍光仍然有能力剝奪去他的皇位。長期游離於權力中樞之外，漢宣帝登位之初，他並沒有自己的一幫親信與心腹，全賴大將軍的支持，所以在霍光面前，漢宣帝多多少少有點自卑心。他對霍光謙卑的態度，不由得讓人懷疑，究竟誰才是真正的皇帝呢？在漢宣帝眼中，霍光就像是上帝，既能給他帶來權力，同樣也能使他失去。

為了表達對霍光的尊重，漢宣帝下令，國家大事，均先通過霍光裁決，再通報皇帝，霍光成為實際的執政者。漢宣帝此舉，也是出於無奈，他羽翼未豐，這是很明智的決定。

霍光有個小女兒，叫霍成君，年齡與漢宣帝相差不多。對霍光來說，如果霍成君成為皇后，那霍家的權勢地位將更加固若金湯。不必霍光出面，自然有一幫大臣洞悉到這點，便請皇帝早日立皇后，而皇后的人選，大臣們當然都認為大將軍的女兒霍成君最合適。漢宣帝自小便備嘗人世間的艱辛苦辣，與曾祖父漢武帝相比，多了很多人情味。他不願冷落結髮妻子、許廣漢的女兒許平君，所以他下了一條詔令，尋找他窮困時所遺失的一把劍。這條詔令暗示他不會忘記舊情，聰明的大臣們揣測出皇帝的意思，便見風使舵，紛紛上書請求立許平君為皇后。

許平君被立為皇后，霍光的妻子霍顯（史不載其姓，一般稱之為霍顯）非常不滿，想方設法，想讓自己的女兒取代許平君。這個自作聰明的女人，為了達到自己的目的，竟然不擇手段。

西元前七十一年（漢宣帝繼位第四年），皇后許平君懷孕，身體虛弱病倒了。當時宮中有一位有名的女醫生，叫淳于衍。她也是霍家的常客，深受霍顯的信任。霍顯突然眼前一亮，要是有淳于衍幫忙。不是正好可以借其手除掉皇后許平君嗎？一個大膽而陰毒的詭計在霍顯腦袋裡形成了。正好淳于衍前來拜訪霍顯，想為丈夫討一份好差，霍顯便支開其他人，與淳于衍密談。

霍顯對淳于衍說：「你求我的事，我一定幫忙，不過我也有一件事，想讓你幫忙，不知行不行？」淳于衍受寵若驚，連忙答道：「只要夫人說的，我哪敢不照辦呢？」霍顯滿意地點點頭，說道：「大將軍向來寵愛小女兒成君，想讓她能大富大貴，這件事得拜託您。」淳于衍一頭霧水，大將軍權傾天下，有什麼事自己幫得上忙呢？她不解地問道：「這是怎麼說呢？」

霍顯將身體挨近淳于衍，壓低聲音說：「女人懷孕生子是一件大事，九死一生。如今皇后快分娩了，如果在她的藥中下毒，讓她在分娩後中毒而死，到時別人自然會認為是死於生產，神不知鬼不覺。只要皇后一死，霍成君就可以名正言順地成為皇后。如果這事情能辦成，到時富貴榮華，是少不了你的。」

淳于衍聽到這些話後，心頭大為震驚。這可是殺頭滅門的事啊，她下意識地回答說：「給皇后開藥治病的大夫多，而且藥一定事先要由下人先嘗過，要投毒怎麼做得到啊？」

霍顯陰陰一笑，笑聲讓淳于衍覺得毛骨悚然，然後她說道：「這件事怎麼辦成，關鍵就看你了。如今天下大權，操之大將軍之手，誰敢說三道四呢？就算出了什麼差錯，也可以保護你的，只怕你無意相助了。」淳于衍忽然心有後悔，怎麼自己捲入到宮廷權力鬥爭中了。本來自己以為攀上貴人相助，豈料到天下沒有免費的午餐，要給老公謀一份好差，結果卻把自己推到了風口浪尖之上了。她有一萬個不願意，這種抄家滅門的事情能做嗎？可是，她也知道政治鬥爭的陰險。現在霍顯既然開口了，她若不答應，不照做，結果也只能是死路一條，自己有得選嗎？在沉默良久之後，她無奈地從口唇中擠出三個字：「願盡力。」

回到家中後，她找了一種名為附子的毒藥，搗碎後祕密帶入宮中，等待機會。最好的機會，就是皇后分娩後的一個月，這是女人一個高危險期。許平君順利產下一個女兒，輪到淳于衍進藥時，她哆哆嗦嗦地將附子粉末摻和到太醫開的藥丸中，讓皇后服用。許平君服下後，不一會的工夫，覺得頭暈腦脹，便說道：「我頭很暈，會不會是藥中有毒？」淳于衍一聽嚇一大跳，趕緊掩飾說：「沒有毒的。」可是許平君開始口唇肢體發麻，心慌氣促，最後漸漸失去知覺，毒發而死。

皇后之死，令漢宣帝非常悲痛。起初他認為是產後症引起的，可是後來有人上書，告發宮廷御醫犯有嚴重的失職。漢宣帝便下詔將所有相關御醫全部逮捕下獄審問，包括淳于衍在內。這下子霍顯開始恐慌了，她害怕事情露餡，只好向霍光全盤托出。霍光聽了之後大為驚恐，他萬萬沒有想到，自己的妻子竟然是謀殺皇后的幕後主使。他的第一反應，就是親自向漢宣帝檢舉揭發妻子，可是很快他又於心不忍，猶豫難決。須知此事一出，不僅妻子無法倖免，他就算不受牽連，也勢必要引咎辭職。最後，他還是選擇了隱瞞真相。

淳于衍是侍奉皇后的最後一位醫生，她的嫌疑當然最大。為了保自己的妻子，霍光必須要力保淳于衍，他在奏章中註明淳于衍與皇后之死沒有關係。漢宣帝便沒有繼續追究此事，淳于衍也被釋放。

毒殺皇后這件事被霍光擺平了，霍顯這下子更神氣了，乘機將女兒霍成君送入宮中。第二年（前七十年），霍成君終於被立為皇后。

西元前六十八年，執掌朝政達十八年之久的大將軍霍光病逝。臨死前，漢宣帝親自前往探病，潸然泣下。漢宣帝是一個比較重情之人，沒有霍光就沒有他這個皇帝。現在大將軍病篤，為了表示感激之心，漢宣帝當場任命霍光的兒子霍禹為右將軍。

漢宣帝終於喘了一口大氣。多年來，他雖然是皇帝，卻只能躲在霍光的陰影之下，實際朝政大事，是霍光說了算。現在這位一手遮天的權臣終於死了，漢宣帝既悲且喜。霍光死後，漢宣帝才開始親政。他從小便生長於下層，深知民間疾苦。親政後勵精圖治，他為政的最大亮點是重視吏治，特別是地方官吏的選派與委任，十分謹慎。漢武帝喜歡酷吏，而漢宣帝則重視良吏。對百姓來說，這是一個好的時代。

雖然霍光死了，但霍氏集團的權勢仍然很大。霍禹為右將軍，手握兵權，霍山（霍去病的孫子）為奉車都尉，兼領尚書事，即主持宮廷機要事務。霍顯是皇后霍成君的母親，也是上官太后的外祖母，可以自由進出太后的長信宮。其他霍氏成員也多在朝中居顯要職位，實力不可低估。

漢宣帝絕不是一個可以由人擺布的傀儡，他將證明這一點。在朝廷中，對霍氏專權反感的大有人在，其中御史大夫魏相就是其中一人。在霍光死後，魏相便上兩道密摺給皇帝。第一道密摺是推薦張安世接任霍光的位置，以避免軍權落到霍氏子弟之手。張安世在軍界中的地位僅次於霍光，但他深知霍氏集團根基太深，誠惶誠恐，打算推掉軍隊統帥的任命。他對漢宣帝說：「我自己估量不足以居高位，懇請皇帝開恩，保全老臣的性命。」漢宣帝笑著回答道：「你要是不行，還有誰能勝任呢？」拜張安世為大司馬兼車騎將軍。

魏相的第二道密摺是勸皇帝削弱霍氏集團的勢力，漢宣帝也暗中採納。西元前六十七年，漢宣帝宣布封劉奭為皇太子，由邴吉擔任太子太傅，這是對霍氏集團的一大打擊。劉奭是前任皇后許平君所生子，這可把霍顯給氣壞了。她竟然吃下不飯，甚至還吐血，怒罵道：「劉奭是皇帝流落民間時所生的兒子，怎麼可以立為太子？皇后要是生了兒子，難道只能當親王嗎？」當年，霍顯之所以毒殺許平君、將女兒推上皇后的位置，就是想以後生個兒子繼承皇位，這樣霍氏家族便可永保富貴，不想這個期望破滅了。

早已習慣作威作福的霍顯不甘心失敗，她想重施故伎，毒殺太子劉奭。這件事交給誰來做呢？當然是她的女兒，皇后霍成君。這個陰險的老太婆教唆自己的女兒，毒死劉奭，霍成君答應了。看來有其母就有其女了。劉奭還是個小孩子，霍成君數次召劉奭到後宮，給他糖果吃，想要找機會毒死他。可是幸運的是，劉奭的保姆很盡責，每次都要親自先嘗吃。雖然霍成君暗地裡攜帶著毒藥，但找不到機會下毒。

更令霍顯惶恐不安的，是御史大夫魏相受到皇帝的重用，而魏相正是打擊霍氏勢力的積極者。霍氏家族猖獗到什麼地步呢？有一回，霍氏奴僕與魏相奴僕有爭端，霍氏奴僕竟然打到魏家，一腳踢開了魏府大門。囂張至此，只是因仗著霍氏的撐腰。

漢宣帝在流落民間時，便知霍氏家族權勢熏天，不可一世，霍光尚且能夠節制自己，可是霍氏子弟作威作福慣了，飛揚跋扈。為了打擊霍氏力量，漢宣帝任命魏相為宰相，並頻繁召見，而原皇后許平君的父親許廣漢也可以隨時進出宮廷。霍氏集團的霍山雖然領尚書事，即主持宮廷機要事務，但漢宣帝下令無論官民，均可採用「密摺」的形式，不通過尚書直接上書皇帝。這樣一來，就架空了霍山的權力。

漢宣帝也聽到一些關於許平君被毒死的傳言，他對此事一直也有懷疑，但是並沒有找到證據，但不能不對霍氏家族有所防患，決定先削奪霍氏的兵權。霍光女婿范明友是度遼將軍兼未央宮守備司令，長女婿鄧廣漢是長樂宮守備司令，二女婿任勝是中郎將兼羽林軍總監，孫女婿王漢是中郎將。漢宣帝將這些手握兵權、與霍氏關係緊密的將領全部調離軍職，擔任地方太守或其他文職。

緊接著，漢宣帝任命張安世為衛將軍，同時兼任長樂宮、未央宮的守備司令。凡是在羽林軍、未央宮、長樂宮守備部隊和長安城防部隊中的霍氏將領，全部被調離，改由許、史二家的子弟接任。許家就是許皇后家族，史家就是漢宣帝祖母史良娣家族。

霍氏集團的權力不斷被削，霍顯心中很是恐懼。她與霍禹、霍山等人時常碰頭，商議對策。霍山抱怨說：「以前有不少人上書彈劾霍氏子弟的違法亂紀，但都被我扣押下來。可是如今奏章可以改為密摺，不必經我之手，就可以直達皇帝之手，看來皇上如今也不信任我了。還有一件事，現在民間都說是霍氏毒死許皇后，此事鬧得沸沸揚揚，連皇帝也有耳聞，這個事到底有沒有呢？」

看來紙是包不住火的。霍顯這時才不得不說出實情，承認許皇后是被自己暗中串通御醫毒死的。霍禹等人聽了之後，都大吃一驚，脫口而出：「原來傳言竟然是真的，為什麼沒有早告訴我們呢？看來霍家女婿一一被清除出京城，明擺著皇上是衝著我們來的。毒殺皇后是誅滅全族的死罪，該如何是好？」現在霍氏子弟們都坐在一條船上了，要榮俱榮，要損俱損。於今之計，只能鋌而走險，搞一次政變，推翻漢宣帝，重新扶植一個傀儡皇帝。

霍氏家族的門客張赦建議說：「如今皇上最為信任魏相與許廣漢，這兩人手握大權，只要太夫人（指霍顯）能說服上官太后，就可以殺掉這兩個人。能不能讓皇上退位，就看上官太后的態度了。」上官太后是霍光與霍顯的外孫女。當年霍光廢掉劉賀的帝位時，也是搬出太后這塊金字招牌。

天下沒有不透風的牆，張赦的話竟然外洩了，被人向朝廷舉報，漢宣帝立即下令逮捕張赦。霍家大為恐慌。不過，漢宣帝並沒有擴大打擊面，沒有窮追猛打，挖出背後的主謀。漢宣帝十分明白，霍氏家族根基極深，不容易撼動，況且並沒有實際證據表明霍氏謀反，不宜輕舉妄動，如果霍氏真有謀反之心，遲早會露出馬腳的。

果然，張赦被逮捕後，霍家慌了手腳，擔任奉車都尉的霍山馬上與霍光諸女婿取得聯繫。霍光的女婿們當然也明白，自己以前攀上了霍家這棵大樹，倘若霍氏一倒，大家都沒有好日子過，於是滿口答應霍山，一旦政變，便裡應外合，把皇帝拉下馬。

可是偏偏在這個時候，奉車都尉霍山的舅舅李竟出了事情，牽連到霍山與霍雲（兩人均為霍去病的孫子）。漢宣帝當機立斷，免除霍山奉車都尉、霍雲中郎將的職務，兩人被清除出宮廷。到了這個時候，霍氏家族在京城中，只剩下霍禹一人掌握有實權。

漢宣帝以高超的手腕，一步步地掌握著主動權。這位從民間走出的皇帝，其實並無意將霍家趕盡殺絕，可是在霍禹、霍山等人看來，皇帝是拉開一張大網，並開始一點點地收緊。特別是毒殺皇后這件事，終究會水落石出，到時就是霍家滅頂之日。

恐慌籠罩著霍家，與其坐以待斃，不如絕地反擊。霍山擬定了一個政變的計畫，這個計畫是通過霍家與上官太后的關係，由上官太后出面宴請漢宣帝的外祖母，同時召魏相、許廣漢兩人赴宴。在宴席上，由霍光的女婿范明友、鄧廣漢當場殺死魏相、許廣漢這兩個皇帝的左膀右臂，發動政變，以上官太后之命，廢除漢宣帝的皇位，擁立霍禹為皇帝，由霍氏家族取代劉氏家族。

霍氏家族沉不住氣了，他們政變的陰謀，其實已經不再是陰謀，因為聰明的漢宣帝，早已死死盯住霍氏集團的一舉一動。自從張赦說出廢除皇帝的話，被舉報逮捕，皇帝怎麼可能對霍氏掉以輕心呢？

這個看似精心設計的政變計畫很快就被皇帝得知了。這次漢宣帝已經掌握了霍氏謀反的罪證。到了清算的時候了，他立即下詔，逮捕霍氏家族成員。

心知大勢已去的霍雲、霍山、范明友選擇自殺，霍顯這個心狠手辣並不可一世的女人與她的兒女兄弟被逮捕斬首，想稱帝的霍禹則被處於腰斬酷刑。這件謀反案牽連數十家，死者甚眾。

自從漢武帝去世，大權落到大將軍霍光手中，到這次鎮壓霍氏謀反後，漢宣帝終於奪回大權。這對漢宣帝來說，非常不容易。他自小流落民間，被推上皇帝位時，在朝廷沒有絲毫的根基，但他一邊忍讓，一邊培植自己的力量。在霍光去世後，漢宣帝以種種巧妙的措施一點一滴地剝去霍氏的權力，最終得以輕而易舉地平定叛亂。從這一點看，漢宣帝確實有過人的統御才華。

漢宣帝是西漢最富傳奇色彩的一位皇帝，也是一位很有作為的皇帝。掃除霍氏集團後，他獨攬朝政，開創繼文景之治後的又一盛世。

三三、西域：勇士們的舞臺

宣帝神爵二年（前六十年），西漢政府在西域設置都護府。自此，漢的號令行於西域，此乃宣帝時代最輝煌的成就之一。

漢對西域的經略，始於漢武帝時期。張騫兩度出使西域，打開了大漢帝國西進的大門。在漢武帝後期，先後發動樓蘭、車師戰爭以及大宛戰爭，同時與西域最強大的國家烏孫和親，漢朝公主劉細君、劉解憂先後嫁給烏孫國王，漢與烏孫成為緊密的盟友。

漢武帝後期，對匈奴的戰爭頻頻失利，使得匈奴人的勢力捲土重來。對西域諸國的控制，成為漢匈兩國爭奪的焦點。

樓蘭是漢帝國由河西走廊進入西域的第一道門戶，是個夾在漢、匈兩國之間的小國。這個特殊的地理位置，使得樓蘭為求自保，不得不實行兩邊倒的政策。到樓蘭王安歸即位後，由於他是匈奴人所立，便拒絕前往長安朝拜皇帝，樓蘭在外交上開始倒向匈奴。不僅如此，在匈奴人的唆使下，樓蘭王安歸竟然暗中派兵幫助匈奴人截殺漢使團，樓蘭王的弟弟尉屠耆，受到王兄的排擠，在國內待不下去，便逃到中國，向昭帝劉弗陵告狀。

此時，漢政府已經將國家政策由對外擴張調整為內治休生養民，無意對樓蘭發動戰爭。正好此時傅介子將出使大宛，便命他先入樓蘭，當面向樓蘭王責問截殺漢使之事。

傅介子是一位非常勇敢的人，他到了樓蘭國之後，厲聲向樓蘭王質問。樓蘭王心中大恐，知道這件事無法抵賴，便當面謝罪，並且保證以後絕對不會發生類似的事情。傅介子回國後，向大將軍霍光彙報，認為西域諸國中，樓蘭與龜茲兩國反反覆覆，陽奉陰違，必須加以懲戒。他自告奮勇，打算前往龜茲，刺殺其國王。

霍光想了想，對傅介子說道：「龜茲國太遠了，你先到樓蘭國試試吧。」

傅介子帶著一隊使團出發了，到了樓蘭境內時，國王不願意召見漢使團。傅介子假裝要離開樓蘭的樣子，一路向西而去。快到邊境時，他故意掏出一大堆金幣，然後對樓蘭翻譯說：「我攜帶的黃金與錦繡，都是要賞賜給西域諸國的，如果國王不願意接受漢帝國的賞賜，那我就要前往其他國家了。」

翻譯一聽，急忙回去向樓蘭王稟報。樓蘭王一聽，信以為真，便親自前往邊境，會晤傅介子。傅介子擺下酒席，盛情款待國王。酒席過半時，他在樓蘭王的耳邊說：「皇帝有些話，要我私底下對大王講。」

樓蘭王一聽，就搖搖晃晃地起身，跟著傅介子進了帳篷中。就這會兒的工夫，從身後閃出兩個彪形大漢，手持利刃，雙刀齊下，插進樓蘭王的後背，洞穿前胸，樓蘭王即刻斷氣身亡。傅介子砍下樓蘭王的腦袋，走出帳篷，對樓蘭官員們厲聲喝道：「樓蘭王勾結匈奴，截殺漢使，罪不容赦。我已奉天子之命，誅殺樓蘭王，漢朝大軍馬上就抵達，各位不得輕舉妄動，否則將導致滅國的下場。」

這樣，漢帝國重新控制樓蘭，改樓蘭為鄯善。傅介子也因此一舉成名，威震西域。

西域三十六國中，除樓蘭之外，另一個敢於對抗漢廷的國家是龜茲。

李廣利二征大宛時，曾滅了小國輪臺，後來輪臺便成為漢在西域的屯墾開發基地。西域打彌國太子賴丹忠於漢室，出任輪臺屯田校尉長達十餘年。鄰近輪臺的龜茲國對漢屯田部隊開荒種田十分不安，龜茲的貴族姑翼對國王說：「漢軍的屯田規模越來越大，已經逼近到我國的邊界，看樣子一定會影響到我們的利益，不如派人殺了賴丹。」

龜茲國王聽從姑翼的建議，派人把賴丹殺了。漢昭帝劉弗陵得知後非常生氣，派傅介子抵龜茲國（前七十七年），當面責問龜茲國王。只是此時漢帝國奉行休養生息的政策，暫時不想在西域大動兵戈。

宣帝即位後，漢駐烏孫使節常惠上書皇帝：「龜茲國曾經殺死屯田校尉賴丹，至今元凶尚未伏誅，請准許臣討伐龜茲國。」

可是，漢宣帝並不打算在西域大打出手，沒有批准常惠的計畫。執政的大將軍霍光卻祕密派人告知常惠，准許他便宜從事。

常惠心領神會，他以漢帝國使節的身分，派出副使，調動七千名烏孫國的士兵，從北面發動對龜茲的進攻；調焉耆、危須、渠犁等國共計二萬名士兵，從東面發動進攻；調姑墨、溫宿等國的軍隊二萬人，從西面發動進攻。

這支四萬七千人的雜牌軍，從三面對龜茲國同時進攻。以夷制夷，是常惠的取勝法寶，這也成為漢帝國未來管理西域的軍事戰略原則。

大軍兵臨城下，合圍龜茲。常惠派人進入龜茲的都城，向龜茲國王問罪。龜茲王沒有辦法，只好交出殺死賴丹的元凶首惡姑翼。常惠下令將姑翼斬首，然後從龜茲撤兵。

傅介子刺殺樓蘭王、常惠借兵圍剿龜茲，漢對西域的控制力不斷增強。但是西域東部與匈奴交界的車師國，卻反反覆覆，時降時叛，成為漢控制西域必須拔除釘子。

車師與樓蘭一樣，是進入西域的咽喉通道。這個重要的地理位置，也決定了車師必然成為漢、匈兩國的爭奪焦點。從西元前一〇八年到西元七十一年的三十幾年時間裡，漢與匈奴四度爭奪車師，互有勝負。宣帝地節三年（前六十七年），匈奴人扶植烏貴繼承車師王位，車師投入匈奴人的懷抱，漢、匈第五次爭奪車師不可避免。

鄭吉脫穎而出，成為光芒四射的英雄。他是從一個普通士兵成長起來的，年輕時報名參軍，多次隨軍到西域屯墾。他出身低微，但胸懷大志，才幹非凡，堅強執著。他留心於西域事務，對西域的各國政治形勢瞭若指掌，因而被漢宣帝提拔，官職升為侍郎。

匈奴人重新控制車師，對漢帝國在西域的事業是一個巨大的威脅，必須乘匈奴人還立足未穩之際，端掉車師。鄭吉當機立斷，徵調渠犁等國一萬多人的軍隊，與屯田守軍一千五百人，共同出擊車師。鄭吉的神速反應，讓車師還沒反應過來時，聯軍已經兵臨都城交河城下。車師軍隊出城迎戰，結果大敗，鄭吉率軍攻破交河城。

與鄭吉相比，匈奴人反應遲鈍，遲遲未出手援助車師，車師王烏貴無奈之下，只得向鄭吉投降。此時的匈奴才如夢初醒，車師是匈奴進入西域最重要的通道，失去車師，將失去整個西域。匈奴急急忙忙拼湊了一支軍隊，殺氣騰騰地撲向車師。

車師的爭奪是一場曠日長久的戰爭，鄭吉面臨一個很難的局面：一萬多名從他國借來的軍隊，不可能長久駐紮在車師。而自己手下的一千五百人，又有屯墾的任務，也不可能駐留在車師，怎麼辦呢？

最後，鄭吉只留下了一支象徵性的衛隊，由一名軍官與二十名士兵組成。車師王烏貴心知無法抵擋匈奴人的反撲，索性棄位而逃，到烏孫去避難了。匈奴人又耀武揚威地進入車師，立烏貴的弟弟兜莫為國王。兜莫又害怕漢軍報復，左右為難，想了許久後，他決定舉國遷移，向東遷到與匈奴的交界地附近，把原來的地盤空出來。

如此一來，原先的車師國（交河城一帶）便成了荒涼之城，鄭吉派遣三百名士兵入駐屯田。車師故地土地肥沃、水草豐茂，漢軍入駐屯墾，引起了匈奴人的不安，便不斷地派出騎兵騷擾漢軍的屯田部隊。匈奴在西部邊境集結了二萬人馬，隨時準備捲土重來。

正當鄭吉的屯田部隊在車師與匈奴人相持之時，突然發生了莎車國反叛的事件，使得鄭吉的部隊陷入十分危險的境地。

宣帝元康元年（前六十五年），莎車國叛變。

莎車國位於西域西部。西域的位置略相當於今日的新疆，天山山脈將西域分為南北兩部，北部是準噶爾盆地，南部是塔里木盆地。塔里木盆地中央是塔克拉瑪干大沙漠，所以西域的國家多分布在大沙漠的南、北兩側，大沙漠以北的通道稱為「北道」，以南則稱為「南道」。莎車國的位置在大沙漠的西緣，是南道與北道交匯處附近的一個國家，在地理位置上是比較重要的。

莎車王萬年原本是烏孫王子，他的母親是嫁到烏孫的漢公主劉解憂。莎車老國王膝下無子，將萬年當作兒子看待。老國王去世前，上書漢朝廷，請求讓萬年來繼承莎車國的王位。可是當了國王之後，萬年表現很糟糕，暴戾無度，使得莎車國臣民極其失望。

原莎車老國王的弟弟呼屠徵，密謀推翻萬年的統治，便祕密與鄰國達成協議，藉助鄰國的軍事力量，與國人一起武裝對抗國王萬年。莎車國內戰爆發，萬年因為殘暴失去人民的支持，最後兵敗被殺，同時被殺的還有漢使節奚充國。

呼屠徵自立為王，心中非常恐懼，擔心受到漢帝國的報復。當時唯一能對抗漢帝國的，便只有匈奴了。他便密謀勾結匈奴人，對抗漢帝國。

此時，匈奴正集結重兵，準備奪回車師故地交河城，鄭吉的屯田部隊人數少，比較被動，躲在城內固守，與匈奴人相持。莎車王呼屠徵認為鄭吉是無法守住交河城，便派出軍隊與使節，到南道諸國，向各國政府宣稱：「漢屯田守軍已經被匈奴擊破，北道諸國已經向匈奴投降。」

西域這些國家，面對漢帝國與匈奴，都是採取騎牆政策，一聽說匈奴人佔優勢了，很多國家便倒向匈奴一邊。然後，呼屠徵又派使節到北道諸國，又唆使一些國家背叛漢帝國。西域的局勢急轉直下，駐守在交河城的鄭吉屯田部隊既要面對匈奴人的猛攻，又要防止後院起火，處境十分艱難。

此時，又一位英雄挺身而出。這個人是馮奉世。

馮奉世是個大器晚成之人，文武雙全，精通《春秋》，頗有學問，同時也學習兵法，富有韜略，為人果斷敢當大任，有膽有識。早年，馮奉世曾擔任小官，後來失業在家，到了三十多歲時還無所事事。但有一個人非常賞識他的才華，這個人是曾擔任前將軍的韓增。在韓增的保薦下，馮奉世到韓增軍中擔任軍司空令，在本始三年（前七十一年），隨韓增大軍北伐匈奴。

因為漢帝國與西域聯繫非常密切，派往西域的使節非常多，這些使節中固然有像傅介子、常惠、鄭吉這樣的傑出人士，但同時也充斥許多無本事、狐假虎威、貪污腐敗之輩，使得西域各國不堪忍受其苦。這也是為什麼西域一有風吹草動，便有很多國家反叛的原因。對此漢宣帝也很頭疼，下令讓大臣們推薦出使西域的合適人選。元康元年（前六十五年），韓增向宣帝推薦馮奉世作為出使西域的使節，馮奉世的任務是護送大宛使者回國。

馮奉世一行人走到半途時，得知莎車國叛亂，南北兩道諸多小國或是受莎車國的欺騙，或是受威脅，紛紛扯起反叛大旗，情形非常危急。

面對這種複雜的局面，馮奉世沒有慌亂，他與副使嚴昌一起商議對策。馮奉世對嚴昌說：「如今鄯善（即原樓蘭）以西的南北兩道交通均被阻斷，鄭吉的軍隊正與匈奴人在車師故地苦戰，勢力孤單，無法騰出手來解決莎車國的反叛。西域各國，反覆無常，如果不迅速解決莎車國，那麼莎車的勢力將日益強大，到時就難以控制了，如此必然會危及到漢帝國對西域的控制。因此我的意見，必須在禍害蔓延之前，擊殺莎車王，只要莎車國淪陷，跟隨它反叛的其他國家便群龍無首，必然聞風喪膽前來歸附。」

嚴昌說：「你說的有道理，可是現在我們手上沒有軍隊，怎麼可能攻陷莎車國呢？」

馮奉世回答道：「現在西域國家中，還有一些並沒有反叛，我們可以調用他們的軍隊。」

嚴昌聽了後說：「咱們只是出使大宛的使節，並沒有要調動西域國家軍隊的權力，必須要有皇帝的詔令才可以。我現在就上書皇帝，請求皇帝下詔吧。」

馮奉世搖搖頭說：「來不及了，現在我們唯一可行的方法，就是憑藉我手中的這支象徵皇帝權力的符節，假傳聖旨了。」

假傳聖旨這可是欺君之罪，嚴昌大吃一驚。但是馮奉世主意已定，派人持著符節，前往仍然聽命於漢帝國的國家，假傳聖旨，徵調各國軍隊。這樣，馮奉世徵調到了一萬五千名士兵。

馮奉世再派出使節出使跟隨莎車國叛亂的國家，告誡這些國家不要輕舉妄動，膽敢協助莎車王者，必遭滅國的命運。這些小國聽得膽戰心驚，根本不敢出兵攔截。馮奉世率一萬五千名外籍士兵，進軍神速，直抵莎車國。

在馮奉世的指揮下，莎車國抵擋不住，終於被攻陷，莎車王呼屠徵在絕望之中自殺身亡。馮奉世的果斷行動，化解了西域一場嚴重的危機，他的神勇表現，威震西域。南北兩道跟隨莎車反叛的國家大為驚恐，紛紛上書漢朝皇帝謝罪，表示受到莎車王的欺騙，願意再度歸附大漢。

正當莎車國叛亂之際，鄭吉的屯田部隊遭到空前的壓力。

為了加強守備，鄭吉將渠犁的屯田部隊全部調往車師故都交河城。莎車的叛亂使西域南北兩道的許多國家紛起回應，漢軍屯田部隊面臨嚴峻的局面。匈奴藉此機會，派出兩萬兩千名騎兵，向前車師的交河城發動進攻。交河城內的漢軍只有一千五百人，實力相差懸殊。漢軍固守，匈奴人在城外叫喊道：「你們不要在這裡屯田了，匈奴單于一定要爭奪這個地方的。」

鄭吉增調七千人支援交河城。雖然莎車國的叛變被馮奉世鎮壓，鄭吉解除了後顧之憂，但漢軍在人數上仍然居於劣勢，形勢十分不利。鄭吉上書漢宣帝，請求增派屯田部隊。

漢宣帝的親信魏相認為，匈奴經過重創之後，已經沒有能力進犯中國的邊塞，車師之戰，只不過是小規模的衝突，中國應該致力於內政，改善民生，沒必要與匈奴爭奪一個小小的車師。宣帝聽從魏相的意見，沒有大規模地發動對匈奴的戰爭，只是命令常惠率領張掖、酒泉的騎兵部隊，前往解救鄭吉之圍。

第二年（前六十四年），常惠率軍北進一千餘里，抵達車師附近。匈奴大軍得知漢帝國的生力軍來援，不敢戀戰，遂解圍而去。

由於交河城離屯墾區犁渠的距離有一千里，宣帝下詔放棄交河城。將交河城的居民全部遷移到漢軍的屯墾區犁渠。鄭吉撤退後，匈奴人又一次佔領交河城，漢與匈奴第五次爭奪車師又告挫折。

然而，匈奴人奪回車師，只不過是迴光返照罷了。西域絕大多數國家已經臣服於漢帝國，匈奴人只是控制車師等少數幾個地方，漢軍驅逐匈奴勢力只是時間問題。

四年後（神爵二年，西元前六十年），匈奴的內部分裂越演越烈。匈奴新上任的握衍朐鞮單于與西部實力派的日逐王矛盾重重，勢不兩立。日逐王經過深思熟慮之後，決心向漢帝國投降。他派人前往犁渠，與屯墾司令鄭吉取得聯繫。鄭吉聽了之後大喜，馬上徵調渠犁、龜茲等國的軍隊五萬人，前往匈奴邊境附近迎接日逐王。

日逐王率本部共計一萬二千人向鄭吉投誠，一起投降的還包括十二名匈奴小王與將領。日逐王的投降令匈奴單于震驚，單于派出大軍企圖殲滅日逐王的部隊，但鄭吉已經搶先一步與日逐王會合。鄭吉手下的五萬軍隊，令匈奴單于的軍隊望而卻步，只好眼睜睜地看著日逐王離開匈奴遠去。

鄭吉一路護送日逐王直到中國境內。但一路上還是出現了不少問題，日逐王部落還是有不少人不願意歸降中國，所以一路上逃兵不斷。鄭吉對匈奴逃兵採取強硬手段，派出追兵進行圍剿，一律斬殺，終於平息了日逐王內部的反對力量。

鄭吉乘機驅趕了交河城的匈奴人，同時車師也懾於鄭吉的兵威，表示願意歸附中國。至此，匈奴人在西域的勢力被驅逐一空。匈奴人被迫撤銷了僮僕都尉。僮僕都尉是匈奴為管理西域而設置的，類似於西域總督之職。

鄭吉擊破車師，降服日逐王，威震西域。至此，「斷匈奴右臂」的計畫獲得了徹底的實現。這個計畫構想始於張騫，而成於鄭吉。匈奴在西域的勢力被清除，漢帝國設立西域都護府，而鄭吉在西域所開拓的偉大事業，使他當之無愧地成為第一任西域都護。

西域既是漢、匈爭奪的一個焦點，同時又是一個極難管理的地區。作為中國墾屯軍團的司令，鄭吉手下最多時也只有數千名士兵，甚至比不上一個西域小國的兵力，任何一個細小的錯誤決斷，都可能葬送這支力量單薄的軍隊。在最困難的時期，莎車王叛變，西域南北兩道諸國紛從，漢與西域的交通被阻斷隔絕之時，鄭吉兵團又陷入匈奴重兵的圍攻之下，他幾乎是孤身苦鬥，憑藉非凡的才能，終於頂住匈奴人的攻勢。可以說，鄭吉完全憑藉自己超人的意志與多謀善斷，在西域複雜的形勢下遊刃有餘並站穩腳跟，最終完成降服西域三十餘國的偉大勳業。

三四、老將軍的制勝之道

宣帝時代，漢的國力非常強大，對外經略戰無不勝，其中最大的一場戰爭，便是爆發於西元前六十一年至六十年的西羌戰爭。

羌是一個大族，又稱為「西羌」或「氐羌」，部落繁多，主要分布在漢帝國的西部與西南部。羌部落又稱為「種」，部落首領稱為「豪」，其中最強大的一支，是分布於青藏高原上的先零羌。羌曾經是匈奴的附庸，直至霍去病奪取河西走廊後，才切斷了羌與匈奴的聯繫。武帝元鼎五年（前一一二年），羌人發動十萬軍隊，進攻河西走廊。武帝派遣十萬大軍討伐西羌，將羌人逐出湟水流域。湟水是黃河一條支流，這一地區水草豐盛，一部分漢人遷移到此地，開墾種田。隨後，朝廷設立護羌校尉，監視羌人的動靜，以防止其入侵。

元康四年（前六十二年），漢宣帝派光祿大夫義渠安國出使西羌。西羌最大部落先零羌的酋豪對義渠安國提議，讓羌人返回到湟水流域一帶放牧，義渠安國答應了羌人的請求。

義渠安國返回後，向宣帝彙報了這事。後將軍趙充國一聽到這個消息，大吃一驚，義渠安國居然輕易地將最肥沃富饒的湟水谷地許諾給了羌人。趙充國怒不可遏，立即上書皇帝，彈劾義渠安國。然而羌人的行動非常迅速，大批大批地渡過湟水，如潮水般地湧入漢帝國的西部。

羌人雖然分布極廣，卻一直是一盤散沙。然而，這次羌人湧進湟水谷地之後，卻一改往日鬆散的局面。在先零羌酋豪的主持下，二百多個羌部落空前團結，他們做了三個方面的努力：第一，化解歷史上各部落間的仇恨；第二，互相交換人質；第三，結為同盟，並訂下誓言。

羌人的反常之舉，引起了漢宣帝的注意。他召來老將趙充國，詢問對此事的看法。趙充國回答說：「羌人之所以容易控制，是因為羌部落極多，每個部落都有一個首領，部落之間經常相互攻擊，不能夠精誠團結。匈奴人時常派人前往諸羌部落，煽動他們與匈奴聯手進攻張掖郡與酒泉郡，並承諾攻下之後，將張掖與酒泉兩地讓羌人居住。眼下匈奴力量衰微，更希望聯合羌人的力量，所以老臣以為，這次羌人解仇結盟的事情，一定是與匈奴有關。我擔心羌變遠不止此，他們還要聯合更多的部落，我們一定要及早做好準備，防患未然。」

事實證明，趙充國的推測是正確的。不久後，有消息傳來，羌人祕密派使節到匈奴，企圖向匈奴人借兵，攻擊鄯善與敦煌。

趙充國的判斷是：「如今實力最強的先零羌、罕羌、開羌都解仇結盟，看來到了秋高馬肥的季節，勢必有變。」他建議漢宣帝：「火速派遣官員巡視邊疆的守備，並且設法瓦解羌族內部同盟，這樣才可以在羌人未變之前挫敗他們的陰謀。」

必須派人與羌談判，派誰去呢？趙充國推薦辛武賢。辛武賢是酒泉太守，有勇有謀。宰相與御史大夫卻共同推薦義渠安國，最後宣帝決定讓義渠安國再次出使羌區。

趙充國又向大司農中丞耿壽昌建議：「現在金城、湟中的穀價是每斛八錢，只要儲備三百萬斛的糧食，羌人絕不敢輕舉妄動。」由於宣帝時代注意休養生息，農業連獲豐收，此時的穀價已是歷史低點。

對趙充國的這個建議，沒有引起耿壽昌足夠的重視。耿壽昌只預算儲備一百萬斛的糧食，而最後儲貯的數量只有四十萬斛。更遭糕的是，到義渠安國第二次出使羌人區時，把儲藏的四十萬斛的糧食又揮霍了一半。

義渠安國抵達羌中，設了酒席款待先零羌部落的三十多位首領。酒席過半，羌人喝得東倒西歪的，突然一排衛隊手持利刃闖進來，眾羌豪糊裡糊塗便成了俘虜了。義渠安國大罵羌豪想勾結匈奴，意圖反叛，並處死幾個羌人首領。緊接著，他縱兵攻打先零羌，先零部落根本沒有防備，被義渠安國斬殺了一千餘人。

趙充國以和平方式解決羌人問題的希望，被義渠安國以莽撞的方式破壞了。

一場軍事衝突已經是無法避免。

在先零羌內部，並非所有的人都願意與漢政府對抗。然而，義渠安國襲殺先零部落，逮捕部落首領的消息一傳開，族人非常憤怒，便發兵進攻漢帝國的邊塞，殺死邊關的漢朝官員。

漢羌戰爭爆發。義渠安國率領三千名騎兵抵擋羌人的進攻，結果大敗而歸，輜重糧草被羌人搶奪一空。金城、湟中的糧食儲備本來只有四十萬斛，義渠安國此役損失的糧食達到二十萬斛。糧食缺乏，意味著漢軍的處境岌岌可危。

西線告急，漢宣帝不得不採取武力鎮壓的方式。誰可擔任西征統帥呢？老將趙充國已經七十五歲，他毛遂自薦：「如果要帶兵出征西羌，我想再也沒有比我更合適的人了。」這句話，充滿「捨我其誰」的英雄氣概。

趙充國是大器晚成之人，生於武帝建元四年（前一三七年）。武帝天漢二年（前九十九年），李廣利出征匈奴，被匈奴右賢王部所困，趙充國率百名壯士英勇突圍，在最危急之刻挽救了軍隊，此役他身披二十餘處創傷，一鳴驚人。昭帝元鳳元年（前八十年），成都氐人反，趙充國以大將軍護軍都尉的身分，率軍參與平定氐人之亂；之後，他又以水衡都尉身分率軍北擊匈奴，俘虜匈奴西祁王。宣帝本始三年（前七十一年），趙充國率騎兵深入匈奴境內一千八百里，俘匈奴蒲陰王。

無論從作戰經驗還是對羌族人的了解，趙充國非常自信，自己是不二人選。漢宣帝見老將軍不顧年邁力衰，自告奮勇，十分高興，詢問趙充國：「將軍估計羌人將會有怎麼樣的行動，需要派多少兵力呢？」

趙充國回答說：「百聞不如一見。軍事行動充滿凶險，不容易估計，老臣願快馬馳赴金城郡，盡快將作戰方案上報皇帝。羌人逆天背叛，滅亡之日不久，請陛下將此事託付老臣，不必擔憂。」

宣帝任命趙充國為西征軍統帥，調發軍隊前往金城。

六月，趙充國率一萬名騎兵軍西渡黃河。經過一路長途跋涉，抵達西部都尉府。

西部都尉府是漢政府為管轄西部羌人事務而設立的，此前已經遭到羌人多次攻擊，險象環生。趙充國的援軍來得正是時候，羌人再次對西部都尉府發動強攻，趙充國下令堅壁清野，固守城池，羌人騎兵進攻時，就一陣亂箭把他們趕走。羌人騎兵雖然勇悍，但是乾瞪眼想不出什麼進攻方法。

擊退羌軍的進攻後，趙充國巡視西部都尉府。當時，監獄中關押著一名囚犯，名叫雕庫，是羌人罕、開部落的首領靡當兒的弟弟。罕、開兩個部落與先零部落混居，關係緊密。當先零羌密圖叛亂時，罕、開部落有所發覺，靡當兒便派弟弟雕庫祕密抵達西部都尉府，向漢都尉稟報：「先零羌可能要造反。」過了幾天後，先零部落向漢軍發動進攻。由於罕、開部落與先零羌的關係非同一般，西部都尉府不僅沒有感謝雕庫送來的情報，反而把雕庫關押在大牢中，作為對罕、開部落進行施壓的人質。

趙充國了解情況後，說：「雕庫何罪之有？」立即下令釋放，讓雕庫返回轉告部落的首領：「漢軍只誅殺有罪之人，不要站錯了立場，否則是自取滅亡。」

趙充國對形勢的判斷是，羌人部落雖然相互解仇結盟，但是數百年積累下來部落間的恩怨是無法在一時間平息的，如果漢軍不分別對待，就把會所有的羌人全部拖入戰爭，那麼這樣一來，這便是一場無休止的戰爭。漢軍的對手，主要是羌人中實力最強的先零羌，對其他部落必須要採用分化瓦解的手段。

不戰而屈人之兵，是趙充國的戰略原則。他按兵不動，對罕、開等羌人部落展開外交攻勢，力圖瓦解羌人聯盟。但這一戰略，引起了帝國西部邊境將領的不滿。

酒泉太守辛武賢上書皇帝：「如今漢軍已經在漢羌邊界集結了六萬大軍，基本上在祁連山以南，而祁連山以北地區兵力空虛，這種情況對邊防是不利的。高原地帶嚴寒來臨得早，如果拖到秋冬再發動進攻，天寒地凍，帝國的馬匹無法忍受如此嚴寒。所以，臣以為在七月上旬大軍從酒泉、張掖兵分兩路，先進攻罕、開部落，即使不能全殲，也可以奪取他們的牲畜，俘虜他們的妻兒。」

宣帝看了辛武賢的奏章後，快馬轉交趙充國。

趙充國不同意辛武賢的分析，上書反駁：「在高原作戰，馬匹既要負擔糧食、也要負擔兵器衣物，如此就無法發揮其快速機動的作戰能力，無法對羌人騎兵深入追擊。只要羌人將戰線後撤，佔據山林有利地形，我軍深入則容易被切斷運糧通道，使軍隊陷入危險境地。現在最好的方法，是分化瓦解羌各部落，特別是罕、開部落，使各部落脫離先零羌的脅迫。對於追隨先零羌反叛過的這些部落，只要認錯投降，一概採用既往不咎、寬大處理的原則。這樣一來，先零羌內部必定會大為震動。」

漢宣帝接到趙充國的奏報後，下發給大臣們商議。

大臣們議論說：「先零部落兵力最強，而且又有罕、開部落的支持，如果不擊破罕、開部落，恐怕無法擊敗先零部落。」

不僅是大臣們，宣帝本人對趙充國不主動進攻也很不滿。他寫了一封親筆信，對趙老將軍的戰略提出強烈的批評。信是這樣寫的：

「如今戰爭爆發，馬匹車輛萬里轉輸，致使天下百姓煩憂，將軍卻不考慮政府的難處，統率萬人之眾，卻不積極進擊。倘若不在秋季結束前爭奪羌人的牲畜，那麼到了冬天之後，羌人有牲畜為食，躲到山洞中避寒，而將軍手下的士兵只能在寒風中，手腳凍裂，這對將軍您有什麼好處呢？戰爭的消耗巨大，而將軍卻不念此，準備將這場戰爭拖延數年之久。要是打仗這麼輕鬆，誰不樂意當將軍呢？我已經命令破羌將軍辛武賢率兵，在七月份對罕、開部落發動進攻，將軍要率部齊頭並進，不得有誤。」

趙充國從字裡行間，深察到皇帝的不滿，然而強烈的責任心，使他責無旁貸，必須向宣帝解釋自己的戰略主張。他提筆寫道：「罕、開兩個部落，雖然與先零部落關係緊密，然而到目前為止，並沒有出動軍隊攻擊漢帝國，而陛下卻將首惡先零部落放在一旁，反倒準備攻擊罕、開部落，這豈不是釋有罪、誅無辜嗎？先零部落雖然與罕、開部落結盟，但私下裡不能不對罕、開部落有防備之心。如果在這個時候，我們率先進攻罕、開部落，先零部落必然會派兵援救。這樣的結果就是使先零部落有恩於罕、開部落，並且使他們的關係更加緊密。這正中先零部落的下懷。一旦先零部落與罕、開部落齊心協力，那麼勢必會有更多的小部落加入其聯盟中，其力量就會越來越壯大，到時即便漢帝國出動數倍於今的兵力，恐怕也要花費十數年的時間才可平定，而不只是兩三年。依臣的看法，必須要擊破先零羌，則罕、開部落可不戰而勝。」

趙充國能夠成為一代名將，也算運氣好，因為他遇上千載難逢的明君。漢宣帝對趙充國的意見極其重視，為了尊重前線將領的意見，他下詔，停止對罕、開部落的攻擊，集中力量打擊先零部落。

先零羌圍攻西部都尉府失敗後，數番挑戰，趙充國置之不理，堅壁清野，不肯應戰。一段時間後，先零羌開始士氣低落，趙充國敏銳地察覺到機會到了，便引軍出擊。先零羌人被打個措手不及，奪路而逃，慌忙向湟水的對岸撤退。由於道路狹窄，先零人被迫丟棄了許多輜重。

趙充國命令軍隊不緊不慢向前推進，部將著急了，說：「我們要趕緊掩殺過去，怎麼能這樣慢吞吞呢？」趙充國笑道：「窮寇不可逼得太急。我們慢慢進逼，他們就會頭也不回地逃竄，要是逼得太急了，困獸也會拼死相鬥。」

果然，先零羌人爭先恐後地逃跑，在渡河時亂成一團，被擠下水淹死的達數百人，另有五百餘人來不及渡河，要麼被漢軍斬殺，要麼成為階下囚了。先零羌此役損失千餘人，相比人員的損失，輜重的損失更為致命，趙充國大軍俘獲的牛、羊、馬等牲畜共計十餘萬頭，車輛達四千輛。

趙充國的大軍隨即渡河西進，進入罕羌部落的地域，嚴令禁止士兵放火焚燒村落，也不准在田裡割草放牧。罕羌人見漢軍秋毫無犯，心中非常感激，首領靡忘親自前來歸順，並向趙充國承諾願意離開湟水谷地。罕羌在酋豪靡忘的帶領下，退出與先零的同盟，趙充國不費一兵一卒，便瓦解了先零羌最重要的盟友。

漢軍徐徐進逼，先零羌被迫退到貧瘠的山區。由於牲畜輜重大多落入趙充國之手，進入深秋後，缺衣少食，時不時就有人到漢兵營投降。幾個月後，趙充國收容的投降羌人已經達到一萬人之多。

高原上的惡劣氣候，使得趙充國備受苦楚。畢竟是七十五歲高齡的老人了，寒冷與高原的大風，使他腿腳疼痛，又風寒下洩，病倒了。趙充國邊養病，邊深入思考對羌的策略。他估計先零羌內部已經矛盾重重了，挺不了很久了。他強忍病痛，坐起來給皇帝寫了一折奏章，請求將騎兵撤走，只留下屯墾部隊，準備在湟水谷地進行屯田，長期待下去，坐等先零羌的崩潰。

趙充國想要以和平手段解決羌亂，而朝中重臣都希望能以武力早日解決羌亂。對此，老將軍的看法是：「要是當時採納我的意見，派辛武賢與羌人談判，一定可以和平解決，但是這個機會失去了。後來，我提議要儲備糧食三百萬斛，這樣羌人絕不敢發動叛亂，但也沒有做到，第二次消除戰爭的機會又失去。民族之間的問題非常微妙，失之毫釐，差以千里，先零羌固然不足為慮，然而如果不妥善處理，反叛將不斷地蔓延到其他蠻夷，到時縱然有智慧超群的英雄，也無能為力了。」

在奏章中，趙充國寫道：「軍隊中的馬匹與牛所要消耗的糧食十分巨大，必須要從其他地方調度，時間長了，百姓的負擔極為沉重，恐怕會激發民變。所以，老臣準備罷除騎兵，留下步兵一萬二百餘人，在湟水谷地進行屯墾，估計可開墾的土地有二千頃之多，這樣可以為國家節省大筆開支，省卻轉運的艱難；並修驛站郵亭，築橋樑，在軍事要衝之處派軍駐守。先零羌被壓逼至貧瘠的山區，羌人習性悍勇無比，容易用計謀瓦解，而難以重兵粉碎。《孫子兵法》云：百戰而百勝，非善之善者也；先為不可勝以待敵之可勝。所以，高明的將領擊敗敵人，並不損傷自己的實力，以謀略取勝為上策，以力戰取勝只是下策。」

宣帝從善如流，堪稱千古楷模。他沒有輕易否決趙充國的建議，但是仍有幾點疑慮，便再次致書趙充國：「如果依將軍的計畫，羌虜幾時可以誅滅？戰爭何時可以結束？」

趙充國再奏：「羌人雖然在風俗習慣上與漢人不同，但是避害趨利是人之常情。現在羌人已經喪失了水草茂盛的土地，逃遁到貧瘠荒寒之地，骨肉心離，人有叛志。到現在為止，前來投降的羌人已經有一萬零七百人，羌人內部崩潰瓦解指日可待，戰爭將在幾個月內結束。」

宣帝以為有些含糊，再次致書老將軍：「您說：『戰爭將在幾個月內結束』，是指今年冬天呢？還是其他時間？請將軍慎重考慮一下。如果羌人得知漢軍撤回騎兵，只留下步兵屯墾，那麼他們將會集結兵力，對屯墾部隊進行攻擊，並且殺掠人民，將軍將如何應付？」

趙充國答覆道：「《孫子兵法》說：『多算勝，少算不勝。』先零羌的精銳部隊，所剩下的不過七八千人罷了。因為沒有肥沃的土地，先零部落只得分散在各個山區，忍饑挨餓，前來歸附投降者絡繹不絕。老臣認為，先零羌的覆滅，最遲在明年春季。至於騎兵撤退後，羌人會不會發動大規模的進攻呢？老臣認為絕無可能。我們屯墾的士兵人數仍在一萬人以上，這些都是精銳的部隊。而在未來三個月內，天氣嚴寒，羌人缺乏牧草，他們的馬匹羸弱不堪，如何能組織起強大的騎兵呢？即便勉強組建起來，羸弱的馬匹又如何跋山涉水來向漢軍挑戰呢？老臣認為，先零羌可不攻自破，就地瓦解。」

史書留下大量趙充國與漢宣帝的往返書信，這使我們得以深入理解趙充國高超的戰略機謀以及一心為國的完美人格。同樣，皇帝劉詢也表現出一位君王的大度、耐心、善於納諫，不愧是西漢最英明的君王之一。

宣帝劉詢覺得趙充國說的有道理。然而，辛武賢等將領堅決主張速戰速決，力主出擊，以免河西走廊一帶的漢軍防禦出現長時間的空虛。這聽起來也有道理，宣帝難以決定，最後乾脆雙管齊下：趙充國的部隊留守湟水谷地屯墾，強弩將軍許延壽、破羌將軍辛武賢、中郎將趙卬，兵分三路，各自率軍進擊先零羌。

漢軍勢如破竹，許延壽兵團降服先零羌四千人，辛武賢兵團斬俘二千人，中郎將趙卬斬俘二千多人。而靜守在湟水地區進行屯田的趙充國兵團，在這段時間內，不費一刀一槍，自動跑上門來投降的羌人達五千人之多。

事實證明，趙充國以和平手段降服先零羌是卓有成效的。漢宣帝於是召回許延壽、辛武賢、趙卬三支軍隊，只留下趙充國的屯墾兵團駐守。

趙充國以守代攻，派出歸降的羌人前往先零部落，極力規勸先零人投降，對先零羌的瓦解起到至關重要的作用。第二年（前六十年）五月，前來投降的先零羌人已達三萬人之多，負隅頑抗者僅剩四千餘人。趙充國將戰爭掃尾工作交給歸降的罕羌部落，表明對歸順者的信任，而罕羌酋豪靡忘果然不負所望，收降了剩餘的四千人。至此，羌亂得以平息。

平羌之役，乃是趙充國軍旅生涯的代表作。這場戰爭，是「不戰而屈人之兵」軍事原則的典範。正由於趙充國採取分化瓦解敵人陣營的高明政策，最後使得羌亂局限於一個很小的範圍，以最小的代價迅速平息一場邊疆危機。

三五、匈奴終於完蛋了

在武帝時代，漢匈兩國展開生死決戰。前期在衛青、霍去病的統領下，漢軍勢如破竹，接連取得河南、河西、漠北戰役的勝利；後期漢軍則連連敗北，李陵、李廣利等先後戰敗投降。這場曠日持久的戰爭，不僅比拼兩軍的戰鬥力，更是對兩國國力的大考驗。昭帝登基後，休養生息，國力迅速恢復，經濟優勢逐漸體現出來。

昭帝元鳳元年（前八十年，蘇武歸國後第二年），匈奴左、右部出動二萬騎兵，兵分四路，向漢邊界發動進攻。漢守軍奮起反擊，斬殺九千名匈奴騎兵，生俘甌脫王，且自身傷亡甚微。這一戰的慘敗，使得匈奴意識到漢帝國的軍事實力，依舊十分強大。與軍事上的失利相比，內部爭權奪勢更是大大削弱了匈奴的實力。

元鳳三年（前七十八年），匈奴犁汙王偵知河西走廊酒泉、張掖諸郡守備薄弱，率四千名騎兵偷襲。然而，這個偷襲計畫竟然洩密，被漢朝廷所掌握，昭帝劉弗陵馬上下詔，加強河西走廊的軍事戒備。匈奴人沒有發覺漢朝廷已經大舉增援河西走廊，仍然按原定計劃出兵，結果又一次遭到慘敗，四千名騎兵除了數百人逃脫之外，其餘全部被漢軍斬殺與俘虜，匈奴犁汙王在戰場上被斬殺。

此後，匈奴人小心翼翼，不敢貿然發動侵略，將進攻重點對準西域的烏孫國。

烏孫是漢帝國在西域最強大的盟友，漢公主劉細君、劉解憂先後嫁給烏孫王。當年張騫提出

「斷匈奴右臂」的計畫，核心就是與烏孫結盟，斬斷匈奴的右臂，直接威脅匈奴的西部。切斷烏孫與漢的聯繫，便成為匈奴的戰略目標。

宣帝本始二年（前七十二年），匈奴人集結大軍，準備向烏孫發動進攻。

宣帝劉詢派常惠出使烏孫。常惠是太原人，出身寒微，然而志向高遠。天漢元年（前一〇〇年），武帝下詔徵募出使匈奴的使節，常惠抱著大丈夫應立功於絕域的信念，慨然應募，追隨蘇武出使匈奴，結果他與蘇武等被匈奴扣押囚禁了十九年之久。常惠出發時還是一個年輕人，回到祖國後，已經是個過了不惑之年的中年人。十九年的囚徒生涯，對於英雄來說，是磨礪意志力的考驗，苦難讓他更加成熟，他要以自己強烈的進取心來挽回流逝的時間

此前，匈奴已派出使者出使烏孫，對烏孫國王翁歸靡進行威脅：「交出中國公主劉解憂，並且斷絕與中國的關係，否則匈奴將大軍壓境。」並派兵佔領了烏孫的車延、惡師兩地。

嫁到烏孫的漢公主劉解憂寫了一封信，快馬向漢政府告急：「匈奴大軍已經集結待發，懇請中國皇帝火速派兵以救公主與國王。烏孫已經動員了五萬騎兵，準備竭盡全力，抗擊匈奴。」

大將軍霍光認為這是一個良機，正好可以同烏孫聯手重創匈奴的力量，一戰打垮匈奴。這次軍事行動並不是單純援救烏孫，而是一次規模空前的大進攻。漢軍出動了十六萬人，烏孫出兵五萬，總計兵力達到二十一萬人。這也是漢北之戰後，漢對外最大規模的一次用兵。

漢軍十六萬人，分五路進攻匈奴，其中田廣明兵團四萬人，范明友兵團三萬人，韓增兵團三萬人，趙充國兵團三萬人，田順兵團三萬人。

本始三年（前七十一年），五路兵團分別從西河、張掖、雲中、酒泉、五原出發，北伐匈奴。

根據事先的計畫，五路兵團必須要深入匈奴腹地二千里，實施大縱深的進攻。這次北伐並沒有達到預期的目的，雷聲大，雨點小，戰果微乎其微。原因是匈奴人在獲知漢軍準備深入作戰後，大為恐慌，以最快的速度撤退，躲到北方荒涼地帶。五路大軍全部撲空，沒有遭遇到匈奴主力兵團的抵抗。從正月到五月，歷時五個月，僅僅斬獲匈奴的遊兵散勇一千餘人，幾乎是空手而回。

然而在西線戰場，烏孫軍隊卻大獲全勝！

烏國軍隊獲得空前勝利的功臣之一，正是常惠。烏孫國王翁歸靡原本擔心匈奴人的進攻，向漢朝廷求援，但是大將軍霍光並沒有派軍隊到烏孫，而是以積極的進攻代替消極的防禦。常惠出使烏孫，目的就是勸說烏孫王反擊匈奴。在此之前，烏孫已經被匈奴人佔領車延與惡師。從實力上說，烏孫遠不如匈奴，且長期對之有畏懼之心。

常惠說服烏孫王以攻代守，因為南線漢軍投入五路兵團十六萬人，將大大牽制匈奴在西線增兵，且匈奴人一直對自己的實力自視甚高，對烏孫軍隊根本不放在眼裡，一定想不到烏孫大軍敢於越過邊境線，將戰火燒到他們的地盤。這樣，烏孫便可出其不意，攻其無備，打亂匈奴人的部署。

烏孫王也非泛泛之輩，頗有雄心壯志，他接受常惠的建議，果斷投入五萬兵力，對匈奴西境發動閃擊。駐守匈奴西部的右谷蠡王，是匈奴單于的最大政敵，擁兵自重，拒絕參加匈奴最高級別的龍城會議，在自己地盤上稱霸一方，匈奴單于拿他也沒辦法。匈奴的內鬥，大大削弱其軍事實力。

常惠與烏孫國王指揮五萬大軍，直逼右谷蠡王的王庭。右谷蠡王率軍迎戰，不料竟然吃了大敗仗。而匈奴最精銳的單于麾下騎兵，現在正遠遁到北方寒冷的地帶，以躲開漢軍精銳的攻擊。烏孫人很驚訝地發現匈奴軍隊的戰鬥力並不如想像中的強大，便大膽進攻，竟然打得匈奴人沒有還手之力。

這一戰，烏孫軍隊取得了令人難以想像的戰果。斬殺與俘獲匈奴兵四萬餘人，其中包括匈奴單于伯叔輩的長老、單于的兄嫂，還有小王、犁汗都尉、千人長、騎兵軍官等。除此之外，還俘獲了牛、羊、馬、驢、駱駝共計七十萬頭。

這是漠北之役以來，匈奴損失最慘重的一役！

張騫在數十年前提出的「斷匈奴右臂」的戰略計畫，終於顯現其巨大的威力，這一戰在匈奴歷史上，是關鍵性的一役，是匈奴迅速走向衰弱的標誌。

吃了敗仗後的匈奴，豈可甘心失敗。

匈奴壺衍鞮單于親自率領數萬名精銳騎兵，對烏孫發動報復性的攻擊。面對匈奴軍團來勢洶洶的反撲，烏孫王翁歸靡主動後撤，避其鋒芒。匈奴騎兵沒有抓到烏孫的壯丁，只是俘虜了一批老弱傷殘。

時值冬季，壺衍鞮單于很難在這種寒冷天氣之下，持續作戰，只好先撤回國內進行休整，以待明年的春季捲土重來。然而，天災突降，忽然大雪紛飛，僅僅一天的工夫，積雪厚達一丈，天寒地凍，匈奴人後撤的道路被大雪封死了。

大軍被困在雪地之中，寒冷與饑餓開始無情地吞噬著匈奴人的生命，一路上遺棄了無數倒斃的屍體。這是一次死亡行軍，出征時數萬人馬的大軍，最後生還者只有數千人，最精銳的匈奴騎兵，在雪地之中死亡超過百分九十。

匈奴的軍事力量，又一次遭到重創。然而噩夢還未結束。

在匈奴強大時，周邊的小國無不歸附，如今形勢急轉直下，匈奴先是在戰場上損失了四萬人，而後又在暴風雪中死了數萬人。明眼人都看明白了，匈奴的命運開始轉折了，周邊幾個小國，開始張牙舞爪地撲上來了。

北面的丁零、東面的烏桓、西面的烏孫，都瞧準機會，分別從北、東、西三面發動入侵，匈奴人疲於應戰，連戰連敗，又損失數萬名騎兵。更嚴重的是，匈奴人的牛羊等牲畜被掠去無數。作為一個游牧民族，這些牲畜就是匈奴人的命根子啊。

南面漢帝國也派了一支三千人的騎兵，攻入匈奴南部，如入無人之境。真是雪上加霜，曾經剽悍無敵的匈奴，遭遇到冒頓單于以來最狼狽的局面。

牲畜被奪，匈奴全國陷入嚴重的饑荒，餓死的人數，佔總人口的十分之三，牲畜的數量銳減一半以上（匈奴人疲於奔命，牲畜馱著重物遷徙，活活累死）。匈奴控制下的屬國紛紛背叛，國內盜賊紛起。

這一年（前七十一年）是匈奴由盛而衰的關鍵一年。

匈奴人好不容易渡過了大饑荒，然而禍不單行，僅僅過了三年（前六十八年），運氣不佳的匈奴人再次陷入災難之中。

又是一場可怕的大饑荒。這次饑荒很可能起因於一種在動物間傳播的傳染性疾病，使得牲畜大量死亡，隨之而來的是全國性的饑荒。這次饑荒對匈奴人的打擊是致命的，其嚴重的後果，遠遠超過三年前。全國餓死的人與牲畜，佔到總數的百分之六十到七十。

至此，匈奴再無實力與漢帝國相抗衡，其超級軍事強國的地位不復存在了。匈奴密謀聯合西羌，攻佔河西走廊，獨吞西域。然而，面對如日中天的漢帝國，匈奴人的計畫很快就破產了。

宣帝神爵二年（前六十年），是一個不平凡的年份。這一年，趙充國在西部平定羌亂，打亂了匈奴與羌聯合的計畫；同時，匈奴日逐王率部向鄭吉投降，匈奴人的勢力被驅逐出西域，漢設置西域都護府，鄭吉出任西域都護。

匈奴單于顏面掃地，他惱羞成怒，決定孤注一擲。這年秋季，虛閭權渠單于親率十餘萬大軍南下，以狩獵為名，在漢匈邊界附近出沒，準備伺機對漢帝國發動進攻。這幾乎是匈奴傾國之兵了。然而，這次入侵計畫很快就泡湯了，因為單于的一名手下，逃到漢地投降了，並和盤托出單于的計畫。

老將趙充國再次臨危授命，統率四萬名騎兵，屯守於北方邊郡，匈奴單于見計畫已經洩露，不敢發動進攻。幾個月後，虛閭權渠單于去世，握衍朐鞮單于繼任，從此，匈奴國內的權力之爭越演越烈，最終使曾經強大無比的匈奴汗國分崩離析。

握衍朐鞮單于是一個非常殘暴的人，他上臺是因為他是虛閭權渠單于的顓渠閼氏的情人。匈奴一部分貴族轉而立虛閭權渠的兒子稽侯珊為單于，這就是著名的呼韓邪單于。匈奴內戰爆發。

西元前五十八年，握衍朐鞮單于兵敗自殺。然而，此時匈奴群雄並起，除了呼韓邪單于之外，還有其他四人自立為單于，分別是屠耆單于、呼揭單于、烏籍單于、車犁單于，史稱「五單于時代」。經過三年的內戰，西元前五十六年，呼韓邪單于力壓群雄，擊敗了其餘四個單于，五單于並立的局面結束。

不久，匈奴又冒出兩個單于，一個閏振單于，另一個郅支單于。內戰仍然未了，到了西元前五十四年，閏振單于進攻郅支單于，兵敗被殺。這樣，便剩下呼韓邪與郅支兩位單于。兩人是親兄弟，郅支是呼韓邪的哥哥，兄弟二人為了爭奪最高權力而展開血腥廝殺。

郅支單于挾擊滅閏振單于之餘威，率軍進攻呼韓邪單于所在的王庭。經過一番血戰之後，郅支單于大獲全勝，呼韓邪單于被迫撤出王庭。郅支單于佔據了匈奴王庭以北的大片土地，史稱「北匈奴」。呼韓邪單于南撤到大漠以南的地區，史稱「南匈奴」。

在軍事實力上郅支單于佔據上風，他頗通曉兵法，自起兵以來，戰無不勝，又佔據王庭重地，呼韓邪單于無法與之爭鋒。

這時，擺在呼韓邪單于面前的，只有兩條路：其一是與郅支單于硬拼；另一條路就是投靠漢帝國，向漢皇帝稱臣。第一條路是行不通的，因為郅支單于兵多將廣，呼韓邪單于心知不是他的對手。經過長時間的深思熟慮，他終於下了一個天大的決心，決心要歸順漢朝。

此論一出，南匈奴大臣大感震驚。一百多年來，匈奴作為北方大國，與南方漢帝國平起平坐，是唯一可以與漢帝國爭鋒的超級強國，現在居然要向漢俯首稱臣，這對於強悍的匈奴人來說，無疑是奇恥大辱。

但匈奴的國力經過漢帝國的輪番打擊以及天災人禍，國內戰亂頻頻，早就喪失了與漢帝國爭雄天下的資本了。目前的局勢非常的明朗：只有臣服於中國，呼韓邪單于才有可能生存下來，反敗為勝，否則面對強大的郅支單于，只有死路一條！

呼韓邪單于力排眾議，主張臣服於中國。接著他派遣自己的兒子、右賢王銖婁渠堂入朝拜見漢宣帝。

甘露三年（前五十一年），呼韓邪單于抵達長安朝見漢宣帝。漢宣帝給予呼韓邪單于最高級別的待遇，接待規格超過任何一國元首以及封國的親王。這是漢帝國史上最為光輝的一刻。呼韓邪單于的歸降，象徵著一百五十年來漢匈漫長的戰爭之後，漢帝國終於降服了匈奴。當然，此時匈奴除了呼韓邪單于之外，還有一位郅支單于，即便如此，這仍然是空前的勝利。

當漢宣帝與呼韓邪單于一起走到渭河大橋時，早已等候多時的圍觀百姓，難抑激動的淚水，「萬歲」之聲此起彼伏。這是舉國若狂的一刻。這是大漢聲威遠揚的一刻，這是漢匈兩國走向和平的一刻，這是令人熱血沸騰、激情洋溢的一刻，見證這個歷史性一刻的百姓，怎能不為這一刻而歡呼雀躍呢？

呼韓邪單于得到漢帝國的鼎力相助。漢宣帝承諾，如果南匈奴遇到緊急情況，可以退守受降城，並且派長樂衛尉董忠、車騎校尉韓昌率一萬六千人進駐南匈奴王庭，協助呼韓邪單于鎮壓叛亂，並為南匈奴提供了三萬四千斛的糧食援助。

呼韓邪單于歸降漢朝後，從烏孫國到安息國（伊朗）的廣闊中亞地區，原本歸附匈奴的國家無不震動，中國的聲威遠達萬里之外。

呼韓邪單于歸附中國，令郅支單于震驚。匈奴已經一分為二，北匈奴的國力無法與漢帝國相抗衡，如果南匈奴得到漢朝的援助，那麼消滅呼韓邪單于便是難上加難了。

甘露元年（西元前五十三年），郅支單于也效法呼韓邪單于，派兒子右大將駒于利受入中國，向漢宣帝稱臣。不過，漢宣帝認為郅支單于為人陰險狡詐，投機倒把，對北匈奴的使臣很冷淡，仍然繼續扶持親漢的呼韓邪單于。

就在這個時候，匈奴局勢再生變局，又有一人自立為伊利目單于，糾集數千人，在匈奴西部稱霸一方。郅支單于犯下了一個很嚴重的戰略失誤，此時他手上握有五萬兵馬，他最強大的對手是南匈奴的呼韓邪單于，但郅支單于卻先去收拾實力很弱的伊利目單于。

西元前四十九年，郅支單于統率大軍西征。伊利目單于只有數千人的兵力，怎麼抵擋得住郅支單于的五萬精兵。這是一場一邊倒的戰爭，結果並不出人意料，伊利目單于被擊殺，他的部下全部被郅支單于吞併。

但取得西征勝利的郅支單于卻得到一個令人沮喪的消息，呼韓邪單于得到了漢政府的大力相助，不僅獲得大量的糧食，甚至得到漢軍的協防。

如果此時郅支單于討伐呼韓邪單于的南匈奴，無異於對漢宣戰。匈奴鼎盛的年代已經一去不復返了，冒頓時代匈奴有四十萬精兵，到現在，郅支單于只有五萬兵力，靠這一點老底，怎麼跟漢的鐵血兵團相抗衡呢？

吞併呼韓邪的南匈奴，已經不太可能了，唯一的出路，就是向西、向北發展。郅支單于揮師西進，大破烏孫軍隊，繼而向北進攻，接連擊滅北方的烏揭、堅昆、丁零諸國，並將首都遷到了堅昆國。

由於北匈奴遠遁，南匈奴臣服，漢匈邊界出現了百年未有的和平局面。這個來之不易的和平，一直維持到西漢的滅亡。

三六、犯強漢者，雖遠必誅

漢宣帝是西漢王朝最後一位傑出的帝王，無論在內政外交上均有建樹。在專制社會裡，國家的盛衰與皇帝個人能力關係非常大。西漢一直明君輩出，高帝、景帝、文帝、武帝、昭帝、宣帝這些傑出的帝王，使得西漢的偉大事業有可能一代代地延續。然而到了元帝劉奭時，這個過於儒家化的君主，開始失去對國家權力強有力的控制。元帝一朝，平淡無奇，只有陳湯萬里長征、擊斬郅支單于的英雄壯舉，為這個平淡的時代畫上絢麗的一筆。

陳湯，字子公，山陽郡瑕丘縣人（今山東兗州東北），年輕時博覽群書，很有學識，能寫一手好文章。他出身貧寒，經常食不果腹，不得不向鄰里借貸勉強維持生活，借了錢糧之後也沒法還，有時還外出乞討為生。一個大男人借錢不還，還乞討度日，鄉鄰都看不起他，認為他是沒有操守、人品低劣之人。

在家鄉混不出頭，陳湯便決定到首都長安城去碰碰運氣。經千里跋涉後，他來到當時最繁華的都城，憑自己的才華，謀了個小官：太官獻食丞，職責是負責給皇帝獻食的。雖然官位不高，但總算使他擺脫了早年窮困潦倒的生活。

在長安城，陳湯結交了一位好友富平侯張勃。初元二年（西元前四十七年），由於元帝劉奭剛登基不久，下詔讓全國的侯爵向朝廷推薦可用之才，張勃覺得陳湯有文韜武略，就向皇帝推薦他。

朝廷派人考察，如果沒有意外的話，陳湯就可以升遷，但恰在此時，意外發生了：陳湯的父親去世了。

陳湯早年生活饑寒交加，他發誓要出人頭地，現在升遷機會就在眼前，豈肯放過？他也不回家奔喪，皇帝聽到這個消息後，大為震怒。要知道元帝劉奭可是一個忠實的儒家信徒。儒學提倡「以孝治天下」，陳湯居然父死不奔喪，這種人怎麼能升遷？陳湯不僅沒有得到升遷，反而被逮捕入獄，連舉薦陳湯的富平侯張勃，也因為「舉薦不當」之罪，被削戶二百。

陳湯出獄後，正好朝廷欲加強對西域的控制，需要大量的使節，他自告奮勇前往西域。朝廷給他一個郎官的頭銜，出使西域。幾年後，由於陳湯在外交上的才華，升遷為西域副校尉，此時的原西域都護鄭吉已經去世，由甘延壽擔任西域都護。

西域都護甘延壽是一位武林高手，功夫十分了得。軍隊中舉行比武大賽，他曾勇奪兩項冠軍（投石與跳高）。甘延壽由於勇武絕倫，贏得了皇帝的青睞，曾擔任遼東太守，後調任西域都護，成為西域副校尉陳湯的頂頭上司。

建昭三年（西元前三十六年），甘延壽與陳湯抵達西域。此時，西域的政治十分微妙，北匈奴郅支單于獨霸康居，他野心勃勃，出兵攻打烏孫與大宛。這兩個在西域都屬於實力不弱的國家，抵擋不住郅支單于的攻勢。

郅支單于有吞併中亞的雄心，他如何從漠北輾轉到了中亞的康居呢？

自從南匈奴呼韓邪單于歸附大漢後，郅支單于自知無力與漢帝國抗衡，便引兵西上，破烏孫，滅烏揭、堅昆、丁零等北方國家，並將王庭遷到了堅昆。郅支這個人頗有些本領，打仗很少失敗，但他為人極其殘暴。逃遁到北方後，他自認為離漢帝國很遠，可以高枕無憂了，竟然犯天下之大不韙，殘忍殺死漢使谷吉。

此時，南匈奴呼韓邪單于在漢政府的支持下，逐漸強大起來。郅支單于害怕遭到漢政府的報復，決定再次向西遷移。正巧中亞的康居國與烏孫爆發戰爭，康居吃了敗仗，便想藉助郅支單于的軍隊，打敗烏孫國。康居王派人找到郅支單于，邀請他率部入康居，協助攻打烏孫，郅支單于聽罷大喜，便揮師西進，向康居國進發。不過，郅支單于的運氣不佳，在行軍途中遭遇到暴風雪，傷亡慘重，到了康居時，只剩下三千多人。

雖然兵力不多，但郅支單于還是證明了自己的軍事天才。他率匈奴與康居聯軍，進攻烏孫，大獲全勝，一直打到烏孫的首都赤谷城，沿途燒殺搶掠，無惡不作。打敗烏孫後，郅支單于得意洋洋回到康居，反客為主，自命為救世主，儼然成為康居的太上皇了，不把康居國王放在眼中。

康居很快淪為郅支單于的殖民地。他在這裡發號施令，只要敢違背他的，格殺勿論。他殺死反對他的康居貴族與平民數百人，殘忍地肢解後拋屍河中，連嫁給他的康居公主，都因為一言不合而被殺死。殘暴無度的郅支單于每日徵五百名平民百姓，強迫他們修築單于城，耗時兩年才完工。

郅支又以匈奴單于的名義，派出使節到附近的國家，要求這些小國進貢，膽敢不從者，便派軍隊攻打。小國們迫於郅支單于的淫威，不敢不從。

由於漢帝國已經設立西域都護府，這成為郅支單于在中亞擴張的最大障礙。為了向漢政府施放煙霧彈，郅支單于還給西域都護府寫了一封信，信誓旦旦地說：「我居住在這個困厄之地，願意歸附強大的漢帝國，派我的兒子入質中國。」話雖這樣說，可是郅支單于哪有臣服之心，不過以為漢距離康居國遙遠，軍隊根本無法到達罷了。

陳湯隨甘延壽入西域後，隱隱感覺到郅支單于的殺氣。他對甘延壽說：「西域這些國家，本來臣服於匈奴，對匈奴向來深懷畏懼之心。如今郅支控制了康居，侵逼烏孫、大宛，一旦得手，西域的局勢將發生重大的變化，到時郅支以康居、烏孫、大宛為根據地，北擊伊列（中亞卡拉干達一帶），西取安息（伊朗一帶），南奪月支（位阿姆河流域），不用很長時間，西域各國必然陷入危險。」

甘延壽聽了之後連連稱是。陳湯繼續說：「現在郅支雖然躲在偏遠的康居，康居守備很弱，沒有堅固的城堡，沒有強弓勁弩。如果我們動用屯田部隊，外加烏孫等國的夷兵，組建遠征兵團，直指單于城下，那麼郅支欲逃無路，欲守不能，千載之功可一朝而成！」

甘延壽聽了覺得很有道理，便說：「好！我立即上書，請求朝廷批准這次軍事行動。」

陳湯擺了擺手說：「朝廷公卿，見識平庸。這種大謀略，非平庸之輩所能了解。如果交由他們商議，這事準不成。」陳湯的意思是，將在外，君命有所不受，不必受到朝廷的節制。不上報朝廷而擅自興師討伐郅支，這可是非法的。甘延壽不敢作出這樣的決定，他沒有同意陳湯的做法。

過了些時間，甘延壽病了。

陳湯毫不猶豫地抓住這個時機，背著甘延壽，擅自矯詔，以大漢皇帝的名義，詔令西域各國軍隊與漢屯墾兵團向都護府集結。陳湯做事雷厲風行，短短幾天，西域各國的軍隊已經動員起來，並迅速向都護府所在地集中。

甘延壽得知陳湯擅自矯詔發兵，嚇出一身冷汗，從病床上跳了起來，急急忙忙跑到陳湯那兒，想要阻止。

陳湯大怒。他手按劍柄，喝道：「現在是建立千載奇功的時候，各國大軍已經集結，你是不是想阻止？」甘延壽被陳湯嚇住了，他是陳湯的頂頭上司，又是武林高手，但要說到敢作敢為的魄力，卻遠不及陳湯。眼看各國軍隊陸續抵達，生米都煮成熟飯了，還能怎麼辦呢？既然已經矯詔，只能豁出去一拼了。如果能成就千秋偉業，那自然不會受到朝廷的追究。

在西域都護府已經集結了四萬多的軍隊，其中包括漢戊、已校尉率領的車師屯墾部隊，以及其他西域各國的軍隊。這支遠征軍團，編為六個縱隊，分別由六位校尉指揮：揚威校尉、白虎校尉、合騎校尉、戊校尉、已校尉，還有西域副校尉陳湯。名義上的總指揮是西域總督甘延壽，真正的靈魂人物是陳湯。

遠征軍的目標是躲在康居單于城內的郅支單于。直到大軍出發前，陳湯才與甘延壽一同上書朝廷，自劾矯詔之罪，並說明出兵的理由。奏章發出之後，陳湯也不等朝廷的回覆，即日率軍啟程。大軍兵分兩路，每路三個縱隊。一路沿著南道（塔克拉瑪干沙漠的南緣）出發，翻越帕米爾高原，進入大宛，然後折向北，進攻康居。另一路由甘延壽率領，沿著北道（塔克拉瑪干沙漠北緣）出發，抵達溫宿，翻越天山山脈，借道烏孫，直逼康居。

當陳湯的遠征軍抵達闐池（巴爾喀什湖，哈薩克斯坦境內）西岸時，遭遇到康居軍隊的突襲。這支康居軍隊剛突襲烏孫，殺掠一千多人，正在返回途中，意外地發現陳湯的遠征軍，便率軍截擊遠征軍的輜重部隊。

陳湯馬上率領主力部隊反擊，擊潰了康居軍隊，斬殺四百六十人，奪回輜重。同時，解救了被康居軍隊掠奪的烏孫百姓四百七十人。康居軍隊在烏孫掠來的馬、牛、羊等戰利品也落入遠征軍之手。

進入康居國之後，陳湯嚴令士兵不得燒殺搶掠，不得擅自掠奪康居百姓的糧食牲畜，以彰顯仁義之師的本色。陳湯的目標非常明確，就是要誅殺郅支單于，康居軍民只要誠心投降，既往不咎。

康居東部由貴族屠墨鎮守。陳湯派人祕密召見屠墨，曉以大義，告訴他遠征軍有必誅郅支單于的決心。郅支單于在康居國內倒行逆施，殘害無辜，早已引起康居貴族的不滿，只是迫於郅支單于的淫威，敢怒而不敢言罷了。屠墨與陳湯簽立祕密條約，將東部門戶洞開。陳湯兵不血刃，穿過康居國東部，直撲郅支所在的單于城。

軍隊行進到距離單于城六十里處，抓到了一個名叫開牟的康居男子。很巧的是，他正是與陳湯簽訂祕密條約的康居貴族屠墨的舅舅。開牟對郅支單于的暴行深惡痛絕，自願為陳湯大軍作嚮導，並把他所知道的單于城防衛情況一一向陳湯說明。

第二天，大軍再向單于城挺進三十里，然後安營紮寨。郅支單于得知甘延壽、陳湯等居然不遠萬里殺到康居，大吃一驚，派人前往遠征軍營地打探消息。

陳湯對匈奴使者說：「單于曾上書，說願意歸附強大的漢帝國。皇帝得知單于遠離匈奴故地，躲在偏遠的康居，心裡很是憐憫，特派西域都護將軍率軍來迎接單于。」

郅支單于不敢親自出面，只是派使者往返於單于城與遠征軍營地，給雙方的首領傳話。陳湯厲聲對匈奴使者喝道：「我等為單于遠道而來，到現在還沒有一個匈奴的王侯大臣前來拜會將軍，接受皇帝的命令。單于作為東道主，卻沒有展現待客之道，不把我等放在眼裡，這是何理？我軍遠道而來，人與馬匹都極度勞累了，糧食也快吃完了，再拖下去，恐怕我們回不去交差了。」

面對甘延壽與陳湯的最後通牒，郅支單于六神無主，他的第一個念頭就是想逃之夭夭。到了夜半時分，他悄悄地溜出城外，可是很快就一片茫然了，天地廣闊，要逃到哪呢？所有鄰國都對他的暴行恨之入骨，他去了不是自討死路嗎？在城外兜了一圈後，郅支單于發現無路可逃了，只能入城堅守，做最後一搏了。他一方面備戰，另一方面向康居求援兵。

第二天，郅支單于沒有開城投降。

甘延壽命令四萬大軍開進到離單于城只有三里之處，與陳湯登上小山丘，遙望單于城。城牆上懸掛滿五彩旗幟，城樓上有數百名匈奴兵正在巡邏，在城門兩側，還有百餘名士兵正在操習「魚鱗陣」。歷史學界有一種觀點，認為這「魚鱗陣」可能就是古代羅馬帝國兵團擅長的「龜甲陣」，而郅支單于的麾下，有一支羅馬兵團。參照西方史料，在十七年前（前五十三年），羅馬發動帕提亞（即安息國）戰爭，遭到慘敗，二萬名羅馬士兵被殺，一萬人被俘。而郅支單于所在的康居國，就是帕提亞（安息）的鄰國，這些羅馬戰俘很可能成為郅支單于的雇傭軍。

郅支手下的匈奴士兵，驍勇異常，看到甘延壽大軍兵臨城下，並沒有驚慌，反而表現很勇敢，甚至有一百多名匈奴騎兵高聲吆喝著，策馬出城門，向遠征軍發起衝鋒。勇氣固然可嘉，可是沒有用，陳湯下令以弓弩還擊，這些匈奴人很快便掉轉馬頭，竄回城中，關閉城門。

陳湯對各兵種在攻城戰中的任務作了具體安排：工程兵負責在城牆上打洞挖穴，填堵敵人的瞭望孔與射箭孔；持刀盾的步兵衝在前頭，長戟兵緊隨其後，弓弩手掩護先頭部隊破城。戰鼓聲響起，遠征軍將士如潮水般湧向單于城下。

外城是木城，陳湯命令先鋒部隊攜帶木柴，衝到木城下，然後放火。一時間，大火沿著木城牆蔓延開，躲在木城內匈奴兵來不及逃跑的，便被大火吞噬了。

周邊戰一直打到了傍晚，夜幕降臨，熊熊火光映亮了天空。突然，數百名匈奴騎兵從城門殺出，企圖藉著夜色的掩護，衝破遠征軍的重圍。但是這支小分隊很快被射殺，全軍覆沒，無一人漏網。

戰事吃緊，郅支單于親自上陣，身披戰甲，登上城樓。連單于的夫人小妾們也紛紛來助陣，共有數十人之多，這些匈奴女人竟然個個可以開弓射箭。雙方箭矢你來我往，冷不防一支箭飛過來，不偏不倚，正好射在郅支單于的鼻子上。郅支忍痛將箭拔出來，頓時血流滿面。大勢不妙，他趕緊下了城樓，躲到城內去了。

到了午夜，熊熊大火已把外城全部燒毀。外城殘餘的匈奴士兵退守內城，這些匈奴戰士仍然表現非常英勇，還高聲吶喊，以壯聲威。難怪郅支單于自起兵以來，戰無不勝，所向披靡，其麾下的騎兵，戰鬥力果然十分了得。

甘延壽、陳湯指揮大軍繼續進攻內城。突然間，城上的匈奴兵一陣歡呼聲，原來他們的援軍來了。這支援軍是聽命于郅支單于的康居軍隊，共有一萬多人。這對匈奴人來說，無疑是鎮定劑。康居騎兵揮動著火把，也高聲叫喊著，與城上的匈奴兵遙相呼應。

康居騎兵分為十幾個小隊，從四面八方向聯軍陣地發起攻擊。甘延壽命令一部分攻城部隊撤下來，對付康居騎兵。康居騎兵的戰鬥力確實不怎麼樣，接連發起幾次攻擊，全部被聯軍擊退。雖然康居援軍的進攻被扼制住了，但在另一條戰線上，攻堅戰仍在激烈地進行著。單于內城四處著火，火光沖天。內城的匈奴人混亂不堪，此時遠征軍士兵也禁不住激動的心情，高聲號叫，把鉦鼓聲敲得震天響，把前來支援的康居士兵給嚇壞了。康居騎兵一看匈奴人快頂不住了，索性一溜煙，撤了。

康居援軍撤退後，聯軍攻城力量又加強了。戰士們用大盾牌來裝土，很快在城牆邊堆起了一個小土坡。這時，天將拂曉，東方已露出熹光。甘延壽下達了總攻令。聯軍兵士爭先恐後，沿著小土坡奮勇攀上城牆，匈奴人抵擋不住，紛紛向城內撤退。

郅支單于走投無路，帶著妻妾還有百來名士兵，慌慌忙忙地躲進單于宮殿，把大門緊緊地關上。聯軍士兵一路殺到單于的住所，見大門緊閉，就放了一把大火，木頭門被燒得殘破不堪，然後便一擁而入。那一百多名匈奴衛兵拼死抵抗，怎奈寡不敵眾，很快便被聯軍士兵砍瓜切菜般地剁為肉醬了。

郅支單于絕望了，想這十幾年來，自己戰無不勝，攻無不克，沒想到今天卻是窮途末路。他猛吼了一聲，衝出來與聯軍士兵拼殺。軍侯假丞杜勳一刀結果郅支單于的性命，郅支這個一代梟雄，就這樣命喪單于城。單于的妻妾、太子、手下的名王等，或死或降，單于城最終完全陷落。

這次遠離漢帝國萬里之外的征戰，終於塵埃落定。這是一次驚天動地的萬里遠征，將永載史冊，它見證了大漢帝國的偉大與強悍。這次偉大的遠征，是距漢帝國本土最遠的一次征戰，是漢匈戰爭一百六十多年來第一次擊殺匈奴單于，而且這次大規模的作戰沒有耗費漢帝國一錢一糧，整個戰爭還是採取矯詔隱瞞朝廷的方式進行。

這次偉大的勝利，造就了陳湯千古不朽的英名。

郅支單于的首級被割下來，快馬送抵長安城。甘延壽與陳湯共同上書皇帝，這折奏章是出自陳湯之手，寫得非常精彩：「臣聞天下之大義，當混為一，昔有唐虞，今有強漢。匈奴呼韓邪單于已稱北藩，唯郅支單于叛逆，未伏其辜，大夏之西，以為強漢不能臣也。郅支單于慘毒行於民，大惡通於天。臣延壽、臣湯將義兵，行天誅，賴陛下神靈，陰陽並應，天氣精明，陷陳克敵，斬郅支首及名王以下。宜縣頭槀街蠻夷邸間，以示萬里，明犯強漢者，雖遠必誅。」

「犯強漢者，雖遠必誅。」光憑這句千秋不朽的名言，陳湯足以不朽矣。陳湯的萬里遠征，乃是代價最小、影響深遠的一次戰爭。如果不是他果斷用兵，郅支單于有可能崛起成為中亞梟雄，改寫中亞的政治版圖，不過他還沒來得及實現他的雄心壯志，就落得身首異處的下場。而這次萬里遠征，也是西漢王朝最後的輝煌，雖然西漢王朝開始走下坡路，但前世帝王所打下的雄厚基礎，即使在平庸的漢元帝時代裡，仍足以傲視天下。

三七、帝國的轉折：石顯亂政

諸葛亮在《出師表》中評價兩漢政治時說：「親賢臣，遠小人，此先漢所以興隆也；親小人，遠賢臣，此後漢所以傾頹也。」其實，「親小人、遠賢臣」不獨東漢所有。自漢元帝後，西漢王朝就離光榮與夢想漸去漸遠了。

漢元帝劉奭是漢宣帝的第一位皇后許平君所生。當年，許皇后被霍光夫人毒殺，作為太子的劉奭也多次險遭毒手。儘管政治鬥爭殘酷無情，但他對政治陰謀卻很不敏感。劉奭既沒有父親顛沛流離的坎坷命運，又受到「獨尊儒術」的社會風氣薰習，自小便喜歡儒學。

有一回，他跑去跟父親宣帝說：「父皇用法太深刻，還是多用一些儒生的好。」

漢宣帝聽了陡然變色，厲聲喝道：「你懂什麼，帝國皇家自有制度，本以王、霸道雜之，怎麼可能單純以德治國呢，難不成還要搬周朝時的那套制度？你聽好了，世俗的迂儒不識時務，喜歡厚古薄今，搬弄一些『名實』的概念，徒讓人眼花繚亂，其實根本不知所云。這種人，怎麼可以委以大任呢？」過了一會兒，宣帝劉詢又歎了聲：「亂我家者太子也！」

知子莫若父，明知是扶不起的阿斗，可是心裡又存一絲僥倖的想法。從指定繼承人這點看，宣帝不如武帝的堅決果斷。武帝一旦擔心出現後宮亂政，便毫不遲疑殺死太子的生母，冷血到極點，但是杜絕了可能的隱患；而宣帝一絲不忍之心，最終葬送了這個強大的帝國。

西元前四十九年，漢宣帝病逝，劉奭繼承皇位，是為漢元帝。元帝沒有其父的才幹與魄力，說嚴重點，就是有點書呆子氣。他性情寬厚，這既是他的優點，同時也是他的缺點。他不懂得統御之術，很快被幾個宦官玩得團團轉，開了宦官亂政之先河。

石顯是一名宦官。在漢宣帝時，他就掌管中樞機要，熟悉各種典章制度。不過漢宣帝在世時，他小心謹慎，不敢胡作非為，他的才能得到宣帝的讚賞，官居中書僕射。元帝即位後，體弱多病，不能在政事上花費太多精力。由於石顯對於宮廷事務熟悉，而且沒有什麼背景，也沒有黨羽，值得信任，便放心地把大權交給他。凡是朝中事務，均由石顯轉呈，再交由元帝裁斷。

不過，漢元帝低估了石顯。石顯為人精明能幹，聰明過人，他利用皇帝信任的優勢，在短短的幾個月時間裡，便權傾朝野，文武百官，無不畏懼。權力導致腐敗，一旦大權在握，他便開始積極結黨營私，與宦官弘恭連同許氏、史氏外戚集團，共同對抗蕭望之為首的重臣集團。

整垮蕭望之，是石顯的得意之筆。

蕭望之是著名的經學家，曾擔任太子太傅，是漢元帝的老師，漢宣帝去世前，拜他為前將軍、光祿勳。作為輔政大臣，他得到漢元帝的尊敬與重用。蕭望之與周堪、劉更生等人成為漢元帝的左膀右臂，時不時進諫良言，漢元帝對此三人言聽計從。宮廷向來是無風三尺浪，雖然蕭望之忠正率直，可是以史高為首的外戚集團卻深感權力受到威脅。在這個時候，善於察言觀色的石顯便主動與外戚集團聯合，共同對付蕭望之。

漢元帝並沒有意識到政壇的微妙變化。宦官在宮內弄權，外戚在宮外胡作非為，蕭望之多次進言，要求解除宦官掌控中樞的權力，並且勸漢元帝疏遠外戚，以防止外戚集團權力過大。蕭望之對宦官集團與外戚集團同時開火，石顯等人當然不肯坐以待斃。很快，在石顯等人暗中指使下，一折控告蕭望之「離間皇上與外戚（許氏、史氏）之間感情」的奏章呈上給皇帝過目。漢元帝將這件事交給宦官弘恭調查，宦官集團的目的達到了。

弘恭便與蕭望之對質。蕭望之說：「外戚在位多奢淫，我是為了匡正國家，並無惡意。」宦官們哪裡管他有沒有惡意，關鍵是蕭望之承認了他有離間皇上與外戚的企圖。這麼一來，弘恭與石顯聯合啟奏皇帝：「蕭望之、周堪、劉更生等人結為朋黨，詆毀大臣，離間陛下的親戚，目的是想專擅權勢。作為臣子，這樣做法不忠不義。請皇上下令召致廷尉。」

這個愛好儒學的皇帝，在政治上的無知有點令人吃驚。「召致廷尉」的意思是「下獄」，但他以為是將蕭望之等人交給廷尉問話，便同意弘恭與石顯的請求。就這樣，周堪與劉更生被抓起來，關進監獄，而蕭望之則被軟禁了。過了一段時間，漢元帝準備要召見周堪等人，手下的人對他說：「他們已經被抓到監獄了啊。」元帝聽了大吃一驚，脫口而出：「這怎麼回事，不就是去讓廷尉問問話嗎？」連他的左右都知道「召致廷尉」的意思，唯獨他這個皇帝稀裡糊塗的。這下子漢元帝知道自己犯大錯了，怒責弘恭與石顯，命令他們立即把人釋放了，官復原職。

石顯意識到要是蕭望之、周堪、劉更生官復原職，那麼就前功盡棄了。這沒有難倒他，他搬出了外戚集團領袖、大司馬兼車騎將軍史高。史高對漢元帝說：「陛下剛即位不久，就法辦了太傅，又把周堪、劉更生關進牢裡，現在又要將他們官復原職，這樣反覆，未免顯得沒有威信了，不如先將他們免職了。」

漢元帝一聽，好像有點道理，便以年邁為由，解除蕭望之前將軍、光祿勳的職位，同時將周堪與劉更生兩人罷官，貶為庶民。對漢元帝來說，這只是權宜之計，他從心裡是敬重這三個人。因此不久後，他又想將蕭望之提拔為帝國宰相，將周堪、劉更生二人任命為諫大夫，這自然遭到了石顯、弘恭、史高等人的強力阻撓。

正好在這個時候，蕭望之的兒子上書鳴冤，認為父親遭到奸人的陷害。這件事正好給石顯等人利用了。在石顯等人的指使下，司法機構上報皇帝說：「蕭望之以前確實犯有過失，這件事已經調查清楚了，並非有人誣告陷害。他卻心懷不滿，唆使兒子上書，有失體統，犯了不敬之罪，請陛下批准逮捕。」漢元帝只懂得儒學章句，對法律事務一竅不通，身為最高統治者，卻優柔寡斷，囁嚅地說：「蕭太傅向來剛強，哪裡肯讓獄吏羞辱呢？」石顯在一旁故意說：「蕭望之所犯的過錯，只是言語上的過失，這只是小罪罷了。」漢元帝聽後勉強同意了。

石顯知道蕭望之很注重名節，故意大張旗鼓，派軍隊包圍蕭家，就是向蕭望之暗示：你老自詡為朝廷忠臣，現在皇帝下詔要逮捕你了，你就要名譽掃地了。這是對蕭望之實施的心理戰術。果然不出石顯所料，蕭望之作為一名大儒學家，同時也是兩朝元老，要是這樣被抓進監獄，他老臉往哪擱呢？這位前任的太子太傅、前將軍仰天而歎道：「我曾位列將相之列，如今六十歲了，年老時卻被投入牢獄，苟且偷生，這簡直是恥辱。」說罷，他喝下一杯毒酒，自殺身亡。

消息傳到宮中，漢元帝大驚失色，失聲說道：「我先前就懷疑他不肯入獄，現在果然殺了我的好太傅啊。」石顯略施小計，便逼死了頭號政敵蕭望之。如果漢元帝不是太笨的話，就應該會發現石顯是早有預謀致蕭望之於死地的。可是這個皇帝的腦筋真是轉不過彎，他居然沒有意識到這是一場陰謀。石顯雖然被皇帝責備，但只是因為他說的話欠周詳罷了，遇到這種皇帝，難怪一向謹慎小心的石顯越來越膽大妄為了。

蕭望之死後不久，漢元帝重新起用周堪，擢升為光祿勳，同時周堪的學生張猛擔任光祿大夫。周堪以前擔任過太子少傅，也是漢元帝的老師。在石顯與外戚集團眼中，周堪是蕭望之的同黨，必除之而後快。

宦官集團與外戚集團聯手把持朝政，要對周堪、張猛下手易如反掌，甚至不需要確切的罪證。西元前四十三年夏季某日，出現日食，太陽暗淡無光，石顯與許氏、史氏兩大外戚家族，立即抓住機會，推出災變論，將此歸結為周堪的復出，引起上天的災變。漢元帝並不相信石顯等人的鬼話，但滿朝文武都附和石顯與外戚，他深感孤立無援，便想起楊興、諸葛豐這兩名官員，在周堪復出時曾極力稱讚其美德。漢元帝想讓這兩人挺身而出，不料楊興、諸葛豐二人也是見風使舵之徒，見到群臣大肆攻擊周堪時，便落井下石，極力詆毀周堪。失望的漢元帝就這樣被群臣綁架，被迫將周堪與張猛調離京城，出任地方官。

三年後，又出現一次日食。漢元帝召集石顯等人，質問所謂的「災變論」。以前日食發生時，他們一口咬定是周堪復出惹怒上天，現在周堪被貶官了，為什麼還會出現日食呢？石顯等人被皇帝問得啞口無言，只得低頭認錯。周堪與張猛得以返回朝中，周堪擔任光祿大夫，張猛則被任命為太中大夫。然而，這樣也無法改變石顯把持朝政的局面。周堪雖然身居高位，但由於石顯從中作梗，想要見皇帝一面都不容易。更糟糕的是，周堪由於患病，不久便去世，剩下張猛一人，更加無力與石顯對抗。石顯乘機誣陷張猛，義憤填膺的張猛步蕭望之的後塵，自殺身亡。

漢元帝由於推崇儒學，大批儒生被提拔，但正如其父漢宣帝所言，這些儒生大部分不能勝任，甚至不能宏揚正氣。即便如此，仍然有一批正義之士，與石顯進行不懈的鬥爭，京房便是其中一人。

京房是西漢一位著名的學者，師從著名的易學大師焦延壽，學問精深。當時，石顯權傾朝野，京房決定以一種特殊的勸諫方式，來說服皇帝莫要寵幸這個宦官。

西元前三十七年的某日，京房找到了一個與皇帝單獨交談的機會。他先從歷史上一些著名的昏君說起，問漢元帝道：「周幽王與周厲王使國家陷於危亂之中，這是什麼原因呢？他們都任用什麼人呢？」

漢元帝對歷史掌故也很熟悉，便回答道：「這兩位君王昏庸，任用的都是奸佞之人。」

京房又問道：「兩位國君是明知奸佞仍然任用他們呢，還是認為他們是賢能之輩？」

漢元帝說：「當然是認為他們是賢能之輩了。」

京房見皇帝落入自己布置好的陷阱裡了，就接著問：「那為什麼現在我們卻說這些人是奸佞之人呢？」

漢元帝又答：「這些人將局勢搞得一片混亂，又陷國君於危險之中。我們事後來看，就可以看出他們的真面目了。」

京房一步步地深入問道：「那周幽王、周厲王為什麼都沒有察覺呢？」

漢元帝說道：「因為他們相信自己所任用的都是賢能，要是他們能察覺到自己的錯誤，那豈不都成為明君了。」

京房繼續問：「齊桓公、秦二世都曾經譏諷周幽王與周厲王，可是齊桓公還任用了奸人豎刁，秦二世信任奸人趙高。他們都知道前世君主犯下的錯誤，為什麼自己還會犯同樣的錯誤呢？」

漢元帝說：「只有聖明的君主才能以古鑒今啊。」

京房話鋒一轉，將主題從古代扯到當代了：「陛下認為現在是治世還是亂世呢？」

漢元帝倒有自知之明，他回答說：「現在當然也算亂世了，這還用問嗎？」

京房繞了一大圈，就是要談當下的事情，他繼續說：「陛下現在任用的都是什麼人呢？」

漢元帝頗為自得地說：「幸好，情況比起古代的例子要好，況且問題並不出在我信任的人身上。」

京房頓首道：「古代那些帝王也跟陛下的想法一樣。以後的人看現在的我們，就像我們看待前人一樣。」不識廬山真面目，只緣身在此山中。京房苦口婆心，繞了一個大圈子，就是要向皇帝說明，奸佞小人就在身邊，希望皇帝能以史為鑒。

聽到這裡，漢元帝沉默良久後，才說一句話：「那麼現在作亂的人是誰呢？」看來他是在心裡盤算了一通，也沒有發現誰是奸佞之徒。京房回答說：「明主應該心裡有數吧。」可是漢元帝著實想不出來，只好又說：「我確實不知道，要是知道的話，怎麼還會任用他呢？」

漢元帝居然沒有看到蛛絲馬跡，這個皇帝也確實夠糊塗的。京房不得不提醒說：「就是皇上最信任的、與他在帷幄之內計議大事、擁有任免天下才士大權的那個人。」這下子皇帝聽明白了，京房說的這個人，就是石顯。他只是輕聲說道：「我已經知道你說的意思了。」

京房煞費苦心布了一個局，從古代說到當代，剖析相當深刻。如果從進諫的藝術而言，堪稱高明。可是有沒有起到效果呢？還是沒有，漢元帝與古代昏君一樣，對身邊的奸佞小人不知不覺，對石顯的信任依然如故。

在石顯眼中，京房成為最危險的敵人，他千方百計要將京房逐出京城。石顯夥同親信五鹿充宗等人，聯合向漢元帝建議，由京房出任地方太守。漢元帝同意了，下詔派京房出任魏郡太守。京房心裡明白，這些奸佞之人，想盡辦法讓他無法親近皇帝。在出任太守前，京房向漢元帝提出一個請求，懇請皇帝准許他在年末時，可以直接入京城面奏。

漢元帝起初答應了京房的請求，但是在石顯等人的挑撥之下，又收回承諾。這下子京房急了，他連上兩道奏章，再次要求可以直接面聖的特權，以免受到石顯等人的阻撓。

然而，石顯的目的絕不僅是將京房趕出京城，而是要置他於死地。經過多方收羅，石顯找到了京房的罪證。

原來京房每次與漢元帝談話後，總是將談話的內容告訴岳父張博，張博就將這些談話內容都記了下來。張博同時也是淮南憲王劉欣的舅舅，他經常向自己的外甥要錢，作為回報，他答應為淮南憲王爭取入朝面聖的機會，其實他什麼事也沒做。為了欺騙淮南憲王，張博就讓京房代寫了一份請求入朝的奏章，他就拿著這份奏章給淮南王過目，表示自己盡力了。

張博的這些事讓石顯知道了，他馬上利用此事大作文章，給京房扣了三大罪狀：第一，與張博合謀，誹謗政治；第二，讓皇帝背黑鍋，他那份為淮南憲王而寫的奏章，根本沒有交到皇帝手裡；第三，欺騙諸侯王。

欺君乃是大罪，這本來與京房無關，可是石顯硬是把他牽扯進來了。漢元帝大怒，下令將京房與張博兩人抓起來，投入監獄。得罪了石顯，京房難逃一死，最後他與張博兩人全部被判處死刑。

石顯又贏得了一場勝利。這件事，也證明了漢元帝不過與周幽王、周厲王一樣，都是昏庸帝王罷了，無可救藥。事實上，大漢帝國的衰敗，也是從漢元帝開始的。

在接二連三清除政敵之後，石顯更是權勢熏天，公卿無不對其側目，民間還流傳歌謠，諷刺石顯與他的同夥。似乎只有一個人蒙在鼓裡，這個人就是漢元帝。

元帝一朝平淡無奇，唯一可值得大書特書的，就是陳湯與甘延壽萬里遠征，擒殺郅支單于。這兩位當世英雄，也差點遭到石顯的暗算。

原來甘延壽以前作為宮廷侍衛時，由於武勇絕倫，受到皇帝的寵幸，石顯一心想交好甘延壽，想將姐姐嫁給他，但甘延壽拒絕了。因為這件事，石顯對甘延壽一直懷恨在心。當遠征單于城大捷的消息傳來時，石顯非但看不到甘延壽與陳湯兩人的齊天之功，反而夥同宰相匡衡，一起彈劾甘、陳兩人矯旨出兵，目無君上，罪大惡極。

這樣，一道逮捕令發出了。

正在返途中的陳湯大怒，上書皇帝：「臣與諸吏士共誅滅郅支單于，幸得擒滅，萬里振旅，不僅沒有使者迎接犒勞，反而要將我等逮捕審查，這豈不是為郅支復仇？」

還好元帝沒有昏庸到極點，趕緊撤銷逮捕令，命令沿途各郡縣以酒食款待甘延壽、陳湯的隊伍。

到了京城後，元帝讓大臣討論對甘延壽、陳湯行賞。石顯與匡衡又跳出來極力反對，說：「甘、陳二人擅自矯旨興師，沒有處死就是格外開恩了，如果再加功進爵，恐怕以後的使者都會學他們，到時為國家招來很多麻煩。這個風氣開不得！」

元帝本來性格軟弱，心裡頗讚賞陳湯與甘延壽的功業，但又礙於匡衡、石顯的反對，所以這事久拖不決。

這時，皇親國戚劉向站出來說話了：「甘延壽、陳湯出生死、入絕域，斬郅支之首，懸旌萬里之外，揚威昆山之西，掃谷吉之恥，立昭明之功，萬夷懾伏，莫不懼震，立千載之功，建萬世之安，群臣之勳莫大焉。」

這才使漢元帝下定決心，封甘延壽、陳湯為侯爵，並下詔表彰。石顯企圖迫害甘延壽與陳湯的計畫，最後沒能實現。

西元前三十三年，漢元帝壽終正寢，他在位共計十五年。這也是石顯把持朝政、呼風喚雨的十五年。雖然漢元帝崇尚儒學，多用儒士，但吏治敗壞到極點，多數官員與宦官集團狼狽為奸，黨同伐異。班固在《漢書》中挖苦元帝所用的儒臣「皆持祿保位，被阿諂之譏，彼以古人之跡見繩，烏能勝其任乎！」這也是當時漢宣帝所擔憂的情況。

漢元帝死後，石顯的運途也終結了。他被新上任的漢成帝調離了中樞部門，以前他要風得風，要雨得雨，如今一旦失勢，曾經巴結他的官員立即翻臉不認人。以宰相匡衡為首的官員立即向新皇帝彈劾石顯的罪狀，官場上的見風使舵是家常便飯，一朝失勢，便成眾矢之的了。

石顯被撤職遣返故里，但他還沒有落葉歸根，便中途病死了。他的病是心病，巨大的落差，讓他心裡無法接受，連飯也吃不下去，最後在鬱悶與恐懼中結束了自己的一生。

三八、遠嫁異國的女人們

漢元帝最後一年（竟寧元年，西元前三十三年），發生了一件在中國文化史上有著深遠影響的事情：昭君出塞。

自漢朝第一任皇帝劉邦始，便把和親政策作為羈縻蠻族的一個重要手段。從漢高祖至漢武帝，漢與匈奴多次和親。但事與願違，和親並不能阻止漢匈之間的戰爭。除了匈奴外，漢帝國還與西域烏孫和親，公主劉細君、劉解憂先後嫁給烏孫王，為漢與烏孫結為盟友作出巨大的貢獻。

和親的女子，有著外人難以了解的辛酸。

西漢和親史上，第一位知名人物是劉細君。

漢武帝元封年間，劉細君作為和親公主，嫁給烏孫王昆莫。當時，昆莫已經七十多歲，已是行將就木的老人。嫁到烏孫後，劉細君與昆莫年齡相差懸殊，一年相見的次數也很少，即使見了面也言語不通，因而她一直鬱鬱不樂。她很思念自己的家鄉，寫了一首詩：「吾家嫁我兮天一方，遠託異國兮烏孫王。穹廬為室兮旃為牆，以肉為食兮酪為漿。居常土思兮心內傷，願為黃鵠兮歸故鄉。」這首詩連漢武帝看過後，都不由感到悲涼。

昆莫知道自己年老力衰，徒耗劉細君的青春，便決定把她嫁給自己的孫子、烏孫太子岑陬。當時，匈奴以及西域，都有這個習俗，國王死了之後，接任的國王就續娶前國王的妻妾。作為中原文化薰陶下長大的劉細君，對這種蠻族風俗無法接受，她上書漢武帝，要拒絕這種有損自尊的亂倫關係。武帝的答覆是勸她以兩國大局為重，遵從烏孫的風俗。劉細君沒有辦法，只好又嫁給太子岑陬。後來，岑陬繼位為烏孫王，劉細君為他生了一個女兒，但這並沒有讓她快樂起來，長期的鬱抑生活，使她紅顏薄命，早早去世，「願為黃鵠兮歸故鄉」只能成為她無法實現的夢想。

劉細君去世後，漢武帝又將劉解憂公主嫁給烏孫王岑陬。

劉解憂性情直爽，她不像劉細君那樣鬱鬱寡歡，但在烏孫的經歷同樣一波三折。出嫁數年後，岑陬去世，翁歸靡繼位。根據烏孫的傳統，劉解憂又嫁給了新的國王。劉解憂為翁歸靡生了三個兒子，夫妻的感情不錯，也使得烏孫與漢的關係十分密切，這引起了匈奴人的恐慌。

匈奴人發動對烏孫的戰爭，企圖武力迫使翁歸靡交出劉解憂公主，與漢帝國決裂。在這個緊急關頭，劉解憂向漢朝廷求救。大將軍霍光組織五路大軍北伐匈奴，同時派常惠出使烏孫，協助烏孫王翁歸靡反擊匈奴人。烏孫軍隊的反擊大獲全勝，殲滅匈奴四萬餘人，取得空前的勝利，也使得烏孫與漢的關係達到前所未有的和睦。

好景不長，翁歸靡不久後去世，泥靡繼承王位。從輩份上說，劉解憂是泥靡的庶母，但根據胡人習俗，她又成為泥靡的妻子。這是劉解憂不幸的開始，泥靡為人暴烈無度，有點心理變態，被稱為「狂王」，加上兩人年齡有差距，根本談不上有什麼感情。雖然劉解憂後來又生下一個兒子，但仍無法忍受泥靡的變態行為。經歷過政治大風大浪的劉解憂不甘心受泥靡的虐待，她決意要除掉泥靡。

在漢使魏和意、任昌的協助下，劉解憂設宴款待狂王泥靡，準備在酒宴上將其刺死。但這個刺殺行動意外失手，泥靡只被砍傷了，他落荒而逃，逃出首都，派兵將劉解憂與漢使包圍於赤谷城內。

劉解憂與狂王泥靡已經勢同水火，西域都護鄭吉派遣軍隊入烏孫，迫使泥靡退兵，解救劉解憂與漢使。劉解憂與烏孫王交惡，令漢朝廷非常頭疼，因為烏孫乃是漢最重要的盟友，在外交中，地位相當重要。為了調解泥靡與劉解憂的不和，漢廷召回漢使魏和意、任昌並逮捕處死，派特使張翁前往烏孫，調查劉解憂刺殺狂王泥靡的情況。

外柔內剛的劉解憂不願再被狂王泥靡糟蹋，她拒絕和解，拒絕認錯。特使張翁大怒之下，揪著劉解憂的頭髮，大聲斥責。劉解憂不服，上書漢宣帝以示抗議，漢宣帝召回張翁，下獄處死。追隨張翁出使烏孫的副使季都經過調查，認為狂王泥靡確實倒行逆施，罪當處死，但他並沒有採取行動剷除泥靡。回到長安城後，漢廷認為他辦事不力，下獄處以宮刑。

在調查清楚刺殺事件的來龍去脈後，漢宣帝決定用武力推翻泥靡的反動統治。但就在這個時候，烏孫爆發政變。

狂王泥靡殘忍暴虐，在國內引起強烈不滿，不僅劉解憂想除掉他，前任烏孫王翁歸靡的兒子烏就屠也祕密策劃政變。烏就屠的母親是匈奴人，在泥靡遇刺後，他逃往北部山區，公開與狂王泥靡分庭抗禮，並宣稱匈奴軍隊將協助推翻泥靡政權。大批烏孫軍民都巴不得狂王早點死，紛紛投奔烏就屠。烏就屠羽翼漸豐，便出兵討伐狂王。泥靡眾叛親離，屢戰屢敗，最後被叛軍所殺。

烏就屠剷除泥靡後，自立為烏孫王。這個結果，讓漢朝廷大吃一驚，漢宣帝的如意算盤是推翻狂王後，立劉解憂與翁歸靡的兒子元貴靡為烏孫王，可是不想讓烏就屠捷足先登了。烏就屠的母親是匈奴人，要是他繼位，烏孫必定倒向匈奴一方，因而朝廷決定出兵，推翻烏就屠。破羌將軍辛武賢率一萬五千名士兵集結在漢西境的敦煌，準備糧草，只要朝廷一聲令下，立即出兵烏孫。

眼看一次大戰迫在眉睫，這個時候，有一個女人挺身而出，為和平解決烏孫王位問題立下奇功。這個女人是馮嫽，她原本是劉解憂的侍女，追隨來到烏孫。馮嫽是西漢奇女子，她知書達禮，為人聰穎，後來嫁給了烏孫右大將，被尊稱為「馮夫人」。馮夫人不僅美貌聰明，還是個有名的女政治家，她曾經作為劉解憂公主的特使，持漢節出使西域各國，精通西域風俗掌故，其女外交家的風采傾絕西域，備受西域諸國的尊重。

馮夫人的丈夫右大將，與自立為王的烏就屠是好朋友。西域都護鄭吉知道馮夫人有出色的外交才華，便派她前往遊說烏就屠。馮夫人果然不負所望，她見了烏就屠後，詳細分析其中的利害，漢朝大軍已陳重兵於邊境，如果殺進烏孫，他的王位不僅難保，恐怕連腦袋也保不住。烏就屠被馮夫人說動心了，他便主動放棄烏孫王的頭銜，只保留小王的名號。

對於漢朝廷來說，這樣的結果是可以接受的。漢宣帝對馮夫人的才華欽佩不已，召她前往長安城，親自接見，並委派她為漢正使，錦車持節，回到烏孫，立劉解憂的兒子元貴靡為烏孫大王，烏就屠為烏孫小王。

烏孫內亂解決後，劉解憂又重新回到平靜的生活中。可是晚年的劉解憂並不幸福，她的兒子們個個先她而去世，白髮人送黑髮人。在遠離家鄉五十多年後，她越發思念故土。在烏孫，她沒有什麼值得牽掛了。劉解憂終於寫了一封信給漢宣帝，在信中，她寫道：「年老思故鄉，願得骸骨歸漢地。」作為一個女人，她在五十年的時間裡，肩負著太多的重擔，在遠離母國之外，默默地奉獻，為漢烏兩國關係的發展做出巨大的貢獻。可是當她白髮蒼蒼，麗質容顏不再，她只剩下唯一的希望，就是回到自己日思夜想的故鄉。

看了劉解憂的信後，漢宣帝心生憐憫，同意讓她返回故里。甘露三年（前五十一年），七十歲的劉解憂終於回到長安城，漢宣帝賞賜她田地、宅第、奴婢，讓這位非凡的公主得以安享晚年。兩年後，劉解憂與世長辭。

在西漢和親史上，劉解憂是最卓越的一位女子，雖然她的名氣遠不及後來的王昭君，但論及對國家的貢獻，她與王昭君是平分秋色的。

王昭君是中國歷史上最著名的女人之一。長期以來，她與西施、貂嬋、楊貴妃並稱為史上「四大美女」。她的故事，在民間廣為傳誦，並被文人墨客寫進各種詩歌、文章、戲曲、小說之中，至今仍然被津津樂道。

王昭君，名嬙，出生於湖北秭歸。漢元帝選秀，王昭君以良家子的身分入選掖庭，成為一名宮女。雖然她天生麗質，可是在美女如雲的後宮中，要脫穎而出不僅要美麗，也需要機遇。據說宮廷中有位畫師，名為毛延壽，他專門為宮女們畫像，然後再把畫像交給皇帝過目。宮女們都希望自己能被畫得漂亮點，就紛紛給毛延壽送禮。可是王昭君不肯行賄，毛延壽心裡不高興，便將王昭君畫得醜了，她自然也就沒有引起皇帝的注意。

王昭君在宮中待了幾年，她連皇帝的面都沒有見過。後宮就像枷鎖一樣，青春歲月就在無聊中消磨。王昭君對未來幾乎是絕望了，看不到腳下的路會延伸向何方。她看著年老的宮女在寂寞中死去，心中一陣迷惘：這也將是我的命運麼？

一個人的到來，改變了王昭君的命運。這個人就是匈奴呼韓邪單于。

自從宣帝時期呼韓邪單于率南匈奴部歸順大漢後，匈奴國內局勢發生了根本的變化。在漢政府的支持下，南匈奴逐漸轉弱為強，北匈奴郅支單于被迫西遁到康居。西元前三十六年，陳湯發動萬里奇襲，擊滅郅支單于。

郅支的滅亡，意味著匈奴結束分裂的局面，呼韓邪單于終於實現了國家的統一。他的心情很複雜，既喜且懼。喜的是他的對手、兇悍勇猛的郅支單于居然被陳湯所誅，懼的是強大的漢帝國更不能得罪了。在這種心態下，西元前三十三年，呼韓邪單于入朝覲見皇帝，並且重提中斷許久的漢匈和親。

漢元帝慷慨地挑選宮中五名女子送給呼韓邪單于。對於宮女來說，匈奴是一片荒寒之地，誰也不願意前去，但王昭君卻想藉此機會離開這個冷漠的皇宮。她離開的意志如此堅強，甚至央求掖庭令（管理宮女的官員），准許她嫁到匈奴去。王昭君心裡很明白，皇宮雖然極盡奢侈豪華，但卻充滿刀光血影，作為一名宮女，根本沒有選擇的權利，長於斯，最終也歸於斯，就像年長的宮女們一樣，終生只是皇宮內的囚徒。與其如此，不如與命運賭上一局！

王昭君勇敢地邁出這一步。

到了呼韓邪單于要歸國前夕，元帝讓人將五位宮女請出來。

這一天，王昭君穿著美麗的衣服，戴著華美的首飾，豔而不俗。當她出現在眾人的眼前時，光彩照人，所有的人都震驚了。這個超凡脫俗的女子，在宮內沉默多年之後，她的傾城傾國的美貌突然驚現在皇帝面前。史書中有十六個字描述王昭君：「豐容靚飾，光明漢宮，顧影徘徊，竦動左右。」她像一道光，照亮了皇宮。我們很難在史書中看到這樣形象地形容一個女人的美麗。

史書中還有一句非常精彩的點睛之筆：「帝見大驚，意欲留之，然難於失信，遂與匈奴。」見慣後宮美女的漢元帝，他的表情是大吃一驚，養在深閨人未識，沒想到在皇宮中竟然埋沒了這樣絕色女子。他馬上後悔了，第一反應就是要留住王昭君。此等秀色，只有我皇帝可餐。但元帝吐到嗓門眼的話又強嚥下去，自己堂堂一個皇帝，豈可因為一個女子失信於鄰國。這個面子還是要的。

呼韓邪單于真是得到天大的意外驚喜，沒想到大漢皇帝慷慨地把世界上最美麗的女人送給自己，他感激泣零，表示願意為大漢帝國守衛北部邊疆。

王昭君追隨呼韓邪單于離開漢宮，前往匈奴。這位曠世美女以自己的勇氣改變了命運。半年後，漢元帝死了，如果她仍然深處皇宮之中，高牆深院將永遠埋沒她的天生麗質，還要面對下一任皇帝所寵愛而又殘忍的皇后趙飛燕，命運可想而知。

王昭君嫁給呼韓邪單于後，封號為「寧胡閼氏」。「寧胡」二字，表明她的到來使胡人可以永遠得到安寧。王昭君與呼韓邪單于生有一子，名為智牙師，封為右日逐王。

兩年後（前三十一年），呼韓邪單于去世，他的兒子雕陶莫皋繼單于位，稱復株累若鞮單于。根據匈奴的習俗，王昭君嫁給新的單于，後生育有兩個女兒。

王昭君在匈奴的生活記錄，很遺憾，沒有留下什麼史料。因為沒有史料，所以引發了後世文人豐富的想像力，留下了大量與王昭君有關的詩詞文章。其中，以杜工部的《詠懷古跡》與王安石的《明妃曲》最為有名。

杜甫把王昭君出塞想像得很淒婉悲涼。他在詩中寫道：「群山萬壑赴荊門，生長明妃尚有村。

一去紫台連朔漠，獨留青塚向黃昏。畫圖省識春風面，環佩空歸月夜魂。千載琵琶作胡語，分明怨恨曲中論。」

白居易也寫了一首《王昭君》：「滿面胡沙滿鬢風，眉銷殘黛臉銷紅。愁苦辛勤憔悴盡，如今卻似畫圖中。漢使卻回憑寄語，黃金何日贖蛾眉。君王若問妾顏色，莫道不如宮裡時。」同樣也認為王昭君出塞，是鮮花插在牛糞上，並把王昭君寫得對漢元帝一往情深的樣子。這根本與史實不符，因為她前腳剛走，漢元帝後腳就一蹬死了。

宋代王安石則有不同的看法，他寫了兩首《明妃曲》，其中第二首：「明妃初嫁與胡兒，氈車百輛皆胡姬。含情欲語獨無處，傳與琵琶心自知。黃金千撥春風手，彈看飛鴻勸胡酒。漢宮侍女暗垂淚，沙上行人卻回首。漢恩自淺胡自深，人生貴在相知心。可憐青塚已蕪沒，尚有哀弦留至今。」這首詩把王昭君寫得灑脫、有主見、有追求，這可能更加貼近歷史中的王昭君。

昭君出塞，對王昭君絕對是個正確的選擇，使她逃離了皇宮監獄般的生活，並且使她成為千年流傳的神話，成為文學史上一個永恆的題材。

王昭君是中國民族融合史上重要人物，她嫁到匈奴，大大加增了漢與匈奴的交流、溝通。晚年得到天仙美女的呼韓邪單于恪守為漢守北藩的諾言，並在臨死時，留下遺訓，要求後世子孫永遠保持與漢的友好關係。繼呼韓邪單于之後的復株累若鞮單于、搜諧單于、車牙單于等，基本上都遵從此遺訓。漢帝國的北方邊境獲得數十年的和平，這使得元帝之後，雖然國力衰退，但外患不多，整個國家仍然相對穩定。史書對這段時間漢匈和平局面有如下記載：「是時邊城晏閉，牛羊布野，三世無犬吠之聲，黎庶亡干戈之役。」

漢匈長期的和平局面，王昭君功不可沒。

王昭君去世後，她的女兒伊墨次居雲及女婿、匈奴骨都侯須卜當也為漢匈和平做出很大的努力。不過由於王莽篡權，一系列的錯誤外交，最終葬送漢匈和平的大好局面。即便如此，伊墨次居雲還是盡力將兩國衝突降到最低的程度。王昭君出塞，對漢匈兩大民族的融合起到推波助瀾的作用，在之後數百年，匈奴徹底漢化了。

三九、浪漫皇帝：死在溫柔鄉

自漢元帝後，漢朝的皇帝一代不如一代。

新上臺的漢成帝劉驁，年輕時就是個花花公子，以好女色而聞名。劉驁還是太子的時候，漢成帝劉奭每當想起母親許平君被霍氏毒死的事情，總是十分悲傷。為了表示對許家的恩寵，他選了車騎將軍許嘉的女兒，許配給太子劉驁。劉驁登基後，原配夫人就成為許皇后了。

漢成帝劉驁的母親王政君知道兒子喜愛美女，便四處收羅良家女子，送入宮中。不過開始的幾年，劉驁還是最寵愛許皇后，但是慢慢他又移情別戀，寵幸班婕妤。班婕妤端莊賢慧，心地善良，沒有政治野心，並沒有動搖許皇后的地位。她嫉妒心也不強，甚至還把自己身邊美麗的侍女李平進獻給皇帝。李平也得到漢成帝的寵幸，封為衛婕妤。雖然後宮一直是女人們爭寵的地方，但這幾個被皇帝寵幸的女人，總算能相安無事。可是有一天，來了一對絕色姐妹，後宮開始被攪得沒有寧日了。

這一對絕色姐妹，就是趙飛燕與趙合德。

劉驁當了皇帝後，喜歡微服出行，四處尋歡作樂。有一回，漢成帝微服外出，路經阿陽公主家時，就進去飲酒作樂。不料，這次竟然給他發現一位絕色美女，她就是公主府中的歌伎趙飛燕。趙飛燕其實原名叫宜主，「飛燕」是她的綽號，形容她的舞姿宛如飛燕一般的輕盈優雅。

作為情場老手，又是皇帝，劉驁什麼樣的美女沒有見過呢？可是當一看到趙飛燕時，他立即被迷住了，一半是因為她的美貌，另一半是她的舞姿，散發著令人浮想連翩的無窮魅力。這回皇帝微服出行，沒有空手而歸，將趙飛燕帶回宮中，大加寵幸。

過了不久，漢成帝得知趙飛燕還有一個妹妹，叫趙合德。他心想姐姐這麼漂亮，妹妹也不會難看到哪去，便下詔召趙合德進宮。趙合德的出場，就像當年的王昭君一樣，一下子讓宮廷內的所有人都震撼了，她比趙飛燕更美，完美得找不到一點瑕疵。史書上這樣寫道：「左右見之，皆嘖嘖嗟賞。」一見慣美女的人，見到趙合德時都不約而同地發出稱讚聲，其美可知。

當大家拉長脖子，一睹為快時，站在漢成帝身後有一名為綽方成的人，卻輕輕說了一句：「這個女人是禍水，必定澆滅漢家之火。」所謂紅顏禍水的典故，就是從這裡來的，跟趙合德有關。

皇帝的心，很快被趙飛燕、趙合德俘虜了，姐妹倆一起被封為婕妤。漢成帝天天與兩姐妹淫樂，樂而不疲。後宮佳麗集體失寵，包括許皇后與班婕妤。趙飛燕是美人胚子，卻是毒蠍心腸。既然上天賜給她絕色的外表，又讓她有機會入宮受寵於皇帝，那她就要擊敗所有對手，自己當皇后。

巫蠱之術在宮中是嚴禁的，自從漢武帝大興「巫蠱之獄」以來，令人談巫蠱而色變。趙飛燕極有心機，她夜夜受寵於皇帝，自然有機會向皇帝吹枕邊風。她誣告許皇后與班婕妤因不滿失寵，便以巫蠱之術，詛咒後宮妃嬪，並罵了皇上。男人有時很容易上女人的當。漢成帝對趙飛燕所說的沒有絲毫懷疑，他很快廢黜了許皇后，幽禁於昭台宮。緊接著審問班婕妤，班婕妤臨危不亂，從容對答道：「臣妾聽說『死生有命，富貴在天。』修正道還不一定能得福，何況是用歪門邪道呢？如果鬼神有知，怎麼會幫助一個詛咒皇上的人呢？如果鬼神無知，那麼這些法術有什麼用呢？所以，臣妾是不會去幹這種事的。」班婕妤的回答十分得體，漢成帝便不追究了，可是她擔心遭到趙飛燕姐妹的迫害，索性要求到長信宮去服侍太后王政君，以避開後宮爭鬥的漩渦。

整垮了許皇后與班婕妤後，趙飛燕向皇后寶座發起衝擊。迷戀女色的漢成帝也有意立趙飛燕為皇后，但這個決定遲遲得不到太后王政君的支持，趙飛燕出身寒微是最重要的原因。然而以卑微的出身而入主後宮是有先例的，漢武帝的皇后衛子夫即是其中一例。趙飛燕殫精竭慮，動用種種關係，經過不懈的爭取，終於得到了太后王政君的同意。西元前十六年，趙飛燕正式被冊封為皇后。

趙飛燕雖然如願以償，但她很快就發現，有所得必有所失了。自從她成為皇后之後，漢成帝對她不再像以前那麼寵愛了，而她的妹妹趙合德則是「三千寵愛在一身」。趙合德的美貌天下無雙，連姐姐趙飛燕都自愧弗如，她被冊封為昭儀，在後宮中的地位僅次於皇后，但所受的待遇，卻遠遠超過趙飛燕。趙合德居住的昭陽宮，其豪華奢侈的程度，為漢代以來所未曾有，以黃金為飾，白玉為階，另鑲有藍田璧、明珠、翡翠。

看著妹妹成為皇帝的最寵，趙飛燕心裡有幾分酸澀。好在趙合德怎麼說都是自己人，在後宮中總是有個照應。趙飛燕心裡明白，憑姿色受寵，總有色衰愛弛的一天，無論她與妹妹如何天生麗質，無情的時間老人總有一天會在她們臉上刻下皺斑，令她們的皮膚失去光澤與彈性，那一天到來後，她們將如何立足呢？母以子貴，要永保地位不受動搖，勢必要為皇帝生下皇子才行。

漢成帝好淫亂影響其生育，班婕妤曾經產下一子，但夭折了。趙飛燕是個很敢賭的女人，為了讓自己懷孕，她大膽與侍郎、宮奴私通，希望藉此懷孕，然後謊稱是龍種。皇宮就那麼點大的地方，趙飛燕頻頻與人淫亂，難免為人所知，漸漸地皇帝也聽到一點風聲。這個時候，趙合德站出來為姐姐解圍，她對漢成帝說：「我的姐姐性格剛直，難免被別人陷害，要是被牽連，我們趙家就絕後了。」說罷，她淚眼濟濟，哀宛悲惻，把多情的皇帝聽得心疼了。漢成帝把告密者抓起來砍頭，宮內大駭，以後再也沒有人敢說趙飛燕半句壞話。而趙飛燕則有恃無恐，更加大膽公開與人通姦，即便如此，她還是沒能懷孕。

趙氏姐妹遇寵，趙家雞犬升天，她們的父親趙臨被封為成陽侯。到了漢成帝時，高帝劉邦定下的「無功者不侯」的原則早被破壞殆盡，當然在皇帝看來，趙臨那是大大有功之人，他能生出這兩個貌美如花的女兒讓皇帝享用，這不算有功嗎？不過根據野史的記載，趙臨並非趙氏姐妹的生父。

成帝一朝，大權控制在王氏外戚之手（太后王政君一系），趙氏外戚雖然沒有掌握大權，但也足以作威作福了。趙飛燕、趙合德雖然有皇帝撐腰，但也要防著王氏外戚的打擊。因為王氏外戚多身居高官顯職，不方便直接出來指責後宮之事，便指使敢於直言的谷永出面，上書皇帝，批評皇帝沉溺於酒色，並揭露趙氏外戚們的為非作歹。漢成帝劉驁雖然好色，但是個性情溫和的人，這次卻被谷永的直言不諱氣得勃然大怒，下令逮捕谷永。不過，谷永早就得到王氏家族的通知，逃之夭夭了。

王氏家族的反擊，更令趙飛燕心驚膽戰，她與妹妹趙合德都未能懷上龍胎，深恐其他妃嬪懷孕而影響到自己的地位。

元延元年（前十二年），宮中女史曹宮受幸漢成帝後，居然懷孕了。同年十月，曹宮產下一名男孩，這令趙飛燕既嫉妒又害怕。曹宮在後宮中地位低，竟然懷上龍種，難道這種人生下的兒子以後可以繼承皇位嗎？趙飛燕使出種種手段，讓漢成帝寫了一張手諭，將曹宮母子囚禁起來。說實話，漢成帝對曹宮這個女人根本就沒什麼印象，當然也不管她的死活了。

趙飛燕將這件事交給中黃門田客去辦，田客找到了掖庭獄丞籍武，向他出示皇帝的手諭，命令將曹宮母子關入暴室獄，並且囑咐道：「不准問小孩是男的還是女的，也不准問是誰的小孩。」曹宮心裡明白，這是趙飛燕的陰謀，她哀求籍武說：「請你好好照顧我的孩子，他是誰的孩子，你心裡清楚的。」

籍武聽了默不作聲。三天後，田客又找上門來，劈頭就問：「小孩死了沒有？」籍武回答說：「還沒有死。」田客大怒道：「你為什麼還不殺了他，現在皇上與昭儀都很生氣。」籍武不知如何是好，他跪倒在地，磕頭說道：「如果違抗皇上的命令，我是死路一條；可要是殺了皇上的親骨肉，我也是死罪難逃。我能怎麼辦呢？」田客也覺得這件事頗棘手，搞不好自己以後也會被牽扯進來，還是再回去稟奏皇上吧。

田客把籍武的意見轉呈給漢成帝，其中說道：「陛下一直沒有子嗣，現在有了一個了，親骨肉是沒有貴賤的分別，希望陛下能慎重考慮。」漢成帝聽了為之一動，便下了一道密令，讓田客將嬰兒從監獄裡接出來，藏在宮中，並派中黃門王舜為嬰孩尋找一位乳母，同時告誡他：「你好好撫養這個小孩，以後會有重賞的，但是千萬不要洩露出去。」看來漢成帝這件事是想瞞著趙飛燕、趙合德姐妹。

三天後，田客第三次到監獄中，手持皇帝的密令與一包毒藥，強迫曹宮服下。曹宮罵道：「趙飛燕姐妹果然想獨霸天下，我的孩子是男孩，額頭跟祖父元帝相像。我的孩子現在在哪呢？是不是死了呢？怎麼才能讓太后知道這件事啊。」田客一聲不吭，只是逼著她服下毒藥。曹宮歎了一聲，這就是宮女的下場了，接過毒藥吞下，一會兒便毒發身亡。

漢成帝想祕密撫養小孩，可是這件事也讓趙飛燕知道了，她與妹妹趙合德又向漢成帝施加壓力，漢成帝被兩姐妹耍得團團轉。十餘日後，小皇子被抱出皇宮，後來再也沒有下落了，估計是被趙飛燕害死了。

趙飛燕剛整死了曹宮，不想又有一位妃嬪懷孕了。

這位妃嬪是許美人。西元前十一年底，她順利產下一名男嬰。這下子輪到趙合德向漢成帝抱怨了，趙合德很生氣地說：「你每次都騙我，說是從皇后的寢宮出來，如果你只到過皇后的寢宮，那許美人的那個孩子從哪裡來的？難不成皇后也要換成姓許的嗎？」趙飛燕之前是許皇后，現在許美人有了皇子，遲早要被立為皇后，故趙合德有這麼一說。

這位絕色美女氣得半死，又是捶胸，又是撞門，還從床上滾到床下，哭哭啼啼的，連飯也不吃，又對皇帝說：「現在我要怎麼辦？我還是回老家吧。」漢成帝一時間搞懵了，不知如何是好，吞吞吐吐地說：「我特地來告訴你這個消息，你反倒氣成這樣，實在令人難以理解。」趙合德不吃飯，皇帝也陪著她餓肚子。

趙合德又氣著說：「陛下你認為自己沒錯，幹嘛不吃飯。陛下曾經親口對我說，永遠都不辜負我。你要沒負我，許美人怎麼會懷上孩子，你都把自己發過的誓忘得一乾二淨了，還有什麼好說的呢？」

為了博美人歡心，漢成帝拍拍胸脯說：「你不要擔心，我不會冊立許氏為皇后，天下沒有人可以在你們兩姐妹之上的。」

漢成帝下了一條密令，讓中黃門靳嚴將嬰兒從許美人那裡抱走，裝在籮筐中，放到趙合德所居住的昭陽宮寢室內，然後讓所有侍從全部退出，只剩下皇帝與趙合德兩人。漢成帝親自關了門窗，過了一會兒，房門打開了，漢成帝吩咐一名侍從進來將蘿筐取走，交給掖庭獄丞籍武，並附上一張紙條，上面寫道：「告籍武：蘿筐中有名死嬰，將他埋了，不要讓別人知道。」籍武收到密令後，只得遵從，在監獄的牆腳處挖了個坑，把被殺害的嬰兒草草埋葬了。殺死嬰兒的，正是作為父親的劉驁。

從此以後，趙飛燕與趙合德對後宮的監視更加嚴厲，只要發現妃嬪宮女懷孕的，便逼迫她們喝墮胎藥。結果，漢成帝一個兒子也沒有，因為趙飛燕姐妹屢屢殺害皇子，讓漢成帝斷子絕孫，所以民間稱之為「燕啄皇孫」。

趙飛燕姐妹把持後宮十餘年，由於有漢成帝這把保護傘，她們呼風喚雨，沒有人敢得罪。可是到了西元前七年的某天，漢成帝突然暴死。

漢成帝劉驁雖然好色，但他身體頗為強壯，這一年只有四十六歲。根據野史的記載，漢成帝之死，與服用丹藥有關。這種丹藥叫慎恤膠，是一種壯陽的藥物，一般一次只能服用一丸。這種藥是趙合德從術士那裡得來的，漢成帝暴死的那天，竟然服用了七丸，結果清晨起床時，皇帝彎下腰穿鞋子，站起身時，忽然全身麻痹，衣服掉下，說不出話，不久即暴死。

自從趙合德進宮，十餘年，漢成帝對她的寵愛沒有絲毫的減少，他曾把趙合德稱為「溫柔鄉」，並說「我寧願終老於此溫柔鄉中，不願像武帝追求白雲鄉」。白雲鄉，意指漢武帝尋訪神仙，看來這個多情皇帝還真「只羨鴛鴦不羨仙」了。他最後果然如自己所說，死在溫柔鄉之中。

皇帝暴死震驚朝野，太后王政君下令調查死因。因為皇帝死的時候，只有趙合德一人在場，是唯一的目擊者，因而她是被調查的重點。

趙合德心裡十分清楚，皇帝一死，她就像斷線的風箏，無依無靠了。在皇帝眼中，她是女神，可是在別人眼中，她是擾亂皇宮的妖婦。昨天，她還是天下最有權勢的女人；今天，她卻要像階下囚一樣面對大臣們的審問。只是一夜的功夫，乾坤逆轉了，這就是命吧。女人的命，有時真像風箏的線，一扯就斷了。趙合德並不像姐姐趙飛燕那樣熱衷於權力，她只是想永遠被男人寵愛著罷了，當然她也做過一些壞事，不過總的來說，她不是一個很壞的人。她的生活圈子很小，就是想與皇帝，她愛的男人一起纏綿，比較單純的，她的話皇帝幾乎都要聽，可是她並沒有因為這種特權而捲入到政治中。她與劉驁恩愛十年，如今男人突然暴死，就令她肝腸寸斷了，這時還要面對冷冰冰的審問，她如何受得了呢？

她選擇了一死了之，自殺之前，她悲涼地喊了一聲：「帝何往乎？」皇帝到哪去了呢？黃泉之下能不能見到呢？來生還有沒有緣呢？沒有時間想這些了，一代絕色美女，又是紅顏薄命的下場。

趙合德就這樣香消玉殞了。趙飛燕的身分由皇后變成皇太后，原皇太后王政君則成為太皇太后。由於漢成帝沒有子嗣，皇位由侄子劉欣繼承，史稱漢哀帝。失去大靠山後，趙飛燕處境不太好，特別是她的政敵們開始挖掘她與趙合德合謀害死皇子的事情，企圖秋後算帳。可是趙飛燕畢竟是皇太后，地位非同一般，況且哀帝劉欣得以繼位，她是出過力的，哀帝的祖母傅太后也對她心懷感激，因此追究皇子被殺的事情，就不了了之了。

漢成帝的母親、太皇太后王政君一直就不喜歡趙飛燕，現在又得知趙飛燕姐妹曾害死自己的孫子，害得自己兒子劉鰲斷子絕孫，心裡非常氣憤，可是哀帝與傅太后卻偏袒趙飛燕。王政君與傅、趙兩人之間的怨恨加深了，她耐心等待機會報復。

雖然趙飛燕收斂了以往囂張氣焰，只求能安心自保，可是該來的，終究還是會來的。

六年後（西元前一年），哀帝死了，王政君任命王莽出任大司馬，主持政事。趙飛燕立即遭到報復，王莽指責趙飛燕姐妹「專寵錮寢，執賊亂之謀，殘滅繼嗣以危宗廟，悖天犯祖。」將她廢為庶人，遣往漢成帝的陵園，為丈夫守墓。從皇太后到守墓人，趙飛燕體會到了辛酸與淒涼。天地茫茫，曾經傾國傾城的她，居然淪落到與死人相伴，生已無趣，死亦何苦？她選擇了與妹妹同樣的路，在她守墓的第一天，便以自殺的方式孤獨地離開了人世。落葉別樹，飄零隨風，人無所託，悲與此同，悄悄來到人世，又悄悄離去。

四〇、比皇族更牛的外戚

兩漢四百年政治史，外戚是政壇上一支重要的力量。而西漢晚期的王氏外戚集團，其顯赫程度無人可及，並最終扮演了西漢王朝掘墓人的角色。

王氏家族的興起，關鍵人物是王政君。

王政君是漢元帝劉奭的皇后、漢成帝劉驁的母親。西元前三十三年，元帝病逝，劉驁繼位，王政君成了皇太后。她的哥哥王鳳一舉被提拔為大司馬、大將軍，主持朝政，王氏當權的序幕由此拉開。

第二年（西元前三十二年），漢成帝一口氣將王鳳的其他六個兄弟全部封侯。王政君有八個兄弟，分別是王鳳、王崇、王譚、王商、王立、王根、王逢時、王曼。王曼死得早，其餘七人中，王鳳已被封為陽平侯，漢成帝又大筆一揮，將王崇封為安成侯，其餘五兄弟都封為關內侯。

漢代侯爵有列侯與關內侯，前者有封國，而後者僅有封號。漢高祖劉邦早就立下規矩：無功者不侯。如今王氏兄弟尚沒有為國家朝廷立功，就撈得爵位，有違祖訓。這很快引起一些朝廷官員的不滿，上書皇帝，批評這次封侯之舉。

大將軍王鳳對群臣的抗議感到恐慌。他是王氏外戚家族的領袖，大臣們反對封王氏兄弟為侯，很明顯矛頭指向大將軍本人。王鳳決定以退為進，他向漢成帝提出辭呈。漢成帝劉驁迷戀於女色，不僅沒有同意王鳳的辭職請求，反而想將朝政大權完全委託給王鳳，自己好騰出時間來風流快活。

漢成帝是個酒色皇帝，有名的昏君，在政治上他主要倚靠王氏外戚集團。為了加強外戚的勢力，在西元前二十七年，劉驁又一次令世人目瞪口呆，在一天之內，封舅父王譚、王商、王立、王根、王逢時為列侯。五兄弟同日受封列侯，這在西漢史上絕無僅有，連同此前已經受封的王鳳、王崇，王政君的七兄弟全部成為列侯。

一日封五侯，是王氏外戚集團專權的開始。

王氏外戚的權勢迅速膨脹起來，不過要完全控制政府，這是需要時間的。在朝廷上，有一個人成為大將軍王鳳的最大勁敵，此人是帝國宰相王商。說起來很有趣，此時居然有兩個王商，一個是宰相，他並不是王氏外戚家族，另一個是王鳳的弟弟。

西元前二十五年，琅邪郡發生了災情，宰相王商便派人調查，結果發現太守楊肜怠忽職守，便準備查辦。可是楊肜與大將軍王鳳是親家，王鳳便出面替楊肜求情，懇請宰相王商給個面子。宰相王商不肯答應，堅決要撤掉楊肜的職務，他給漢成帝寫了奏章，可是遲遲未得皇帝的批准。

在漢代，大將軍的權力一般要比宰相大，王鳳從中作梗，宰相王商扳不倒楊肜。可是，王鳳卻決定要把這個不聽話的宰相整垮。他四處收羅資料，尋找把柄，終於找到了兩條：第一，宰相王商與他父親的近侍婢女通姦；第二，他妹妹行為淫亂，姦夫被一個奴才所殺，估計是王商指使的。

漢成帝雖然是個有名的昏君，可是並不是個糊塗蛋。他一看這個揭發材料，心裡不以為然，與婢女通姦，這並不是什麼大過，至於說王商指使奴才殺人，根本沒有證據，純屬瞎猜罷了。這兩條所謂的罪狀，根本不足以撼動宰相的位置。

可是，大將軍王鳳已經是鐵了心要整倒宰相王商。他知道漢成帝性格上有一大弱點，比較軟弱，遇到事情時，不能堅持己見。在他的堅持下，漢成帝被迫作出讓步，將王商的案子交給司隸校尉處理。大將軍位高權重，有個叫張匡的官員為了迎合王鳳，便寫了一折奏章極力譭謗王商，王商最終被逮捕問罪。

漢成帝打心裡是信任宰相王商，認為張匡的譭謗是胡說八道，便指示「不要再查辦了」。可是王鳳不為所動，仍然堅持窮追猛打。關鍵時刻，漢成帝的立場又動搖了，最後不得不向大將軍妥協，下詔免去王商宰相之職。王商悲憤不已，在交上相印後的第三天，竟然吐血身亡。可是王鳳仍然不肯甘休，將宰相王商的親信全部調離京師。這樣一來，在朝廷中，王鳳已經沒有對手了，他一手遮天，大權獨攬。

迷戀酒色的漢成帝，在不知不覺之間，發現已經大權旁落了。朝廷官員的任免，都必須要經過王鳳的同意，而皇帝居然只成為象徵性的擺設。有一回，漢成帝召見宗室子弟劉歆。劉歆是個很有才華的人，他在皇帝面前朗誦了一些詩賦，漢成帝非常高興，準備授他中常侍之職。按道理說，皇帝要授人官職，是很正常的事，可是左右侍從提醒說：「這事還沒報告大將軍呢。」漢成帝不高興地說：「這種小事，何必有勞大將軍呢？」沒想到左右侍從聽了後都害怕了，爭先叩頭諍諫。漢成帝十分意外，沒辦法，只好差人通知大將軍王鳳，不料王鳳竟持反對意見，最後皇帝想任命劉歆一事只好作罷。

不久後，漢成帝得了一場重病。由於他一直沒有兒子，擔心出現意外後，皇位會空缺，便召弟弟定陶王劉康入京城。漢成帝想把劉康留在身邊，他頗有感慨地說：「我還沒有兒子，人生無常，難免一死，一旦出了什麼意外，就再也見不到面了，你還是留在這裡陪伴我吧。」言下之意，如果有變，便由劉康來繼承皇位。

過了一段時間，漢成帝的病好轉了，劉康早晚都要入宮一次，去陪伴皇帝，兩人雖是同父異母，但感情還是相當不錯。劉康在宮中進進出出，這讓大將軍王鳳覺得很不方便。以前漢成帝不理朝政，王鳳可以為所欲為，可是現在劉康的出現，使他感到有雙眼睛在緊盯著自己，心裡很不自在，因此他想趁早將劉康打發走。

恰好有一天發生日蝕，王鳳乘機拿日蝕來作文章，認為是上天的警告，定陶王劉康應該要返回封國，不能長期滯留於京城。王鳳以老天爺為藉口，漢成帝無法應對，只得送弟弟劉康返回。

宰相王商之死與遣返劉康二件事，終於令漢成帝對王鳳忍無可忍了。

京兆尹王章上密奏，抨擊大將軍王鳳專權，並且推薦由琅邪太守馮野王取代王鳳。馮野王是曾經平叛莎車的英雄馮奉世之子，以忠正質直、富有謀略而著稱。可是漢成帝與王章的談話，卻被王政君的堂弟王音偷聽到了。王音立即向王鳳稟報，王鳳得知消息後，心裡非常害怕。他採取雙管齊下的策略，一方面搬出大將軍府，上書請辭；另一方面，由太后王政君出面，王政君以淚洗臉，拒絕用餐，以示對漢成帝企圖更換大將軍的抗議。

這麼一來，漢成帝又失去主見了。自從漢成帝登基以來，把政事都交付給王鳳，自己圖個清靜，他對王鳳的依賴心還是比較強。現在母親王政君又出面干涉，很快漢成帝做妥協了，他下詔挽留王鳳。

王鳳很快便對王章進行報復，王章在監獄中被整死，而王章推薦的馮野王也因為一些小事被免去琅邪太守之職。漢成帝不僅未將王鳳拉下馬，反而使他更進一步鞏固自己的權勢。此後，朝廷公卿見到王鳳時，無不側目而視。

大將軍王鳳之所以能鹹魚翻身，王音立下大功，倘若不是王音第一時間通報內情，王鳳可能早被拉下大將軍的寶座。王音在王鳳面前一直是畢恭畢敬，甚得其歡心，因此王鳳便保舉他為御史大夫。

到了西元前二十二年，執掌大權的王鳳終於到了油枯燈滅之時。臨終之前，漢成帝劉驁去看望他。為了安撫大將軍，皇帝承諾道：「萬一將軍什麼意外，就讓平阿侯王譚繼承您的位置。」可是王鳳搖了搖頭，王譚是王鳳的異母弟弟，可是卻不把哥哥放在眼裡，傲慢無禮，王鳳很不喜歡這個弟弟。

王鳳勉強起身，向漢成帝叩謝說：「王譚等人雖然是我的弟弟，可是他們生活奢靡，不能以身作則，御史大夫王音為人謹慎小心，可以擔任此重任。」王鳳前後擔任大將軍之職達十一年之久，雖然他在任時黨同伐異，排除異己，但總的來說，他這個大將軍還算稱職的。

不久後，王鳳便病死了，漢成帝將王音提拔為大司馬兼車騎將軍，一舉成為政壇核心人物。這個結果，令以王譚為首的王氏五侯（五兄弟同一天封侯，故稱五侯）非常惱火。五侯是皇帝的親舅舅，而王音只是堂舅，地位竟然一舉超越五侯之上，王譚心裡嚥不下這口氣。其實，王鳳不願意讓自己的五侯弟弟接班，是有道理的。

五侯兄弟無功受祿，卻不知檢點，還相互攀比奢侈。五個兄弟整天就想著如何把別人比下去，爭建豪宅。成都侯王商為了把河水引入自家宅第的人工湖中，竟然擅自鑿穿長安城的城牆，引了一條水渠，目的是為了在小湖裡泛舟。有一次，漢成帝到王商府中，發現他穿城引水，心裡氣壞了，要知道長安城牆是首都重要防禦工事，居然鑿了個洞，這還了得。可是漢成帝不好當面發作，悶在心裡了。過了段時間，喜歡微服出行的皇帝有一次到了曲陽侯王根家中，發現王根家中的土山漸台竟然與皇宮中的建築相似，這下子漢成帝再也無法忍住怒火了。他下令讓大司馬、車騎將軍王音調查王商與王根兩人。

王商與王根也知道漢成帝的底細，知道只要太后王政君出面，保管沒事，於是兩人揚言要在太后王政君面前自殘身體。漢成帝見這兩個傢伙放出風聲，更加氣憤，他對查辦此案的王音說：「外家舅舅為什麼總喜歡惹禍敗事呢？現在又想以在太后面前自殘的方式，讓我母后傷心，唯恐天下不亂！外家宗族強大，總以為皇上軟弱可欺，現在我非嚴懲不可，你就去通知他們幾位侯爺，讓他們待在府中，等侯命令。」

這下子把王商、王根兩兄弟嚇壞了，皇上要動真格了。平常溫文儒雅的皇帝突然冒出殺機，他們不能再以蠻橫的方式對抗了，還是低頭認輸吧。王氏幾個侯爺放下架子，背上斧頭請罪，表示甘心受戮。其實，漢成帝也沒有誅殺五侯的打算，只是嚇唬他們一下。

這件事令王氏五侯的囂張氣焰有所收斂，但並沒有動搖王氏外戚的地位。自從趙飛燕、趙合德進宮後，漢成帝更加沉湎於溫柔鄉中，朝政的事交給外戚總比交給別人要好。

權位最重的大司馬一職，似乎成為王氏外戚的專利。西元前十五年，王音去世後，大司馬一職由王商接著擔任。王氏家族的權勢，仍然無人可以匹敵。

三年後，王商病逝。按照王氏兄弟的排行，這回應該輪到紅陽侯王立為大司馬了。正當王立得意洋洋之時，不料卻被揭發了一件舊事。原來王立曾經通過南郡太守李尚，將數百頃開荒田據為己有，然後又倒賣給政府，從中撈得了上億萬的巨款。東窗事發，使王立失去了擔任大司馬的機會。王立的例子也是當時社會的一個縮影。可以看到，當時土地兼併到了怎麼樣的地步，僅這侵吞倒賣一項，就獲得上億萬的收入，國家的財富就流入到這樣貪官的手中，而這樣的人還差一點成為執政者。

王立被淘汰了，接下來的人選就是他的弟弟王根。當年他把自己的宅第建得像皇宮，還惹漢成帝大為憤怒，差點引來大禍。只是漢成帝在政治上是個健忘的人，與其想著跟王根那些不快的事，不如多想想趙合德完美無瑕的身軀呢。

從王鳳到王音，從王商到王根，連續四任大司馬，全部出自王門。如果說王鳳與王音還算勉強勝任，王商與王根完全就是暴發戶與自私自利者。王氏當權久矣，這引起了朝野的廣泛不滿，紛紛上書皇帝，將國內發生的災異之象，歸結為王氏專權的結果。漢成帝是個沒有主見的人，心中猶豫不決，便詢問他最尊敬的老臣張禹。這時，張禹年老了，不想捲入過多的政治紛爭中，便和稀泥說了一通不痛不癢的話。王氏外戚子弟得知後，把張禹當作同路人，往來就多了。

張禹是儒學大師，王氏專權，人神共憤，而這位儒學大師在大是大非面前，卻含糊其辭，實在令社會正義之士感到憤怒。當時有個儒家分子，名為朱雲，對張禹有損名節的做法十分不滿，便上書求見皇帝，漢成帝批准了。在金鑾殿上，朱雲慷慨直陳，批評朝廷大臣上不能匡主，下不能益民。說到動情處，他大喊道：「臣請皇上賜給斬馬劍，去砍斷一個佞臣的頭顱。」漢成帝問道：「你說的佞臣是誰？」朱雲答道：「這個人就是張禹。」

張禹以前曾是漢成帝的老師，皇帝一聽到這裡，大怒道：「你一個小小官員，竟然以下犯上，在朝廷上污辱帝師，罪死不赦。」一呼御史把朱雲拖下去。朱雲頑強地抓住殿上的欄杆，死不放手，結果幾個人上前拉他，竟然把欄杆拉斷了。還好左將軍脫帽叩頭，懇請皇帝寬恕朱雲的斗膽直言，辛慶忌把腦袋都磕出了血，好在漢成帝性情還是比較溫和，過一會兒心情好了些，免去朱雲一死。後來，工匠要更換被拉壞的欄杆時，漢成帝制止道：「不用換了，把弄壞的部分修補一下就行了，以表彰敢於斗膽直言的忠臣。」

看來漢成帝也不是一個糊塗蛋，但他仍然沒有改變王氏專權的事實。

在此期間，王氏集團中一位出類拔萃的後起之秀開始嶄露頭角，他就是日後大名鼎鼎的王莽。王莽是西漢末期最重要的人物之一，他早年的故事，留待後文再說。如果說王鳳及其兄弟是第一代外戚，那麼王莽則屬於第二代。王莽的竄起速度十分迅速，歷任黃門郎、射聲校尉，在西元前十六年，被封為新都侯，這一年王莽二十九歲，同時被提拔為騎都尉、光祿大夫、侍中，成為王氏外戚集團第二代領軍人物。

西元前八年，大司馬王根因為體弱多病，向漢成帝提出辭呈。誰將出任大司馬這一要職呢？淳于長的呼聲很高。

淳于長是王政君姐姐的兒子，他的優勢在於資歷很深，官職位列九卿，比王莽要高，同時他也算與王氏外戚沾了邊。更重要的是，淳于長深得漢成帝的信任。當年趙飛燕扳倒許皇后之後，一心想登上皇后的寶座，但是太后王政君嫌她出身寒微，遲遲不肯答應，正是淳于長利用特殊的身分，奔走於趙飛燕與王政君之間，終於說服王政君同意立趙飛燕為皇后。淳于長為漢成帝與趙飛燕立下大功，這使他的地位扶搖直上，權勢也水漲船高，壓過了三公九卿。

淳于長仗著皇帝的撐腰，縱情聲色，與許皇后的姐姐許孊通姦，後來又娶她為偏房。當時，許皇后已經被廢除后位，知道淳于長得到皇帝的信任，便想通過他重新獲得皇帝的寵幸。淳于長卻是個小人，他一方面接受了許皇后的大量賄賂，承諾在皇帝面前說好話，爭取讓她當左皇后；另一方面卻不肯為她辦事，因為趙飛燕與趙合德這兩人得罪不得。不僅如此，淳于長膽大包天，甚至經常寫信給許皇后，充滿輕佻挑逗的言語。

王莽有心要染指大司馬之位，他不動聲色地收集淳于長的罪狀。當時，王根尚未辭職，王莽藉機在他面前攻擊淳于長說：「淳于長得知將軍患病，面有喜色，自以為會代替您輔政，甚至已經開始打算對某某人封官進爵了。」同時又把收羅到的淳于長的劣跡醜行，一一向王根抖露出來。

王根聽罷非常生氣，立即對王莽說：「你快去把這些事稟報給皇太后。」

皇太后王政君聽了王莽的彙報後，氣得半死，說道：「這小子竟然敢這樣，走，告訴皇帝去。」王莽又跑到漢成帝面前打小報告，漢成帝看了大吃一驚，他沒想到自己信任的淳于長，竟然背地裡跟許皇后有聯繫，又收其賄賂，又調戲挑逗，還承諾要立她為左皇后。即便是廢后，那也是皇帝的女人，淳于長的手夠得太遠了，大逆不道，最後逮捕問斬了。可憐許皇后賠了錢財，最後還賠了命，被漢成帝下令賜死。

漢成帝認為王莽勇於揭發淳于長的醜行，忠直可嘉，王根也推薦王莽為大司馬的人選。這樣，水到渠成，王莽順利地成為大司馬，這一年他三十八歲。誰都不會想到，西漢帝國最後竟然在王莽手中被終結了。

不過，王莽通往篡權之路，並非一帆風順。在他擔任大司馬後半年，漢成帝在趙合德的床上暴死，哀帝繼位，而王莽也迎來他人生中的一個低谷。

四一、死後被剖棺的女強人

漢成帝沒有子嗣，只有兩個弟弟，分別是中山王劉興與定陶王劉康。漢成帝與劉康的關係不錯，有意在自己死後傳位給劉康，不料劉康卻早死，他的兒子劉欣繼任定陶王。在皇室親王中，只有劉興與劉欣兩人的血緣與漢成帝最為親近，究竟由誰來擔任接班人呢？

劉欣的祖母傅太后是個很有心機、權力欲很強的女人。西元前九年（漢成帝去世前兩年），傅太后與劉欣前往長安城朝見，為了讓孫子成為皇位繼承人，她開始四處活動。她以奇珍異寶賄賂趙飛燕、趙合德姐妹，同時也賄賂掌握實權的大司馬王根。趙飛燕、趙合德、王根這三位重量級的人物都出面稱讚劉欣，建議漢成帝立劉欣為太子。這一年劉欣十七歲。漢成帝也很喜歡這位侄兒，認為他知書達禮，聰明過人，便正式策立劉欣為皇太子。

說到劉欣的祖母傅太后，與成帝劉驁的母親王政君還有過一段恩怨，這已經是二十多年前的事情了。當時的王政君是漢元帝劉奭的皇后，而傅太后則是劉奭最寵愛的妃子，當時的身分是傅昭儀。

我們先來回顧一下當年王政君皇后與傅昭儀圍繞皇位繼承權所展開的鬥爭。王政君的兒子劉驁是元帝劉奭的嫡長子，可是劉驁有一個大毛病，就是貪酒好色。作為儒家信徒的元帝劉奭對此很不滿，認為劉驁沒有能力來管理國家。劉奭的另一個兒子劉康頗有才華，他的生母傅昭儀又是劉奭的最愛，故而到了晚年，漢元帝有意改封劉康為太子。

王政君聽聞此事後，憂心忡忡，與哥哥王鳳商量如何挽回局面。最後，他們找到了漢元帝最信任的大臣史丹，懇請他出面說服皇帝。史丹以死力諫，漢元帝劉奭性格軟弱，優柔寡斷，禁不起老臣的苦諫，最後他不得不說：「我並沒有更換太子的想法。」漢元帝這一表態後，朝廷大臣王商（此人非王政君的兄弟，是後來擔任宰相的那個王商）、中書令石顯都表示支持劉驁。這樣，傅昭儀想讓兒子繼承皇位的夢想落空了。

平心而論，王政君是個很不錯的女人。雖然她與傅昭儀有過爭風吃醋的往事，還有過爭權奪利的鬥爭，但她並沒有因為成為皇太后而對傅昭儀打擊報復，甚至對傅昭儀母子還頗為關照。

如今事情過去了二十五年了，當年兩位美女現在都是老太婆了。被指定為皇太子的劉欣，是傅太后撫養長大的，但是根據古代宗法制度，劉欣繼承大宗正統，得尊奉供養太后王政君，撇清與小宗的關係。因此按規定，傅太后得返回定陶（封國）。不過，王政君卻網開一面。她認為劉欣是傅太后養育長大的，如同乳母，便特許傅太后留在京城，每十天可以前往太子府探望劉欣一次。

可是王政君低估了傅太后。當年在爭嫡鬥爭中，傅太后敗給了王政君，二十多年來，她耿耿於懷，現在機會突然從天而降，她有望奪回權力了。

劉欣被立為太子後，過了一年，漢成帝死了，他登基成為新的皇帝，即漢哀帝。

傅太后這個人不簡單，她精於權術，工於心術，性格剛強，為人暴戾。劉欣是她一手帶大的，對這位祖母，他有一種恐懼心。雖然王政君網開一面，並沒有讓傅太后回到定陶，還允許她十天見劉欣一次，可是傅太后完全不滿足，如果不能頻繁接近，她就不能控制皇帝，不能控制皇帝，就不能擁有權力了。

漢哀帝將傅太后安排在北宮居住，北宮有一條閣道，可以直達皇帝的住處。傅太后就利用這種閣道，早晚都去見自己的孫子，向他要權。從地位上說，傅太后是比較低的，她是定陶王劉康的母親，她的尊號是「王太后」，而王政君是「太皇太后」，趙飛燕是「皇太后」，同樣是太后，這裡學問可大著哩，「王太后」就說明只是諸侯級別的，與皇室級別相差遠呢。正因為如此，傅太后要提升自己的權勢，首先要在尊號上作文章。

朝廷中不乏善於拍馬屁的人，得知皇帝有意提高傅太后的尊號後，有人就跳出來，提議將傅太后尊為「帝太后」，這就是文字遊戲了，因為不能有兩個「皇太后」，便改稱「帝太后」。「皇」與「帝」這兩個字是從三皇五帝裡來的，都是至尊之意，顯然，傅太后就明擺著要成為天下之至尊太后。

尊為「帝太后」這個提議遭到大司馬王莽的迎頭痛擊，提議的官員很快便被免職。傅太后對這個結果大為震怒，把怒氣發洩到新皇帝身上，漢哀帝不知如何是好，只好向太皇太后王政君求助。

王政君對傅太后、當年的傅昭儀再清楚不過了，當初她在立嫡一事上，挫敗了傅昭儀，但並沒有對她打擊報復，算是仁至義盡了。如今既然皇帝是傅太后的孫子，她也不便在一個尊號上把持得太緊，以免兩人反目成仇。王政君做了一個折衷的處理，將漢哀帝的生父定陶恭王劉康尊為「恭皇」，而傅太后則尊為「恭皇太后」。漢哀帝的正妻是傅太后堂弟傅晏的女兒，立為皇后，稱傅皇后，傅晏封為「孔鄉侯」，傅太后的另一個堂弟傅喜為右將軍。

王政君心裡明白，一朝天子，一朝外戚，以前是王氏外戚當權，如今傅氏外戚崛起。她不想與傅氏有新的衝突，便詔令大司馬王莽辭職罷官，以迴避皇帝的外戚。不過，王氏家族根基很深，漢哀帝也不敢加以撼動，便下詔挽留王莽繼續擔任大司馬。

王氏與傅氏兩大外戚集團很快就起衝突了。

漢哀帝即位後不久，準備在未央宮設置酒宴，傅太后的座位設在太皇太后王政君之旁。不料，王莽站出來指責道：「傅太后不過是藩臣之妾，怎麼配與太皇太后坐在一起呢？」傅太后得知後，氣得發抖，拒絕出席酒宴，心裡頭恨死王莽。

王莽自知得罪了傅太后，留在宮中沒有好日子過，不如辭職吧。於是，他第二次遞交辭呈，免去大司馬一職。迫於傅太后的壓力，漢哀帝批准王莽的辭職請求，不過對他大加賞賜，王莽雖然失去大司馬之銜，但卻贏得朝臣們的稱讚，也算是撈足了政治聲望。

從哀帝上臺始，傅太后便染指朝政，可見她野心極大。在傅氏外戚集團中，傅喜是個出類拔萃的人物，他既有學識，又品格高尚。王莽辭去大司馬後，右將軍傅喜被認為是接任大司馬的最佳人選，因為在前朝大司馬一職均為外戚擔任。可是傅喜的所作所為，越來越令傅太后失望，他不斷向傅太后進言規勸，想說服堂姐不要捲入到政治中。傅太后十分不高興，不願意讓傅喜掌握大權，結果傅喜不僅沒有升任大司馬，反而還被迫辭去右將軍之職，回家養病去了。

傅太后不需要有才之人，只要聽話的人。她把堂侄傅遷安插在漢哀帝身邊，以便及時了解皇帝的動向。這個傅遷仗著有太后撐腰，無法無天，漢哀帝對他十分討厭，下詔將他免職，遣回故里。傅太后大發雷霆，漢哀帝自小開始，便知道這位嚴厲祖母的火爆脾氣，他嚇得趕緊又下詔挽留傅遷。這件事使宰相孔光等人非常不滿，上書諫道：「詔書前後相反，天下無不疑惑，不能取信於民，臣請求維持原詔，將傅遷遣回故里。」可是迫於傅太后的壓力，漢哀帝還是把傅遷留在京師，再任侍中。

通過控制皇帝，傅太后的權力大大擴展了。

太皇太后王政君起初並不想與傅太后有正面的衝突，可是後來一件事，終於使她開始痛恨傅太后了。哀帝繼位後第二年，司隸校尉經過一年多的調查，查知漢成帝劉驁曾經有過幾個孩子，但都被趙飛燕、趙合德害死，這個調查結果令王政君大為震驚。如果當年劉驁有皇子，那皇帝肯定是自己的孫子來繼承，怎麼會輪到傅太后的孫子呢？事情雖然無法改變了，但真相水落石出，總要對前皇后趙飛燕有個懲罰吧。

然而，傅太后一手遮天，因為在立哀帝一事上，趙飛燕是出過力氣的，況且趙飛燕現在的身分是皇太后，在傅太后看來，正是可以用來制衡王政君。趙飛燕陷害皇子一事，就這樣不了了之，可是王政君難嚥此惡氣，她對趙飛燕與傅太后開始懷恨在心了。

西元前六年，傅氏外戚中的最有才幹的傅喜終於被漢哀帝任命為大司馬，這既增加了傅氏外戚的聲望，但也將傅喜推上風口浪尖。

傅氏家族身為外戚，避免不了驕縱奢侈的惡習，但傅喜卻是例外。他高居大司馬之位，卻恭敬儉樸。傅氏子弟都把傅喜當作異類分子，與他劃清界線，不願多來往。而傅太后對自己的尊號仍然不滿意，希望將「恭皇太后」改為「皇太后」，以期同王政君平起平坐。傅喜堅持己見，不肯讓步。傅太后又對漢哀帝施加壓力，罷免了傅喜大司馬的職位。

傅太后覺得傅喜這個人胳膊肘向外拐，留在京城中還礙手礙腳的，索性下詔將他趕出京城，回到自己的封邑。傅喜被趕走後，軟弱的漢哀帝最後向傅太后屈服了，將她的尊號改稱為「帝太太后」。這個名字有點不倫不類的，可是「帝太后」與「太皇太后」就屬於同一級別了，傅太后終於與王政君在地位上平起平坐了。只是這個「帝太太后」實在聽起來不順，後來傅太后又想辦法將尊號改為「皇太太后」，可是她一直沒辦法用「太皇太后」這個稱號。

這下子傅太后可神氣了。她甚至當著王政君的面，稱呼她為「老嫗」，就是老太婆，讓王政君很難堪。傅氏外戚的勢力也急劇興起，不過漢哀帝還是比較有分寸，雖然傅氏外戚當官的多，但實際的權力比較有限，其勢力還是趕不上成帝時代的王氏外戚。

在傅太后眼中，堂弟傅喜是個敗家子，把他趕回封邑後，這個老太婆還不甘心，指使孔鄉侯傅晏出面，讓他轉告宰相朱博與御史大夫趙玄，上奏皇帝，撤去傅喜的爵位。漢哀帝與前任漢成帝一樣，是個性格軟弱的人，但也不是個糊塗蛋，他聽了宰相與御史大夫的奏報後，懷疑兩人是受到傅太后的指使，便下令調查，果然不出所料。漢哀帝被激怒了，下令嚴懲，宰相朱博畏罪自殺，御史大夫趙玄認罪積極，免以一死，傅晏則被削去一部分的封邑，以示懲戒。

這件事，使得漢哀帝與傅太后之間有了些裂痕。漢哀帝畢竟是個沒什麼主見的皇帝，為了討好祖母，他打算封傅太后的堂弟傅商為列侯。尚書僕射鄭崇站出來反對，仍然以「無功者不侯」的漢家舊制來抵制封侯。漢哀帝猶豫不決，傅太后怒吼道：「你是天子，哪有天子反倒被一個臣子所制呢？」傅太后一聲獅子吼，漢哀帝又屈服了，終於封傅商為汝昌侯。

漢哀帝原本是一位聰明少年，頗有文才，即位時也想幹一番事業，可是性格原因卻讓他一直受制於傅太后，他本想當一名明君，可是又經常遭到大臣的批評。這次封傅商為侯，又遭來諫大夫鮑宣的指責：「汝昌侯傅商，無功受封。官爵不是陛下一人的官爵，而是天下的官爵，陛下用人不當，授官不當，這樣想讓上天與百姓心悅誠服，真是難上加難。」鮑宣的話如針一樣刺痛了漢哀帝，這個年輕的皇帝有點洩氣了，不好女色的他，躲進了男色的溫柔鄉中，政事漸漸荒弛了。

西元前二年，飛揚跋扈的傅太后終於死了，漢哀帝突然感到一陣輕鬆。六年來，傅太后像一座山一樣，面對這位苛刻嚴厲的祖母，漢哀帝頗有一種畏懼感。現在好了，他可以為所欲為了。只是如今的皇帝銳氣全無了，只是畸戀男色董賢。董賢的權勢很快便超過傅氏外戚，甚至被任命為大司馬、衛將軍。

在漢哀帝一朝，王氏外戚集團迅速沒落。

王莽被遣回封邑，王譚的兒子王仁也因為犯了事被貶出朝廷。在傅太后的打擊下，王氏家族在朝中的勢力幾乎被清洗一空，只有王譚的兒子王閎擔任侍中一職。但是深藏不露的王莽韜光養晦，耐心地等待著東山再起。傅太后去世後，王莽以侍奉太皇太后王政君為名，得以重返京師。

一年後（西元前一年），年僅二十五歲的漢哀帝劉欣突然病死。這是一個非常關鍵的時刻，究竟誰可以掌控朝廷大權呢？漢哀帝最寵幸的男寵董賢是大司馬，此公雖然權傾朝野，但沒什麼本事；傅氏外戚的實力最強，但是傅太后已經去世，群龍無首；對於王氏家族來說，這是翻身的大好時機。

王政君是一個出色的女人，她經歷過從皇后到皇太后，再到太皇太后的轉變，經歷過漢宮內無數的風雲變化。雖然她比較低調，但元帝、成帝、哀帝三代政壇，她都是一個揮之不去的重要人物。傅太后曾是一個可怕的對手，如果不是先前一年去世的話，王政君將面對一個極難對付的政敵，可是上天不給傅太后機會了。

太皇太后王政君在得知漢哀帝去世的消息後，她做的第一件事，就是馬上趕到未央宮，不是去看皇帝的屍體，而是收走了皇帝的印璽。從這個細節中，便可看出王政君的政治經驗何等老到。緊接著，王政君輕而易舉地削奪董賢的權力，隱居多年的王莽重出江湖，立即以迅雷不及掩耳之勢，將兵權牢牢掌握在手中，然後以王政君太后的名義，免去董賢的大司馬之職，董賢在驚恐中自殺身亡。

王政君立即召集群臣，推舉新的大司馬人選。除了王莽，還有誰是合適的人選呢？其一，王莽在漢成帝時就擔任過大司馬了，經驗豐富；其二，當年王莽為避傅氏外戚，主動辭去大司馬之職，被認為是高風亮節；其三，王莽是太皇太后王政君的近親。這樣，在隱忍數年之後，王莽又一次成為政壇的主角。

新大司馬王莽開始重拳出手，清算傅氏外戚集團。

傅太后已經去世了，可是仍然要剝奪其封號，那個古怪的「皇太太后」的封號，變成了「定陶恭王母」，這下子連「王太后」的名號也失去了。傅皇后與她的父親傅晏被控告「同心合謀，背恩忘本，專恣不軌」。傅晏被剝奪爵位，貶回故里。而傅氏家族的大大小小官員，一律免職。

傅皇后的下場更為悲涼，她與前一任皇后趙飛燕一同被貶為平民，為死去的皇帝丈夫守墓，與趙飛燕一樣，在守墓的第一天，便自殺身亡了。這位傅氏女人一生很不幸，雖然貴為皇后，可是沒想到丈夫卻是一個不好女色好男色的皇帝。她之所以被王莽逼死，倒不是因為她做了多少壞事，而僅僅因為她是傅氏家族成員。

將傅氏外戚全部拉下馬後，王莽還不知足，過了五年（西元五年），他做了一件更絕的事情。傅太后死後，葬在先夫漢元帝劉奭的渭陵，王莽認為她不配葬在渭陵，便上書要求挖掘傅太后的墳墓，將屍體運回定陶葬在兒子劉康的陵園。王政君也覺得這樣很不妥，畢竟傅太后已經死了七年了，便說道：「事情都過去了，不要再追究了。」王莽不為所動，堅持到底，最後王政君沒有辦法，只得讓王莽去挖了。

王莽興師動眾，動員了十餘萬人，花了二十餘天，把傅太后的墓給鏟平了，傅太后的棺材被扛出來。王莽一看，棺木是以上等香梓木製成，身著珠玉之衣，這不是一個藩妾應該享有的葬服，便下令將棺木換成普通的木頭，把傅太后屍身上的珠玉衣扒走了。傅太后這位女強人在死了後，還受到王莽這樣折騰，挖墓剖棺，這真是她生前做夢也沒想到的。

曾經顯赫一時的傅氏家族，就這樣無聲無息地沉淪了。

四二、皇帝的畸型之戀

雄才偉略的漢宣帝，不會想到自己的兒孫一個比一個更熊。漢元帝劉奭被幾個宦官玩得團團轉，漢成帝劉驁貪戀趙合德的美色，「幸福」地死在溫柔鄉，而漢哀帝劉欣呢？竟然是個同性戀，而且堪稱中國歷史上最有名的同性戀者。

有一個成語「斷袖之癖」是同性戀的代名詞，這個典故正是來源於漢哀帝劉欣與同性戀人董賢的一則故事。漢哀帝經常與董賢睡在一張床上，有一天，兩人一起睡午覺，漢哀帝先睡醒，他想起床了，可是發現衣服的袖子被董賢的身體壓住了，而董賢還呼呼直睡。漢哀帝不忍心把董賢弄醒，怎麼辦呢？他就拔出佩劍，將衣袖割斷了，悄然離去。董賢受到皇帝的寵愛，竟然到了這樣的地步，可謂古今所絕無僅有。

董賢是什麼人呢？他又怎麼讓皇帝傾心呢？

董賢的父親董恭在漢成帝時擔任御史一職，後來由於漢成帝無子嗣，便立侄兒劉欣為皇太子，董賢入太子宮，當了太子舍人。由於董賢的職位不高，而且年齡很小（只有十六歲），劉欣也一直不是很留意。到了劉欣登基為皇帝後，董賢也跟著入皇宮，當了一名郎官。

兩年後，董賢十八歲。這時他長成一個美男子，容貌不輸美女。他在宮中的職責之一是報時。當時漏壺是計時工具，每到一個時辰，需要人工報時，董賢就是幹這個的。有一天，他報時的時候，正好漢哀帝路過，一眼望去，見到了一個面如美玉的美男，再定睛一看，覺得這個人似乎是認識的，便上前問說：「你是太子舍人董賢嗎？」董賢一聽皇帝問話，趕緊回答說：「是。」漢哀帝沒想到，當年的小男孩，現在成為大美男了，便召他上前問話，突然間，他覺得自己對董賢有一種異樣的感情，這種感情，很奇怪，也很美妙。

漢哀帝為什麼成了一個同性戀者，這個可能跟他的成長有關。漢哀帝劉欣的母親是丁姬，但他卻是祖母傅太后養大的。傅太后是個很嚴厲的女人，劉欣一直很怕她。在當了皇帝後，傅太后仍然牢牢地控制住他，令他有一種受壓迫感。可能由於缺乏女人的疼愛，導致了漢哀帝劉欣有一種同性戀的傾向。

這次與董賢的偶遇，徹底改變了漢哀帝的生活。哀帝將董賢提拔為黃門郎，對他十分寵幸，竟然墜入愛河，董賢受寵若驚。哀帝是真正愛上董賢，至於董賢是否也有這種愛呢？這個不好說。但根據史書記載，董賢性情柔和，雖然是一個男人，但「善為媚以自固」，會使出種種媚術來鞏固自己的地位。漢哀帝對董賢的寵幸，一天比一天更多，又將他提拔為駙馬都尉侍中，出宮時與他同乘一車，進宮時就讓他陪侍在身邊。漢哀帝對情人的賞賜真是大手筆，累積起來是個天文數字。

一人得道，雞犬升天。董賢的父親董恭很快被升為光祿大夫，其妹妹入宮被立為昭儀，地位僅次於傅皇后。當時董賢已經結婚了，有一妻子，由於受寵於皇帝，他不能時常回家中，皇帝考慮周全，索性將董賢的妻子也召進宮中，騰出房子讓董賢夫妻二人居住。當然，皇帝雖然寵幸董賢，也不拒絕女人，董賢夫妻與妹妹董昭儀，日夜服侍皇帝。這種關係，看起來頗為古怪。但在皇宮中，一切皆有可能。

皇帝的恩寵還在不斷地擴延。董賢父親不斷升官進爵，被封為關內侯，遷為衛尉。董賢的妻子當然作了很大犧牲了，既要讓丈夫去與皇帝同性戀，又要扮演皇帝妃嬪的角色，不容易吧，但是為皇帝服務總有回報的。董夫人的父親被任命為將作大匠（負責工程建築），弟弟擔任執金吾。董昭儀與董夫人也得到數千萬計的賞賜。

愛使人瘋狂，使人不理智。皇帝也是如此。漢哀帝意猶未盡，他在未央宮北門外，為董賢修了一座豪華府第，在土木建築設計上，窮極技巧，精緻無比，連柱子都用上等綿繡包裹。董賢全府上下，連僮僕都受到皇帝的賞賜。這樣還不夠，為了體現無盡之愛，漢哀帝又把武庫中最好的寶刀寶劍，皇家寶庫中的奇珍異寶，統統搬到董賢家中。董賢享用上品的寶物，而皇帝只享用次品的。

這樣夠了吧？還不夠。漢哀帝還有更絕的想法，死後看不到董郎怎麼辦呢？皇帝都有一種習慣，生前早早就給自己修墓。漢哀帝選定的墓地是義陵，他在義陵旁邊，也給董賢預修了一個陵園。這樣，生前相聚，死後也不分開了。

漢哀帝可謂是個同性戀大情癡了。

但是漢哀帝是一國之君，他耗費國家巨額財富去養小白臉，遠遠超出應有的限度了。光從這點說，就可以認為漢哀帝不過是一個昏君。

董賢的囂張得勢，激怒了尚書僕射鄭崇，他猛烈地抨擊皇帝對倖臣的過分寵愛。漢哀帝反駁道：「聽說你家門庭如市，熱鬧非凡，你自己交那麼多朋友，卻不允許皇帝結交朋友，是何道理？」鄭崇頂撞說：「我家固然門庭如市，但我內心如水一樣平靜。」皇帝聽了大怒，這話聽起來刺耳，不是諷刺皇上內心狂亂嗎？鄭崇被抓起來投入監獄，拷打至死。

這個昏君是個大情種，巴不得把一切好處都給自己的同性戀情人。他想封董賢為侯，可是這件事難辦，董賢既沒有立過功，也不是皇親國戚，要封侯，沒有先例，怎麼辦呢？正好當時有人舉報東平王劉雲謀反，漢哀帝便想將告密者的名字換成董賢，這樣算是立了一功，就可以名正言順地封侯了。漢哀帝寫了一份詔書，又擔心遭到群臣的反對，便先交給宰相王嘉、御史大夫賈延過目。果然不出所料，宰相與御史大夫聯合反對，既然皇帝說董賢告密有功，便要求公開其告密信，然後由群臣討論是不是到了可以封侯的標準。漢哀帝哪裡拿得出所謂的告密信呢？沒有辦法，封侯一事只得暫時擱置了。

幾個月後，漢哀帝還是忍不住了，悍然以正式詔書的形式，將董賢封為高安侯，並在詔書中嚴厲地批評公卿大夫：「東平王劉雲陰謀造反，公卿大臣竟然沒有絲毫察覺，險些釀成大患，幸賴祖先英靈與駙馬都尉董賢的揭發，才將罪犯繩之於法。」就這樣，漢哀帝將別人的功勞加到了董賢的頭上，並為他謀得侯爵，討情人歡心。

既然封了侯，免不了又要進行賞賜，漢哀帝又從武庫中找出一些寶刀寶劍寶弓，送給董賢。武器本來是用於防務，現在反倒成為擺設。負責長安防務的執金吾毋將隆看到這種情況，上書皇帝說：「武庫中的兵器，乃是公共財產，製造過程所花費的錢都是由大司農處支出。大司農處的錢，就算是皇上的開支也不予負擔的，因為這些錢是用於鞏固國本的，不能任由皇上私用。董賢不過是一個弄臣，而皇上卻把天下的公共財產，賞賜給他作為私用，將國家精銳的武器，當作家中的擺設。百姓的錢都落到弄臣手中，武庫兵器收藏於賤妾之家，實在很不妥當。臣請求將武器收回武庫中。」

漢哀帝看了心裡很不舒服，可是又不便發作。朝中大臣開始頻頻發難，諫大夫鮑宣批評道：「陛下上為天子，下為百姓父母，理應一視同仁，可是如今貧困的人吃不飽穿不暖，父子、夫妻不能相養，實在令人聞之落淚。但陛下卻不施救援之手，而獨對外戚與董賢諸多賞賜，動輒以數萬計，連他們的奴僕、賓客都有酒有肉吃，個個都發財致富，這實在有違天意！」

在對董賢發難的大臣當中，以宰相王嘉的態度最為激烈。

王嘉連上密奏，他寫道：「高安侯董賢不過是佞幸之臣，而陛下卻恨不得以至高爵位使之尊貴，恨不得用盡天下財貨使之暴富，甚至屈天下至尊的身分去寵愛他。皇上的威信已經嚴重受損了，國庫的儲備已經耗盡，而陛下卻仍然還嫌不夠。國家的錢財都來自於民力，以前孝文皇帝想蓋露臺，只要花費百金便作罷，就是怕勞民傷財。如今董賢卻把公家的稅款當作自家的錢財，動輒一擲千金。自古以來，沒有一個臣子顯貴到這種程度，如今天下人都知道了，都非常憤怒。」

看了王嘉的密奏後，漢哀帝氣瘋了。你這個宰相，哪裡了解朕的真愛呢？普天之下，莫非王土，朕拿錢給情人享用，關你們什麼事呢？皇帝頓起殺心。

漢哀帝找了件事，要治宰相王嘉的罪，令命廷尉將他抓到監獄中。所謂刑不上大夫，在漢代有一個不成文的傳統，如果宰相一級的大臣被抓往監獄，寧死也要捍衛尊嚴。當年蕭望之就是不願進監獄，服毒自盡。宰相府的官員便準備毒藥讓王嘉服用，但王嘉拒絕了。被投入監獄之後，王嘉體會到當年周勃的一句話：「吾嘗將百萬軍，然安知獄吏之貴乎？」在獄中受盡獄吏之苦，他仰天長歎道：「我擔任宰相，卻不能推薦賢能，而像董賢這樣的佞人擾亂朝綱，我又不能黜退他們，看來我確實是該死了。」於是絕食二十幾天，吐血而死。

得罪了董賢，連宰相都難逃一死，其他人噤若寒蟬，不敢再公開批評皇帝了。這下子漢哀帝更加為所欲為了。

西元前二年，董賢居然被拜為大司馬兼衛將軍。大司馬掌控全國軍事力量，而董賢對軍事完全不懂，他才只有二十二歲，除了家裡擺設幾件寶刀寶劍之外，他壓根連武器都沒碰過，更不要談軍國大事了。一個大男人，居然是「善使媚」，這樣的人當上了大司馬，這也可以列入漢朝史上的奇談了。

董賢的勢力很快就超過傅氏外戚，他的弟弟擔任駙馬都尉，親戚多人擔任侍中、諸曹，還不時受到皇帝的接見。王嘉死後，孔光擔任宰相。為了考驗他，漢哀帝故意讓董賢前去拜訪孔光，就是看看新宰相對大司馬的態度如何。結果，孔光表現得恭恭敬敬，董賢還沒到，他便穿戴得整整齊齊在大門口等待，遠遠看到董賢的車馬後，他又退到中門，董賢的馬車到了中門，他又退往邊門。董賢下了馬車，孔光才出來拜見，態度畢恭畢敬。其實，孔光的級別與董賢算是同級，但他卻以對待上級的禮節，這個禮節真是夠複雜、夠講究的。

孔光的表現讓漢哀帝非常高興，付出就有收穫，他的兩個侄子被提拔為諫大夫。這真有點滑稽，不知皇帝要讓他們進諫什麼呢？宰相如此謙卑，其他人更加不敢怠慢了。董賢的權勢，簡直與皇帝相同了。

皇帝陷入畸型之戀中，不可自拔，他已經給了董賢一切了，除了皇帝位之外。董賢的權勢一人之下，萬人之上，也算是半個皇帝了。然而，漢哀帝竟然還真的動了念頭，想把皇帝位送給董賢。

有愛美女不愛江山的帝王，但像漢哀帝這樣愛美男不愛江山的人，古今中外，恐怕是找不出第二人了。在一次宮廷宴會上，董賢父子、親戚都參加了，皇帝喝了些酒，然後以癡情的目光看著董賢，轉頭對身邊的侍中、中常侍說：「我想要效法堯把帝位禪讓給舜，你們看怎麼樣呢？」俗說話，情人眼裡出西施。可是漢哀帝卻是情人眼裡出堯舜了，悲哀啊，真對得起他謚號中的「哀」字。

侍中王閎走到漢哀帝面前，正色地說：「天下乃是漢高帝的天下，不是陛下的天下。陛下你繼承宗廟，就應該傳之子孫，不應該說這種戲言的。」漢哀帝聽了後沉默無言。

有一回，匈奴單于到長安朝見，見到大司馬董賢，心裡很吃驚，沒想到位高權重的大司馬居然如此年輕，覺得很奇怪，便問站在一旁的翻譯。漢哀帝讓翻譯告訴匈奴單于：「大司馬雖然年輕，卻是以賢能而居高位的。」匈奴單于一聽，佩服得不得了，跪倒在地，向漢哀帝祝賀漢王朝竟然有這樣年輕有德的人才。

漢哀帝欺人欺己，除了男色之外，董賢究竟有何德何能呢？

有皇帝這把保護傘罩著，董賢當然要風有風，要雨有雨了，可是萬一這把保護傘倒了呢？世界上的事情，有時真是說不準的。漢哀帝當時只有二十五歲，可是生命卻走到盡頭了。西元前一年，漢哀帝死於未央宮。

死得太突然了，漢哀帝並還沒有來得及準備後事，特別是他心愛的董賢，在他死後怎麼辦呢？他沒有安排。理論上說，皇帝一死，作為大司馬的董賢，便是最有權力的人，甚至擁有另立君主的大權。只是董賢這個大司馬，只是個擺設，他沒有任何才能，既不能統御別人，也不能掌控軍隊。在漢哀帝生前，只要他想得到的，皇帝都會親自為他辦好，他不用去跟別人爭權奪勢。

當董賢得知皇帝駕崩的消息，他一下子傻眼了，除了哭之外，他不知道要幹什麼了。可是政治經驗豐富的太皇太后王政君卻反應敏捷，先把皇帝的印璽控制在手中，以免在混亂中被人盜走，利用印璽假傳聖旨。之後，王政君召見大司馬董賢，向他詢問喪葬之事。董賢六神無主，以男色起家，哪裡懂得怎麼辦喪葬呢？王政君這一招相當高明，立刻讓董賢知難而退。董賢身居大司馬的要職，名義上是最有權勢的人，但他對太皇太后所問的事，無法回答，大汗淋漓，脫帽謝罪。王政君便乘機說：「新都侯王莽，以前擔任大司馬時，曾辦理過先帝的喪事，很懂得規矩，就讓他來協助你吧。」董賢聽了叩頭謝道：「這樣太好了。」

董賢太年輕，政治經驗又不足，輕而易舉地將權力拱手讓出了。

董賢並不是一個很有心機的人，如今面臨權力被奪，可是他卻一無所知。要同城府極深的王莽鬥，董賢實在顯得太嫩了。王莽自認為是儒家信徒，董賢在他眼中，根本就是個佞臣，不值一提。

對於漢哀帝寵信董賢這件事，王政君很少過問，然而她心裡是有意見的。說實話，除了大情癡皇帝之外，有誰認為董賢真的具有大司馬的才能呢？王政君果斷召集大臣，收回發兵符節，交給王莽。這樣，王莽一下子就把兵權牢牢地握在手中。董賢被架空了，官員們的奏章都呈給王莽，宮中侍從、禁衛兵也由王莽掌控。

太皇太后王政君的意圖十分明顯，董賢是不能勝任大司馬之職的。王莽對此心知肚明，他指使大臣彈劾董賢，罪名是皇帝生病期間，他沒有好好照顧，沒有給皇上服用藥，導致皇上暴死。董賢失魂落魄，他想進宮，可是王莽下令禁止他踏入宮門。這位有名無實的大司馬神情恍惚，非常緊張，不知如何是好，只是到皇宮門外，跪倒在地，脫去官帽，打著赤腳，叩頭謝罪。

王莽根本都不出面見董賢，只是派人持著太皇太后王政君的詔令，當面宣讀：「董賢年少，不懂事理，身為大司馬，不合眾望，特收回大司馬的印綬，免職回家。」董賢聽後，臉上一片蒼白，沒有血色，癱倒在地。

回到府中後，董賢知道自己完蛋了。就算王莽與王政君太后不追究往事，他也會失去榮華富貴，成為一介平民。想當日，他何等風光無限，別人都來拍他的馬屁，如今一無所有，他有何顏面苟活於人世呢？無論朝野，大家都把他當成禍國殃民的佞臣，千夫所指，巴不得他早點死呢。作為皇帝的同性戀情人，他早已聲名狼藉，如今他只有二十三歲，如何面對未來漫長的時光呢？他不敢再想下去了。唉，與其苟且偷生，不如一死了之了。

當天夜裡，董賢與妻子雙雙自殺。董家的人很害怕，便在當天夜裡草草將兩人埋葬。

王莽得知董賢自殺的消息後，有點懷疑，一定得見到屍體才可放心。這個王莽似乎喜歡挖人家的墳墓，他派人挖開董賢的墓，把棺材扛到監獄中，由監獄中的官員驗明正身，確認是董賢的屍體無疑，這時王莽才放心了。

趙合德曾因為美豔而被認為是禍水，而董賢的故事，猶如趙合德的翻版，只是性別做了一下替換。他們都曾經富貴一時，最後都以自殺的方式結束自己的生命。美，有時是一種幸運，有時又是一種不幸。

董賢死後，他家中的財產被悉數拍賣，拍賣所得是天文數字，總計有四十三億之多。百姓的血汗錢，國庫中的儲備，都流入董府了。這也從一個側面看出漢哀帝昏亂到了何等地步。大漢帝國早已失去早年銳意進取的精神，暮氣沉沉，王朝的喪鐘已經敲響了。誰來挖掘帝國的墳墓呢？這個人就是王莽。

四三、聖人還是陰謀家？

王莽可以稱得上是中國歷史上最複雜的人物之一。

唐朝大詩人白居易曾寫過一首詩：「周公恐懼流言日，王莽謙恭未篡時。向使當初身便死，一生真偽復誰知。」以白居易的觀點，王莽是個極其虛偽的人，善於偽裝自己。這個觀點，未免把歷史人物簡單化了。

我們先來看看王莽的發家史。

在西漢末期，最有權勢的一個家族，便是王氏外戚家族，貫穿於王氏家族興衰的人物是王政君。她是漢元帝的皇后，在漢成帝時代，她是皇太后，在漢哀帝時代，她是太皇太后。王政君的八個兄弟中，有七人封侯，唯一沒有受封的是王曼，因為他死得早。王莽就是王曼的兒子，父親死的時候，他還在娘胎裡，都沒見過父親是什麼樣。

與叔伯兄弟相比，王莽一家顯得很寒酸。七個叔伯都是侯爵，而堂兄弟也都身居高位，有權有勢。那是王氏家族鼎盛的時代，與王莽同輩的這些兄弟，早過慣了奢侈靡爛的生活。他們平常最喜歡做的事，就是互相攀比，看看誰的馬車豪華，誰的小妾漂亮，誰家的歌伎舞跳得好等等。

可是王莽並沒有因此而感到自卑。相反，他發憤圖強，精於學業，研究儒家學術。當時有個名叫陳參的儒生，學識淵博，精通《禮經》，王莽便拜他為師，刻苦攻讀經典。王莽雖然家貧，可是好歹他有那麼多強勢的親戚，總不致於很落魄，但王莽還是選擇了儉樸的生活。他把大多數時間花在學習上，廣泛涉獵群書，很快成為王門中的佼佼者。

王莽有個哥哥叫王永，但哥哥也早亡，只留下妻兒。王莽既要照顧自己的母親，同時又要騰出時間照顧嫂子與侄兒，他嚴格按照儒學的規範做事，行為很檢點。當時，他也時常要去拜會幾位叔伯，不卑不亢，進退有禮。有一回，他的伯父大將軍王鳳病倒了，王莽便去服伺他。每次端藥上來時，他總要先嘗嘗冷熱，照顧得很周全。在那段日子裡，王莽日夜辛苦，經常和衣而睡，都沒時間洗臉梳頭，搞得蓬頭垢面的，令伯父王鳳十分感動。

王鳳臨死前，特地請求王政君太后與漢成帝關照王莽。漢成帝便任命王莽為黃門郎，後來又升遷為射聲校尉。這樣，王莽開始步入政壇。

在叔伯眼中，王莽是個好人，人品修養都好，他們都沒有意識到其實王莽內心深處，有著不可對人言的雄心壯志。叔叔成都侯王商見自己的侄兒當了官，卻沒有采邑，顯得有點與王氏大家族背景不相配，便自告奮勇，將自己的一部分采邑分給他，並向漢成帝提出請求，封王莽為侯。

入朝當官後，王莽又結交了一些朋友，這些人都是當時很有名望的人士，包括長樂少府戴崇、侍中金涉、胡騎都尉箕閎等，還有一個人，就是赫赫有名的陳湯。王莽給眾人留下很好的印象：溫文儒雅，學識淵博、謙恭有禮；這些朋友都在皇帝面前極力推薦他。

漢成帝所聽到的，都是說王莽的好話，自然對他的印象頗佳。再說了，皇太后王政君也有意讓王莽封侯，因為在其她的兄弟中，只有王莽的父親王曼因早死未封侯，王政君心裡有愧意。現在王曼的兒子品行如此端莊、為人如此上進，與其他王氏子弟的驕傲放縱、奢侈無度形成一個鮮明的對比。

西元前十六年，王莽被封為新都侯，同時出任騎都尉、光祿大夫兼侍中。這一年他二十九歲。他負責皇宮的值宿警衛，做事極謹慎，有條不紊。官職越來越大，而王莽不僅沒有趾高氣揚，反而越發謙虛。

他的內心世界不為外人所知。他以嚴格的儒家行為規範來要求自己，砥礪操行。為了施助他人，他把自己的馬車、衣裘給賣了，周濟貧窮的賓客，家裡一點積蓄也沒有。他廣交朋友，既養了一幫門客，又結交朝中將軍、宰相、公卿大夫。

其實，王莽很懂得心理學，身為顯貴外戚的一員，高調做事，低調做人，很容易引來一片讚美聲。當人們看慣外戚的霸道專橫時，突然從中冒出一個慷慨好義、樂善好施、平易近人的人物，怎麼不令人眼前一亮呢？朝中官員舉薦他，在野名士吹捧他。很快，王莽身上便籠上一層光環，他幾乎成為完美人格的楷模。

這裡不免有幾分作秀的成分，可是僅僅用作秀二字來評價王莽，未免不夠全面。一個人如果在一個時間段作秀是容易理解的，可是如果十幾年，甚至幾十年如一日地作秀，這個可能性就不大了。其實，在王莽謙和的外表之下，他內心有一種狂熱。這是一種宗教信徒式的狂熱，他的宗教就是儒家。有時，人們經常用過於世俗化的眼光來看待歷史人物，其實王莽所作所為，既有世俗化的一面，也有其生命信仰的另一面。前半生，他以儒家的理想把自己塑造為一個正人君子的完美形象，這乃是他宗教般狂熱的追求，這是強烈信仰下產生的強大力量，這種力量使他充滿克己復禮的熱情，治國平天下的理想又使他鍥而不捨地朝著權力中樞邁進。

不可否認，王莽確實很有表演的天分，這使得他引得滿堂喝采。在王氏家族同輩兄弟中，他脫穎而出，甚至是叔伯們也對他寄予厚望，認為他可以光大王氏家族的事業，鞏固外戚集團的利益。

不過，有時他的表演也過火了，顯得有點矯情。正當壯年的王莽也有七情六欲，有一次，他私下買了一個婢女，藏在家中。不料，這件事卻被他的堂兄弟們發現，這些堂兄弟對王莽的崛起十分嫉妒，便拿這件事來大作文章。但王莽是何許人也，他臉皮頗厚，便找了個藉口說：「我只是聽說後將軍朱子元一直沒有兒子，這個女人生育能力強，所以替朱將軍買了下來。」為了消除負面影響，他把這個婢女送給了朱子元。看來王莽克己的功夫，確實達到爐火純青的地位，為了追逐名聲，不惜放棄自己的私欲。

自從武帝「罷黜百家，獨尊儒術」後，到了西漢後期，儒學作為官方學術思想，十分發達。王莽也希望在儒學博士中贏得聲譽，他將侄子王光送到一位儒學博士那兒求學。有一天，他正好休息，便駕著馬車，帶著酒肉，去拜會王光的老師，以十分恭敬的態度獻上酒肉，連同王光的同學也一人一份。王莽的這次生動表演引來其他同學的圍觀，老夫子們對這位朝中侯爺的平易近人深為感動，個個都稱讚不已。

還有一次更為誇張。在兒子結婚的那一天，很多賓客前來祝賀，喝喜酒。當時王莽的母親因為生病，沒有出席，有一位賓客懂得醫術，便對王莽說，老夫人的病，應當服用某種藥才行。王莽立即跑回內堂，為老夫人煎藥，然後又回到廳堂招呼客人，一會又跑進去給老夫人服藥。在眾多賓客面前，王莽生動地上了一堂「孝母」的課程，把在場的賓客全都感動了。要知道，「孝」在漢代具有非凡的意義，漢家帝王提倡「以孝治天下」，能孝敬父母者，方可治理天下。可見，王莽表演這齣孝戲，實在是意味深遠。

在漢成帝一朝，王氏當權。大將軍或大司馬都由王氏成員擔任，先後有王鳳、王音、王商、王根四人。

王根因為得了重病，不能勝任大司馬之職，便上書皇帝，請求辭職。大司馬之位要由誰來接任呢？在王氏後起之秀中，王莽是佼佼者，似乎由他來接管大權，是順理成章之事。然而半路殺出個程咬金，這個人就是皇太后王政君姐姐的兒子淳于長。

在此之前，王莽給人的形象是個道德修養很高的人，沒有做什麼落井下石的事。殊不知此人城府極深，他開始要展示內心的另一面，那就是他狠毒的一面。他不動聲色地收集淳于長的種種罪過，最後一擊致命，淳于長不僅未能當上大司馬，反而伏罪被誅（淳于長之事，詳見前文）。

在清除政敵之後，王莽如願以償地登上大司馬之位。他上臺後不久，又找了個罪名，將淳于長的兒子也殺了，斬草除根後，可以高枕無憂了。

這一年是西元前八年，王莽三十八歲。可以說，王莽仕途一帆風順，這裡既有外戚家族的原因，也有其個人奮鬥的因素。他嚴於律己，追逐聲名，有敬業精神，辦事謹慎周密，有很強的領導能力。

王莽志向高遠，他想要匡扶漢室，在大司馬的任職上，超越他之前的四位叔伯的成績，於是他更加勤奮地工作，不辭辛苦。擔任大司馬後，皇帝的賞賜增多了，他把皇帝的賞賜連同自己封邑內的所得，全部用來招覽人才，自己卻比以前更加儉樸節約。王莽為了追求名望，採取了苦行僧似的做法，不僅他自己儉樸，也要求家人不得奢侈，與其他王氏名門形成鮮明的對比。

凡事都有一個限度，超過限度，就顯得矯情了。有一回，王莽的母親病倒了，公卿列侯們便派自己的夫人前去王莽家慰問。這些夫人們綾羅綢緞，錦衣繡袍，到了王莽家後，王莽夫人出來迎接。當時的女性時尚服裝，衣裙拖地，顯得飄逸，可是王莽夫人的裙子是布裙，還僅僅只遮到膝蓋處。起初來訪的夫人們都以為這個人是王府的婢女，後來才知道竟然是王莽夫人，對她這樣簡樸的穿著，著實大大地吃了一驚。

這些細節如何理解呢？對於王莽這個十分複雜的人，可能是一種標榜的作秀，也可能出自他內心想要扭轉奢侈風氣的一種表現。當然，王莽後期的表現與前期有很大不同，因此被懷疑他早期這些所作所為，只是為了顯示與眾不同的清高。不過，更可能的一種情況，這個時間段的他，確實以嚴格的儒學教條來約束自己。儒家一直強調「樂道安貧」，雖然王莽不貧，但他要證明自己絕不奢慕榮華富貴。

正當王莽雄心勃勃之時，政局突變。西元前七年，漢成帝暴死，漢哀帝繼位。

一朝天子，一朝外戚。隨著傅太后以鐵腕手段掌控大權後，傅氏外戚崛起取代王氏外戚已成定局。太皇太后王政君審時度勢，為了避免與傅氏外戚發生衝突，王政君要求王莽辭職回家。後經過漢哀帝的極力挽留，王莽繼續擔任大司馬，但好景不長，很快他便與傅太后發生了直接衝突。在傅氏外戚崛起、王氏外戚衰弱的背景下，王莽估摸一下，覺得一時間還鬥不贏傅太后，沒有勝算的把握，乾脆就先避開宮廷漩渦，以退為進，靜待時機成熟。

王莽第二次上交辭呈。漢哀帝在傅太后的威逼下，只得同意王莽的辭職。為了表示對王莽執政以來成績的肯定，皇帝賞賜五百斤黃金，給他安排「特進」一個虛位，儀同三公，每個月上朝兩次。

雖然王莽已經成了一個清閒的人，但在傅氏外戚眼中，他始終是眼中釘、肉中刺。因為王莽的聲望如此之高，即便是個閒人，仍然有大批政要心裡向著他。

傅太后對王莽一直耿耿於懷，當初她想加封尊號時，王莽是最堅決的反對者，還稱呼她是「藩妾」，拒絕她與太皇太后王政君平起平坐。這一切回想起來，傅太后還咬牙切齒。王莽辭職後，傅太后的尊號不斷提高，從「恭皇太后」到「帝太太后」再到「皇太太后」，雖然難聽了些，但總算地位與王政君平起平坐了。

這時，傅太后決意要報復王莽了。

在傅太后的指使下，宰相朱博站出來抨擊王莽：「王莽以前有意壓制皇太太后的尊號，有虧孝道，應當伏罪誅殺。僥倖皇上赦免其罪，但不宜再擁有侯爵之位與封邑，請皇上削去爵位，貶為庶人。」

漢哀帝心裡明白，這些都是傅太后的主意。對於傅太后屢屢干涉朝政，漢哀帝既不敢不從，又有所不滿。他便作了折衷的處理，保留了王莽的爵位與封邑，但把他遣返到自己的封地，趕出了京城。

王莽心裡知道傅太后絕不會輕易放過他，雖然他遠離京城，但傅太后的一班爪牙還是密切地監視他，只要有所差池，被抓住把柄，就性命不保了。王莽做了一個極為明智的決定，他回到封地後，一改以前廣交朋友的習慣，閉門不出，謝絕一切來訪，不與任何朝中官員來往，以免受到牽連。傅太后雖然想置他於死地，但狡猾的王莽卻表現得安分守己，無懈可擊。

遠離京城的王莽對朝政冷眼旁觀，此時的他才四十出頭，而傅太后已經是老太婆，只要等到傅太后死掉，他就有機會東山再起了。可是隱居的生活，有時會出現意外。

有一回，他的兒子王獲惹出一個大禍，居然殺死一名奴婢。奴婢在侯門被殺，這在當時社會，是可大可小的事。說小，是因為很多類似的事件最後都不了了之；說大，這是犯法的事情，如果嚴肅處理，那也是死罪一條。

王莽心裡知道，傅太后一直要找他的麻煩，現在自己的兒子惹出禍來，要是被傅太后加以利用，以「包庇奸邪」來定罪，後果難料啊。最後，王莽把心一橫，自己把兒子抓起來，強迫他自殺。這一「大義滅親」之舉，不僅令王莽讓對手抓不到任何把柄，還贏得了士大夫的稱讚，認為他的道德修養，堪稱前無古人，後無來者，乃是儒家之聖人。

西元前二年，老太婆傅太后終於死了。王莽喘了一口大氣，他知道機會來了。

在王莽歸居的這三年裡，朝政一片混亂，漢哀帝寵幸董賢，大司馬、宰相頻頻換人。朝中大臣與地方官員都認為王莽當年是被冤枉的，上書為王莽申冤者竟然有數百人之多。在傅太后死之前，正好發生一次日蝕現象。根據陰陽學說，日蝕意味著陽被陰所侵奪，朝中女主權力威逼到皇帝了，意即傅太后有垂簾聽政之嫌。此時又有多人站出來為王莽雪冤，正好傅太后也病死，漢哀帝便順理成章地召王莽入京，侍奉於王政君左右。

回到京城，離重奪大權的日子就近了。只是漢哀帝把所有心血都傾注在戀人董賢身上，竟然讓董賢出任大司馬。在王莽看來，這簡直是荒唐，但同時也是件好事，董賢有何本事呢？萬一朝廷有變，董賢有能力力挽狂瀾嗎？

時間又過了一年，西元前一年，漢哀帝病死，而且當時沒有指定皇位繼承人，一時間群龍無首。太皇太后王政君處變不驚，從容收拾殘局，她是女流之輩，只能信任自家的親戚。收回皇帝的玉璽後，王政君立即召王莽進宮，將軍政大權全部交給他。王莽在隱忍多年後，重出江湖，馬上以霹靂雷霆般的手段整飭朝綱。

首先，董賢被罷除大司馬之職，在絕望之下，他與妻子一同自殺身亡。在太皇太后王政君的支持下，王莽終於再次被拜為大司馬，他心裡想叫喊一聲：我，又回來了！

其次，王莽迎立中山王劉箕子為皇帝，是為漢平帝。由於漢成帝、漢哀帝都沒有子嗣，在皇親中，與漢成帝、漢哀帝血緣最近的，便是中山王劉箕子，但他只有九歲。選擇劉箕子人作為皇位繼承人，這點是合於禮法的。由於皇帝年幼，王政君臨朝稱制，具體政務交給王莽處理，從此王莽大權獨攬。

掌握大權後，王莽重拳出擊，清算傅氏外戚集團，將傅皇后貶為平民，迫使她自殺。在清洗傅氏集團後，王莽意猶未盡，連死去多年的傅太后也不放過，掘墓剖棺。

到這個時候，王莽成為漢王朝最有權力的人，他對王政君太后表面上尊敬，實際上則往往以脅迫的手段，挾制太后以達到自己的目的。他的個人野心開始一點一點地暴露出來，凡是反對他的官員，往往被免職、流放甚至殺戮，而拍馬屁的順從者，則得到提拔與重用。王莽開始致力於羅織他個人龐大的勢力網。

王莽的政治野心已經初現端倪。何以一個被認為是道德高尚的儒家君子，卻變為一個政治野心家呢？

依筆者的看法，王莽本質上是儒家狂熱教徒，他有一種強烈的使命感，驅動著他去營建一個儒家天堂式的國家。從某種程度上，他有點類似加爾文、穆罕默德這樣的宗教領袖，充滿天啟的自信，堅信自己來到人世，必定是出於某種天命，蒼天無語，卻默示他去完成偉大的事業，所以他堅強、執著、冷靜、充滿鬥志。他要在大地上建立人間天堂，為了這個目的，他可以不擇手段。

大司馬的職位是一人之下，萬人之上，可是王莽不滿足，他還要排除萬難，一步步逼近權力的巔峰，去摘取那頂至尊的皇冠。

四四、造神運動

精通儒學經典的王莽開始精心策劃他的奪權之路。雖然他位極人臣，可是即便是大司馬又如何，漢哀帝時代，大司馬就換了四個人，所以他必須要進一步鞏固自己的權力。在他的前半生，他堪稱儒家君子的典範：謙虛謹慎、平易近人、儉樸節約，甚至還曾經大義滅親。這些事蹟為他贏得巨大的聲譽，可是他還不滿足，他要將自己進一步神化。

王莽的造神計畫開始出籠。

西元一年，西南一個名為越裳的蠻夷部落突然向朝廷進貢了一隻白雉。其實，這次所謂的進貢是王莽暗中指使的。為什麼要讓蠻夷部落進貢白雉呢？原來根據史書的記載，當年周公輔佐周成王時，曾經獲得一隻白雉，被認為是國泰民安的祥兆。王莽熟讀史書，便利用這個歷史故事，來為自己造勢。

果然，一批善於阿諛奉承的拍馬份子便紛紛站出來，向王政君太后提議說：「大司馬王莽擁立新帝，安定朝廷，與先前的大將軍霍光功勞相同，應該增加封邑三萬戶。」王政君頗不以為然，便問道：「你們是認為大司馬王莽有大功勞呢？或僅僅是因為他是我的近親，想討好他呢？」

這群拍馬份子慷慨陳詞說：「大司馬的功德，可以與一千年前的周公相比了。當時周公輔佐周成王獲得白雉，如今大司馬輔佐漢室，蠻夷獻上白稚，這乃是祥兆。大司馬王莽在穩定國家，安定漢室上實有莫大的功勞，臣等以為應該要賜封為安漢公。」

王政君見群臣執意請求，便同意賜封王莽為「安漢公」。可是王莽卻又作秀了，他推辭說：「擁立新帝的大計，除了我之外，還有孔光、王舜、甄豐、甄邯四人，如果要賞賜，就賞給他們四人好了，我就不用了。」王莽提到的四人，其實都是他的黨羽。

推來推去的，這也是中國政治文化中的一種特有禮儀，所以王政君又下詔：「不偏不袒，是為王道。你有安定朝廷之功，雖然是至親，也不可不加予褒揚，你不必再推辭了。」可是王莽一而再、再而三地推辭。

王莽無非要標榜自己清高無私，既要利，也要名。可是這下子卻把王政君太后搞糊塗了，她不明白王莽究竟怎麼想的，還以為他真的很謙讓呢，於是下詔加封孔光、甄舜、甄豐、鄄邯四人，沒有提到王莽。這下好了，王莽稱病不上朝了。不僅如此，他那幫拍馬黨羽又群情激憤地說：「大司馬雖然謙讓，可是朝廷還是要給予表彰，增加封賞，以表明不忘朝廷元勳的功勞，不要讓百官同僚與民眾失望。」

對於王莽這個人，那些奉承阿諛的黨羽們比王政君太后要看得明白，他們與主子有了一種默契：他們在太后面前極力稱讚王莽，為他撈好處；王莽則極力推辭，營造大公無私的形象，最後不得不被迫接受這些好處。說白了，這就是王莽與他的黨羽上演的雙簧戲。

這樣，在群臣的「固請」之下，王莽終於被封為「安漢公」，外加一個「太傅」的頭銜。

進貢白雉一事為王莽撈取了不少好處，又提升他的聲望，從此王莽便不斷地造假，粉飾太平，製造萬邦來貢的假象，以彰顯自己的無量功德。

西元二年，遠在南海的黃支國（估計是現東南亞一帶的小國）前來進貢犀牛。黃支國距離長安城有三萬里，怎麼大老遠進貢一頭犀牛呢？原來這是王莽派人以重金賄賂黃支國王，黃支國王以區區一頭犀牛換得大量金銀財寶，何樂不為呢？當時犀牛是中原罕見的動物，群臣又開始一同吹捧王莽的威德遠播了。

過了不久，越嶲郡的官員又上報，說見到一條黃龍在長江中游動。不用說，這又是拍馬屁者杜撰出來的。太師孔光等人就吹捧說：「王莽的功德可以同周公相比了，應該祭告宗廟才是。」這種赤裸裸的拍馬屁，終於惹得大司農孫寶很不快，他以挖苦的語氣說：「如今風雨失調，百姓不能豐衣足食，每有一件小事，諸大臣便眾口一辭，稱讚是王莽的功勞，這也太過分了吧。」孫寶此言一出，所有大臣們都臉色一變，說不出話。但是還算正直的孫寶很快便被王莽認定是異己份子，找了個罪名，將他免職回家去了。自此以後，朝中更不敢有人說王莽的壞話了。

由於皇帝年少，王政君成為實際的統治者。王莽知道，他要鞏固自己的地位，還得要有這位太皇太后的支持。他對王政君太后極盡吹捧，以博取歡心。當時，王政君已經七十二歲了，不願意對政事過於操心，這就讓王莽一步步地把大權掌控在手中。在一幫大臣的鼓動下，王政君太后將百官任免權交給王莽，只保留了封侯的決定權。這時，王莽的權力已經跟皇帝差不多了。

但王莽知道，他不是皇帝，雖然皇帝年齡還小，可是終究有一天會長大的啊，還是得未雨綢繆才行。首先，他將皇帝的外戚家庭排斥在權力中樞之外，漢平帝母親一系的外戚是衛氏家族，一律留在中山國，不得在京城任職。其次，他準備將自己的女兒嫁給小皇帝，以鞏固權勢，這時小皇帝漢平帝只有十一歲。

雖然皇帝尚未到談婚論嫁的年齡，但是提早選皇后，這也是有先例的，所以王政君批准了王莽的建議，準備挑選適當的人選，立為皇后。皇后的候選人太多了，範圍包括殷商王室後裔、成周王室後裔、孔子後裔以及諸侯爵的後裔。其實，商周都是那麼久遠的事了，哪有幾個人選呢，最主要的競爭者還是本朝侯爵的女兒們，特別是王氏家族支脈眾多，各家的女兒都在候選人的名單裡。王莽一看，糟了，人這麼多，那自己的女兒就有可能落選了，怎麼辦呢？

王莽這個人有個特點，他想要的東西，總是故意說不要，旁人會以為他很謙讓，只有那群馬屁精最有默契。這次，王莽跑去對王政君太后說：「我沒有賢德，女兒又不成材，不應該與其他女子一起入選。」王政君老太太一聽，自己的這個侄兒倒是誠心誠意，便下詔說：「王莽的女兒，是朕的外戚，就不必挑選了。」

那群洞悉王莽真實想法的馬屁精們，當然不肯放過立功的機會，糾集了一大群人，有平民百姓，有儒生，有小官吏，天天到皇宮外上書抗議，每天都有一千多人的盛大集會，還有公卿大夫也跑到宮中抗議：「安漢公有這麼偉大的功勳，如今要冊立皇后，怎麼只少了安漢公的女兒呢？我們堅持由安漢公的女兒做皇后。」

這事情越鬧越大，王莽假惺惺出來制止，要求抗議者不要再堅持讓他的女兒當皇后了，可是這些朝廷公卿及被收買來的儒生平民百姓，更加勤奮地上書朝廷，不達目的誓不甘休。王莽又一次出來說話了：「選皇后一事，應該從諸多的女子中挑選。」這些馬屁精強烈地反對道：「那不行，只有安漢公的女兒才合正統，其他女子統統不行。」

王莽又像以往一樣，非常「無奈」地被動接受眾人的要求，答應下來了：「那我只好讓女兒出來了。」

經過這麼一場鬧劇的折騰，王莽的女兒終於在選秀中殺入決賽，勇奪冠軍，成為皇后。為了表示自己的謙讓美德，皇帝價值兩億的聘金，王莽只收下了六千三百萬，又拿出其中四千三百萬施捨，自己只收下二千萬。其實，依漢家最初規定，皇后聘金原本是二百萬，二億是最高的紀錄。即便王莽非常謙虛只收了十分之一，可是仍然超過定制十倍呢。

無論王莽早年的表現是真善還是虛偽，他總算沒有做什麼壞事。隨著權力趨於無限，王莽的野心急劇地膨脹，打擊異己份子的手段也越加嚴厲。

王莽做夢也沒有想到，當他被一大群馬屁精團團圍住時，長子王宇竟然成為反對他的急先鋒。他開始大開殺戒了。

漢平帝的衛氏外戚被阻擋在權力核心之外，而皇帝卻一天天地年長，總有一天將親政，到時衛氏外戚必定重新掌權。王宇對此深表憂慮，擔心父親的做法，終究會遭到衛氏外戚的報復。他自作聰明，祕密與漢平帝的母親衛姬、舅舅衛寶聯絡，私通書信。衛氏一家不准進京，而衛姬對兒子日思夜想，一再上書，想入長安見兒子一面，但遭到王莽的斷然拒絕。

王宇知道父親這個人比較迷信，便與老師吳章想了一個辦法，打算在半夜三更時，弄一桶血，潑在王莽府第的大門上，以此來警告王莽觸怒鬼神。不料弄巧成拙，被門吏發現了。王莽驚愕得說不出話，他不明白兒子為什麼要反對自己，有這樣一個父親，難道王宇不感到光榮嗎？王莽冷酷無情，把兒子投入監獄，逼其自殺，兒媳呂焉當時懷孕了，在嬰兒出生後，她也被處死在監獄中。

這個事件發生在最親的人身上，使王莽相信潛在的敵人很多，他必須以血腥手段鎮壓。參與潑血事件的吳章被處於腰斬酷刑，涉案的衛氏外戚，除了皇帝的母親衛姬之外，全族屠滅。王莽藉此案件大搞冤獄，將平常對他不恭敬的敬武公主（漢元帝的妹妹）、叔父王立、堂兄弟王仁全部列入黑名單，假借王政君太后的命令，逼迫三人自殺。只要是以前不親附王莽的官員，都在捕殺之列，隨便加上個罪名，就處決了，其中包括以正直著稱的前任司隸鮑宣、前將軍何武等，總計有數百人之多。

一時間腥風血雨，聞之變色。

王政君太后完全被蒙在鼓裡，王莽騙他說敬武公主是染上急病而死。王政君聽了很傷心，想前去弔祭。王莽這回嚇壞了，使出渾身解數，力阻太后前往。

一面殘殺異己，一面鼓動溜鬚拍馬之徒大造聲勢，製造民意效果。在古代專制社會，王莽堪稱最擅長利用所謂的「民意」了，以此大搞個人崇拜，當然也有不少人上當受騙。

西元四年，又一場鬧劇開演了。太保王舜帶著官員及民眾代表八千多人，集體強烈要求王政君太后給王莽再行賞賜，將他尊稱為「宰衡」。為什麼叫「宰衡」呢？這是有來歷的，古代有名臣伊尹、周公，伊尹曾為「阿衡」，周公曾為「太宰」，現在王莽的功德蓋過了伊尹、周公，便各取一字，稱為「宰衡」。根據溜鬚拍馬者的這個建議，宰衡地位在三公之上，這樣王莽繼續被神化，與朝中大臣有別了。甚至說，他已經不是在大臣之列了，而是在統治者的地位上了。

王莽是個非常有耐心的人，他不急不躁地推進自己的篡位計畫，每推進一步，便在旁邊冷眼旁觀，誰是敵人，誰是奴才，是敵人便堅決剷除，是奴才便提拔利用。

從「安漢公」到「宰衡」，不要小看這個文字遊戲，王莽最擅長的莫過於此了。「安漢公」表示他的功德與周公、霍光等前輩並駕齊驅；而「宰衡」則表示他的功德超過周公與伊尹，成為曠世偉人。王莽的嘍囉們又開始獻媚了，向有名無實的皇帝奏稱：「以前周公攝政，花了七年的時間才制定國家制度，如今安漢公王莽輔政四年就大功告成了，應將宰衡的地位，提升到諸侯王之上。」

就是靠這種手段，王莽的權力扶搖直上，在超越三公之後，又超越了諸侯王。除此之外，王莽又得到「加九錫」。所謂九錫，就是九賜，賜予他九種封賞。後世的篡權者很多步王莽之後塵，在篡權之前，先搞加九錫這一套把戲。

隨著地位的不斷上升，王莽得到的封賞當然越來越多，謙遜的他一而再地謝絕朝廷追加給他的封邑。當然，王莽之所以謙遜，也不是沒有原因的，如果他不謙遜點，他手下那幫搖旗吶喊的人豈不丟了飯碗了？果然，當眾人得知自己的主子又辭讓封邑時，大家又開始折騰了，紛紛上書抗議，這次來了多少人呢？說起來嚇一大跳，前後有四十八萬七千五百七十二人。

王莽做事情有一套模式，他的嘍囉們早已習慣了。首先，由嘍囉們向皇帝或太后提出王莽功勞實在太大了，必須得封賞。等到朝廷同意後，王莽就正義辭嚴地表示謝絕。當朝廷準備讓步時，嘍囉們就更加群情激昂，不達目的誓不甘休。這時，王莽為了證明自己絕無貪心之念頭，便以辭職相威脅。最後，由王政君太后出面，讓王莽一定得接受封賞，他才十分勉強地接受。

誰都看得出王莽的鬧劇，只有王政君太后蒙在鼓裡，她被王莽的一片忠心所感動。當然，王莽在太后身上花了很多氣力，光打點太后上下的人，就花了不下千萬的錢財。

當然，深居皇宮的王政君太后想不信也不行。這不，從民間收羅上來的民歌民謠，總共有三萬多字，全部都在歌頌王莽的齊天功德。白紙黑字，還有假嗎？錯了，當時還沒發明白紙呢，刻在竹板上，刻了三萬多字，從民間采風來的。至於這些所謂的民歌民謠誰寫的，那還用猜嗎？自有一幫小嘍囉加班加點地寫了。

是否因此就高枕無憂呢？王莽心裡並不這樣認為。相反，他憂心忡忡，因為小皇帝的不滿情緒與日俱增。西元五年，漢平帝已經十四歲了，只要再過幾年，就可以親政，到時王莽的權力將會一點點地被收回。雖然王莽極力隱瞞，但漢平帝也逐漸了解事情的真相：王莽不僅禁止他的母親衛姬到長安，而且還將衛氏家族成員一網打盡，全部殺光。究竟誰才是真的皇帝呢？漢平帝咬牙切齒，而王莽則有如履薄冰的感覺。

絕對不能讓小皇帝活在世上了。在西漢歷史上，還沒有一個皇帝被臣下所弒，而自命為儒家傳人的王莽決心以弒君的方式，來除掉心頭之患。

正逢臘日大祭，王莽向漢平帝獻酒，他在酒裡下了毒。漢平帝沒料到王莽竟然膽大包天，他喝下了這杯酒，很快毒發了，開始痛苦地呻吟。王莽又假惺惺地寫了一篇策文，向天神禱告，情願自己代替皇帝而死。他不僅欺人，也欺天。幾天後，皇帝最終沒能躲過一劫，毒入腑臟，不治身亡。

漢平帝一死，王莽加速篡權的步伐。就在同一月，民間有人獻上一塊奇石，據說是挖井時挖出來的，石頭上寫有紅字：「告安漢公莽為皇帝。」於是，又有一批人大造聲勢，認為上天顯靈，要王莽登上帝位。

這時的王政君太后大夢初醒，她這才意識到王莽的野心到了何等地步。可是太遲了，王政君已經沒有能力約束王莽了，因為滿朝文武，早已都是王莽的親信，而那些反對者，早已被誅殺或流放了。王政君怒喝道：「什麼上天顯靈，這分明是欺騙天下人，不能這麼做。」太保王舜力勸道：

「事已至此，無可奈何了。就算您想要阻止，也無能為力了。況且王莽也不敢有別的企圖，只是想藉攝政之名，來鞏固自己的權力，壓服天下人罷了。」

王政君默然無言，當她看清王莽的面目時，她後悔自己一直以來有眼無珠，可是如今她一大把年紀了，還能怎麼樣呢？她所能做的唯一一件事，就是拖延王莽正式稱帝的時間，下詔將王莽尊為「假皇帝」。在古代，假是「代理」的意思，假皇帝就是代理皇帝。對外則稱為「攝皇帝」。

這一次，王莽不再謙讓了，因為他已經可以將王政君太后拋在一旁了。六年的時間，王莽實現了從大司馬到假皇帝的巨大跨越。雖然他是假皇帝，可是沒有真皇帝，所以他已經是至高無上的統治者了。從假皇帝到真皇帝，只隔著一層薄薄的紙，只要輕輕一捅，就破了。西漢王朝的喪鐘就要敲響了。

四五、從假皇帝到真皇帝

西元六年，這一年有點特殊，沒有皇帝的年號，只稱為居攝元年。因為這一年大漢帝國沒有了真皇帝，只有一個假皇帝王莽，還有一個所謂的皇太子，年僅兩歲的劉嬰。

漫不經心的劉氏宗族開始預感到大事不妙了。大漢開國二百年，前一百五十年，不乏有開拓進取的偉大君主，但是在漢宣帝之後，養尊處優的劉氏宗族開始墮落了，不僅皇帝一個不如一個，封為王侯的劉氏子弟，也冒不出個英雄豪傑。可是眼見王莽篡奪劉氏的大權，這口氣怎麼吃得消呢？

安眾侯劉崇倒是看得很清楚，他對屬下說：「安漢公王莽勢必會危及劉氏天下，如今天下人都怨恨他，卻沒有人敢於先舉事，這真是我們劉氏宗族的恥辱。我打算率宗族率先發難，到時必定會一呼百應的。」可是這個劉崇也只是個平庸之輩，根本沒有做好起義的準備，只是倉促拼湊了百餘人的烏合之眾，便進攻宛城。這次以雞蛋碰石頭的自殺式襲擊，最後只能以慘敗而告終。

劉崇起事雖然失敗，但已經給了王莽一個信號，他的野心已經是昭然於天下，並不是每個人都像朝中那些馬屁精那樣沒有骨氣。果然，反對王莽的戰爭很快大規模爆發了。

西元七年，東郡太守翟義準備發動反王莽起義，暗中聯絡嚴鄉侯劉信、東郡都尉劉宇、武平侯劉璜等，決定在九月份發動兵變。九月份有一次都試，所謂都試，就是檢閱地方武裝的例行軍事演習。參加都試的觀縣縣令是一個王莽派份子，翟義趁其不備，抓起來殺掉，然後控制他的軍隊。隨後，翟義招兵買馬，立劉信為天子，自己為大司馬兼柱天大將軍，發檄文通告全國，檄文寫道：「王莽鴆殺孝平帝，攝天子之位，狼子野心，打算滅絕漢室。如今宗親劉信已即天子位，當替天行道，剷除惡賊。」

翟義舉兵，天下為之震動，一路招兵買馬，兵力達到十萬之眾。消息傳到長安城內，王莽嚇壞了。他雖然精於權謀，可是還沒有用過兵，一聽說叛軍人數眾多，心慌意亂，連飯都吃不下。太皇太后王政君對王莽已經失望之極，她幸災樂禍地說：「人心都是一樣的，我雖然是婦道人家，也知道王莽這回準惶惶不安了。」

但是翟義這支起義軍卻遇到很大的問題。

首先，這支軍隊雖然人數不少，但大多數是烏合之眾，沒什麼戰鬥力。其次，翟義本以為一發動起義，劉氏宗親王侯勢必會紛紛回應，可是事實卻非如此。這些宗親雖然對王莽奪權十分不滿，但王莽這個人很有心機，他對這些劉氏王侯一直是加以籠絡，並沒有剝奪其特權，所以這些人對起義反應消極。其三，自從漢武帝推行「推恩令」後，原本的大諸侯國都被分割為許多個小諸侯國，這使得中央政府有難時，地方封國沒有強大的實力來聲援。

王莽見叛軍孤軍奮戰，這才稍稍安心，派出其親信孫建、王邑、王駿、王況、劉宏、王昌、竇兄等七人為將軍，調動戰鬥力超強的關西兵團以及關東甲兵，出函谷關，與翟義的義軍作戰。

翟義出師不利，菑縣戰役遭到慘敗，武平侯劉璜戰死，只得退守圉城。為了擊敗翟義的武裝力量，王莽大肆封侯，一口氣封了五十五位將領為列侯。這麼一來，這些將領更加賣力地戰鬥，再次大敗翟義。翟義與劉信灰心喪氣，棄軍而逃。翟義後來被王莽軍隊抓獲，被酷刑處死，而劉信最後不知下落，可能死於亂軍之中。

正當王莽軍隊與翟義苦戰時，長安附近也出現大規模的起義。

自從王莽執政後，雖然歌頌他的謊言漫天飛舞，其實百姓生活卻一天比一天苦，他們辛辛苦苦勞作得來的錢，都讓朝廷拿去作為封賞了。當翟義起兵的消息傳到長安一帶，附近二十個縣發動武裝暴動，暴動首領趙朋、霍鴻兩人自稱為將軍，率起義軍進攻官府，殺死右輔都尉。

當時，長安城精銳部隊都調到前線鎮壓翟義，趙朋、霍鴻便乘機攻打長安城，暴亂越演越烈，最後圍攻長安城竟然有十萬人。

不過，這些起義軍的戰鬥力比翟義軍還差，沒有攻城的武器，而長安有高大的城牆，易守難攻。起義兵便四處放火，在未央宮就可以看到火光沖天。趙朋與霍鴻的義軍還沒能攻入城中，已經擊敗翟義的王莽軍隊回師京城，與京城守軍裡應外回，終於擊敗起義軍。趙朋、霍鴻全部戰死，王莽下令夷其三族。

這兩次規模浩大的起義最終都失敗了。

這下子王莽洋洋得意了，沒想到叛軍如此不堪一擊。他之所以沒有直接當皇帝，而是當了個假皇帝，也是想藉此來試探天下人心。現在他放心了，因為反抗者的實力與朝廷如此懸殊，還有什麼可以害怕的呢？

要名正言順地成為皇帝，王莽是做足了功夫。最重要的是要證明，他是上天選定的帝王。怎麼證明呢？這當然難不倒王莽的。

很快，證據一個個地冒出來了。

首先是齊郡一個亭長做了一個夢，夢到一個天使對他說：「我是天公的使者，天公讓我轉告亭長：攝皇帝應當要成為真皇帝。如果你不相信我的話，你可以看看，這亭裡將會出現一口新井。」亭長夢醒了之後，到亭裡去一看，果然出現了一口新井，而且有近百尺深。

緊接著，巴郡發現了石牛，而雍縣出現一塊刻有字的仙石。這兩塊石頭被搬到了未央宮的前殿，突然天上颳起大風，飛沙走石，天昏地暗。風沙過後，在石頭前出現了銅符帛圖，石頭上寫的字是「天告帝符，獻者封侯」。

這兩則啟示錄，實在編得有點牽強。上天的神靈居然托夢給一個無名小輩，是不是有褻瀆神靈之嫌呢？而後者居然有「獻者封侯」的名字，可見分明是投王莽所好了。

王莽篡位之心，路人皆知了。

有個路人把這個當作一次天賜的良機，他要賭上一把。這個人叫哀章，他本是一名學子，跑到長安求學，但此人道德修養很差，又喜歡吹牛，沒混出個名堂。有一天，他突然想到一個好主意，可以討好王莽，混個一官半職。他製了一具銅櫃，銅櫃中置兩卷天書。一為「天帝行璽金匱圖」。這是一張圖，圖上寫有王莽與他的八個親信的名字。另外還有幾個名字，一個叫王興，一個叫王盛，這是哀章想出來的，就是吹捧王莽的帝業永遠興盛。最後一個人畫的是誰呢？是哀章自己。另一卷天書叫「赤帝璽邦傳予黃帝金策書」。赤帝就是劉邦，天書中寫的是劉邦將皇帝位讓給王莽，直言王莽是真命天子。

哀章扛著這個裝有炮製天書的銅櫃到了高廟。

這兩卷天書來得太是時候了！

王莽親自前往高廟，畢恭畢敬向銅櫃下跪叩拜，恭敬地接受了這份上天的啟示。然後，他戴上皇冠，前去見太皇太后王政君。

自從漢哀帝死後，皇帝的玉璽就放置在王政君所在的長樂宮。王莽準備當皇帝了，當然要把這玉璽取回來。他把這些四處收羅來的神祕物件搬到長樂宮，讓太皇太后過目。這些神祕物件包括有石牛、石文、銅符帛圖還有裝著兩卷天書的銅櫃，現在王莽已經不謙虛了，他向太后表示，既然天意如此，他準備要順從天意。王政君聽了之後大吃一驚，堅決反對，不肯把玉璽交給王莽。

王莽沒有拿到玉璽，但這並不影響他正式稱帝。回到未央宮後，迫不及待的王莽立即下書：此乃是冥冥之中天意的安排，非人力所致，赤帝劉邦的神靈，以金匱將上天旨意下傳，我豈敢違抗？

其實，他已經做好了所有的準備：新的王朝名字就是「新」，王朝新立，萬象更新，所以要改正朔、易服色、變犧牲，殊徽制、異器制，就是要改變曆法、服裝顏色、祭品、旗幟及禮器等等，這樣才顯得與前朝有別。

雖然正式稱帝了，可是王莽還掛念著王政君手上的玉璽，似乎沒有得到漢家的玉璽，他這個皇帝就不算合法。

他派王舜前去見王政君太后，討回玉璽。王政君罵道：「你們王氏宗族，得到漢室的厚待，富貴好幾代了，不僅不思回報，反而趁機奪走別人的國家，簡直豬狗不如。既然王莽自認為憑金匱符命可以當皇帝，那就自己造一顆玉璽好了，要我這顆亡國不祥的玉璽幹什麼呢？我是漢家的老太婆了，早晚就要死了，想讓玉璽隨我下葬，看來也不太可能了。」

說罷，王政君太后竟然老淚縱橫，王舜歎了一口氣說：「我已經無話可說了，不過王莽一定要得到玉璽，太后能不給他嗎？」能不給嗎？現在她這個太后還有什麼權力嗎？王政君心知王莽想要的，一定會想法設法弄到手的。罷了，她取出玉璽，扔在地上，又罵了一聲：「我老了，已經是快死的人了，但我知道你們兄弟一定會被滅族的。」

就這樣，王莽得到了傳國玉璽，非常高興，在皇宮大設酒會，以作慶祝。

在一片觥籌交錯聲中，新的王朝誕生了。

西漢王朝在沒有掌聲的寂寞中悄然謝幕。這個曾經令周邊蠻族為之膽戰心驚的偉大王朝，曾經轟轟烈烈地崛起，轟轟烈烈地開拓，留下無數偉大英雄的故事與足跡，但卻草草收場，不僅沒有死得轟轟烈烈，反而窩窩囊囊的。

西元九年，漢朝的國號被正式除去，改國號為「新」，年號始建國元年。

王莽開始大封群臣，因為他吹噓自己乃是「君權神授」，首先要封官進爵的，當然是神祕天書中提到的那些人。在哀章杜撰的所謂金匱天書中，列了十一個人的名單，其中有八名是王莽的親信，理所當然成為新朝的開國元勳了。

另外三人中，有哀章自己的姓名，這個投機倒把份子被任命為國將，封美新公。還有兩個陌生的名字王盛、王興，是當時哀章瞎寫的，意指「王氏興盛」，原本是為討好王莽。可是王莽煞有其事根據符命中的名字，找到了十幾個名叫王盛與王興的人。人數太多，怎麼辦呢？王莽想了個辦法，叫占卜術士來給這些人看相，最後從中選出兩名。叫王興的這個人，原本是看城門的，被任命為衛將軍，封為奉新公；叫王盛的這個人，更絕了，是個賣燒餅的，被任命為前將軍，封為崇新公。

看城門的與賣燒餅的，在糊裡糊塗之中，富貴從天而降，居然拜官封爵，看來歷史不完全是凝重，有時也帶來些笑料。

新王朝國號很「新」，但鍋裡煮的藥卻很古。

王莽終於掙脫了一切束縛，現在可以自由地飛翔，他要建立儒家復古天堂的夢想。

平心而論，王莽是有雄心壯志的，他想成為歷史上最偉大的帝王，功業超過以往的任何一位名君，實現「治國平天下」的理想。

在邁向權力巔峰的道路上，王莽的手段無所不用其極，坑蒙拐騙，弄虛作假，血腥殺戮，殘害異己，這些與儒家信條似乎都格格不入。但他只把這些視為達到目的的手段，他的終極目的，是建立一個和諧的太平盛世。他的施政是以古代的儒學經典來作為典型，可是他似乎忘了，時代已經不一樣了。

儒家說要正名，王莽也熱衷於改名。改朝換代後，他開始改革官名，一大串的古代官名，把人看得眼花繚亂。王莽對這些古代的官名似乎情有獨衷，或許名稱背後是他嚮往的古代盛世，於是乎什麼「左輔」、「右拂」、「少阿」、「羲和」、「太阿」、「後承」等一大堆古代官職都冒出來。

王莽意猶未足，又把許多正在使用的官職改為古奧的名稱，「大司農」改為「納言」，「大理」改為「作士」，「太常」改為「秩宗」，「大鴻臚」改為「典樂」，「少府」改為「共工」等等一大堆。所有的人都倍感苛煩，唯獨王莽樂在其中。

熟悉儒學典籍的王莽又發現，帝國中有不少封國，封國國君稱為「王」這是不合古制的，《春秋》不是彰顯大一統的真義嗎，「天無二日，土無二王」，這些王號必須全部撤除，還是沿用古代

「公」、「侯」、「伯」、「子」、「男」五等爵位。於是，三十二個劉氏諸侯王，全部被降級為「侯」。

王莽是中國古代改革力度最大的皇帝之一，但他的改革幾乎全盤失敗，最後使國家危機四伏，社會動盪，也最終導致了新朝的崩潰。

新建國元年（西元九年），王莽開始龐大的改革計畫。他的社會改革是從土地改革開始的。在西漢後期，土地兼併的現象十分嚴重，「強者規田以千數，弱者曾無立錐之居」。針對這種現象，王莽祭出古代「井田制」的法寶。首先他宣布，將天下的田地改為王田，實際上是將土地所有權收歸國有，不允許買賣。八口男丁以下的家族，擁有的田地不得超過一井（一井為九百畝），超出的部分，必須要分給其他人使用。沒有土地者，可以由政府分給土地。

這個土地改革措施，可以說針對性很強，直指當時社會一小部分人佔有大多數土地之弊。王莽決心以強有力的措施來保證土地改革的成功，如果有人膽敢違反或非議井田制度，便流放到邊疆。

可是王莽的錯誤在於這個計畫完全不切合實際。首先是太過急於求成了。要知道長期的土地兼併之後，豪強的土地遠遠不只九百畝，在沒有任何過渡或補償的情況下，誰甘心將超出部分的土地拱手讓出呢？再者，自井田制度瓦解已經數百年了，憑藉一紙詔令就想將私有土地變成公有，這談何容易呢？其三，即便是有土地的小農，也有可能因為經濟困難而被迫賣地以求生存，現在禁止土地交易，將把這些窮人逼上絕路。

在禁止土地買賣的同時，王莽同時嚴禁買賣奴婢。這條禁令，無疑是有人道主義精神的。王莽認為，買賣奴婢有悖「天地之性人為貴」的古訓。可是這條禁令同樣難以執行。如果豪強之家擁有的田地超標，而不得不退出部分土地，蒙受巨大損失，同時土地的減少又將使其無力養活大量的奴婢，那麼就只剩下兩條路可以走：其一，清退奴婢，這有可能令這些低賤的人連生活下去的可能性也沒有；其二，對奴婢採取克扣、虐待，以節省開支。所以，王莽改革的出發點是好的，但是缺乏一系列的解決方案。比如說這些奴婢，如何讓他們有一個生存的環境呢？這點王莽並沒有考慮。

雖然王莽採取了極為嚴厲的打擊手段，導致大量的人違反井田制法而被流放，但仍然無法根本解決土地問題。在推行井田法三年後，始建國四年（西元十二年），王莽最終承認改革的失敗，恢復允許買賣田地與奴婢。

與土地改革相比，王莽的貨幣改革更是一團糟。

自漢武帝後期鑄五銖錢以來，一直到西漢末年，五銖錢成為長期穩定的貨幣。王莽當上假皇帝後，居攝二年（西元七年），他開始改革貨幣，鑄錯刀（值五千錢）、契刀（值五百錢）、大錢（值五十錢），再加上長期沿用的五銖錢，總共有四種貨幣。王莽對於金融其實並不在行，他這一改革，原本穩定的貨幣體系開始出現問題了。因為幾種新幣的幣值高，民間大量私鑄，嚴重擾亂金融秩序。

王莽篡漢後（西元九年），開始第二次貨幣改革。這次改革並非原來貨幣在流通中出現什麼新問題，而僅僅是他認為在貨幣上要消除漢朝的痕跡，所以西漢時發行的五銖錢就在取消之列。除此之外，他認為漢室姓劉，「劉」字中有「刀」字旁，所以錯刀與契刀兩種貨幣也禁止使用。另鑄重一銖的小錢，與先前的大錢一起使用。可是五銖錢已經是使用一百多年的貨幣，幣值穩定，流通量極廣，人們使用慣了，而且對新發行的貨幣不信任，不願意使用。

新貨幣的推廣進展緩慢，王莽檢討原因，認為是因為大錢與小錢兩種貨幣幣值相差比較大，在交易中存在不方便之處，便認為應該要讓貨幣的幣值有所差分，便開始第三次貨幣改革。頻繁更換貨幣，就已經是大忌，讓老百姓失去對新幣的信任，而王莽居然推出金、銀、龜、貝、錢、布六類貨幣，總共有二十八種幣值。這麼一來，整個貨幣市場頓時大亂。那麼多種貨幣，使用起來多麻煩，而且不同貨幣的比值也是人為確定，不合理的成分很多。過了一段時間，王莽發現出大問題了，便暫停龜、貝、布三種貨幣。可是這麼一來，政府的金融信用度降到最低，有哪個政府這麼隨便發行與停止貨幣的使用呢？當時謠言四起，謠傳王莽所發行的六種錢幣也要停止使用，於是大家不顧政府的禁令，仍然私下以五銖錢交易。王莽仍然以嚴厲的懲罰手段打擊，大批人被流放蠻荒之地。

到了西元十四年，王莽第四次改革貨幣。仍然是一團亂麻，他將暫時使用的龜、貝、布三種貨幣重新流通使用，同時更改幾種貨幣的兌換比例。每一次貨幣改革，都造成社會民眾大量破產，政府強行以劣幣來驅逐良幣。比如說，重一銖的小錢價值為一錢，而重十二銖的大錢卻值五十錢，這種幣值比例嚴重不合理。政府隨便制定幣值，等於變相把錢從百姓手中搜刮到自己腰包中，卻導致大量百姓傾家蕩產。而且，由於幣值的失衡，導致私鑄成為暴利行業，儘管王莽以極嚴厲的手段嚴懲，但仍無法禁止。

貨幣改革是王莽的最大失敗，也是引起社會劇烈震盪的最重要因素之一。

四六、文字遊戲引發的戰爭

王莽篡漢後，改朝換代了，必須要收回前漢授予各封國、藩國的印綬，改用新朝的印綬，而且地方官職很多也換了新的名稱，要更換新的大印。王莽派王奇等十二人，掛了「五威將」的頭銜，作了一番巡迴展覽。展覽品是四十二件神祕的文件，包括前面提到的「天帝行璽金匱圖」、「赤帝璽邦傳予黃帝金策書」等，向封國、郡縣以及外夷解釋說明新莽政權取代劉漢政權，是天意所授，是合法的。

這些五威將們的另一個目的，便是要收回以前漢朝政府發給的印綬，更改為新朝的印綬。王莽又在文字上大作文章，因為「王」的稱號被取消了，一概改稱為「侯」，所以印章的字也有差異，王的印章稱為「璽」，而侯的印章則稱為「章」。

國內的封國懾於王莽的淫威，不敢不從，更換印章這事進行很順利，東北的玄菟、樂浪、高句麗、夫餘等小國也不敢對抗中國。

但是五威將到匈奴時，卻遇到了一些麻煩。

自從王昭君出塞，漢匈兩國和平相處長達數十年，這個得來不易的局面很快被王莽破壞殆盡。始建國二年（西元十年），五威將王駿等人抵達匈奴，向烏珠留單于要回原先漢朝所賜的印綬，更換為王莽新朝的新印。

匈奴單于沒有疑心，以舊印換回新印。沒想到王莽居然在印文上耍起文字遊戲。匈奴單于的舊印上，刻的文字是「匈奴單于璽」；而王莽新制的大印，上面刻的是「新匈奴單于章」。「璽」是王的大印，而「章」是侯的大印；新印上還增加一個「新」字，這無疑表明匈奴不過是新朝一個封國，且匈奴單于被從「王」的級別降格為「侯」。

烏珠留單于上書王莽，請求更換大印，但遭到王莽的一口回絕。

對於匈奴汗國，對於烏珠留單于，這真是奇恥大辱。中國與匈奴的關係，迅速惡化。烏珠留單于派一萬多名騎兵，在朔方城外，修築軍事工事，和平數十年的北方邊境開始出現戰爭的陰雲。

王莽毫不退讓，他甚至構想了一個龐大的分裂支解匈奴的計畫：北征匈奴，然後將匈奴分裂為十五個單于國，由呼韓邪單于的十五個子孫分別擔任單于。他下詔組建十二個兵團，徵兵三十萬，為了這次龐大的軍事行動，作戰所需的軍服、兵器、糧食等，源源不斷地從江淮運輸到北方的邊境。所徵用的士卒民夫，凡有違抗者，一律以軍法處置。

消息傳到匈奴後，烏珠留單于大怒，罵道：「先王呼韓邪單于深受漢宣帝之恩，所以我們不能背叛漢室。現在王莽根本就不是宣帝的子孫，憑什麼當上天子，我們也不欠他什麼。」於是率軍南下，洗劫雲中郡，屠殺百姓，北方邊境轉眼間戰火又起，生靈塗炭。

到了始建國三年（十一年），一年過去了，王莽北征的計畫，仍然無法完成作戰準備。原因是他執政的幾年裡，並沒有國強民富，反而年年饑饉。王莽這個人對軍事實在是外行，他要求軍隊準備三百日的口糧，這是一個完全空想、不切實際的命令。

將軍嚴尤是頭腦還算清醒的將領之一，他上書王莽，直言這個作戰計畫的不切實際：第一，作戰部隊已集結在邊塞一年，大軍長期宿營野外，生活艱辛，還沒開戰，士氣已低落不堪；第二，邊境地區的糧食必須由內地遠端輸送，而各地又多糧食欠收，連年饑饉；第三，一個士兵三百日的口糧，一頭牛還無法負擔其重，況且還要準備牛的飼料，以這種強度運輸，不出三個月，牛就會活活累死，到時剩餘的糧食就無法運輸；第四，因為準備要長期作戰，就必須要面對秋冬嚴寒的天氣，還必須準備木柴、炭，以及必需的鍋碗、水袋，這些物品運輸量極大；第五，由於運輸量太大，會影響大軍的行軍速度，行軍到險要地帶時，輜重有被截斷的可能。

嚴尤最後得出結論：耗費民力過大，卻很難有大的戰果，這是極可憂慮之事。王莽看了嚴尤的上書後很不高興，認為是杞人憂天，不聽，依舊我行我素。自王莽興師動眾後，天下騷動，史書載：「數年之間，北邊虛空，野有暴骨矣。」

王莽就這樣折騰了好幾年，最後北征匈奴不了了之，因為耗盡國力民力之後，仍然無法湊足王莽指定的三十萬大軍三百日糧食。北伐匈奴計畫雷聲大，雨點小，最後無果而終。

到了始建國五年（十三年），匈奴烏珠留單于去世。此時雖然中國與匈奴交惡，然而數十年的和平，匈奴國內親中國的勢力仍然頗強。其中代表人物，便有著一半漢人血統的伊墨居次雲（王昭君的女兒），以及她的丈夫、匈奴實權人物骨都侯須卜當。

天鳳五年（十八年），為了改善兩國關係，須卜當夫婦兩人（王昭君女兒女婿）到中國，朝見王莽。這原本是一次改善與匈奴關係的良機，但是王莽卻又突發奇想了。他將須卜當夫婦扣押下來，硬塞給須卜當一個「須卜單于」的稱號。王莽的如意算盤是，既然須卜當是王昭君的女婿，由他來擔任匈奴單于，對中國來說，是最好的選擇。這個算盤打得不錯，可惜匈奴的內政，並非僅靠王莽的奇思異想就可以改變。

大司馬嚴尤得知須卜當夫婦被扣留時，大吃一驚，急忙向王莽進諫說：「須卜當掌握匈奴右部的兵力，他的軍隊從來沒有侵犯過中國，且匈奴政壇有什麼風吹草動，他都向中國政府彙報，對中國幫助極大。現在給他封了一個空頭銜，住在中國首都，無兵無權，還不如把他送回匈奴，這樣對中國才有益。」

剛愎自用的王莽哪裡聽得進去？扣押了須卜當之後，準備派嚴尤與廉丹統率大軍，出征匈奴，以武力手段護送須卜當回匈奴，登上單于寶座。嚴尤苦諫王莽，當今之急，在內憂而不在外患。王莽怒氣沖沖，把嚴尤撤職。北征匈奴一事，又不了了之。

須卜當夫婦被扣押，其後果是使匈奴國內親中國派的勢力遭到重創。匈奴單于對王莽政權的狡詐卑劣怒不可遏，對中國頻頻發動攻勢，使得北部邊境再次慘遭塗炭，百姓流離失所，屍骨盈道。

又過了幾年，到了地皇二年（二十一年），王莽又一次雄心勃勃地構想北征匈奴的計畫。他下令徵集國內的糧食布匹，輸往北方的西河、五原、朔方、漁陽等郡，已經陷入水深火熱之中的百姓再次深受其苦。在內亂一日甚過一日的時候，王莽的空想注定仍然以失敗告終。

王莽在政治上有其精明的一面，也有其迂腐的一面。他深受儒家「正名」思想的影響，故而自以為是天子。所謂「天無二日，土無二王」，連周邊國家稱王在他眼中也不能容忍。這使他的外交政策出現大問題，為了這一「王」字，付出巨大的代價。

西域諸國都遭遇到與匈奴單于同樣的命運，新朝所發的印綬，一律將國王貶為「侯」。這引起西域諸國的強烈不滿，王莽採取極端的手段，甚至處死車師後王須置離。新朝在西域的高壓政策引起強烈的反彈，屯駐在車師的戊己兵團爆發兵變。戊己兵團的將領陳良、終帶等人，以擁護前漢政權為由，自稱「廢漢大將軍」，協同戊己兵團的司馬丞韓玄、右曲侯任商等，發動兵變，殺死戊己校尉刁護。然後脅迫兵團士兵二千餘人，逃入匈奴。

這個叛逃事件，不僅使中國在西域的力量遭到重創，也刺激西域各國紛紛反叛新莽政權的統治。

西元十三年，靠近西域都護府的焉耆國率先發動叛變，閃電般地奇襲西域都護府，殺死西域都護但欽。從鄭吉擔任第一任西域都護以來，已經成立七十四年的西域都護府竟然如此輕鬆就被顛覆了。西域都護府的覆滅，標誌著新莽政權喪失了對西域的統治力。一時間，西域諸國紛起脫離與新莽政權的關係。

心比天高的王莽豈可甘心這種結局？勃然大怒的他，一定要嚴懲西域的反叛者，要把這些反叛者的腦袋，掛一長串在長安城的大街上。天鳳三年（十六年），王莽任命李崇為新的西域都護，郭欽為戊己校尉，連同五威將王駿，率領一支兵團，重新進入西域，討伐焉耆。

五威將王駿率七千人的軍隊入焉耆。焉耆詐稱投降，將精銳部隊埋伏起來，以逸待勞，另祕密聯繫姑墨、封犁、危須等國，達成共同抗擊新莽遠征軍的協定。王駿進入到伏擊圈之後，埋伏已久的精銳部隊突然殺出，焉耆的盟友姑墨、尉犁、危須等國的軍隊也聯合向王駿發起猛攻，王駿的七千人馬陷入重圍之內，全軍覆沒。

戊己校尉郭欽的兵團姍姍來遲。當郭欽兵團進入焉耆國境時，很奇怪地發現只有老弱婦女，壯年男子都不見了。正在疑惑之中，偵察兵踉踉蹌蹌地跑進來稟報，王駿所率的先鋒部隊已經中了焉耆的埋伏，無人生還。

郭欽大吃一驚，心知無法繼續推進了，而且要在焉耆軍隊反撲之前逃離，否則難保不重蹈王駿的下場。逃跑之前，郭欽下令屠殺焉耆國的老弱之輩，拿著這些毫無戰鬥力百姓的人頭，向好大喜功的王莽領賞去了。

西域都護李崇幾乎成了一個光桿司令，好不容易收集了幾個落伍者與殘兵傷將，灰溜溜地逃到了龜茲國中。從鄭吉以來的歷任西域都護，就數李崇最窩囊了，不僅沒能號令西域諸國，反倒寄人籬下。

李崇左顧右盼，望穿秋水，等侯王莽派遣新的一支遠征軍，但是這個夢想再也無法實現了。新朝政權對西域已經是無暇西顧，國內反對王莽的起義一浪高過一浪，並最終將王莽吞沒在歷史的驚濤駭浪之中。而李崇所在的西域如同一塊孤島，終於在王莽政權瓦解後，與中國隔絕了聯繫。

同樣，大規模的反抗也在西南夷國家中爆發了。

當西南夷中的句町王也被改為「句町侯」時，這位夷王大怒，積極與西南諸夷部落取得聯繫，密謀反對新政權。王莽新政權上臺伊始，便四處樹敵，西南夷一些不滿新政權的部落紛起反叛。

天鳳元年（十四年），零星的反叛終於匯成一股巨大的浪潮，各夷族部落聯合起來，進攻益州郡。這次西南的叛亂範圍之廣，要遠遠超過以往的諸次。

在王莽眼中，西南夷只是一隻很容易捏死的螞蟻罷了。他並沒有驚慌失措，深信這次叛亂將很快被鎮壓下去。將軍馮茂被王莽授予「平蠻將軍」的頭銜，統率巴郡、蜀郡、犍為郡三地的軍隊，準備掃蕩西南夷的反叛力量。

西南夷的抵抗力量之強，遠遠超出王莽的預料。平蠻將軍馮茂並沒有完成「平蠻」的任務，經過兩年的清剿，根本沒法消滅反叛的核心力量：句町部落。

西南複雜的地形拯救了句町部落，馮茂軍隊遭遇到一場大瘟疫，傳染病迅速蔓延，疾病成為馮茂軍的頭號死敵。瘟疫過後，馮茂軍非戰鬥死亡高達百分之六十以上。軍隊遭受重創，而後方百姓更是陷於水深火熱之中，巴郡、蜀郡、犍為郡、益州郡等地，由於戰爭持續兩年之久，所有戰爭開支均由這幾個郡政府承擔，百姓所承擔的賦稅高達驚人的百分之五十。無論是前方的軍隊，還是後方的百姓，都無法承受這場曠日持久的戰爭。

然而，戰爭還未結束。

氣急敗壞的王莽將「平蠻將軍」馮茂召回京城，判處死刑，改用廉丹為「寧始將軍」。為了一鼓作氣攻克句町部落等西南夷，王莽動員了二十萬人，其中作戰部隊十萬人。為了增強這支進攻部隊的戰鬥力，王莽還把戰鬥力極強的天水、隴西騎兵併入廉丹的西南兵團。為了保證糧食的供應，還動用了十萬人作為運輸隊伍。

廉丹西南兵團的戰鬥力很快就體現出來了。兵團深入夷境，西南夷諸部落聯合抵抗。經過一番血戰之後，西南夷在戰場上遺下數千具屍體，被迫後撤。

正當廉丹兵團形勢一片大好時，後方的經濟終於崩潰了。已經被盤剝得一無所有的西南諸郡，再也無法提供十萬大軍的糧草。時值冬季，缺少糧食衣物的十萬大軍頓時陷入困境之中。而此時，可怕的瘟疫再度死灰復燃，大批的戰士喪生。

兵團無法繼續深入作戰了。王莽召回廉丹，向廉丹詢問戰事進展不順利的原因。廉丹向王莽要求增加糧食的供應，並且信誓旦旦地保證，只要有足夠的糧草供應，必定可以消滅句町的反叛力量。

王莽好大喜功，根本不考慮西南諸郡經濟已經崩潰、百姓陷於水深火熱的事實，反倒嚴令西南諸郡的長官，必須要動員所有力量，抽取更高的賦稅，保證前方軍隊的糧食、衣物供應。對於西南諸郡，這道詔令，無異於雪上加霜。

連有良知的西南地方大員都起而反對王莽這項詔令。就都大尹馮英上書王莽，強烈批評這個決策，認為西南夷反叛以來，軍費開支已數以億計，西南地區財政為之一空，再對百姓課以重稅，益州重地將為之破敝。馮英請求政府罷兵屯田，採用懸賞的手段，刺殺反叛的夷族首領。

但馮英的上書不僅未能說服王莽，反而令王莽大為震怒，將馮英革職。其他的官員雖然沒有馮英的勇氣，然而西南惡化的經濟，注定王莽的詔令只是一紙空文，前方的十萬大軍始終無法湊足糧食與衣物，以對西南夷發動致命的打擊。

與此同時，西南夷叛亂的範圍還在擴大。越嶲郡的蠻夷部落首領任貴也起兵造反，向政府軍發動襲擊，殺死越嶲太守，並且自立為王，稱為「邛谷王」。

廉丹的十萬大軍在西南圍剿三年，仍然不能靖亂。到了天鳳六年（十九年），廉丹再次發動對句町部落的進攻，然而進攻再次受挫。而此時，王莽政權面臨著國內綠林軍起義，北面與匈奴對峙，西北的西域地區已經喪失，可以說是四面楚歌。除了王莽之外，大家都看得很清楚，帝國危機重重，險象環生，但王莽堅信天命所屬，上天必定會保佑他勢如破竹地擊敗所有反叛的敵人。

西南夷中一直採取觀望態度的部落，也開始加入反叛的洪流之中。益州夷棟蠶部落、若豆部落突然起兵反叛，殺死益州郡守，使得廉丹的圍剿大軍更加陷入困境之中，益州的局勢已經不可收拾。

廉丹出征三年，勞師無功，王莽一氣之下，把廉丹召回，改由大司馬護軍郭興，益州牧李曄接替廉丹，對新反叛的若豆部落發動強攻。

一波未平，一波又起。越嶲郡治下的夷族首領大牟也率領他的手下起兵叛亂，擊殺當地的官吏。至此，面對叛亂不斷的西南地區，王莽政府已經失去了控制力了。

四七、綠林好漢與赤眉英雄

王莽一心想開創儒家復古王國，這種開歷史倒車的空想主義，最終導致新莽王朝的崩潰。為了推行自己龐大的改革計畫，王莽實施極嚴酷的高壓統治，只要稍有觸犯條例，必定受到嚴懲，輕則流放，重則處死。而這些改革計畫又多數流於空談，沒有實際的可操作性，貧富各階層都強烈抵制，因而被處決、關押、流放的人非常多。這既激發了政府與民眾的矛盾，又使得勞動力嚴重不足，影響正常的農業生產與工商活動。在社會動盪不安的背景下，王莽又積極備戰匈奴，戰略物資萬里傳輸，耗盡國力民力，又使北方邊境烽火重燃，百姓生活於水深火熱之中。西南夷的戰爭，又造成西南地區經濟的破產，國家已經處於崩潰的邊緣。

天鳳四年（十七年），大起義爆發了。

首先發難的是瓜田儀，在會稽長洲造反。緊接著，呂母擁眾數千起義，殺死海曲縣令，入海為寇。最著名的起義軍則是大名鼎鼎的綠林軍，綠林軍的首領是王匡與王鳳（此人與王莽伯父王鳳同名），當時荊州鬧饑荒，肚子沒飯吃，只能走上武裝造反的道路了。王匡、王鳳最初的隊伍只有數百人，但很快，一夥亡命之徒在馬武、王常、成丹的帶領下，前去投奔王匡與王鳳。這支隊伍很快發展到了七八千人，以綠林山為根據地打游擊。

綠林軍的興起，是繼陳勝、吳廣之後又一支偉大的農民起義軍。有壓迫就有反抗，後來人們把聚山林對抗黑暗政府的英雄稱為「綠林好漢」，其名稱的來源，正是新莽時代的綠林軍。

當民眾起義接二連三的爆發時，王莽並不在意。在他看來，這些人只不過是些山賊、烏合之眾罷了，充其量就是打家劫舍，況且起義地遠離長安城，他更加高枕無憂了。

不料，起義的烽火越燒越旺。第二年，又爆發了樊崇起義，這次起義仍然遠離長安，位於泰山附近的莒縣。起初，樊崇只有一百多號人馬，但他為人勇猛兇悍，遠近的盜賊都風聞其名聲，紛紛前來投靠。不到一年的時間，樊崇的隊伍已經達到一萬人。小股義軍首領逄安、徐宣、謝祿等人也拉著自己的人馬歸附樊崇。一時間，樊崇成為最強大義軍的首領，軍隊也擴張到了數萬人，這時可以有所作為了，便揮師進攻莒縣，但沒有攻下來，就轉戰於青州、徐州之間。樊崇的這支武裝，便是日後赤眉軍的前身，赤眉軍與綠林軍齊名，乃是起義軍中的兩支勁旅。

另外一支有影響力的武裝，是刁子都領導的義軍，他的活動範圍在徐州、兗州一帶。刁子都頗有軍事才能，王莽調動郡國軍隊去鎮壓，但屢屢被其挫敗。第二年（十九年）由於再次爆發大饑荒，更多貧民百姓前往投靠刁子都，他的兵力一下子增加到了六七萬人。

王莽對形勢發展有嚴重的誤判，顯然，他遠遠沒有認識到民眾暴動的威力。對他來說，首要大事，是平定西南夷的叛亂與北征匈奴。對於國內的這些毛賊，他以為只要對地方官員加封更多的名銜，就可以調動其積極性，剿平盜賊。於是從州牧與縣宰一級的地方官，官銜滿天飛，從大將軍、偏將軍到裨將軍、校尉，人人有份。這樣就大大提高軍隊的戰鬥力嗎？官多不值錢了。

造反的範圍還在不斷地擴大。

地皇二年（二十一年），又冒出幾支新的義軍，其中以秦豐為首的義軍有一萬多人，另一支義軍首領是個巾幗英雄，此女名遲昭平，也聚眾數千人。

王莽開始覺得有點頭疼了，他召集群臣開會商量。只是這些大臣多數只會拍王莽的馬屁，大家眾口一辭地說：「這些盜賊逆天行事，不過是行屍走肉，頃刻之間就會完蛋的。」王莽固然喜歡聽這些拍馬屁的話，可是要解決匪患，光靠嘴巴吹牛是不行的。只有前將軍公孫祿提出自己的看法：「現在值得憂慮的不是匈奴，而是內患。所以，我以為要放棄北征匈奴，與之和親。」

王莽聽了後大怒，反對北征匈奴，不就是認為我的決策不夠英明嗎？下令將前將軍公孫祿逐出京城。

就在這個時候，前線傳來戰報：前往剿匪的官兵被綠林軍打得大敗。

為了剿滅綠林軍，荊州牧親自率二萬人馬前往討伐。綠林軍大帥王匡率部下迎戰，結果官兵被殺得大敗，陣亡數千人，所有輜重都落入綠林軍之手。荊州牧慌忙向北逃竄，又遭到綠林軍另一名大將馬武的伏擊。馬武用鉤子鉤住荊州牧的車子，把馬匹殺了，但沒有殺死荊州牧。這些農民起義軍只是沒有飯吃，才起來造反的，他們不殺朝廷官員，只是向朝廷暗示：只要有條活路，我們也不會造反的。

綠林軍連續打敗官兵的來犯後，攻克竟陵縣，又大掠雲杜、安陸兩縣，回到綠林山根據地後，力量更強大，兵力已達五萬人。

在青州、徐州地界，樊崇的起義軍也給官兵沉重打擊。不過，官兵中也有人才。當時翼平郡太守（王莽改官名為連率）田況便是個智勇雙全的人。為了對付樊崇的襲擾，他組建了一支四萬人的民兵，發給武器，加強守備。樊崇心知這個人不好惹，不敢進入翼平郡的地界。田況向王莽請纓出戰，帶著他組建的民團，圍剿樊崇，居然連戰連勝。這下把王莽樂壞了，馬上下詔，由田況全權負責青、徐二州。

田況寫了一份奏摺，分析民變無法遏制的原因，是因為下級官吏對上層層隱瞞實情，「縣欺其郡，郡欺朝廷」，並認為盜賊多的原因是「饑饉易動」，反對朝廷出動重兵圍剿，認為這樣將使「郡縣苦之，反甚於賊」，而應該選用良吏，「明其賞罰」，採取堅壁清野的戰略，這樣便可「招之必降，擊之則滅」。

沒想到王莽一讀奏摺，反倒害怕起來了，他自認為智慧超群，如今看到田況這麼有見地，心裡覺得不舒服，他看不得別人的聰明才智超過他。他索性派了名使者前去接管田況的軍隊，把田況調到長安，給了個閒職。田況一走，樊崇大喜，馬上攻略齊地，反敗為勝，勢力得以重振。

面對青、徐戰場的一敗塗地，王莽決定派出重量級的人物領軍出征。西元二十二年，太師王匡（與人又與綠林軍大帥王匡同名）、更始將軍廉丹率領十幾萬大軍，浩浩蕩蕩地殺向青州、徐州。驕揚跋扈的太師王匡認為大軍一出，樊崇這些匪徒勢必死無葬身之地。

樊崇這個人頗有領導才華。他手下的將士，來源複雜，有慕名前來參軍的，有小股義軍前來投靠的，這些人來自社會各階層各行業，不好約束。他便與諸將領約定：「殺人者死，傷人者償創。」這個戰時的約法，有點類似漢高帝劉邦當年的「約法三章」，對士兵起到一定的約束作用，所以樊崇的隊伍，紀律還是比較好的。得知王莽派遣王匡率重兵前來圍剿後，為了避免與官兵作戰時敵我不分，樊崇便命令所有將士將眉毛塗成赤色，容易辨別。此後，這支義軍便以「赤眉軍」而聞名天下。

太師王匡率十幾萬人馬一路向東，更始將軍廉丹是個兇殘之人，他手下的這些官兵紀律惡劣到極點，一路上搶奪民財，與土匪無異。老百姓都非常痛恨地罵道：「寧逢赤眉，不逢太師！太師尚可，更始殺我。」

廉丹這個人，曾經指揮過平叛西南夷的戰爭，當時就無功而返。王莽這個人嫉賢妒能，有才華的人他不用，只好用像廉丹這樣的庸將了，不想廉丹到了青、徐地區後，只顧著搶百姓的米糧，沒心思與赤眉軍開戰。王莽氣得半死，下了一份詔書批評廉丹：「現在糧倉空了，府庫也空了，可以開戰了！將軍身負國家重任，不捐軀於戰場，無以報恩盡責。」

看了王莽這道聲色俱厲的詔令，廉丹心裡惶恐不安，連夜喚親信馮衍前來，把皇帝的詔書拿給他看。馮衍對王莽篡漢的行徑十分反感，他想乘機遊說廉丹脫離王莽的政權，擁兵自重，便說道：「將軍的先祖，是漢朝的大臣，如今新朝代漢，有志之士，都不願親附。如今國內局勢混亂，民眾更加懷念漢朝的恩德，將軍您應該順應時勢民心。不如先佔據一個大郡，擁兵自重，召納英雄豪傑與忠勇智謀之士，為國家興利除害，這樣便可建立不世之功業。不然的話，將軍恐怕戰死沙場，身敗名裂，讓祖先蒙羞。」

廉丹不聽，寧可當王莽的幫兇。

既然王莽嚴令出戰，沒辦法，就先找個軟柿子吧。當時除赤眉軍外，又冒出一股義軍，義軍首領是盧恢，戰鬥力比較弱。廉丹與王匡便先行進攻盧恢，斬首一萬多人，取得一場大勝。王莽得知消息後非常高興，將廉丹與王匡都進封為公爵。

聽說在梁郡有一支赤眉軍，為首的將領是董憲，共計有數萬人，王匡打算一鼓作氣，順便把梁郡攻下。廉丹畢竟還有點戰鬥經驗，趕緊阻止道：「現在我們剛打敗盧恢，軍隊已經疲憊不堪了，應該先休整，等士氣恢復後再戰不遲。」王匡剛剛得勝，哪裡聽得進去，自己拉了一隊人馬，殺往梁郡。廉丹沒有辦法，只好率部追隨而去。

赤眉軍已經做好戰鬥的準備，雙方在成昌遭遇。赤眉軍剽勇善戰，且以逸擊勞，士氣如虹，讓這些官兵大開眼界，最後官兵抵擋不住了，太師王匡一看大勢不妙，倉惶而逃。廉丹總算有點骨氣，不肯跟著逃跑，他對屬下說：「小兒可走，吾不可。」把太師王匡罵作小兒。可是政府軍已經全無鬥志，加上連續作戰，早已疲勞不堪，最後廉丹戰死沙場，成為王莽的犧牲品了。

與赤眉軍相比，綠林軍卻不走運。

一種疫疾迅速在綠林軍中蔓延，很多綠林好漢都染病不治身亡，死亡人數佔到綠林軍的一半。在這種情況，綠林軍的領袖決定離開綠林山根據地，分為兩支：一支由王鳳、王匡、馬武率領，向北挺進到南陽郡，稱為「新市兵」；另一支由王常、成丹率領，向西挺進，進入南郡，稱為「下江兵」。

形勢對綠林軍相當不利，疾病與分兵使得兵力不足，而且又在遠離根據地綠林山之外作戰，天時地利都不佔優勢。王莽也看到這點，便派司命大將軍孫仁坐鎮豫州，以防綠林軍流竄到豫州，另派納言大將軍嚴尤、秩宗大將軍陳茂進攻荊州，企圖一舉解決綠林軍。

綠林軍的分支新市兵挺進到南陽後，為了站穩腳跟，首領王匡率軍進攻隨縣。隨著綠林軍影響的深入，平林縣的豪傑陳牧、廖湛等人祕密召集一千多人，發動起義，稱為「平林兵」，與王匡的「新市兵」遙相呼應。

新市兵與平林兵的聲勢不斷擴大，南陽成為反抗王莽統治的一塊基地。在這樣的背景下，居住在南陽郡舂陵縣的漢宗室劉縯、劉秀兄弟毅然率當地子弟七八千人發動起義，沿用「漢」號，稱為漢兵。關於劉縯與劉秀起事的經過，放在後文詳述，這裡先說一下漢軍與新市兵、平林兵之間的關係。

劉縯為人堅強勇敢，有領導才能，有戰略眼光，他深知要與強大的王莽政府軍對抗，義軍必須要聯合起來，否則容易被各個擊破。他從起事那一刻開始，便有一個清晰的計畫，就是與新市兵、平林兵並肩作戰，於是他派人前往新市兵、平林兵的總部，會晤其首領王鳳、陳牧，向兩人提出合兵向西，進攻長聚。

王鳳、陳牧雖然與劉縯分屬不同陣營，但他們有一個共同的敵人：王莽，於是很快便同意劉縯的提議。漢兵、新市兵、平林兵共同進攻長聚，聯合作戰體現強大的威力，一舉佔領長聚，之後又攻破唐子鄉，殺死湖陽尉。然而就在形勢一片大好時，漢兵與新市兵、平林兵卻出現內訌，險些釀成大禍。原因是軍中財物分配不均。漢兵中有不少劉氏子弟，自以為是皇室之後，理所當然要多分點財物，結果引起新市兵與平林兵的強烈不滿，兩支農民起義軍準備攻打這些劉氏宗親，奪回財物。

眼看一場內部火拼要爆發時，劉縯的弟弟劉秀表現得相當從容與鎮定。他果斷把劉氏宗親所得的財物，全部分給新市兵與平林兵，才平息了這場內訌。之後，漢兵又夥同新市兵、平林兵攻克了棘陽縣。

雖然劉縯、王鳳、陳牧三軍聯合取得一定的戰績，但戰場上的形勢越來越不樂觀。

王莽派嚴尤、陳茂兩位大將統兵進入荊州，準備蕩平反抗武裝。嚴尤是王莽手下最有才幹的將領，頗有軍事才能。他進入荊州後，首先對付的是盤踞在南郡的下江兵。南郡位於南陽郡的西南，是相鄰的兩個郡，綠林軍分兵後，其中一支進入南郡，由成丹、王常指揮，稱為下江兵。

嚴尤果然有些本事，進入南郡後，他立即進擊下江兵，下江兵大敗。成丹、王常等落荒而逃，但不久後得以收拾殘兵，重振旗鼓，擊敗了荊州牧的荊州部隊，暫時穩住陣腳，據險與嚴尤兵團對峙。

此時，在南陽、南郡一帶的王莽軍隊，主要有三支：嚴尤兵團、荊州牧的荊州兵團、南陽郡守甄阜、梁丘賜的守衛部隊。其中嚴尤、荊州牧的部隊主要在南郡與下江兵對峙，劉縯想藉此時機，奪取南陽郡政府所在地宛城。駐守宛城的甄阜兵團十分強大，有十萬人之多。

劉縯一旦下定決心，便全力以赴，他率漢軍主力進攻宛城。戰役發起的時機不太好，遇上大霧的天氣，而且敵軍人數眾多，最後吃了一次大敗仗。劉縯退守棘陽，甄阜十萬大軍傾巢而出，渡過潢淳水後，毀壞橋樑，以示有進無退的決心。劉縯的處境十分危險。盟友新市兵、平林兵眼看劉縯吃了大敗仗，而敵人的兵力又過於強大，都打起退堂鼓，想要開溜，劉縯對此極其擔心。

此時，下江兵首領成丹、王常率五千餘人的部隊從南郡撤到南陽的宜秋聚，劉縯決心前往拜訪下江兵首領，說服他們聯合抗敵。劉縯與劉秀一起到了下江兵的營寨，拜會王常，與他暢談軍政，分析時局，並指明聯合作戰的好處。王常聽後激動地說：「王莽殘虐，百姓都思念漢朝，如今劉氏復興，即是真命天子，我願為劉氏效力，輔助你完成大業。」劉縯也承諾說：「如果能成大業，我豈敢獨享其成呢？」兩人惺惺相惜。

劉縯告辭後，王常與下江兵其他首領成丹等人說明劉縯的來意。成丹等人不以為然地說：「大丈夫既然起事，就應當各自為主，何必受制於他人呢？」王常耐心地勸導他們說：「王莽苛酷，早已失去民心，如今天下百姓，無不思念漢室的恩德，我們之所以能得到天下人的回應，也是因為這個原因。如今南陽劉氏舉兵，今天我仔細觀察來訪的劉縯、劉秀兄弟，都有深謀遠慮，實是王公之才，與他們聯合，必定能成功，這也是上天要保佑我們這些人。」

王常這番話，說得在理。自劉邦建漢室帝業，已經二百多年，在絕大多數的時間裡，漢帝國是強大的、繁榮的，給國人帶來一種榮譽感到自豪感。下江兵的這些首領，大多是莽漢，沒什麼文化，但是都很敬重王常的為人，現在聽他一說，好像是這麼回事，便紛紛道歉說：「哎，要不是王將軍，我們差點陷自己於不義了。」

就這樣，下江兵正式宣布，與漢兵聯合。下江兵表態了，原本想溜掉的新市兵、平林兵也紛紛改變主意，繼續與漢兵合作。在劉縯的努力下，四大反抗軍主力終於攜手合作。這標誌著反莽戰爭進入一個新的階段，從以前的各自為戰，發展成為聯合統一陣線，成為足以同王莽政府軍抗衡的一支勁旅。

聯合陣線的威力很快便體現出來。劉縯率漢兵與下江兵反擊甄阜兵團，聯合兵團士氣旺盛，勇猛無敵，大破莽軍，擊斃敵軍兩萬多人，包括其統帥甄阜。正在南郡肅清下江兵殘餘力量的嚴尤得知甄阜兵團慘敗的消息後，立即向南陽挺進，以漢兵、綠林軍（包括新市兵與下江兵）以及平林兵組成的聯軍，在淯陽縣境內阻擊嚴尤兵團，再次大獲全勝。

在一個月之內，義軍聯合武裝取得兩次空前大捷。

劉縯、劉秀等漢室宗親加入到這場反抗王莽暴政的起義洪流中，使王莽開始驚慌失措了。在此之前，他把起義軍都視為普通盜賊，因為這些人只是因政府暴虐無法生存而鋌而走險之徒，本身並沒有很大的政治抱負，也沒有想推翻王莽，自立為王的想法。可是如今不同了，劉氏子弟的舉兵，政治目的相當明確，就是打倒新莽政權，重建漢家王朝。

在反莽戰爭中，劉縯與劉秀是最重要的兩個人物，他們究竟有著怎麼樣的背景與經歷，又是如何走上武裝反抗之路呢？

四八、老實人也要造反了

劉縯與劉秀堪稱是劉氏宗室中的佼佼者。他們是皇族旁裔，漢高祖劉邦的九世孫，其六世祖是漢景帝的第六子長沙定王劉發。雖然劉兄弟屬於皇族後裔，但經歷二百多年的時間，劉邦的子子孫孫已經是枝葉茂盛，多得不得了，劉氏子弟們大多平民化了。劉縯兄弟這一家族是一路沒落，他們曾祖父是郡太守，祖父是郡都尉，到了父親劉欽時，只擔任縣令。劉欽又英年早逝，留下三個兒子：劉縯、劉仲、劉秀，此外還有三個女兒。兄弟三人當時都還年少，只得寄養於叔父劉良家中。

兄弟兩人的性情很不相同。哥哥劉縯，字伯升，是一位英雄豪傑，性格剛毅堅忍，慷慨好義，志向高遠。自從王莽篡漢後，作為皇族後裔，他常感憤憤不平，立志要光復漢室江山。因此，他散盡家財，結交天下英雄，不願意待在家裡耕田種地。

與哥哥不同，劉秀人如其名，比較秀氣，溫文儒雅，喜歡讀書，曾經在天鳳三年（十六年），到長安城求學，拜許子威為師，學習《尚書》，略通大義。回到家鄉後，他勤於種田耕地，這一點令大哥劉縯很不高興，認為他沒有志向，經常挖苦嘲笑，稱他與漢高祖劉邦的哥哥一樣，不去經營天下，反而經營幾畝薄田。劉秀其實外秀內剛，他勤於稼穡，便是在磨練自己的意志力。

劉秀為人內斂，不願意鋒芒畢露，旁人只當他是一個莊稼漢，其實他的志向極為高遠。有一回，他無意之間暴露了自己的雄心壯志。一天，他與姐夫鄧晨一起去拜訪蔡少公，此人精通

《河》、《洛》之書，懂得一些圖讖之學，當時有讖言說：「劉秀當為天子。」在場的一些人說：「那是國師劉秀吧。」國師劉秀就是漢代著名的經學家劉歆，劉歆後來改名為劉秀。大家一想，劉歆是國師，當天子可能性大點吧，誰也沒有想到會是身邊的這個莊稼漢。此時，劉秀突然冒了一句話：「怎麼見得就不是我為天子呢？」此言一出，惹來哄堂大笑，只有姐夫鄧晨暗暗稱奇。

自從綠林軍、赤眉軍相續起義後，劉縯也加快了武裝起義的步伐。西元二十二年，綠林軍的一支新市兵湧入南陽，同時平林兵隨之起義，南陽成為反莽戰爭的基地，劉縯起事的時機成熟了。

這一年的某天，劉秀扛著自家的穀子，前往南陽郡政府所在地宛城叫賣。在大哥劉縯看來，劉秀簡直無可救藥了，都什麼時候了，還顧著賣穀子。殊不知賣穀子有賣穀子的好處，劉秀到了宛城後，突然來了一位不速之客，此人姓李名通，是宛城的一位大戶人家。李通為什麼來找劉秀呢？這說來話長了。

原來李通的父親李守，曾擔任過王莽的宗卿師，也是一個喜歡圖讖之學的人，他研究天文曆算，認為王莽的統治維持不了多久，劉氏必定可以奪回天下，便希望兒子李通能助劉氏一臂之力。當時南陽郡內的劉氏宗室中，只有劉縯一家最有希望成大事，李通也打聽到劉縯暗地裡廣交天下豪傑，積極準備揭竿而起。正巧劉縯的弟弟劉秀前來宛城，他便請劉秀到家中密談。

由於南陽是反莽武裝最囂張的地方，所以王莽派置重兵駐守宛城，府尹甄阜手下的軍隊有十萬人之多。李通的計畫，是在立秋的那天發動兵變，那天正好是都試的日子，甄阜會檢閱騎兵部隊，到時只要劫持甄阜，藉機號令三軍，便可一舉策反十萬大軍。李通將這個計畫告訴給劉秀，並讓他迅速回到春陵縣，與劉縯一同起兵策應。

劉秀聽了之後大喜，終子也不賣了，當即回到舂陵縣，將這個消息告訴哥哥劉縯。劉縯覺得與李通裡應外合，成功機會很大，便當機立斷，召集自己多年結交的英雄豪傑們，對他們說：「王莽暴虐，百姓遭殃，又連年遭遇乾旱，民不聊生，兵革紛起，此正是上天欲亡王莽、歸復漢高帝大業之時機。」眾志士群情激昂，熱血澎湃，便分頭行動，四處招兵買馬。

舂陵縣劉氏子弟眾多，當聽到劉縯要起兵造反，很多人都嚇壞了。有的人逃跑了，有的人躲了起來，暗地裡罵道：「劉伯升（劉縯的字）要害死我們了。」此時，一向溫文儒雅的劉秀一反常態，身著戎裝，佩帶寶劍，一副武夫的模樣。在劉氏子弟眼中，劉秀的形象就是個秀氣、循規蹈矩之人，不想這樣的人也要造反了，他們紛紛驚呼道：「連劉秀這樣敦厚老實的人也要這樣做了。」莊稼漢劉秀都願意參加起義，其他人還有什麼好猶豫的呢？於是乎逃走的人又回來了，參加了起義軍。

正在這個關頭，原本在宛城謀劃奪兵權的李通卻遭遇意外，消息不慎走漏了，官府馬上查抄李家，李通逃走了，但他的父親以及家屬六十四人全部被捕並處死。李通失敗了，那麼劉縯的舉義還要不要繼續呢？開弓沒有回頭箭了，大丈夫立身處世，豈能前怕狼後怕虎呢，豈管事敗或功成呢？

劉縯絕不是個知難而退的人，他招募了七八千人的隊伍，自稱「柱天都部」。這一年劉秀二十八歲，劉縯可能三十五六歲左右。

劉縯的隊伍只有數千人，而南陽的敵軍卻有十萬之多，兵力懸殊，在這種情況下，不能硬拼，必須要用謀略。劉縯主動聯絡新市兵與平林兵兩支義軍領袖，達成共識，共同對付王莽的爪牙，並接連攻克若干城市。

然而，很快劉縯便被勝利沖暈腦袋。他在兵力不足的情況下，發起進攻宛城之戰，不僅被打得大敗，而且甄阜率十萬大軍窮追猛打。劉縯的軍隊被沖散了，劉秀隻身騎著一匹馬逃走，在路上，遇到妹妹伯姬，便呼她上馬，兩人一匹馬，向南逃竄。又跑了一段路後，又遇上姐姐劉元，劉秀停了下來，又叫姐姐趕緊上馬。可是，這時馬上已經馱了兩個人，要是劉元再上馬，那麼很快就會被追兵趕上了。劉元擺了擺手說：「你們快走吧，你救不了我的，大家不能都死在一起。」劉秀沒有辦法，只好策馬前奔。這時，敵追兵已經趕上來，抓住姐姐劉元，將她與三個女兒一起殺死。除了劉元之外，劉秀的哥哥劉仲也在這次戰役中身亡，劉氏宗族戰死者有數十人。

進攻宛城的失敗，令劉縯痛定思痛。他及時改變策略，又成功說服下江兵加入聯合陣線，會同新市兵、平林兵，終於力挽狂瀾，取得一場空前的勝利，擊斃敵軍統帥甄阜，並殲滅莽軍兩萬多人。緊接著，在淯陽一役中，又大敗嚴尤。四路義軍戮力合作，終於使南陽局勢轉危為安。

此時四路義軍總兵力已達十萬人，實力頗為強大，但問題也很多，四支隊伍各不相屬，沒有統一的指揮系統，管理起來很混亂，因此義軍主要將領便坐下來商量此事。有人就提出來了，既然軍隊中有很多漢室宗親，不如就從中挑選一人出來，立為皇帝，這樣就有個像模像樣的政權了。

那麼立誰為皇帝呢？南陽豪傑與下江兵首領王常推舉劉縯，因為劉縯在劉氏宗族中最有才幹，這一點是得到公認的。可是新市兵、平林兵以及下江兵的其他將領，都不想選劉縯當皇帝。這些義軍向來紀律很差，自由慣了，不喜歡受到約束，而劉縯治軍嚴明，令出必行，可以想像要是讓劉縯來當領袖，這些散漫慣的義軍首領肯定受不了。於是，他們推出一個候選人：劉玄。

劉玄的曾祖父被封為舂陵戴侯，平林兵起義時，他也加到其中，掛了一個「更始將軍」的頭銜。劉玄這個人，比較膽小怕事，沒有魄力，因此這幫綠林頭目想把他推到天子寶座，這樣就不用受其約束了。

綠林頭目人數佔多，顯然擁護劉縯者成為少數派。這時，劉縯站出來說話了：「諸位將軍打算立劉氏宗室為天子，很看得起我們劉氏。只是如果我們現在就立天子，赤眉軍一定不甘示弱，也要擁立劉氏宗室為天子。這樣一來，兩邊便會因為誰是正統的問題而相互攻伐，這豈不是自亂陣腳，讓王莽漁翁得利嗎？我看不如這樣，先不立皇帝，而只稱為王，等到消滅王莽、降服赤眉軍後，再稱帝也不遲。」

大多數人都覺得劉縯這個提議不錯，不料下江兵將領張卬跳了出來，只見他拔出寶劍，往地板一磕，大喝道：「那麼疑神疑鬼幹什麼，今天大多數人推舉劉玄為帝的決定，不能再改了。」這些綠林頭頭被張卬怎麼一說，又覺得是這麼回事。劉縯沒有辦法，如今總不能事情剛有好的開頭，就跟綠林英雄們鬧翻了吧，只好委曲求全了。

就這樣，平庸的「更始將軍」劉玄被推上帝位，稱為更始皇帝。在王莽篡漢後，又一個漢家政權出現了。新政權的大位由幾大巨頭瓜分了，王匡任定國上公，王鳳任成國上公，朱鮪為大司馬（以上三人為綠林系），陳牧為大司空（平林系），而劉縯只當了個大司徒。這個結果，令南陽英雄豪傑很失望，為劉縯打抱不平。

漢室政權死灰復燃，令王莽膽戰心驚，日夜憂慮，頭髮鬍子都白掉了。為了故作鎮定狀，他把自己的白頭髮白鬍子又染黑了。絕不能讓這個更始政權坐大，王莽下決心要不惜一切代價，將這個新生政權剷除掉。

王莽這次要拼上老本了，他派司空王邑坐鎮洛陽，召集天下州郡的軍隊前來集中。王莽對行軍作戰一竅不通，卻要故意裝成很專業的樣子。為了提高軍隊的指揮水準，他召集精通六十三家兵法的人出任軍官。這有什麼用呢，且不說這些人大多都是紙上談兵者，就算有真才實學，也沒有決策指揮權，只不過是濫竽充數罷了。再者，王莽又別出心裁，派了一個高大威猛的巨人來擺設門面，此人稱為巨毋霸，都任命為壘尉，目的是為了威懾對手。這樣還不夠，王莽又把宮廷收藏的猛獸什麼虎啊，豹啊，犀牛啊，大象啊，統統帶到前線，藉此以壯軍威。這些歪門邪道真的有用嗎？

司空王邑奉王莽之命，抵達洛陽後，馬上向各地州牧、太守發出通知，率領本地精銳部隊，前往洛陽會合。一時間全國總動員，各地的人馬、糧秣，千里輸運，集中到了洛陽，前來報到的人馬總計有四十三萬人，還有一些偏遠地區州郡的部隊，還在半途中，尚未算入其中哩。為了虛張聲勢，王邑又將數目誇大一些，號稱「百萬」。

就在王莽調動天下兵力之時，更始政權也積極行動，兵分兩路：一路由更始皇帝、劉縯等，進攻南陽郡政府所在地宛城；另一路則由王鳳、劉秀經略昆陽等地。劉秀被任命為太常偏將軍，他開始嶄露頭角，對於昆陽、定陵、郾縣三地，他以安撫為主，進行勸降，兵不血刃，奪取三座縣城。

這時，王邑大軍已經從穎川郡南出發，與嚴尤、陳茂的兵團會合，一路南下。數十萬軍隊雄赳赳氣昂昂，旌旗獵獵，所經之處塵土飛揚，前不見其尾，尾不見其頭。這個架式，可把義軍給嚇壞了，莽軍所經之處，義軍望風而逃，紛紛湧入昆陽城中。昆陽城位於荊州與豫州的交界線附近，乃是保護南陽根據地的第一道防禦線。

湧進昆陽城內的義軍將士，覺得這個彈丸之地，肯定無法抵擋莽軍的進攻，大家驚慌失措，打算攜家帶口，逃出昆陽城。危急之中，方顯英雄本色。一直被認為是莊稼漢的劉秀，卻顯得從容鎮定，召集將士們說：「現在軍中的糧食不多，面對的敵人十分強大，如果我們全力以赴，或許還可以險中求勝，倘若分散力量，勢必要被各個擊破。如今宛城尚未攻下，我們不能得到主力部隊的救援，而昆陽一旦陷落，只要一天的工夫，其他部隊也會被消滅。如今諸位不齊心合力，共舉功名，卻想守住妻子財物，又怎麼可能呢？」

這些個綠林英雄，向來看不起劉秀，聽到這些教訓的話，感到很憤怒，便抗議道：「劉將軍你怎麼敢這樣說呢。」劉秀不慌不忙，笑著站起身來。恰巧這個時候，探子回報說：「敵軍已經快到昆陽城北了，隊伍長達數百里，望不到其尾。」諸將一聽，大驚失色，現在想拖家帶口逃跑也來不及了，大家都沒主意了，你瞪我，我瞪你，最後看著劉秀，得，如今也只能聽這個傢伙指揮了，於是大家改口說道：「還是請劉將軍出謀劃策吧。」

此時，昆陽城內的守軍總數僅有八九千人，與莽軍的數量有天壤之別，所以必須要有援軍。劉秀的計畫是由王鳳、王常率軍堅守昆陽城，而自己則與五威將軍李秩等十三名騎兵連夜出城，前往定陵、郾縣搬援軍。這個計畫風險相當大，因為此時在昆陽城外已經有莽軍十萬人，出城稍有不慎，便是送死。可是事到如今，也只能放手一搏了。

夜幕降臨後，劉秀等十三名勇士乘著敵軍立足未穩，還比較混亂之際，在敵壘的空隙之間穿過，奇蹟般地穿越十萬人的封鎖線，馬不停蹄地直奔郾城與定陵。

莽軍統帥王邑的四十三萬大軍已經把小小的昆陽城圍得水洩不通，自以為朝夕可下，等擊破了昆陽，再兵臨宛城之下，更始政權必定土崩瓦解。可是這位王邑也根本不懂軍事，用那麼多軍隊包圍昆陽城，看起來固然頗為壯觀，可實際上並沒有任何功效。頗懂軍事的嚴尤勸王邑道：「昆陽城雖小，但是很堅固，易守難攻。如今冒牌皇帝在宛城，不如我們暫時放棄昆陽，急進大軍，直抵宛城，敵軍必然望風而逃，到時昆陽將不戰而降。」

傲慢的王邑一口回絕了嚴尤的建議，他的理由很簡單：「我率領百萬雄師，遇到城邑卻不能攻克，就不能顯示軍威。我要先屠滅此城，踏血而進，前歌後舞，豈不痛快。」看來這個渾蛋也是個殺人魔王，說到屠城踏血，眉飛色舞。

其實王邑並不知道，他錯失了一次良機。就在王邑的「百萬」大軍圍困昆陽城時，宛城戰役已經進入尾聲了。自劉玄稱帝後，更始政權沒有一個像樣的城邑作為帝都，因此南陽郡宛城便成為理想的定都之地。劉縯指揮約十萬大軍，圍攻宛城。宛城莽軍守將岑彭乃是一員驍勇戰將，善於用兵，更始軍的進攻屢屢受挫。宛城圍攻戰持續了幾個月之久，最後宛城彈盡援絕，城內大鬧饑荒，導致人吃人的慘劇發生。在這種情況下，岑彭不得不舉城投降。

如果王邑能聽從嚴尤的建議，繞過昆陽城，直接進抵宛城，那麼不僅能守住宛城，還可以與岑彭裡應外合，挫敗更始新政權主力軍的可能性是很大的。岑彭在舉城投降後，劉縯不計前嫌，認為他是一位好將領，忠於職守，是位有操守的人，不僅沒有殺他，反而勸更始皇帝封岑彭為侯，後來岑彭成為東漢開國名將。

當然，這時王邑並不知道宛城的戰局，他只是對昆陽城感興趣，想到血流成河的場面，他竟然激動得不得了。如今他手握新莽帝國所有的精銳部隊，踏平昆陽，如踩死一隻螞蟻一樣的容易。

小小的昆陽城，一下子成為舉國關注的焦點。這場被王邑認為勝負全無懸念的戰役，果真沒有懸念嗎？

四九、從勝利走向勝利

從昆陽城上向下望去，密密麻麻全部是新莽軍隊的營壘，總計不下百餘座，裡三層外三層，中間還有七八層，簡直是水潑不進，針插不入。城外光是飄揚的旗幟，就多得數不清，如此壯觀的場面，難得一見。對於昆陽守軍來說，每一天都是度日如年。

王邑下令攻城，鉦鼓之聲震耳欲聾，在數十里外都可聽到。莽軍的攻城手段頗多，又是挖地道，又是使用撞車撞城牆與城門，弓弩手持強弓勁弩，箭如雨一樣射入城中。城內的房屋建築上，都插滿了箭支。大家都卸下門板，出門時擋在腦袋上面，以免被突如其來的飛箭射中。

守軍拼死頑抗，幸好昆陽城雖小，但防禦工事非常堅固，一時之間，莽軍的衝撞車還衝不破城牆。可是誰心裡都明白，如果沒有援軍，昆陽城是守不了多久的。昆陽主帥王鳳面對多如螞蟻的敵軍，他幾乎要絕望了，便向王邑求降。

投降？門都沒有，老子還準備要屠城呢，要踏著你們這些反叛者的屍山血海勝利前進。王邑斷然拒絕王鳳等人的投降要求。

這下也好，想投降也投不了，那就只好硬撐吧，撐一天算一天。這些綠林好漢們也豁出去了，橫豎就是個死字。所正謂哀兵必勝，置於死地而後生。豁出去後，守城的將士更加頑強，莽軍的進攻頻頻受挫。

莽軍雖然人數眾多，可是城池就那麼點大的地方，前排的人一上，後面的人就擠不進去了。所以，雖然號稱四十三萬大軍，可是大多數人只不過是在後面看熱鬧。嚴尤又向王邑獻計道：「兵法說：圍城必闕。不如網開一面，讓他們有條路逃跑。這樣就可不戰而下了。」固執的王邑又拒絕了嚴尤的建議，要是人都跑了，找誰屠城呢？

如今能否守得住昆陽，關鍵是看劉秀能否搬來救兵了。

劉秀等十三名騎兵冒死夜闖封鎖線，趕到了定陵與郾縣，立即召集所有軍隊，兩地駐軍加起來一萬餘人，準備全部拉回昆陽前線。

可是事情並非那麼順利。這些軍隊中，來自綠林軍的人數最多。這些綠林將士以前都是因走投無路而被迫與政府對抗，所以貪財戀物，最初與劉縯合作時，便因為嫌財物分配不均，險些引發內訌。現在劉秀要他們放棄定陵與郾縣，無異於斷了他們的財路。有一部分將領不幹了，提出要分兵駐守這兩城。

劉秀知道他們捨不得既得利益，況且綠林士兵向來對劉氏兄弟不服氣，如果處理不好的話，會影響對昆陽城的救援。他對眾人說：「要是能打敗敵人，能得到的珍寶，比這裡要多一萬倍。如果被敵人打敗了，腦袋都保不住，要財物有何用呢？」這個分析，淺顯而入理，大家一聽，是這麼回事，便打消分兵的念頭，全體出動，打回昆陽。

到了昆陽城外，敵軍連綿不斷的兵營，令人望而心畏。劉秀身先士卒，帶了一千名士兵做前鋒，開進到離莽軍營地四五里處，擺好戰鬥陣形。王邑一看，來了這麼點援兵，心裡不以為然，隨便派幾千人出來迎戰。劉秀拍馬衝上前，手起刀落，一下子砍殺了數十人。不要說敵人，就是他的部下看了無不驚駭，紛紛驚叫道：「劉將軍以前看到小股敵人時很小心謹慎，怎麼遇到大敵時如此英勇呢？真是奇哉怪也。」搞不清這個儒將從哪裡學來這麼好的身手，其驍勇可與當年的西楚霸王相媲美了。

看到將軍勇冠三軍，其他士兵無不精神抖擻，越戰越勇，最後莽軍大敗，遺下一千多具屍體。首戰告捷後，令援軍與守城將士都士氣高漲。

這時，劉秀又想出一個主意，當時他還不曉得哥哥劉縯已經攻克宛城，但為了鼓舞士氣，打擊敵人，他偽造了一封所謂的密信，信的內容是更始大軍已經攻克宛城，不日將增援昆陽。劉秀又故意讓此密信讓莽軍得到，莽軍聽說劉縯的十萬大軍馬上要到了，人心慌慌，軍心大亂。

打蛇要打七寸，擊敵要擊中要害。哪裡才是敵人的要害呢？就是王邑的中軍，只要打掉莽軍的指揮系統，莽軍必然陷於混亂之中。劉秀制定一個非常冒險的計畫。他挑選了三千名壯士為敢死隊，從城西的一條河流渡河，直搗莽軍的中樞系統：王邑的中軍。

王邑自作聰明，他率一萬多人迎戰劉秀的三千人，同時命令其他各營都不得輕舉妄動。劉秀的敢死隊雖然在人數上居劣勢，但個個以一擋十，銳不可當，王邑的軍隊竟然被打垮了，連司徒王尋也被殺死。由於沒有王邑的命令，各營官兵看到中軍被打垮了，卻不敢擅自出戰。這個時候，在昆陽城上觀戰的王鳳等將領看到劉秀得勝，便果斷打開城門，與劉秀的援軍夾擊莽軍。

莽軍雖然有四十幾萬人，但此時群龍無首，而這支軍隊又都是由各州郡的軍隊拼湊而成的，州牧與郡守一看大勢不妙，便拉著自己的隊伍便走，結果最後演變成一場大潰敗。這場實力懸殊的戰鬥最後竟然奇蹟般地發生驚天大逆轉。漢軍總計不過兩萬多人，卻把四十幾萬的莽軍打得丟盔卸甲，追擊百餘里，伏屍遍野。而莽軍在渡河逃竄時，僅淹死在水中的，就超過一萬人以上，河為之斷流。至於繳獲的戰利品，更加不可勝數了。

除了戰死之外，莽軍中的其他官兵，走的走，散的散，誰也不想回洛陽去了，只有來自長安的幾千人還死心塌地隨王邑回到洛陽。四十幾萬的大軍，就這樣，在頃刻之間土崩瓦解，王莽就像一個賭徒一樣，想玩一把，結果輸了個精光。

這就是中國歷史上最著名的以少勝多的戰役：昆陽之戰。昆陽之戰的勝利，實可稱為奇蹟，而勝利的關鍵人物，便是劉秀。劉秀在此役中一戰成名，有勇有謀，體現其臨危不懼、處變不驚的大將風範。昆陽之戰也是反莽戰爭的轉捩點。為了對付南陽更始政權，王莽幾乎徵用傾國之兵，不料僅僅第一戰，便完蛋了。

取得昆陽大捷之後，劉秀乘勝追擊，攻入潁川郡，又收降了五座縣城。正當他在前線屢戰屢勝之時，卻從後方傳來一個噩耗：他的哥哥劉縯竟然被更始皇帝殺了。

更始政權從成立伊始，派系鬥爭便十分激烈，而劉縯更是為其他派系首領所嫉妒，因為他功勞太大了。可以說，更始政權之所以能建立，劉縯是立第一功的，正是他使四派義軍聯合起來，才有了後來政權的雛形。從戰功上看，劉縯先後擊敗甄阜兵團、嚴尤兵團、攻破宛城，功勞赫赫，而他的弟弟劉秀也不讓其後，取得昆陽會戰的勝利。兄弟倆的功勞越大，名望越高，越引起其他派系的仇視。

新市兵、平林兵的將領們想借更始皇帝之手，剷除劉縯、劉秀兄弟。對此，劉秀是有所警覺的，他曾多次告誡哥哥要小心這些敵人，但劉縯為人豁達，不願意理會這些小人的暗算。雖然綠林頭目屢屢暗示更始皇帝除掉劉縯，但這個皇帝性格膽小，下不了手。後來有件事，終於讓更始皇帝覺得下不了臺，頓起殺機了。

這件事是這樣的：劉縯有個部將叫劉稷，起初在立皇帝時，名不見經傳的劉玄居然意外被立為天子，劉稷大怒，罵道：「最初起兵幹大事情的，是劉伯升兄弟，劉玄算什麼東西。」更始皇帝劉玄這個人比較記仇，定都宛城後，他想到劉稷這個人不聽話，便故意給他封了個「抗威將軍」的頭銜。這個名稱帶有污辱的色彩，因此劉稷堅決不接受。這時，綠林軍與平林兵頭頭們就唆使更始皇帝，應該把劉稷抓起來殺頭。更始帝就暗中布置數千人，然後把劉稷抓了，準備處死。劉縯大驚，當即與更始帝吵了起來。更始帝覺得很沒面子，大司馬朱鮪等人就出來唆使皇帝，將劉縯與劉稷一同殺了。更始帝也在氣頭上，覺得劉縯對自己當皇帝始終心懷不滿，一怒之下，將兩人全部拿下，開刀問斬。

一代梟雄劉縯就這樣死了。消息傳到潁川郡時，正在前線指揮作戰的劉秀立即快馬奔回宛城。他的第一件事，是向更始帝謝罪。當時，劉縯的部下都覺得他死得太冤了，紛紛前去弔唁，劉秀不私底下跟他們見面，以免遭人陷害。劉秀表現出驚人的自制力，他隻字不談昆陽之役的功勞，不為劉縯穿戴喪服，吃飯睡覺一如既往。

聰明過人的劉秀以這種低調的方式，避免了更始帝對他的懷疑他是昆陽之戰的大功臣，但朝廷卻把他當作罪人似的，劉秀越是低調，更始帝越覺得心中有愧，便拜劉秀為破虜大將軍。劉秀知道許多人嫉妒他與他的哥哥，一直想方設想要置他於死地，便更加小心翼翼，如履薄冰。

昆陽之戰後，新莽政權的崩潰速度大大加快了。

喪失了四十萬大軍後的王莽，已經無法再以武力來屈服天下的英雄了。昆陽之戰後一月，全國進入一個造反的高峰期，各地的州牧、太守紛紛被殺，反抗的浪潮一浪高於一浪。當千里河堤一旦決潰，洪流將一發不可收拾。

一個接一個的壞消息傳到王莽耳中：隗囂在西部起兵，響應更始政權，自稱大將軍，勒兵十萬，攻下隴西、武都、金城、武威、張掖、酒泉、敦煌等郡。公孫述起兵於西南，自稱輔漢將軍，自領益州牧。劉氏宗室劉望起兵於汝南，王莽的兩位將軍嚴尤與陳茂前往投奔。其他大大小小的暴動，不計其數。

更壞的消息是，更始政權開始大反攻了。更始漢軍兵分兩路，一路由王匡統領，進攻洛陽，另一路由申屠建、李松統領，進攻武關。

武關是通往長安的重要關隘，一旦攻破武關，就意味著更始軍隊可以長驅直入了，首都長安為之震動。不過，武關易守難攻，更始軍隊在此遇到了抵抗，一時間形成相持局面。

就在這個時候，關中豪傑鄧曄、于匡起兵回應更始漢軍，並屢屢擊敗王莽的軍隊。王莽已經是六神無主了，現在能怎麼辦呢？只好祈求上天吧。王莽帶著一幫大臣，來到長安南郊，向上天說明他接受符命的本末。那些都是什麼符命呢？都是王莽自己與馬屁精造出來，如果他相信有神靈可以求援，就不怕他這滿口謊言會震怒上天嗎？為了讓上天垂憐，王莽仰天大哭，哭得聲嘶力竭，便伏地叩頭。

這樣還不夠，王莽擔心上天聽不到哭聲，又找來一大堆儒生與平民，早晚聚在一起哭，來哭的人可以免費用餐，如果哭得相當悲哀的，提拔為郎官。看來哭也可以成為一種職業了，因哭得很精彩而被授郎官者，有五千多人。

王莽有一套本事相當了得，就是他的文字功夫。他的將軍們老打不贏，他認為要用有震懾力的名稱，叫什麼呢，叫「虎」，威風得很。他任命九個將軍，稱為九虎，讓他們率北軍數萬精兵，前去剿滅鄧曄、于匡的起義軍。為了激勵將士作戰，王莽決定從宮中撥出一部分錢作為賞賜。當時，皇宮中黃金有六十萬斤，而王莽算來算去，只給每個士兵區區四千錢。以前散盡萬金的那個王莽哪去了呢？

士兵們拎著四千錢，掂量一下，為這點錢賣命，值麼？誰也沒有鬥志可言。九虎與鄧曄、于匡一交手，士兵們拖戈跑了，九虎就這樣輕鬆被打敗了。鄧曄橫掃關中後，佔領武關，打開大門，迎接更始漢軍。

漢軍到來後，關中各縣城的豪門大戶們，也紛紛組建軍隊，自稱漢將軍，五花八門的各路人馬都向長安城挺進，居然有數十萬人之多，準備解放首都。

王莽沒有料到，才短短幾個月，就發生翻天覆地的變化，這艘龐大的帝國之舟，似乎撞上冰山，很快就要沉沒了。

一大群不知從哪冒出來的軍隊，包圍了長安城。王莽已經沒有兵可以用了，派出去的兵，死的死，降的降，逃的逃，長安城中哪裡還有重兵啊！那怎麼守衛首都呢？王莽突然想起來，監獄裡犯人還不少，便下了一道赦免令，讓他們上戰場去，將武器分發到這些囚犯手中，每人再喝一碗豬血發誓說：「有不為新室效力者，社鬼會報應的。」然後，王莽派了一個叫史諶的將軍，帶著這幫手執武器的囚徒，準備殺出城與各路義軍一決死戰。可是剛過了渭水橋，史諶就發現人都跑光了，看來這些囚徒都不怕半夜鬼敲門，史諶只好一個人灰溜溜地回去了。

在攻城之前，各路義軍先關照王莽一下，把他先祖、父親、妻兒的墓都挖了，然後將陵園中的廟堂也一把火燒光了。王莽喜歡挖別人的墓，以前挖了傅太后，挖了董賢，現在別人是投其所好、拜其為師了。

義軍終於入城了，這一天是九月初一，還有零星的莽軍在作最後的抵抗，到了黃昏時，抵抗基本上停止了。皇宮的大門緊閉，很快，日曆又換了一天，各路義軍殺到了皇宮前，有人高呼道：「反虜王莽，何不出降！」然後開始放火燒皇宮，並用斧頭破門而入。

火越燒越大，王莽與公卿侍從一千多人，來到還沒著火的宣室前殿。王莽突然又放出一句話：「上天賦予我這樣好的品德，那些漢軍能把我怎麼樣呢？」這時，他可能想起從前自己如何的勤奮好學，如何的禮賢下士，如何的恭良溫儉，明明是個正人君子嘛，他想不通為什麼變成人民公敵了。

又過了一天（九月初三），凌晨時分，大火燒到宣室前殿，這些公卿侍從簇擁著王莽退到漸台。曾經輸掉昆陽之戰的王邑，已經率衛隊與義軍作戰三天三夜了，最後衛兵們死光了，他也退到漸台，為王莽打了最後一場保衛戰，被義軍殺死了。經過一番混戰，公卿侍從全部被殺死了，王莽真正是孤家寡人了。

他到死沒想明白一件事，為什麼自己極力要建造一個儒家天堂，最後人人對他恨之入骨。一刀殺死他還不夠，還要砍下他的頭。這還不夠，還要把他的身體肢解為幾十份。當王莽的頭顱傳到宛城，懸掛在鬧市示眾時，老百姓都拿東西砸他的腦袋。最後，他的舌頭也被割下來，再也說不出那些欺己、欺人、欺天的話了。

從昆陽之戰到王莽之死，只有三個月的時間。

新莽政權就這樣完蛋了。

在王莽死後，更始政府繼續掃蕩王莽餘孽，攻陷洛陽，更始帝劉玄定都洛陽。此時，天下英雄紛起，割據一方。新莽的敗亡，並非戰爭的結束。相反，群雄混戰才剛剛開始。

五〇、有志者事竟成

王莽之亡，實亡於昆陽之戰。

作為昆陽之戰的大英雄，劉秀卻不得不夾起尾巴做人。自從哥哥劉縯被更始帝所殺，劉秀為了自保，沒有半句埋怨，不提哥哥，不提自己的功勞，不私下會客。每當夜深人靜之時，他便想起哥哥劉縯，自九歲喪父後，長兄如父，他不僅是哥哥帶大的，而且劉縯對他影響最大，哥哥義薄雲天的豪傑本色、堅強果斷之個性、從容無畏之勇敢精神，都深深感染他。想到往事，劉秀潸然落淚。

雖然劉秀掛了一個破虜大將軍的頭銜，可是進軍長安之役，沒他的份，攻克洛陽一役，也沒他的份，此時的他有職無權。定都洛陽後，更始帝又給他一個司隸校尉的頭銜，修整在戰爭中毀壞的宮殿、府第。正當天下英雄紛起之際，他卻像籠中之虎，池中之龍，沒有用武之地，只有遠離洛陽，擺脫被監控，才能海闊天空，才能轟轟烈烈地幹一番事業。

機會來了。更始帝想以漢家政權名義，安撫河北，打算派個劉氏宗族的大將。大司徒劉賜推薦道：「諸宗室子弟中，只有劉文叔（劉秀的字）可用。」朱鮪等人一聽，大加反對。劉縯之死，就是朱鮪在背後挑撥，他當然不願劉秀離開洛陽，這無異於放虎歸山。在劉賜的堅持下，更始帝最後同意了，任命劉秀為大司馬，持節北渡黃河，鎮撫黃河以北的州郡。

劉秀終於可以擺脫朝廷中的明爭暗鬥，出了洛陽城後，他自由地呼吸新鮮的空氣。主政河北後，劉秀先是廢除了王莽的種種苛政。每到一郡一縣，他便明察暗訪，考量官吏的政績，有才能的得以晉升，沒才能的一律罷免，同時昭雪冤獄，釋放無辜。這些所作所為，與先前王莽時代的官吏形成鮮明對比。

在此期間，有一件有趣的事情。

在鄴城，劉秀遇到一個崇拜者，他就是南陽人鄧禹。他聽說劉秀到了河北，便騎著馬追趕上來，到了鄴縣時，終於追上了劉秀。劉秀問鄧禹：「你大老遠跑來幹什麼呢？難不成你想當官，想當官我也不能擅自任用你啊。」鄧禹笑道：「我並不是想當官。」劉秀頗為不解，又問道：「要是你不想當官，那你想做什麼？」作為南陽人，誰人不知道劉縯、劉秀兩兄弟的傳奇故事呢？鄧禹答道：「我只希望你的威德加於四海，鄧禹自當效微薄之力，能留下功名於竹帛史冊。」

看來這個鄧禹乃是頗為率直之人，劉秀聽完後笑了笑，留鄧禹住下，秉燭夜談。鄧禹把心裡話掏出來說，他分析道：「更始帝不過是平常之才，諸將也是平庸之輩，他們的志向就是撈取財物。如今天下群雄並起，四分五裂，分崩離析。公有赫赫之功，向為天下人所折服，不如廣攬英雄，收攏人心，立高祖之業，救萬民之命。以公的才能，平定天下，指日可待。」

鄧禹這番話，說到劉秀的心窩裡了。更始帝劉玄是什麼東西，不過就是個庸才，竟然還殺了大哥劉縯，這種人當皇帝，天理不容。從此之後，劉秀將鄧禹視為知己、心腹。

正當劉秀謀求在河北發展時，突然爆發了王郎稱帝的事件，令他措手不及。

原來在邯鄲城中，有一個占卜算命的人，此人稱為王郎。王郎有個好朋友，叫劉林。劉林也是漢宗室，是漢景帝的後裔，對術數有研究，又仗劍行走江湖。王郎跟劉林說，自己真實身分是漢成帝的兒子劉子輿。當時全國局面麼混亂，各自為政，劉林便說服一些豪強大族，帶著數百人佔領邯鄲城，宣布立王郎為皇帝。

王郎以「劉子輿」的身分稱帝，居然得到很多人的認同與回應。一時間，他的勢力範圍從趙國擴展到了遼西一帶，很多州郡都宣布，歸順王郎政權。其實大家也不見得相信王郎真的是漢成帝的兒子，如今劉玄在洛陽稱帝，而王郎在邯鄲稱帝，究竟要歸附誰，這些地方軍閥們首先要掂量一下在新政府中的地位。劉玄的更始政權固然是倒莽的主要力量，但更始政權中的要職都被綠林軍、平林軍以及來自南陽、關中的義軍首領佔據了，而王郎政權則沒有什麼背景，歸附王郎政權，很容易就可以封官進爵了。

當河北許多州郡都改投王郎後，作為更始政權大司馬的劉秀，處境相當不妙了。為了避開王郎的勢力，劉秀只好向北走，到了薊縣（現在的北京），這裡暫時還歸附於更始政權。雖然劉秀名義上是大司馬，可是手下並沒有軍隊，他想藉此時機，發展自己的武裝力量，便讓下屬王霸到鬧市中張貼募兵廣告，準備要招募一支軍隊，討伐王郎。不想王霸貼出募兵廣告時，卻遭到市集上所有人的大笑，紛紛嘲諷他，王霸只好灰溜溜地回去了。因為薊縣已經接到王郎發出的檄文，以十萬戶的巨額懸賞，捉拿更始政府大司馬劉秀。

劉秀很快發現自己身陷險境了。王郎派出的使者，將抵薊縣，而當地豪強也起兵回應，準備接受王郎政權的安撫。此時，薊縣混亂不堪，劉秀不能繼續待在薊縣了，否則王郎的使者一到，必定要派兵前來捉拿。

劉秀與鄧禹、馮異、王霸等一幫人，急忙駕車逃跑。到了薊縣南城門時，發現城門已經關閉了，鄧禹、馮異一幫人拿著刀斧，硬是砸開城門，狼狽鼠竄。而河北的局面非常混亂，劉秀等人不知道究竟有哪些郡縣歸附王郎政權，因此不能冒冒失失地進城，否則便自投羅網了。就這樣，他們一路南行，吃飯睡覺都在路邊，盡量不去酒館。

時值正月，天寒地凍，劉秀一行人饑寒交迫，乾糧也吃完了。到了饒陽縣時，正好有一家客館，他們饑腸轆轆，便進去吃飯。不料，客館中正有幾個差吏在吃飯，劉秀等人便騙他們說：「我們是邯鄲來的使者。」可是差吏們見這些人像是餓了好幾天，個個狼吞虎嚥，飯菜一上就爭先恐後搶著吃，心中有所懷疑，便暗地裡跑到客館後面，擂了數十通鼓，然後喊道：「邯鄲將軍到——」這一幫人聽到了臉色大變，劉秀跳上馬車，準備開溜，但他心細縝密，心裡想，要是真的邯鄲將軍來了，逃也逃不掉，不如保持鎮定，試探虛實一下。於是他又慢吞吞地回到飯桌上，說：「有請邯鄲將軍進來。」這樣，那幾個差吏的把戲被穿幫了。

由於王郎的勢力膨脹得很厲害，劉秀只得晝夜兼行。霜雪撲面，所有人的臉被因寒冷而開裂了。到了下曲陽，聽說這裡有一支王郎的軍隊，大家都很緊張，必須要盡快離開，否則被王郎軍隊發現就不得了。

後面是王郎的軍隊，前面是一條滹沱河。劉秀先派人前去查看，去的人回來後報告說：「找不到船隻，無法渡河。」劉秀再派王霸前去查看，王霸看了後，河裡有浮冰，但也過不了河。回來後，為了給眾人打氣，他騙說：「冰堅可渡。」王霸這麼一說，大夥兒很高興，便繼續前行。到了河邊時，王霸大吃一驚，就在他一往一返的時間裡，河面上竟然奇蹟般地冰封了。於是眾人蹈冰渡河，當到了對岸後，河面上的冰便漸漸消融了。

這是劉秀最狼狽的一段時間，終日如喪家之犬，漫無目的地逃亡，他自己也不知道要去哪裡。到了下博縣城西時，有一位白衣老人識穿了劉秀等人的身分，知道是更始政權的人，便給他們指引一條路：「距離這裡八十里處的信都郡，還是歸附更始帝的。」老人家的話，給劉秀帶來了希望。

當時河北多數郡縣已經歸順王郎了，信都太守任光是南陽人，與劉秀同鄉，曾參加過昆陽之戰，拒絕歸順王郎。任光當時的壓力很大，他陷入王郎勢力的包圍之中，孤掌難鳴。正在焦慮之時，忽然聽得劉秀前來，大喜過望，立即出城迎接，全城的百姓彷彿找到救星似的。除了信都郡之外，還有和戎郡也拒絕投降王郎。和戎太守邳肜聽說劉秀到了信都郡，也趕來相見，並與劉秀、任光等討論下一步的計畫。

當時劉秀手下的一些人，認為劉秀乃是更始朝廷的大司馬，不能居此險地，應該由信都郡派軍隊護送他回到長安（此時更始帝又從洛陽遷都到了長安）。和戎太守邳肜駁斥道：「王郎不過是個算命先生，假借劉子輿的名義，以烏合之眾就奪取燕趙兩地，根基很脆弱。如今大司馬只要以信都、和戎兩郡的兵力去討伐，必定能大獲全勝，何必要將河北拱手相讓呢？」

劉秀心裡明白，自己好不容易才遠離政治漩渦，如果回到長安，又是進入囚籠之中，何必呢？不如以信都郡為基地，留在河北，擴張實力，掃滅王郎，開闢一個嶄新局面。他決定要留在信都，招兵買馬，徐圖發展。這個明智的決定，成為劉秀軍旅生涯的重要轉捩點。

任光開始招兵買馬，募得四千精兵，同時邳肜出兵兩千，然後劉秀以大司馬的名義，廣發檄文到鄰近的郡縣。劉秀採取軟硬兼施、撫戰並舉的策略，連下堂陽縣、貰縣。昌城縣的劉植聚眾數千人，投奔劉秀。緊接著，育縣的耿純攜宗族賓客兩千人，也前來歸附。

得到劉植、耿純之助後，劉秀的兵力大大增加，又攻掠下曲陽縣，緊接著又攻下盧奴縣。此時，劉秀的隊伍已經發展到數萬人。

當時在河北歸附王郎的勢力中，真定王劉揚是最有實力的一支。劉揚是漢景帝之子劉舜的六世孫，他擁兵十餘萬，獨霸一方。劉秀與劉揚同為漢宗室，他便派人前往遊說劉揚。劉揚權衡利弊後，覺得王郎不過是個江湖騙子，遲早會覆滅的，便率十餘萬大軍歸順劉秀。劉揚的歸順，使得劉秀的兵力一下子從幾萬人膨脹到了十幾萬人。為了加強與劉揚的密切關係，劉秀娶了劉揚的外甥女郭聖通為妻，並且將總部由信都遷到了真定。這時，他已經成為國內群雄混戰中一支不可忽視的力量。

實力大增的劉秀，在對王郎的戰爭中，已經掌握了主動權。真定歸順後，劉秀又攻克了元氏、防子、鄗縣等地，擊斃王郎部將李惲。

雖然屢戰屢勝，可是劉秀所控制的地盤還是相當有限。有一次，劉秀翻開地圖時，看到自己只佔那麼點地盤。他指給鄧禹看，對他說：「你看，天下郡國如此多，我們現在才得到這麼一點點，你以前跟我說過，平定天下指日可待，這是什麼道理呢？」鄧禹回答道：「自古以來，因時興起的人物，關鍵在於他們德行的高低，而不在於地盤的大小。」

鄧禹的話十分有道理，而且事實很快就證明這點了。

上谷太守耿況、漁陽太守彭寵都在部將的勸說下，決心歸順劉秀，打擊王郎。對於劉秀來說，這又是一次意外之喜。

漁陽太守彭寵派吳漢、蓋延、王梁率三千步騎兵，進攻薊縣，擊斃王郎的大將趙閎。上谷太守耿況派寇恂、景丹、耿弇率三千騎兵、一千步兵，前往薊城，與漁陽軍會師。這兩支軍隊湧現了不少東漢開國名將，在這些天才將領的率領下，橫掃涿郡、中山、鉅鹿、清河、河間等五郡國，攻克二十二縣，殲滅王郎軍隊三萬餘人。

上谷、漁陽聯合兵團推進到了廣阿縣。聽到城裡有很多車馬聲，景丹便停下來問路人說：「這是誰的軍隊呢？」路人告訴他：「是大司馬劉公的軍隊。」諸將領聽了後非常高興，便前行到城下。由於當時通訊條件不發達，劉秀並不知道上谷、漁陽的軍隊已經在北方橫掃王郎的力量。廣阿縣謠傳這兩支軍隊是王郎的打手，所以劉秀便站在城樓上，問城外的軍隊是從哪來的，這時耿弇站出來，劉秀與耿弇在薊縣時曾有一面之緣，便召他入城。耿弇進了城後，詳細向劉秀說明起兵的經過，劉秀聽了高興極了，馬上讓上谷、漁陽諸將士入城休息。

這樣，劉秀又得了一支生力軍，更重要的，得到了一批非常優秀的將領。

鉅鹿城是王郎最重要的軍事據點之一，劉秀決定攻打鉅鹿。鑒於這場戰役的重要性，更始帝劉玄也派尚書令謝躬率六位將軍前來助陣，可是鉅鹿城果然防禦堅固，一個多月過去了，攻城沒能取得進展。為了解救鉅鹿城，逼使劉秀分兵，王郎出動一支奇兵，進攻劉秀重要的基地信都郡。信都郡的一個豪門馬寵與王郎勾結，打開城門放王郎軍隊入城，結果信都郡失守了。

所幸的是，更始帝劉玄很快派了另一支軍隊，奪回信都郡，使劉秀沒有後顧之憂。王郎圍魏救趙的伎倆失敗了，為了扭轉鉅鹿城的戰局，他又派數萬人的援軍前往解鉅鹿之圍。劉秀親自率領一支軍隊阻擊王郎援軍，但是作戰不利。在形勢危急之下，景丹率突騎部隊反擊，大敗敵軍。劉秀看了突騎部隊的表現後，稱讚道：「我早就聽說突騎乃是天下精兵，今日得以親眼看到，真是精彩極了。」

雖然王郎的援軍被擊退了，但鉅鹿城仍然巋然不動，經過一個多月的作戰，前線將士都疲勞不堪了。耿純向劉秀建議：「與其久困鉅鹿，不如以精銳兵力進攻邯鄲，只要殺了王郎，鉅鹿可不戰而下。」

劉秀採納了耿純的建議，只留下一部分兵力監視鉅鹿，其餘大軍轉向進攻邯鄲城。邯鄲是王郎的老巢，面對劉秀的進攻，王郎派兵出城迎戰，一連打了幾仗，王郎軍屢屢受挫。這下子王郎坐不住了，他派諫大夫杜威去見劉秀，商討投降的事宜。杜威對劉秀說：「王郎確實是漢成帝的兒子。」劉秀駁斥道：「不要說是兒子，就是漢成帝復活，也得不到天下了，何況王郎只是個騙子。」杜威又把條件降低了：「那封個萬戶侯總可以吧。」劉秀冷笑道：「能保住性命就不錯了。」

杜威一怒之下，拂袖而去。劉秀攻城更猛烈了，經過二十多天的戰鬥後，王郎少傅李立投降了。他打開城門，漢軍湧入城中，一舉攻克王郎的老巢。王郎在逃跑過程中被殺，這個短命的政權只維繫了半年之久。

在王郎的皇宮中，搜出幾千封信件，其中有些是劉秀的下屬寫給王郎的。信中寫了什麼，劉秀不知道，他也不想知道。人的本性是趨利避害。當時，他從薊縣開始流亡，朝不保夕，而王郎的勢力何等強大，難免有人心裡動了念頭，有了二心。劉秀將這些書信原封不動取出來，當著眾人的面燒掉，只是說了一句話：「我只想讓那些有過二心的人，心裡能踏實。」一時下，他的事業有了起色，正是用人之際。用人不疑，疑人不用，劉秀此舉，令所有人心服口服。

起初，更始帝劉玄任命劉秀為大司馬安撫河北時，只是有名無實，沒有軍隊，可是如今劉秀卻已經擁有一支強大的軍隊，這不能不令更始帝慌張了。

為了削奪劉秀的兵權，更始帝劉玄封他為「蕭王」，並命令他罷兵，與有功將領一同入京。同時，劉玄還派苗曾為幽州牧、韋順為上谷太守、蔡充為漁陽太守，企圖接管劉秀的地盤。劉秀是何等人，豈能看不出更始帝的算盤，他以河北尚未平定為由，拒絕入京。

當時，河北的農民軍多達數百萬人，名稱五花八門，有銅馬、青犢、大彤、高湖、鐵脛等。劉秀準備發幽州十郡突騎剿滅農民軍，但是新任幽州牧苗曾拒絕發兵。是到了與更始政權分道揚鑣的時候了，劉秀索性派吳漢殺了苗曾，派耿弇殺了韋順、蔡充。這樣，劉秀實際上已經成為獨立的割據一方的梟雄。

然而，劉秀的理想絕非僅僅割據一方，而是統一全國。為了安定河北的秩序，他向大大小小的農民軍發起掃蕩。這些烏合之眾雖然人數很多，但戰鬥力很一般，大批農民軍便向劉秀投降，前後收降幾十萬人。這些農民軍的投降，既大大加強了劉秀的兵力，同時也有些隱患，因為這些人對政府軍抱有一種不信任的態度。為了取得降兵的信任，劉秀在沒有護衛的情況下，親自巡視這些被收編的農民軍營地。這些降兵都認為劉秀果然是以誠相待，對他們沒歧視，此後均表示情願服從劉秀的指揮。

就在劉秀謀求獨立發展之時，赤眉軍與更始軍隊大打出手。赤眉軍是典型的軍隊式的戰鬥，其首領樊崇、逢安揮師由武關、陸渾關入關中，兵分兩路，夾擊長安。

鶴蚌相爭，漁翁得利。此時形勢對劉秀十分有利，他做了兩手準備：一方面派鄧禹率軍進窺關中，另一方面自己則親率主力北上，繼續打擊燕趙一帶的農民軍勢力。

西元二十五年，劉秀開始發動對北方農民軍的第二期作戰，他面對的農民軍是尤來、大槍、五幡等部（這些都是農民軍的名稱）。這些軍隊雖然戰鬥力不如劉秀的軍隊，但是有時也有意外的表現。

有一次，劉秀追擊一股農民軍到順水以北，過於大意，只率少數騎兵出擊，結果被打敗了，戰馬也被打死。劉秀一個人逃到高岸上，眼看敵人就要包圍過來，正好在這時遇到突騎王豐。王豐趕緊把戰馬給了劉秀，這才使他逃了出去。不過，劉秀雖然死裡逃生，卻迷了路，當時軍隊上下一片慌張，諸將領都不知道怎麼辦好，只有吳漢平靜地說：「各位努力做好自己的事就行了，現在王兄子（指劉縯的兒子）在南陽，不用擔心沒有主公。」過了幾天，劉秀才回到軍中，總算是有驚無險。

雖然頻頻擊敗農民軍，可是這些人去了又來，不容易徹底殲滅。強弩將軍陳俊給劉秀出了個主意：農民軍之所以流動性很強，是因為沒有糧草裝備，只要堅壁清野，讓他們無法得到糧食，就能不戰而勝。

劉秀採納了陳俊的建議，很快，這些農民軍便陷入困境之中。吳漢率耿弇、景丹等十三名將軍，大破尤來、五幡、大槍等軍，斬殺一萬三千人。這些農民軍的殘餘力量不得不退入到遼西、遼東等地，又遭到烏桓等少數民族的打擊，遂一蹶不振了。

河北的大規模戰爭終於告一段落，劉秀稱帝的時機成熟了。

北征結束後，劉秀的同鄉、將軍馬武便提出來說：「大王應該要先登帝位，然後再來商議征伐之事，不然現在四處出擊，到底誰才是賊呢？」劉秀故作吃驚狀說：「將軍何出此言？該殺。」其實劉秀並非沒有稱帝的想法，只是不宜匆促，先等輿論成熟吧。

此時，西南軍閥公孫述已經在成都稱帝，要是再不稱帝，在政治上就很被動了。眾將領又接二連三地向劉秀提出稱帝的建議，劉秀都不肯答應。這時，耿純又來進諫了：「天下英雄追隨大王出生入死，無非想攀龍附鳳，如今大王一再違背眾意，恐怕士大夫心灰意冷，希望破滅。如果大家都散夥了，以後就很難凝聚。」這時劉秀才說道：「這事容我想想吧。」

當北征軍行到鄗縣時，劉秀召見馮異，向他詢問全國戰局。馮異回答道：「如今赤眉攻掠關中，更始帝必敗無疑，漢室宗廟之憂，全在大王一人，應該要聽從大家的建議，及早登基。」

這時，恰好有一名儒生叫強華，從關中地區帶來一本《赤伏符》來求見劉秀，以符命之說來勸劉秀登位。看來這儒生也有點不務正業，估計是想像當年哀章那樣混混運氣吧，這來得也算是時候。眾將領聽到儒生用深奧的符命之學來證明劉秀應該稱帝，乘機又聯合起來，一起進勸。劉秀終於「順天應民」地答應了。

農曆六月二十二日，在鄗縣這個小地方，劉秀正式登基為皇帝，是為光武皇帝，年號建武元年。這一年他三十一歲，經過三年腥風血雨的考驗，劉秀從一介書生兼莊稼漢，變成皇帝。他曾經有過一句名言：「有志者事竟成」，這也算是他奮鬥史的一個真實寫照了。

漢帝國在死亡十六年後，又復活了。四個月後，光武帝定都洛陽。洛陽位於舊都長安以東，故而重生後的漢王朝被稱為東漢。東漢政權雖然草創，但群雄並起的局面並未改變，這場曠日持久的國內戰爭又進行了十二年，直到建武十二年（三十六年），光武帝劉秀才一統江山，開創了繼高帝、文帝、景帝、武帝、昭帝、宣帝之後的又一個偉大時代，這就是所謂的「光武中興」。

大事年表

前二〇六年（漢王元年）項羽自立為西楚霸王，劉邦被封為漢王；楚漢戰爭爆發。

前二〇五年（漢王二年）楚漢彭城之戰，劉邦大敗，死二十萬人；韓信平定魏地。

前二〇四年（漢王三年）韓信平定趙地。

前二〇三年（漢王四年）韓信平定齊地；楚漢言和，以鴻溝為界。

前二〇二年（高帝五年）垓下之戰，項羽自刎；劉邦稱帝。

前二〇〇年（高帝七年）劉邦北擊匈奴，被困白登七日，後匈奴解圍去。

前一九六年（高帝十一年）呂后殺韓信；劉邦殺彭越；淮南王英布反。

前一九五年（高帝十二年）英布敗亡；劉邦去世。

前一八〇年（高皇后八年）周勃平定諸呂，立代王劉恒為帝。

前一五七年（文帝後元七年）漢文帝去世；稱帝期間，輕徭薄賦，約法省禁，節儉恤民。

前一五四年（景帝三年）七國之亂，周亞夫平吳楚。

前一四一年（景帝後元三年）景帝死，其為政師法文帝，史稱「文景之治」。

前一三八年（武帝建元三年）張騫出使西域。

前一三四年（武帝元光元年）董仲舒對策，「罷黜百家，獨尊儒術」由是始。

前一三三年（武帝元光二年）馬邑之謀，自是後，漢匈絕和親。

前一三〇年（武帝元光五年）唐蒙、司馬相如通西南夷。

前一二七年（武帝元朔二年）頒推恩令；衛青取河南地，築朔方城。

前一二四年（武帝元朔五年）衛青漠南之戰，拜為大將軍。

前一二一年（武帝元狩二年）霍去病攻略河西，匈奴渾邪王降。

前一一九年（武帝元狩四年）衛青、霍去病漠北之戰，匈奴遠遁，漠南無王庭；李廣自殺；張騫再使西域。。

前一一八年（武帝元狩五年）鑄五銖錢。

前一一一年（武帝元鼎六年）路博多、楊僕平南越，置九郡；平西南夷，置五郡；平東越。

前一〇八年（武帝元封三年）趙破奴擊樓蘭、車師；朝鮮降漢。

前一〇四年（武帝太初元年）李廣利伐大宛；司馬遷始著《史記》。

前一〇三年（武帝太初二年）趙破奴出朔方，全軍沒於匈奴。

前一〇二年（武帝太初三年）李廣利二伐大宛。

前一〇〇年（武帝天漢元年）蘇武使匈奴，被羈十九年。

前九十九年（武帝天漢二年）李陵降匈奴，司馬遷受宮刑。

前九十一年（武帝征和二年）巫蠱之禍，太子劉據自殺。

前八十九年（武帝征和四年）武帝下輪臺令，悔征伐之事。

前八十七年（武帝後元二年）武帝死，托孤霍光，霍光為大將軍。

前八十年（昭帝元鳳元年）燕王劉旦、上官桀、桑弘羊謀反未遂。

前七十七年（昭帝元鳳四年）傅介子刺樓蘭王。

前七十四年（昭帝元平元年）霍光立宣帝。

前七十一年（宣帝本始三年）漢與烏孫伐匈奴，斬俘四萬餘人；匈奴遇大饑荒，自是大衰。

前六十六年（宣帝地節四年）霍氏謀反族誅。

前六十一年（宣帝神爵元年）趙充國擊西羌。

前六十年（宣帝神爵二年）始置西域都護府，鄭吉為都護。

前五十一年（宣帝甘露三年）匈奴呼韓邪單于來朝。

前三十六年（元帝建昭三年）甘延壽、陳湯萬里遠征，擊殺郅支單于。

前三十三年（元帝竟寧元年）昭君出塞。

前二十七年（成帝河平二年）王氏外戚一日五侯，王氏專權自此始。

前七年（成帝綏和二年）成帝暴死，趙昭儀自殺。

前一年（哀帝元壽二年）哀帝死，王莽秉政。

一年（平帝元始元年）王莽為「安漢公」。

五年（平帝元始五年）王莽加九錫，毒殺平帝，居攝踐祚，稱假皇帝。

八年（王莽居攝三年）王莽篡漢，稱新皇帝。

十七年（新莽天鳳四年）綠林軍起義。

十八年（新莽天鳳五年）樊崇起義。

二十二年（新莽地皇三年）樊崇起義軍改稱「赤眉軍」；劉縯、劉秀春陵起兵。

二十三年（新莽地皇四年，漢更始帝元年）立劉玄為帝，稱更始皇帝；昆陽之戰，劉秀大破莽軍；劉玄殺劉縯；更始軍入關中，破長安，王莽死；王郎稱帝。

二十四年（漢更始二年）劉秀擊滅王郎；劉秀擊破銅馬等義軍部；劉秀北征燕趙。

二十五年（光武帝建武元年）劉秀北擊農民軍尤來等部；劉秀稱帝，是為光武帝；定都洛陽。

西漢原來是這樣 / 醉罷君山著. -- 一版.-- 臺北市：大地, 2013.09
面： 公分. --（History：59）

ISBN 978-986-5800-03-1（平裝）

1. 西漢史 2. 通俗史話

622.1 102016819

西漢原來是這樣

HISTORY 059

作　　者	醉罷君山
發 行 人	吳錫清
主　　編	陳玟玟
出 版 者	大地出版社
社　　址	114台北市內湖區瑞光路358巷38弄36號4樓之2
劃撥帳號	50031946（戶名　大地出版社有限公司）
電　　話	02-26277749
傳　　眞	02-26270895
E-mail	vastplai@ms45.hinet.net
網　　址	www.vastplain.com.tw
美術設計	普林特斯資訊股份有限公司
印 刷 者	普林特斯資訊股份有限公司
一版一刷	2013年9月

大地

定　　價：320元